잡아함경 5

雜阿含經

잡아함경 5

雜阿含經

김월운 옮김

동국역경원

잡아함경 5

| 차 례 |

제41권

제42권

제43권

제44권

제45권

제46권

제47권

제48권

제49권

제50권

잡아함경雜阿含經 제 41 권

1121. 석씨경釋氏經

이와 같이 나는 들었다.

어느 때 부처님께서 가비라위국迦毘羅衛國 니구율원尼拘律園에 계셨다.

그때 많은 석씨들이 부처님의 처소에 찾아와 머리를 조아려 그 발에 예를 올리고 한쪽에 물러나 앉았다. 그때 세존께서 여러 석씨들에게 말씀하셨다.

"너희 모든 구담瞿曇들은 법재일法齋日과 신족월(神足月 : 1월) · 5월 · 9월에 재계를 받들어 가져 복덕福德을 닦고 있느냐?"

여러 석씨釋氏들이 부처님께 아뢰었다.

"세존이시여, 저희들은 모든 재일齋日에서 어떤 때는 재계齋戒를 받들고 어떤 때는 받들지 못하기도 합니다. 또 신족월에 있어서도 어떤 때는 재계하여 모든 공덕을 닦기도 하고, 어떤 때는 그렇게 하지 못하기도 합니다."

부처님께서 여러 석씨들에게 말씀하셨다.

2

"구담들아, 너희들은 좋은 이익을 얻지 못하겠구나. 너희들은 교만한 사람이요 번뇌가 있는 사람이며, 근심하고 슬퍼하는 사람이요, 괴로워하고 고통스러워하는 사람들이다. 무엇 때문에 모든 재일에 있어서 혹은 재계하기도 하고, 혹은 하지 못하기도 하는가? 또 신족월에도 혹은 재계하여 공덕을 닦기도 하고, 혹은 재계하지 못하기도 하는가?

여러 구담들아, 비유하면 사람이 이익을 구할 때와 같아서 날마다 불어나 첫째 날에 1전錢, 둘째 날에 2전, 셋째 날에 4전, 넷째 날에 8전, 다섯째 날에는 16전, 여섯째 날에는 32전이 된다고 하자 이와 같이 그 사람은 날마다 일정하게 불어나서 여드레, 아흐레, 나아가 한 달이 되면 재물이 갈수록 불어나리라고 생각하는가?"

장자들이 부처님께 아뢰었다.

"그렇습니다, 세존이시여."

부처님께서 석씨들에게 말씀하셨다.

"어떠하냐. 구담들아, 그와 같이 사람의 재물이 갈수록 불어난다면 자연히 재물이 많아질 것이다. 그렇다면 그것이 과연 그로 하여금 10년 동안 한결같이 기뻐하고 즐거워하며 선정에 오래도록 머무를 수 있게 하겠느냐?"

석씨들이 대답하였다.

"아닙니다, 세존이시여."

부처님께서 석씨들에게 말씀하셨다.

"혹은 9년·8년·7년·6년·5년·4년·3년·2년·1년 동안이라도 기뻐하고 즐거워하면서 선정에 오래 머무를 수 있겠느냐?"

석씨들이 대답하였다.

"아닙니다, 세존이시여."

부처님께서 다시 석씨들에게 말씀하셨다.

"한 해는 그만두고, 과연 10개월·9개월·8개월, 나아가 한 달 동안이나마 기뻐하고 즐거워하면서 선정에 오래 머무를 수 있겠느냐? 한 달은 고사하고 과연 10일·9일·8일, 나아가 하루나 하룻밤 동안이나마 기뻐하고 즐거워하면서 선정에 오래 머무를 수 있겠느냐?"

석씨들이 대답하였다.

"아닙니다, 세존이시여."

부처님께서 석씨들에게 말씀하셨다.

"내 이제 너희들에게 말하리라. 우리 성문 중에는 마음이 정직한 사람이 있다. 그는 아첨하지도 않고 남을 현혹시키지도 않는다. 나는 그를 10년 동안이나 교화하였는데 그가 그때 그 인연으로 백천만 년 동안 한결같이 기뻐하고 즐거워하며 선정에 오래 머무른다면 그것은 그리 될 수가 있다. 10년은 고사하고 9년·8년 내지는 1년·10개월·9개월, 심지어는 한 달·10일·9일, 나아가서는 단 하루나 하룻밤 동안이나마 내가 교화했을 적에 이튿날 아침이 되어 그들로 하여금 훨씬 전진하게 하고 아침에 교화하여 저물녘에 이르러 훨씬 더 전진하게 한다면 그 인연으로 백천만 년 동안 한결같이 기뻐하고 즐거워하면서 선정에 오래 머무르게 될 것이다. 그래서 두 가지 과果인 사다함과斯陀含果이나 혹은 아나함과阿那含果를 성취하게 될 것이다. 그것은 그 사람들이 앞서 이미 수다원과須陀洹果를 얻었기 때문이니라."

석씨들이 부처님께 아뢰었다.

"옳습니다, 세존이시여. 저희들도 오늘부터는 모든 재일에 재계는 물론 나아가 팔지(八支 : 八正道)까지도 닦을 것이오며, 신족월에도 여덟 가지 재계를 받들어 가지고 힘닿는 대로 보시布施하여 모든 공덕을 닦겠습니다."

부처님께서 여러 석씨들에게 말씀하셨다.

"장하다! 구담들아, 그것은 진실로 매우 중요한 일이 될 것이니라."

부처님께서 이 경을 말씀하시자 여러 석씨 종족들은 부처님의 말씀을 듣고 기뻐하면서 예를 올리고 떠나갔다.

1122. 질병경疾病經

이와 같이 나는 들었다.

어느 때 부처님께서 가비라위국迦毘羅衛國 니구율원尼拘律園에 계셨다.

그때 많은 석씨들이 논의당論議堂에 모여 의논을 하고 있었다. 그때 어떤 석씨가 석씨 난제難提에게 말하였다.

"나는 어느 때는 여래如來에게 나아가 공경을 다하여 공양하고, 어떤 때에는 그렇게 하지 못하기도 한다. 또 어떤 때는 아는 비구들을 친근히 하여 공양하기도 하고, 어떤 때에는 그렇게 하지 못하기도 한다. 또 나는 지혜로운 우바새優婆塞들이 다른 지혜로운 우바새나 우바이優婆夷가 병이 들어 고생하고 괴로워 할 때에 어떻게 교화하고 훈계하며 설법해야 하는가를 잘 알지 못한다. 우리는 이제 함께 세존의 처소로 나아가 그 이치를 여쭈어 보자. 만일 세존께서 가르쳐 주시면 마땅히 그대로 받들어 행하자."

그때 난제가 다른 석씨들과 함께 부처님께서 계신 곳으로 나아가 머리를 조아려 그 발에 예를 올리고 한쪽에 물러앉아 세존께 여쭈었다.

"저희 석씨들이 논의당에 모여 이렇게 의논하였습니다. 즉 여러 석씨들이 저에게 말하기를 '난제여, 우리는 어떤 때는 여래를 뵙고 공경을 다하여 공양하기도 하고, 어떤 때는 뵈옵지 못하기도 한다. 어떤 때는 아는 비구들을 가서 보고 친근히 하고 공양하기도 하며, 어떤 때는 그렇게 하지 못하기도 한다.……이 사이의 자세한 내용은 앞에서 말한 것과 같다.……만일 부처님께서 가르쳐 주시고 훈계하시거든 받들어 행하자'고 하였습니다. 그래서 저희들은 오늘 세존께 여쭙습니다. 지혜로운 우바새는 다른 지혜로운 우바새나 우바이가 병이 들어 고통스러워 할 때에 어떻게 교화하고 가르치고 설법해야 합니까?"

부처님께서 말씀하셨다.

"만일 지혜로운 우바새라면 마땅히 병이 들어 고통스러워하는 지혜로운 다른 우바새나 우바이에게 찾아가 세 가지 원기를 회복하는 법〔穌息處〕[1]을 가르쳐 주어야 한다. 즉 그에게 '어진이여, 그대는 부처님에 대한 무너지지 않는 깨끗한 믿음과 법과 승가에 대한 무너지지 않는 깨끗한 믿음을 성취하여야한다'고 말해 주어야 한다. 이 세 가지 원기를 회복하는 법을 가르쳐 준 다음에는 꼭 다시 이렇게 물어야 한다.

'너는 부모가 생각나고 그리운가?'

이렇게 물어 그가 만일 부모가 생각나고 그립다고 대답하거든 그 그리움을 버리도록 그에게 말해 주어야 한다.

'네가 부모를 그리워해서 살 수만 있다면 그리워해도 좋다. 그러나 그리워하는 것으로써 살아날 수 없다면 그리워한들 무슨 소용이 있겠느냐?'

그리고 그가 만일 부모를 생각하거나 그리워하지 않는다고 말하거든 훌륭하다고 칭찬해주고 따라서 기뻐해야 하느니라.

1 팔리어본에서는 호흡하는 법을 소식(穌息, assasa)이라고 한다고 하였다. 이는 곧 원기를 획득하는 법이니, 만약 삼보를 청정하게 믿을 때에 역시 정신력을 회복할 수 있기 때문에 비유하여 소식처穌息處라고 한다.

그리고 다시 그에게 물어야 한다.

'너는 처자와 하인들과 재물과 살림살이 등을 생각하고 있는가?'

만일 생각하고 있다고 대답하거든 부모를 그리워하는 생각을 버렸던 것처럼 그 생각을 버리게 하라. 그리고 만일 생각하지 않는다고 대답하거든 훌륭하다고 칭찬해주고 따라서 기뻐해야 하느니라.

또다시 물어 보라.

'너는 인간의 다섯 가지 즐거움〔五欲〕에 대하여 그리워하고 기억하고 있는가?'

만일 그렇다고 대답하거든 그를 위해 인간의 다섯 가지 즐거움은 더러운 분비물〔惡露〕처럼 깨끗하지 못하고 언젠가는 허물어지는 것이며 냄새나는 곳이어서 천상의 훌륭하고 묘한 즐거움보다 못하다고 말해주어라. 그리하여 그로 하여금 인간의 다섯 가지 즐거움을 버리고 천상의 다섯 가지 즐거움을 원하게 해야 한다. 그리고 만일 그가 '마음이 인간의 다섯 가지 즐거움을 이미 멀리 여의었고, 천상의 훌륭하고 묘한 즐거움을 벌써부터 원하고 있었다'고 말하거든, 훌륭하다고 칭찬해주고 따라서 기뻐해야 하느니라.

다시 그에게 '천상의 묘한 즐거움도 덧없는 것이고 괴로운 것이며, 공허한 것이고 변해 허물어지는 법이다. 모든 천상에는 하늘의 다섯 가지 즐거움보다 훌륭한 몸이 있다'고 말해주어라. 만일 그가 '하늘의 즐거움을 원하는 생각도 버렸다'고 말하거든 훌륭하다고 칭찬해주고 따라서 기뻐해야 하느니라. 그리고 다시 그에게 가르쳐 말하라.

'몸이 있는 즐거움도 덧없어 변하고 무너지는 법이다. 행行이 사라진 열반의 즐거움이 있다. 너는 몸이 있는 즐거움을 원하는 생각을 버리고 열반의 고요하고 사라진 즐거움을 즐겨야 한다. 그것이 가장 훌륭한 것이다.'

그 성인의 제자가 이미 몸이 있는 즐거움을 원하는 생각을 버리고 열반을 즐거워하거든 훌륭하다고 칭찬해주고 따라서 기뻐해야 하느니라.

이와 같이 난제야, 그 성인의 제자를 앞뒤의 차례에 따라 가르치고 훈계하여 그로 하여금 생각이 일어나지 않게 하고 열반을 얻게 하려는 것이 마치 비구들이 백세의 수명에서 해탈하고 열반하는 것과 같으니라."

부처님께서 이 경을 말씀하시자 석씨 난제는 부처님 말씀을 듣고 기뻐하면서 예배하고 떠나갔다.

1123. 보리경菩提經

이와 같이 나는 들었다.

어느 때 부처님께서 가비라위국 니구율원尼拘律園에 계셨다.

그때 보리菩提라는 석씨가 부처님 계신 곳에 찾아와서 부처님의 발에 머리를 조아려 예를 올리고 한쪽에 물러앉아 부처님께 여쭈었다.

"훌륭하십니다. 세존이시여, 저희들은 유쾌하게 좋은 이익을 얻었습니다. 세존의 친족이 되었기 때문입니다."

부처님께서 보리에게 말씀하셨다.

"'우리는 세존의 친족이 되었기 때문에 좋은 이익을 얻었다'는 그런 말을 하지 말라. 보리야, 이른바 좋은 이익이란 부처님에 대한 무너지지 않는 깨끗한 믿음과 법과 승가에 대한 무너지지 않는 깨끗한 믿음과 거룩한 계율을 성취하는 것이다. 그러므로 보리야, '나는 마땅히 부처님에 대한 무너지지 않는 깨끗한 믿음과 법과 승가에 대한 무너지지 않는 깨끗한 믿음과 거룩한 계율을 성취하자'라고 이렇게 공부해야 하느니라."

부처님께서 이 경을 말씀하시자 석씨 보리는 부처님의 말씀을 듣고 기뻐하면서 예배하고 떠나갔다.

1124. 왕생경往生經

이와 같이 나는 들었다.

어느 때 부처님께서 가비라위국 니구율원에 계셨다.

그때 세존께서 모든 비구들에게 말씀하셨다.

"만일 성인의 제자가 부처님에 대한 무너지지 않는 깨끗한 믿음을 성취한다면, 일찍이 부처님에 대한 무너지지 않는 깨끗한 믿음과 깨끗한 계율을 성취한 인연으로 그곳에 태어난 저 하늘들은 다 기뻐하고 찬탄하면서 '우리도 부처님에 대한 무너지지 않는 깨끗한 믿음을 성취한 인연으로 이 좋은 세상인 천상에 와서 태어났다. 저 성인의 제자도 지금 부처님에 대한 무너지지 않는 깨끗한 믿음을 성취하게 되었으니, 그도 또한 그 인연으로 이 좋은 세상인 천상에 와서 태어날 것이다'라고 말할 것이다. 법과 승가에 대한 무너지지 않는 깨끗한 믿음과 거룩한 계율의 성취에 있어서도 또한 그와 같이 할 것이니라."

부처님께서 이 경을 말씀하시자 모든 비구들은 부처님의 말씀을 듣고 기뻐하며 받들어 행하였다.

1125. 수다원경須陀洹經 ①

이와 같이 나는 들었다.

어느 때 부처님께서 사위국 기수급고독원에 계셨다.

그때 부처님께서 모든 비구들에게 말씀하셨다.

"수다원도須陀洹道에 필요한 네 가지 일이 있다. 즉 착한 남자를 친근히 하는 것과 바른 법을 듣는 것과 마음의 바른 사유思惟와 법을 따르고 법을 향하는 것이니라."

부처님께서 이 경을 말씀하시자 모든 비구들은 부처님의 말씀을 듣고 기뻐하며 받들어 행하였다.

1126. 수다원경 ②

이와 같이 나는 들었다.

어느 때 부처님께서 사위국 기수급고독원에 계셨다.

그때 부처님께서 여러 비구들에게 말씀하셨다.

"수다원의 자격에 네 가지가 있다. 무엇이 그 네 가지인가? 이른바 부처님에 대한 무너지지 않는 깨끗한 믿음과 법과 승가에 대한 무너지지 않는 깨끗한 믿음과 거룩한 계戒를 성취하는 것이니, 이것을 수다원의 자격이라고 하느니라."

부처님께서 이 경을 말씀하시자 모든 비구들은 부처님의 말씀을 듣고 기뻐하며 받들어 행하였다.

1127. 사법경四法經

이와 같이 나는 들었다.

어느 때 부처님께서 사위국 기수급고독원에 계셨다.

그때 부처님께서 모든 비구들에게 말씀하셨다.

“만일 어떤 사람이 네 가지 법을 성취하였다면, 그는 수다원인 줄 마땅히 알아야 한다. 무엇이 그 네 가지인가? 부처님에 대한 무너지지 않는 깨끗한 믿음과 법과 승가에 대한 무너지지 않는 깨끗한 믿음과 거룩한 계를 성취하는 것을 말하는 것이다. 이것이 ‘네 가지 법을 성취하였다면, 그는 수다원이라는 것을 알아야 한다’는 것이니라.”

부처님께서 이 경을 말씀하시자 모든 비구들은 부처님의 말씀을 듣고 기뻐하며 받들어 행하였다.

불분별설不分別說에서처럼 이와 똑 같이 분별하였으며, 비구比丘·비구니比丘尼·식차마니式叉摩尼·사미沙彌·사미니沙彌尼·우바새優婆塞·우바이優婆夷 등이 네 가지 법을 성취하면 그는 곧 수다원인 줄 알라고 말씀하셨는데 그 낱낱 경의 내용은 위의 수다원경에서 설한 내용과 똑같다.

1128. 사과경四果經 ①

이와 같이 나는 들었다.

어느 때 부처님께서 사위국 기수급고독원에 계셨다.

그때 세존께서 모든 비구들에게 말씀하셨다.

“사문의 네 가지 과果가 있다. 어떤 것이 그 네 가지인가? 수다원과·사다함과·아나함과·아라한과를 말한다.”

부처님께서 이 경을 말씀하시자 모든 비구들은 부처님의 말씀을 듣고 기뻐하며 받들어 행하였다.

1129. 사과경 ②

이와 같이 나는 들었다.

어느 때 부처님께서 사위국 기수급고독원에 머물러 계셨다.

그때 부처님께서 모든 비구들에게 말씀하셨다.

"사문沙門에게 네 가지 과果가 있다. 무엇이 그 네 가지인가? 수다원과 · 사다함과 · 아나함과 · 아라한과이니라. 어떤 것을 수다원과라고 하는가? 세 가지 결結[2]을 끊은 것을 수다원과라고 말한다. 어떤 것을 사다함과라고 하는가? 세 가지 결을 끊고 탐욕과 성냄과 어리석음이 엷어진 것을 사다함과라고 말한다. 어떤 것을 아나함과라고 하는가? 5하분결下分結을 끊은 것을 아나함과라고 말한다. 어떤 것을 아라한과라고 하는가? 탐욕이 영원히 사라지고, 성냄이 영원히 사라지며, 어리석음이 영원히 사라져 일체의 번뇌가 완전히 다 끊어진 것을 아라한과라고 하느니라."

부처님께서 이 경을 말씀하시자 모든 비구들은 부처님의 말씀을 듣고 기뻐하며 받들어 행하였다.

1130. 경행처경經行處經

이와 같이 나는 들었다.

어느 때 부처님께서 사위국 기수급고독원에 계셨다.

그때 부처님께서 모든 비구들에게 말씀하셨다.

---

2 세 가지 결結이란 첫째 견결(見結 : 我見), 둘째 계취결(戒取結 : 行邪戒), 셋째 의결(疑結 : 懷疑正理)이다.

"만일 어떤 비구가 어떤 곳에서 거닐다가 사문의 네 가지 과果 중에서 일일이 그 과를 다 얻었다면 그 비구는 목숨을 마칠 때까지 언제나 그곳을 생각할 것이니라."

부처님께서 이 경을 말씀하시자 모든 비구들은 부처님의 말씀을 듣고 기뻐하며 받들어 행하였다.

경행처經行處에서의 설하신 것처럼 주처住處·좌처坐處·와처臥處에 대해서도 그와 똑 같이 말씀하셨다.

비구와 마찬가지로 비구니·식차마니·사미·사미니·우바새·우바이의 경우에 대해서도 말씀하셨으며, 또 그 낱낱에 네 개의 경이 있는데, 그 자세한 내용은 앞에서 말한 것과 같다.

1131. 사식경四食經

이와 같이 나는 들었다.

어느 때 부처님께서 사위국 기수급고독원에 계셨다.

그때 세존께서 모든 비구들에게 말씀하셨다.

"네 가지 음식이 4대大로 이루어진 중생들을 편안히 살게 하고 유익하게 하며 거두어 길러주는 경우와 같다. 어떤 것이 그 네 가지인가? 단식摶食·촉식觸食·사식思食·식식識食을 말한다.

그와 마찬가지로 복덕福德을 윤택하게 하고, 착한 법을 윤택하게 하는 안락한 음식이 네 가지 있다. 어떤 것이 그 네 가지인가? 부처님에 대한 무너지지 않는 깨끗한 믿음의 성취는 복덕을 윤택하게 하고 착한 법을 윤택하게 하는 안락한 음식이다. 또 법과 승가에 대한 무너지지 않는 깨끗한 믿음과 거룩한 계戒의 성취는 복덕을 윤택하게 하고 착한 법을 윤택하게 하는 안락한 음식이니라."

부처님께서 이 경을 말씀하시자 모든 비구들은 부처님의 말씀을 듣고 기뻐하며 받들어 행하였다.

1132. 윤택경潤澤經 ①

이와 같이 나는 들었다.

어느 때 부처님께서 사위국 기수급고독원에 계셨다.

그때 세존께서 모든 비구들에게 말씀하셨다.

"……이 사이의 자세한 내용은 앞의 사식경에서 말씀하신 것과 같으며, 다른 것은 다음과 같다.……부처님에 대한 무너지지 않는 깨끗한 믿음의 성취는 복덕을 윤택하게 하고, 착한 법을 윤택하게 하는 안락한 음식이다. 법에 대한 무너지지 않는 깨끗한 믿음은, 모든 들은 법에 대하여 마음으로 흡족해하고 사랑하며 기억하게 한다.……(이하 생략)……거룩한 계율의 성취는 복덕을 윤택하게 하고 착한 법을 윤택하게 하는 안락한 음식이니라."

부처님께서 이 경을 말씀하시자 모든 비구들은 부처님의 말씀을 듣고 기뻐하며 받들어 행하였다.

1133. 윤택경 ②

이와 같이 나는 들었다.

어느 때 부처님께서 사위국 기수급고독원에 계셨다.

그때 세존께서 모든 비구들에게 말씀하셨다.

"……이 사이의 자세한 내용은 앞의 사식경에서 말씀하신 것과 같으며, 다른 것은 다음과 같다.……부처님에 대한 무너지지 않는 깨끗한 믿음의 성취는 복덕을 윤택하게 하고 착한 법을 윤택하게 하는 안락한 음식이다. 법과 또 간탐慳貪과 더러운 것이 중생을 얽어매고 있는 곳에서도 마음에 간탐과 더러운 것들을 여의어 대중 속에서 해탈의 보시를 행하고 항상 보시하며 평등한 것을 좋아하여 평등한 마음으로 보시를 행하고 거룩한 계율을 성취하는 것은 복덕을 윤택하게 하고 착한 법을 윤택하게 하는 안락한 음식이니라."

부처님께서 이 경을 말씀하시자 모든 비구들은 부처님의 말씀을 듣고 기뻐하며 받들어 행하였다.

1134. 윤택경 ③

이와 같이 나는 들었다.

어느 때 부처님께서 사위국 기수급고독원에 계셨다.

그때 세존께서 모든 비구들에게 말씀하셨다.

"……이 사이의 자세한 내용은 앞의 사식경에서 말씀하신 것과 같으며 다른 것은 다음과 같다.……이와 같은 네 가지는 복덕을 윤택하게 하고 착한 법을 윤택하게 하는 안락한 음식이다. 저 거룩한 제자가 공덕의 과보果報로 얼마만한 복을 얻고 또 얼마만한 과보가 있는지는 도저히 헤아려 알 수가 없다. 그러나 저 많은 복도 큰 공덕의 무더기 수에 떨어지는 것은 앞의 다섯 강에 비유한 경〔五河譬經〕[3]에서 말한 내용과 같고 심지어는 그 게송의 내용까지도 모두 같으니라."

3 『잡아함경』 제30권 841번째 소경인 윤택경潤澤經의 내용을 말한 것이다.

부처님께서 이 경을 말씀하시자 모든 비구들은 부처님의 말씀을 듣고 기뻐하며 받들어 행하였다.

1135. 사십천자경四十天子經

이와 같이 나는 들었다.

어느 때 부처님께서 사위국 기수급고독원에 계셨다.

그때 얼굴이 매우 아름다운 천자 40명이 밤이 지나고 이른 아침이 되자 부처님의 처소에 나아가 머리를 조아려 부처님 발에 예를 올리고 한쪽에 물러나 앉았다.

그때 세존께서 모든 천자들에게 말씀하셨다.

"훌륭하고 훌륭하구나! 천자들이여, 너희들은 부처님에 대한 무너지지 않는 깨끗한 믿음과 법과 승가에 대한 무너지지 않는 깨끗한 믿음을 성취하였고 거룩한 계율을 성취하였구나."

그때 천자들이 자리에서 일어나 옷을 바르게 한 뒤 부처님의 발에 머리를 조아려 합장하고 아뢰었다.

"세존이시여, 저는 부처님에 대한 무너지지 않는 깨끗한 믿음을 성취한 그 공덕이 연緣이 되어 몸이 허물어지고 목숨을 마친 뒤에 지금 이 천상에 태어나게 되었습니다."

한 천자가 부처님께 아뢰었다.

"세존이시여, 저는 법에 대한 무너지지 않는 깨끗한 믿음을 성취한 그 공덕이 연이 되어 몸이 허물어지고 목숨을 마친 뒤에 지금 이 천상에 태어나게 되었습니다."

한 천자가 부처님께 아뢰었다.

"세존이시여, 저는 승가에 대한 무너지지 않는 깨끗한 믿음을 성취한 그 공덕이 연이 되어 몸이 허물어지고 목숨을 마친 뒤에 지금 이 천상에 태어나게 되었습니다."

한 천자가 부처님께 아뢰었다.

"세존이시여, 저는 거룩한 계율을 성취한 그 공덕이 연이 되어 몸이 허물어지고 목숨을 마친 뒤에 지금 이 천상에 태어나게 되었습니다."

그때 40명의 천자는 제각기 부처님 앞에서 스스로 수다원과를 증명한 뒤에 이내 사라지더니 나타나지 않았다.

40명의 천자들처럼, 4백 천자·8백 천자·10천 천자·20천 천자·30천 천자·40천 천자·50천 천자·60천 천자·70천 천자·80천 천자들도 각각 부처님 앞에서 스스로 수다원과를 증명한 뒤 이내 사라지더니 나타나지 않았다.

1136. 월유경月喩經[4]

이와 같이 나는 들었다.

어느 때 부처님께서 왕사성 가란다죽원迦蘭陀竹園에 계셨다.

그때 세존께서 모든 비구들에게 말씀하셨다.

"마땅히 달처럼 살고〔如月譬住〕[5] 처음 출가하여 교단에 들어온 사람처럼 부끄러워하고 부드럽고 겸손해야 하며, 마음과 몸을 잘 단속하고서 남의 집에 들어가라. 그리고 눈 밝은 사나이가 깊은 물가에 서

4 이 소경은 『별역잡아함경』 제6권 다섯 번째 소경의 내용과 비슷하며, 이역경異譯經으로는 시호施護가 한역한 『불설월유경佛說月喩經』이 있다.

5 달처럼 집착 없이 살고 얽매이지 말며 더러움에 물들지 말고 허공에 떠다니는 달처럼 그렇게 행동하라는 말이다.

있거나 높은 산봉우리에 오를 때에 마음을 가다듬고 몸을 잘 단속하여 빨리 나아가는 것을 어렵게 여기는 것처럼 하라. 이와 같이 비구는 달처럼 살고 처음 출가하여 교단에 들어온 사람처럼 부끄러워하고 부드럽고 겸손하며 마음과 몸을 잘 단속하고서 남의 집에 들어가야 한다.

가섭迦葉 비구는 달처럼 살고 처음 출가하여 교단에 들어온 사람처럼 부끄러워하고 부드럽고 교만이 없으며 마음과 몸을 잘 단속하고서 남의 집에 들어간다. 그리고 눈 밝은 사나이가 깊은 물가에 서 있거나 높은 산봉우리에 오를 때에 마음을 가다듬고 몸을 잘 단속하여 똑바로 앞을 주시하면서 나아가는 것처럼 한다."

부처님께서 다시 비구들에게 말씀하셨다.

"너희들 생각에는 어떠하냐? 어떤 형상을 한 비구라야 남의 집에 들어갈 수 있겠느냐?"

비구들이 부처님께 아뢰었다.

"세존께서는 법의 근본이시고 법의 눈이시며 법의 의지처依支處가 되십니다. 원컨대 자세히 말씀하여 주소서. 저희들이 듣고 나서 마땅히 받들어 행하겠습니다."

부처님께서 모든 비구들에게 말씀하셨다.

"자세히 듣고 잘 사유思惟하라. 마땅히 너희들을 위해 설명해 주리라. 만일 어떤 비구가 남의 집에 들어갔을 적에 마음이 탐욕과 즐거움에 얽매이거나 집착하지 않고, 남이 이익을 얻거나 공덕을 지었을 때 그런 일들이 자기에게 있는 일처럼 기뻐하고 질투하는 마음을 내지 않으며 스스로 뽐내지도 않고 또한 남을 업신여기지도 않으면, 이와 같은 모습을 지닌 비구는 남의 집에 들어갈 수 있는 사람이니라."

그때 세존께서 손으로 허공을 더듬으시면서 모든 비구들에게 말씀하셨다.

"지금 내 손이 허공에 붙었거나 허공에 얽매어 있거나 허공에 물들었느냐?"

비구들이 부처님께 아뢰었다.

"아닙니다. 세존이시여."

부처님께서 비구들에게 말씀하셨다.

"비구의 법은 항상 그와 같이 집착하지 않고 얽매이지 않으며 물들지 않는 마음으로 남의 집에 들어가야 하는 것이다.

오직 가섭 비구만이 그렇게 집착하지 않고 얽매이지 않으며 물들지 않는 마음으로 남의 집에 들어간다. 또한 남이 이익을 얻거나 공덕을 지을 때에도 자기에게 있는 일인 양 기뻐하고 질투하지 않으며 스스로 뽐내지도 않고 남을 업신여기지도 않는다. 오직 가섭 비구만이 남의 집에 들어갈 자격이 있느니라."

그때 세존께서 손으로 허공을 더듬으시면서 모든 비구들에게 말씀하셨다.

"지금 내 손이 허공에 붙었거나 허공에 얽매였거나 허공에 물들었느냐?"

비구들이 부처님께 아뢰었다.

"아닙니다. 세존이시여."

부처님께서 비구들에게 말씀하셨다.

"오직 가섭 버구만 마음이 항상 이와 같이 집착하지 않고 얽매이지 않으며 물들지 않는다. 그만이 그런 마음으로 남의 집에 들어가느니라."

그때 세존께서 다시 비구들에게 말씀하셨다.

"어떤 모습을 갖춘 비구라야 청정한 설법을 할 수 있겠느냐?"

비구들이 부처님께 아뢰었다.

"세존께서는 법의 근본이시고 법의 눈이시며 법의 의지처가 되십니다. 원컨대 자세히 말씀하여 주소서. 저희들이 듣고 나서 마땅히 받들어 행하겠습니다."

부처님께서 모든 비구들에게 말씀하셨다.

"자세히 듣고 잘 사유하라. 너희들을 위해 설명해 주리라. 어떤 비구는 이런 마음을 가지고 남을 위해 설법한다.

'내가 어떤 사람을 위하여 설법하여 그가 나에게 깨끗이 믿는 마음을 내게 하고 그 마음이 근본이 되어 의복・음식・침구・의약 등을 공양하게 할 것인가?'

이와 같은 설법을 청정하지 못한 설법이라고 한다.

혹 어떤 비구는 이런 마음을 가지고 남을 위해 설법한다.

'세존께서는 바른 법과 율을 밝게 드러내시고 모든 번뇌를 여의시어 시절을 가리지 않고 이 세계에 나타나셔서 스스로 깨달아 아신 인연으로 바로 열반으로 향하셨다. 그런데 모든 중생들은 늙음・병듦・죽음・근심・슬픔・번민・괴로움에 빠져 있다. 그런 중생들이 이 바른 법을 듣는다면 그는 진리로써 유익해질 것이요, 또 오랜 세월 동안 안락하게 지낼 수 있을 것이다.'

이와 같은 바른 법의 인연으로써 자애로운 마음, 불쌍히 여기는 마음, 가엾이 여기는 마음과 바른 법을 오래 머무르게 하려는 마음으로 중생들을 위해 설법하면, 이것을 청정한 설법이라고 한다.

오직 가섭 비구만이 그런 청정한 마음으로 남을 위해 설법하고, 여래의 바른 법과 율로써……(이하 생략)……법을 오래 머무르게 하려는 마음으로 남을 위해 설법한다. 그러므로 너희 모든 비구들도 마땅히 이와 같이 배워서 저 가섭처럼 그렇게 설법해야 한다. 즉 여래의 바른 법과 율……(이하 생략)……법을 오래 머무르게 하려는 마음으로 남을 위해 설법해야 한다."

부처님께서 이 경을 말씀하시자 모든 비구들은 부처님의 말씀을 듣

고 기뻐하며 받들어 행하였다.

1137. 시여경施與經[6]

이와 같이 나는 들었다.

어느 때 부처님께서 사위국 기수급고독원에 계셨다.

그때 세존께서 모든 비구들에게 말씀하셨다.

"혹 어떤 비구는 남의 집에 들어가려고 할 때에 이렇게 생각한다. '저 집에서는 틀림없이 나에게 보시할 것이다. 그러니 그로 하여금 보시를 하지 못하게 할 수는 없다. 한꺼번에 다 주고 차차로 조금씩 주지 않을 것이요, 많이 주고 조금 주지 않을 것이며, 좋은 것을 주고 나쁜 것을 주지 않을 것이요, 빨리 주고 늦게 주지 않을 것이다.'

이와 같은 마음으로 남의 집에 들어갔다가 만일 그가 보시하지 않거나……(이하 생략)……늦게 주거나 하게 되면, 그 비구는 마음에 굴욕감을 느끼리니, 이러한 인연으로 그는 기가 죽어 스스로 장애가 생길 것이다.

혹 어떤 비구는 남의 집에 들어가려고 할 때에 이렇게 생각한다. '출가한 사람이 갑자기 신도의 집에 이르렀으니 어떻게 보시를 얻고 얻지 못함을 따질 수 있겠는가? 한꺼번에 다 주고 차차로 조금씩 주지 않을 것이요, 많이 주고 조금 주지 않을 것이며, 좋은 것을 주고 나쁜 것을 주지 않을 것이요, 빨리 주고 늦게 주지 않을 것이라고 생각할 수 있겠는가?'

이렇게 생각하고 남의 집에 갔다면, 혹 그가 주지 않거나……(이하

---

6 이 소경은 『별역잡아함경』 제6권 여섯 번째 소경의 내용과 비슷하다.

생략)……늦게 주더라도 그 비구는 마음에 굴욕감을 느끼지도 않고 기가 죽지도 않아서 장애가 생기지 않을 것이다.

오직 가섭 비구만이 그런 생각으로 남의 집에 들어간다. 그러므로 비구들아, 너희들도 마땅히 그렇게 배워 그런 생각을 가지고 신도들의 집에 들어가야 한다. 즉 '출가한 사람이 갑자기 남의 집에 이르렀는데 어떻게 보시를 얻고 얻지 못함을 따질 수 있겠는가? 빨리 보시하고 늦게 보시하지 않는다고 생각할 수 있겠는가'라고 생각해야 하느니라."

부처님께서 이 경을 말씀하시자 모든 비구들은 부처님의 말씀을 듣고 기뻐하며 받들어 행하였다.

1138. 각승경角勝經[7]

이와 같이 나는 들었다.

어느 때 부처님께서 사위국 기수급고독원에 계셨다.

그때 존자 마하 가섭은 사위국 동원東園에 있는 녹자모鹿子母 강당에 머물고 있었다.

그때 존자 마하 가섭이 저녁 해질 무렵에 선정에서 일어나 부처님의 처소로 찾아가 머리를 조아려 부처님 발에 예를 올리고 한쪽에 물러나 앉았다.

그때 세존께서 존자 마하 가섭에게 말씀하셨다.

"너는 지금 모든 비구들을 위해 설법하여 가르치고 훈계하라. 왜냐하면 내가 항상 모든 비구들을 위해 설법하여 가르치고 훈계하였기

7 이 소경은 『별역잡아함경』 제6권 일곱 번째 소경의 내용과 비슷하다.

때문이다. 너도 그렇게 해야 하느니라."

존자 마하 가섭이 부처님께 아뢰었다.

"세존이시여, 요즘 비구들은 가르치기가 어렵습니다. 어떤 비구들은 설법 듣는 것을 참아내지 못합니다."

부처님께서 마하 가섭에게 말씀하셨다.

"너는 무슨 인연으로 그런 말을 하는가?"

마하 가섭이 부처님께 아뢰었다.

"세존이시여, 저는 두 비구를 보았습니다. 한 사람은 바로 아난阿難의 제자 반조槃稠[8]이고, 다른 한 사람은 목건련目揵連의 제자 아부비阿浮毘[9]입니다. 저 두 사람은 서로 누가 더 아는 것이 많은가를 다투면서 각각 '네가 오너라. 우리 한 번 만나서 토론해보자. 누가 아는 것이 더 많은가, 누가 더 훌륭하게 알고 있나'라고 말합니다."

그때 존자 아난이 부처님 뒤에 서서 부채로 부처님을 부치고 있다가, 존자 마하 가섭에게 말하였다.

"그만 두십시오. 존자 마하 가섭이여, 그만 참으십시오. 존자 가섭이여, 그 젊은 비구들은 지혜도 적고, 또한 보잘것없는 지혜를 가진 자들입니다."

존자 마하 가섭이 존자 아난에게 말하였다.

"그대는 잠자코 있으시오. 나로 하여금 이 대중들 앞에서 그대의 일을 따지게 하지 마시오."

존자 아난은 잠자코 있었다. 그때 세존께서 한 비구에게 말씀하셨다.

---

8 『별역잡아함경』에는 반다槃荼로 되어있고, 팔리어본에는 Bhanda로 표기되어 있다. 당시에 있었던 비구의 이름이다.

9 송宋・원元・명明 세 본에는 모두 아비부阿毘浮로 되어 있으며, 이 또한 비구의 이름이다.

"너는 저 반조 비구와 아부비 비구의 처소로 가서 '스승께서 너희들에게 하실 말씀이 있다'고 하더라는 말을 전하라."

그 비구는 분부를 받고 곧 반조 비구와 아부비 비구의 처소에 가서 이렇게 말하였다.

"스승님께서 너희들에게 하실 말씀이 있다고 하신다."

그때 반조 비구와 아부비 비구가 말하였다.

"분부를 받들겠습니다."

그리고는 곧 함께 부처님의 처소로 나아가 머리를 조아려 그 발에 예배하고 한쪽에 물러나 서 있었다. 그때 세존께서 두 비구에게 말씀하셨다.

"너희들은 정말 서로 다투면서 각각 '네가 오너라. 우리 한 번 만나서 토론해보자. 누가 아는 것이 더 많은가, 누가 더 훌륭하게 알고 있나'라고 말한 적이 있느냐?"

두 비구가 부처님께 아뢰었다.

"사실입니다. 저희들은 그런 적이 있습니다, 세존이시여."

부처님께서 두 비구에게 말씀하셨다.

"너희들은 내가 말한 수다라修多羅·기야祇夜·수기受記·가타伽陀·우다나優陀那·니다나尼陀那·아파다나阿波陀那·이제목다가伊帝目多伽·자타가闍陀伽·비부라毘富羅·아부다달마阿浮多達摩·우파제사優波提舍 등의 법을 가지고 서로 논쟁하면서 각각 '네가 오너라. 우리 한 번 만나서 토론해보자. 누가 아는 것이 더 많은가, 누가 더 훌륭하게 알고 있나'라고 말하였느냐?"

두 비구가 부처님께 아뢰었다.

"아닙니다, 세존이시여."

부처님께서 두 비구에게 말씀하셨다.

"너희들은 내가 말한 수다라……(이하 생략)……우파제사로써 제

자신을 길들이고 스스로 쉬며 스스로 열반을 구하지 않느냐?"

두 비구가 부처님께 아뢰었다.

"그렇습니다. 세존이시여."

부처님께서 두 비구에게 말씀하셨다.

"너희들은 내가 말한 수다라……(이하 생략)……우파제사를 알고도, 너희 어리석은 사람들은 꼭 누가 더 많이 알고 있으며, 누가 알고 있는 것이 더 훌륭한가 하고 서로 논쟁을 벌여야만 하겠느냐?"

그때 두 비구는 앞으로 나아가 부처님 발에 예를 올리고 거듭 아뢰었다.

"잘못을 참회하나이다. 세존이시여, 잘못을 참회하나이다. 선서善逝시여, 저희들이 미련하고 어리석은데다 착하지도 못하고 분별력이 없어서 서로 다투었습니다."

부처님께서 두 비구에게 말씀하셨다.

"너희들은 정말로 죄를 알아 허물을 뉘우쳤다. 미련하고 어리석으며, 착하지도 못하고 분별력마저 없어서 서로 다투었노라고 참회하였다. 이제는 이미 스스로 죄인 줄을 알았고 스스로 죄를 보았으며, 지견知見이 생겨 참회하였으니, 미래의 세상에 율의계律儀戒가 생길 것이다. 내가 이제 너희들을 가엾이 여기기 때문에 너희들로 하여금 착한 법이 더욱 늘어나 끝끝내 물러나거나 줄어들지 않게 하리라.

왜냐하면 만일 스스로 죄를 알고 스스로 죄를 보며 지견이 생겨 참회하면, 미래 세상에 율의계가 생겨 끝내 물러나거나 줄어들지 않게 되기 때문이니라."

그때 두 비구는 부처님 말씀을 듣고 기뻐하면서 예를 올리고 물러갔다.

1139. 무신경無信經[10]

이와 같이 나는 들었다.

어느 때 부처님께서 사위국 기수급고독원에 계셨다.

그때 존자 마하 가섭은 사위국 동원에 있는 녹자모 강당에 머물고 있었다. 그는 저녁 해질 무렵에 선정에서 일어나 세존의 처소로 찾아가 머리를 조아려 부처님 발에 예를 올리고 한쪽에 물러나 앉았다. 부처님께서 가섭에게 말씀하셨다.

"너는 지금 모든 비구들을 위해 설법하여 가르치고 훈계하라. 왜냐하면 내가 항상 모든 비구들을 위해 설법하여 가르치고 훈계하였기 때문이다. 너도 그렇게 해야 하느니라."

존자 마하 가섭이 부처님께 아뢰었다.

"세존이시여, 요즘 비구들은 가르치기 어렵습니다. 만일 설법하면 그들은 끈기 있게 듣지도 않고 기뻐하지도 않기 때문입니다."

부처님께서 마하 가섭에게 말씀하셨다.

"너는 무슨 인연으로 그런 말을 하는가?"

마하 가섭이 부처님께 아뢰었다.

"세존이시여, 만일 어떤 비구가 모든 착한 법에 대해 믿고 공경하는 마음이 없는데 그에게 설법하면 그는 곧 물러나고 말 것입니다. 만일 나쁜 지혜를 가진 사람이 모든 착한 법에 대해 정진하지도 않고 부끄러워하지도 않으며 지혜도 없는데 그런 사람이 설법을 들으면 그는 곧 물러나고 말 것입니다. 만일 사람이 탐욕·성냄·수면睡眠·들뜸〔掉悔〕·의혹이 있고 몸으로 거만한 행동을 하거나 사나운 짓을 하며 분한忿恨을 품거나 기억을 상실하고 안정되지 못하며 지혜가 없는

---

10 이 소경은 『별역잡아함경』 제6권 여덟 번째 소경의 내용과 비슷하다.

데 그런 사람이 설법을 들으면 그는 곧 물러나고 말 것입니다.

세존이시여, 이런 악한 사람들은 오히려 그 마음을 착한 법에 머무르게 할 수도 없는데 하물며 더욱 증진增進하게 할 수 있겠습니까? 그런 무리들은 밤낮으로 착한 법은 점점 줄어들고 더 이상 자라나지는 않을 것입니다.

그러나 세존이시여, 만일 어떤 사람이 모든 착한 법에 대해 믿는 마음이 청정하면 그는 물러나지 않을 것입니다. 착한 법에 대해 열심히 정진精進하고 부끄러워할 줄 알며, 지혜가 있으면 그는 물러나지 않을 것입니다. 탐욕이 없고 성내지 않으며 수면睡眠·들뜸〔掉悔〕·의혹이 없으면 그는 물러나지 않을 것입니다. 몸으로 사나운 짓을 하지 않고 마음이 더럽게 물들지 않으며 분하게 여기지 않고 원한을 품지 않으며 마음이 안정되고 바른 기억과 지혜가 있으면 그는 물러나지 않을 것입니다. 그러한 사람은 착한 법이 밤낮으로 자꾸만 자라날 터인데 더구나 마음이 머물러 있겠습니까? 그런 사람은 밤낮으로 항상 더 좋은 데로 나아가기를 구하지 끝내 물러나거나 줄어들지 않을 것입니다."

부처님께서 가섭에게 말씀하셨다.

"그렇다. 모든 착한 법에 대해 믿는 마음이 없으면 그는 곧 물러나거나 줄어들 것이다.……이 사이의 자세한 내용은 가섭이 차례대로 조목조목 자세히 말한 내용과 같다."

그때 존자 마하 가섭은 부처님의 말씀을 듣고 기뻐하면서 자리에서 일어나 떠나갔다.

1140. 불위근본경佛爲根本經[11]

이와 같이 나는 들었다.

어느 때 부처님께서 사위국 기수급고독원에 계셨다.

그때 존자 마하 가섭은 사위국 동원에 있는 녹자모 강당에 머물고 있었다. 그는 저녁 해질 무렵에 선정에서 일어나 세존의 처소로 찾아가 머리를 조아려 부처님 발에 예를 올리고 한쪽에 물러나 앉았다. 그때 세존께서 마하 가섭에게 말씀하셨다.

"너는 지금 모든 비구들을 위해 설법하여 가르치고 훈계하라. 왜냐하면, 내가 항상 모든 비구들을 위해 설법하여 가르치고 훈계하였기 때문이다. 너도 그렇게 해야 하느니라."

존자 마하 가섭이 부처님께 아뢰었다.

"세존이시여, 요즘 비구들은 설법해서 훈계하고 가르치기 어렵습니다. 어떤 비구들은 설법 듣기를 감내하지도 못하고 기뻐하지도 않습니다."

부처님께서 마하 가섭에게 말씀하셨다.

"너는 무슨 인연으로 그런 말을 하는가?"

마하 가섭이 부처님께 아뢰었다.

"세존께서는 법의 근본이시고 법의 눈이시며 법의 의지처가 되십니다. 원컨대 세존께서 모든 비구들을 위해 설법해 주시면 비구들은 듣고 나서 받들어 행할 것입니다."

부처님께서 가섭에게 말씀하셨다.

"자세히 듣고 잘 사유思惟하라. 너희들을 위해 설명해 주리라."

부처님께서 가섭에게 말씀하셨다.

---

11 이 소경은 『별역잡아함경』 제6권 아홉 번째 소경의 내용과 비슷하다.

"옛날 아련야阿練若[12]에서 생활했던 비구들은 아련야에서 사는 비구의 처소에서는 아련야 법을 찬탄하였고 걸식하는 비구의 처소에서는 걸식하는 공덕을 찬탄하였으며 누더기〔糞掃衣〕를 입는 비구의 처소에서는 누더기를 입는 공덕을 찬탄하였다. 만일 욕심이 적고 만족할 줄 알거나, 멀리 떠나 수행하거나 방편을 구해 열심히 노력하거나 바른 기억과 바른 선정을 가졌거나 지혜롭고 번뇌가 다했거나 몸으로 증득한 비구의 처소에서는 그들이 행하는 바에 따라 찬탄하고 칭송하였다.

가섭아, 아련야 비구의 처소에서는 아련야 법을 찬탄하고……(이하 생략)……번뇌가 다한 비구의 처소에서는 번뇌가 다해 몸으로 증득한 것을 찬탄하며 만일 그런 사람을 보거든 그들과 함께 이야기를 나누되 적절하게 그들의 마음을 맞추어 잘 왔다고 위로하라. 그러고는 '당신 이름은 무엇이며 누구의 제자인가?' 하고 묻고 자리를 양보해 앉게 하라. 그리고 또 어질고 착한 이들을 찬탄하고 '어진 이들이 행한 것처럼 본받아 행하면 사문의 이치에 어긋나지 않고 사문이 되려는 마음을 가진 사람이다'라고 찬탄하라. 그때 만일 같이 머무르거나 같이 유행하는 사람이 있다면 곧 확신을 가지고 그들이 하는 행동을 그대로 따라 행하라. 그러면 오래지 않아 그 소견이 같아지고 그 바라는 바도 같아질 것이다."

부처님께서 가섭에게 말씀하셨다.

"만일 젊은 비구가 아련야에서 사는 비구를 보게 되거든 아련야의 법으로 찬탄하고,……(이하 생략)……번뇌가 다해 몸으로 증득하였거든 젊은 비구는 마땅히 일어나 나가서 맞이하고 공경히 예를 올리고 문안해야 하며,……(이하 생략)……같이 살면 오래지 않아 스스

12 숲속 조용한 곳이나 한가롭고 고요한 곳을 말하는데 이것이 요즘에는 전용되어 사찰로 표현하고 있다.

로 진리의 이익을 얻을 것이다. 그와 같이 공경하는 사람은 오랜 세월 동안 안락할 것이요, 또한 이익을 얻게 될 것이다."

부처님께서 다시 가섭에게 말씀하셨다.

"그런데 요새 비구들은 찾아오는 이를 맞이할 때 그에게 지견이 있어 보이고 덕이 많아 보이며, 또 재물과 의복·음식·침구·의약이 있다고 생각되면 함께 이야기를 나누고 공경하며 문안하고 찬탄하며 '잘 오셨습니다. 이름은 무엇이며 누구의 제자입니까?'라고 말하고 그의 복덕을 찬탄한다. 그것은 큰 이익과 의복·음식·침구·의약이 있다고 느끼고, 또 그 존자와 친근히 하는 사람은 의복·음식·침구·의약 등이 풍족하게 될 것이라고 생각하기 때문이다.

또 젊은 비구들은 찾아오는 사람을 보고 큰 지혜와 큰 덕이 있어 보이고, 또 재물과 의복·음식·침구·의약 등이 있다고 느껴지면, 빨리 일어나 나가 맞이하고 공경을 다하여 문안하면서 '잘 오셨소'라고 하면서 찬탄한다. 그것은 큰 지혜와 큰 덕이 있는 이로서 큰 이익과 의복·음식·침구·의약 등이 있을 것이라고 느꼈기 때문이다. 가섭아, 그런 젊은 비구들은 오랜 세월 동안 마땅히 이치도 아니고 이익도 없는 고통을 받게 될 것이다.

이와 같아서 가섭아, 그런 비구들은 사문의 근심이 되고 그들로 인해 범행梵行은 사라지고 말 것이며 큰 장애물이요 악하고 착하지 못한 법이 되리라. 그들은 번뇌의 근심 때문에 모든 존재의 불꽃처럼 치열하게 나고 죽고 하는 미래의 괴로운 과보果報를 거듭 받아 나고·늙고·병들고·죽고·근심하고·슬퍼하고·괴로워하고·번민하게 될 것이다.

그러므로 가섭아, 아련야에 사는 사람은 아련야의 자리에서는 아련야를 찬탄하고 칭찬해야 하며 누더기 옷을 입고 걸식하며 욕심을 적게 가지고 만족할 줄 알며 멀리 떠나 수행하고 방편을 구해 열심히 정진하고 바른 기억과 바른 선정을 행하며 바른 지혜로 번뇌가 다해 몸으로 증득한 사람을 찬탄하고 칭찬하는 그런 공부를 해야 하느니라."

부처님께서 이 경을 말씀하시자 존자 마하 가섭은 부처님의 말씀을 듣고 기뻐하면서 예를 올리고 물러갔다.

1141. 극로경極老經[13]

이와 같이 나는 들었다.

어느 때 부처님께서 사위국 기수급고독원에 계셨다.

그때 존자 마하 가섭은 사위국 동원에 있는 녹자모 강당에 머물고 있었다. 그는 저녁 해질 무렵에 선정에서 일어나 세존의 처소로 찾아가 머리를 조아려 부처님 발에 예를 올리고 한쪽에 물러나 앉았다. 그때 세존께서 존자 마하 가섭에게 말씀하셨다.

"너는 이제 이미 노쇠해 모든 기관이 쇠약해졌으니 이 누더기 옷이 무거울 것이다. 내 옷이 가볍고 더 좋다. 너도 지금부터는 대중들과 함께 기거할 적에도 거사들이 입는 괴색壞色의 가벼운 옷을 입어라."

가섭이 부처님께 아뢰었다.

"세존이시여, 저는 이미 오랫동안 아련야행阿練若行[14]을 익혔고 아련야행과 누더기 옷과 걸식에 대하여 찬탄하였습니다."

---

13 이 소경은 『별역잡아함경』 제6권 열 번째 소경과 『증일아함경』 제35권 제41 「막외품莫畏品」의 다섯 번째 소경과 그 내용이 비슷하다.

14 비구가 항상 아련야에 거주하고 다른 곳에 머물지 않는 것으로서 12두타행頭陀行의 하나이다.

부처님께서 가섭에게 말씀하셨다.

"그대는 몇 가지 진리를 보았기에 아련야행을 익히고 아련야행을 찬탄하였고 누더기 옷을 입고 걸식하면서 누더기 옷과 걸식하는 법에 대하여 찬탄하였느냐?"

가섭이 부처님께 아뢰었다.

"세존이시여, 저는 두 가지 진리를 보았습니다. 하나는 현세에서 안락하게 사는 이익을 얻는 것이고 다른 하나는 미래 세계의 중생들을 위해 큰 등불이 되는 것입니다. 미래 세상의 중생들은 '과거에 상좌上座들은 여섯 가지 신통력이 있었다. 출가한 지 오래되어 범행이 순수하고 익숙해져서 세존으로부터 찬탄을 들었으며 지혜로운 범행자들이 떠받들어 섬기는 대상이 되었다. 그들은 오랫동안 아련야행을 익히고 아련야행에 대하여 찬탄하였으며 누더기 옷을 입고 걸식하면서 누더기 옷과 걸식하는 법에 대하여 찬탄하였다'고 생각할 것입니다. 그래서 이런 말을 듣는 모든 사람들은 깨끗한 마음으로 따르고 기뻐하며 오랫동안 안락과 이익을 얻게 될 것입니다."

부처님께서 가섭에게 말씀하셨다.

"훌륭하고 훌륭하다. 가섭아, 그대는 오랫동안 중생들에게 많은 이익을 주었다. 중생을 안락하게 하였고 세상을 가엾이 여겼으며 천상과 인간을 안락하게 하였다."

부처님께서 다시 가섭에게 말씀하셨다.

"만일 두타법을 비방하는 사람이 있다면 그는 곧 나를 비방하는 것이요, 두타법을 찬탄하는 사람이 있다면 그는 곧 나를 찬탄하는 것이다. 왜냐하면 두타법은 내가 오랫동안 칭송하고 찬탄해왔던 것이기 때문이다. 그러므로 가섭아, 아련야에서 지내는 사람들은 누더기 옷과 걸식하는 법을 찬탄하여야 하느니라."

부처님께서 이 경을 말씀하시자 마하 가섭은 부처님의 말씀을 듣고 기뻐하면서 예를 올리고 물러갔다.

1142. 납의중경衲衣重經[15]

이와 같이 나는 들었다.

어느 때 부처님께서 사위국 기수급고독원에 계셨다.

그때 존자 마하 가섭은 오랫동안 사위국 아련야의 평상에 앉아 지내다가 수염과 머리를 기르고 해어진 누더기 옷을 입고 부처님의 처소로 찾아갔다. 그때 세존께서는 수없이 많은 대중들에게 둘러싸여 설법을 하고 계셨다. 모든 비구들은 존자 마하 가섭이 멀리서 오는 것을 보았다. 그를 보고 나서 비구들은 마하 가섭을 업신여기는 마음이 생겨 이렇게 말하였다.

"저 사람은 어떤 비구이기에 의복이 누추하고 위용威容도 없이 옷자락을 펄럭이면서 오고 있을까?"

그때 세존께서는 비구들이 무슨 생각을 하고 있는지 아시고 마하 가섭에게 말씀하셨다.

"잘 왔구나. 가섭아, 여기 자리 반을 비워두었으니 이 자리에 앉아라. 나는 이제야 마침내 누가 먼저 출가하였는지를 알았다. 네가 먼저 출가했는지 내가 먼저 출가했는지를 말이니라."

그곳에 있던 모든 비구들은 마음에 두려움이 생겨 온 몸의 털이 곤두섰다. 그리하여 그들은 서로 수군거렸다.

"여러분, 이상합니다. 아마도 저 존자 마하 가섭에게는 큰 덕과 큰 힘이 있는 모양입니다. 그는 우리 스승의 제자인데도 스승께서 자리

---

15 이 소경은 『별역잡아함경』 제6권 열한 번째 소경과 그 내용이 비슷하다.

의 반을 내어 주시며 앉으라고 청하시는군요."

그때 존자 마하 가섭이 합장하고 부처님께 아뢰었다.

"세존이시여, 부처님께서는 저의 스승이시고 저는 제자입니다."

부처님께서 가섭에게 말씀하셨다.

"그렇다. 나는 너의 스승이고 너는 나의 제자이다. 이제 그대는 우선 앉아라. 그리고 편안한 자세를 취하라."

존자 마하 가섭이 부처님 발에 머리를 조아려 예를 올리고 한쪽에 물러나 앉았다. 그때 세존께서 다시 여러 비구들을 경계하여 깨우쳐 주고, 또 존자 마하 가섭도 당신이 얻은 훌륭하고 광대한 공덕과 같다는 것을 대중에게 나타내시기 위해 다시 비구들에게 말씀하셨다.

"나는 탐욕과 악하고 착하지 않은 법을 여의고 각覺도 있고 관觀도 있는 초선初禪을 완전히 갖추어 낮이나 밤이나 혹은 밤낮 없이 머무른다. 마하 가섭도 나처럼 탐욕과 악하고 착하지 않은 법을 여의고,……(이하 생략)……초선初禪을 완전히 갖추어 낮이나 밤이나 혹은 밤낮 없이 머무른다. 나는 제2선 · 제3선 · 제4선을 완전히 갖추어 머무르려고 하면 낮이나 밤이나, 혹은 밤낮 없이 머무르고 저 마하 가섭도 또한 이와 같이……(이하 생략)……제4선을 완전히 갖추어 낮이나 밤이나, 혹은 밤낮 없이 머무르느니라.

나는 내가 원하는 대로 자애로움 · 불쌍히 여김 · 기뻐함 · 평정 · 허공의 경계 · 의식의 경계 · 아무 존재도 없는 경계 · 생각하는 것도 아니요 생각하지 않는 것도 아닌 경계와 신통 경계인 천이天耳 · 타심지他心智 · 숙명지宿命智 · 생사지生死智 · 누진지漏盡智를 완전하게 갖추어 밤이나 낮이나, 혹은 밤낮으로 머문다. 저 가섭 비구도 또한 그와 같이……(이하 생략)……번뇌가 다한 지혜를 완전하게 갖추어 낮이나 밤이나 혹은 밤낮으로 머무르느니라."

그때 세존께서 한량없이 많은 대중들 가운데서 마하 가섭의 광대하고 훌륭한 공덕이 당신과 같음을 찬양하시자 여러 비구들은 부처님의 말씀을 듣고 기뻐하며 받들어 행하였다.

1143. 시시경是時經[16]

이와 같이 나는 들었다.

어느 때 부처님께서 왕사성 가란다죽원에 계셨고 존자 마하 가섭과 존자 아난은 기사굴산耆闍崛山에 머물고 있었다.

그때 존자 아난이 존자 마하 가섭의 처소를 찾아가서 존자 마하 가섭에게 말하였다.

"지금 저와 함께 기사굴산을 나가 왕사성에 들어가 걸식하십시다."

존자 마하 가섭은 잠자코 승낙하였다. 그때 존자 마하 가섭과 존자 아난이 가사를 입고 발우를 가지고 왕사성에 들어가 걸식하려고 하다가 존자 아난이 존자 마하 가섭에게 말하였다.

"시간이 너무 이릅니다. 함께 잠시 비구니의 정사精舍에 들렀다 가시지요."

그래서 그들은 그곳을 거쳐가기로 하였다. 그때 모든 비구니들은 존자 마하 가섭과 존자 아난이 멀리서 오는 것을 보고 얼른 자리를 펴고 앉기를 권하였다. 그리고 여러 비구니들은 존자 마하 가섭과 존자 아난의 발에 예배하고 한쪽에 물러나 앉았다. 존자 마하 가섭은 여러 비구니들을 위해 갖가지 법을 설하여 가르쳐 보여서 밝게 해주고 기쁘게 해주었다.

그러나 그때 투라난타偸羅難陀 비구니는 기뻐하지 않고 이렇게 욕

16 이 소경은 『별역잡아함경』 제6권 열두 번째 소경과 그 내용이 비슷하다.

설을 하였다.

"성자〔阿梨〕[17] 마하 가섭이여, 어떻게 성자 아난 비제하모니鞞提呵牟尼[18] 앞에서 비구니들을 위해 설법할 수 있습니까? 비유하면 마치 바늘을 파는 아이가 바늘을 만드는 기술자의 집에 바늘을 팔려고 하는 것처럼 성자 마하 가섭께서 성자 아난 비제하모니 앞에서 비구니를 위해 설법하는 것도 또한 그와 같습니다."

존자 마하 가섭은 투라난타 비구니가 불쾌한 마음으로 욕설하는 말을 듣고 존자 아난에게 말하였다.

"그대는 저 투라난타 비구니가 불쾌한 마음으로 모진 욕설을 하는 것을 들었는가? 아난이여, 어째서 나는 바늘을 파는 아이이고 그대는 바늘을 만드는 기술자이며, 또 내가 그대 앞에서 바늘을 판단 말인가?"

존자 아난이 존자 마하 가섭에게 말하였다.

"그만 두시지요. 참으십시오. 저 어리석은 늙은 할멈은 지혜가 적고 일찍이 공부를 못해 그런 것입니다."

"아난이여, 세존·여래·응공〔應〕·등정각等正覺께서 알고 보신 것을 대중들 앞에서 달에 비유하여 설한 경〔月譬經〕[19]으로 훈계하고 가르치는 것을 그대는 듣지 못했는가? 그 경에서 말씀하시기를 '비구는 마땅히 달처럼 살아가야 하고 항상 출가한지 오래되지 않은 비구처럼 매사每事에 조심하고 삼가라'고 하셨다. 이와 같이 자세하게 말씀해 주셨는데 아난이여, 그대는 달처럼 살아가며 항상 출가한지 오래되지 않은 비구처럼 매사에 조심하고 삼가는가?"

---

17 아리阿梨는 팔리어로는 ariya 또는 ayya로 표기하며 성자聖者라는 뜻이다.
18 아난 존자에 대해 쓰는 존칭尊稱이다.
19 바로 위에 나오는 1,136번째 소경인 월유경月喩經을 가리키는 말이다.

아난이 대답하였다.

“그렇지 못합니다, 존자 마하 가섭이시여.”

“아난이여, 세존·여래·응공·등정각께서 알고 보신 것으로 ‘비구야, 마땅히 달처럼 살아가고, 항상 출가한 지 오래되지 않은 비구처럼 매사에 조심하고 삼가는 자는 오직 마하 가섭뿐이다’라고 하신 말씀을 그대는 들었는가?”

아난이 대답하였다.

“그렇습니다, 존자 마하 가섭이시여.”

“아난이여, 그대는 일찍이 세존·여래·응공·등정각께서 알고 보신 것으로 한량없이 많은 대중들 앞에서 ‘그대는 여기에 와서 앉아라’라고 하시는 청함을 받은 일이 있는가? 또 세존께서 당신의 광대한 덕과 같은 사람이라고 그대를 찬탄한 일이 있는가? 아난은 악하고 착하지 않은 법을 여의었고……(이하 생략)……번뇌가 다한 신통이라고 그대를 칭찬하신 일이 있는가?”

대답하였다.

“아닙니다, 존자 마하 가섭이시여.”

“그렇다면 아난이여, 세존·여래·응공·등정각께서는 한량없이 많은 대중들 앞에서 스스로 ‘잘 왔다. 마하 가섭아, 그대에게 내 자리의 반을 나누어준다’고 말씀하시고, 또 대중들 앞에서 자기의 광대한 공덕과 같은 공덕이 있는 사람이라 하시며, 탐욕을 여의고 악하고 착하지 않은 법을 여의었으며……(이하 생략)……번뇌가 다한 신통력을 지닌 사람이라고 마하 가섭을 찬양하셨는가?”

아난이 대답하였다.

“그렇습니다, 존자 마하 가섭이시여.”

그때 마하 가섭은 비구니들 가운데서 이렇게 사자처럼 외쳤다.

1144. 중감경衆減經[20]

이와 같이 나는 들었다.

어느 때 존자 마하 가섭과 존자 아난이 왕사성 기사굴산에 머물고 있었는데, 세존께서 열반하신 지 오래지 않은 때였다.

때마침 세상은 흉년이 들어 걸식을 하여도 음식을 얻기가 어려웠다.

그때 존자 아난은 여러 젊은 비구들과 함께 지내면서 모든 감관〔根〕을 잘 단속하지 못하였다. 음식을 먹을 때에 양量을 알지 못하였고 초저녁과 새벽에도 좌선하기를 힘쓰지 않았으며 잠자기만을 좋아하였다. 항상 세간의 이익만을 추구하여 세간에 돌아다니다가 남천축南天竺으로 갔다. 거기에서 30명쯤 되는 젊은 제자들은 계율을 버리고 속가俗家로 돌아갔고 나머지는 대부분 동자童子들이었다. 존자 아난은 남산국토南山國土에서 유람하다가 얼마 되지 않는 적은 무리를 데리고 왕사성王舍城으로 돌아왔다.

그때 존자 아난은 가사와 발우를 두고 발을 씻은 다음 존자 마하 가섭에게 나아가 머리를 조아려 그의 발에 예를 올리고 한쪽에 물러나 앉았다. 존자 마하 가섭이 존자 아난에게 물었다.

"그대는 어디서 오는가? 대중이 매우 적구나."

아난이 대답하였다.

"남산 국토에서 세간을 유람하며 돌아다녔는데 그때 젊은 비구 30명이 계율을 버리고 속세로 돌아갔기 때문에 대중이 줄었고, 지금 남은 이도 대부분 나이 어린 동자들입니다."

존자 마하 가섭은 존자 아난에게 말하였다.

"여래・응공・등정각께서는 몇 가지 복과 이익을 보고 아셨기에 세

---

20 이 소경은 『별역잡아함경』 제6권 열세 번째 소경과 그 내용이 비슷하다.

사람 이상이 모여 먹는 것을 억제하는 계율을 만드셨던가?"

아난이 대답하였다.

"두 가지 때문입니다. 어떤 것이 그 두 가지인가 하면 하나는 가난하고 보잘것없는 집안을 배려해서이고 다른 하나는 여러 악한 사람들이 패거리를 만들어 서로 부수기 때문입니다. 즉 나쁜 사람이 승가 대중들 속에 있으면서 대중이란 이름으로 대중들을 가로막아 두 패로 갈라지게 하여 서로 미워하고 다투지 못하도록 하기 위해서였습니다."

존자 가섭이 아난에게 말하였다.

"그대는 그런 뜻을 알고 있으면서 어째서 흉년이 든 때에 많은 젊은 비구들을 데리고 남산 국토를 유람하다가 30명이나 되는 대중들이 계율을 버리고 속세로 돌아감으로써 대중들이 줄어들게 하고 대부분 동자만 남아있게 하였는가? 아난이여, 그대가 대중들이 줄어들게 한 일을 보면 그대도 동자라서 주변머리가 없구나."

아난이 대답하였다.

"존자 마하 가섭이시여, 제가 이미 머리칼이 두 가지 색깔인데 어찌 동자라고 말씀하십니까?"

존자 마하 가섭이 말하였다.

"그대는 흉년이 든 시기에 여러 젊은 제자들과 세간을 돌아다니다가 30명이나 되는 제자들이 계율을 버리고 속세로 돌아가게 하였고 나머지는 대부분 동자들로서 대중들을 줄어들게 하였으니, 그것은 다 주변머리가 없었기 때문이다. 그래서 '나이 많은 덕 있는 대중들이 다 환속하여 무너지고 말았네. 아난의 대중들은 너무 심하게 무너지고 말았다네'라고 말하는 이들이 있게 되었으니 아난이여, 그래서 그대를 동자나 다름없다고 하는 것이다. 그것은 다 주변머리가 없기 때문이다."

그때 저사低舍 비구니는 존자 마하 가섭이 존자 아난 비제하모니를 동자라고 꾸짖는 것을 보고 불쾌히 여겨 이렇게 욕설하였다.

"성자聖者 마하 가섭은 본래 외도 사문이었는데, 어떻게 성자 아난 비제하모니를 동자라고 꾸짖고 그 동자라는 이름을 널리 퍼지게 할 수 있는가?"

존자 마하 가섭은 천이天耳의 신통력으로 저사 비구니가 불쾌한 마음으로 욕설하는 소리를 듣고 존자 아난에게 말하였다.

"그대는 보라. 저 저사 비구니가 불쾌한 마음으로 '마하 가섭은 본래 외도 사문이었는데 어떻게 성자聖者 아난 비제하모니를 꾸짖고 동자라는 이름을 퍼지게 할 수 있는가'라고 욕하는구나."

존자 아난이 대답하였다.

"그만 두십시오. 존자 마하 가섭이시여, 참으십시오. 존자 마하 가섭이시여, 저 어리석은 늙은 할멈이 타고난 지혜가 없어서 그런 것입니다."

존자 마하 가섭이 아난에게 말하였다.

"나는 출가한 뒤로 다른 스승은 전혀 알지도 못하고, 오직 여래·응공·등정각만 알고 지냈다. 나는 출가하기 전에 늘 태어남·늙음·병듦·죽음·근심·슬픔·번민·괴로움을 생각하였고, '속가에 있으면 번거로운 일과 온갖 번뇌가 많지만 출가하면 텅 비고 한적하다. 속인은 집이 아닌 곳에 살면서 한결같이 조촐하고 깨끗하게 살고 목숨을 마칠 때까지 순일純一하고 원만하게 깨끗하며 범행梵行이 맑게 되기가 어렵다'는 것을 알았소.

그래서 수염과 머리를 깎고 가사를 입고 바른 믿음으로 집이 아닌 데로 출가하여 도를 배우리라고 마음먹었소. 백천금百千金 쯤 되는 귀하고 값나가는 옷을 조각조각 끊어 승가리僧伽梨를 만들고, 만일 세상에 아라한이 있으면 가만히 그를 따라 출가하리라고 생각하였소. 나는 출가한 뒤에 왕사성 나라那羅라는 작은 마을 중간쯤에 있는 다자탑多子塔에서 세존을 뵈옵게 되었소. 그분은 몸을 바로잡고 단정히 앉아 계셨는데 상호相好가 원만하고 모든 감관도 지극히 고요하며 첫 번째 식息이 끊어져 마치 금산金山과 같았소.

나는 그런 모습을 보고 이렇게 생각하였소.

'이 분이 바로 내 스승이시고 이 분이 곧 세존世尊이시며 이 분이 바로 아라한阿羅漢이시고 이 분이 바로 등정각等正覺이시다.'

그때 나는 일심一心으로 합장하고 공경을 다하여 예를 올린 다음 부처님께 아뢰었소.

'당신은 곧 저의 스승이시고, 저는 당신의 제자입니다.'

그러자 부처님께서 나에게 말씀하셨소.

'그렇다, 가섭아. 나는 네 스승이요, 너는 내 제자이다. 가섭아, 너는 지금 저와 같은 진실하고 깨끗한 마음을 성취하였다. 만일 공경을 받는 이로서 알지 못하는 것을 안다고 말하고 보지 못한 것을 보았다고 말하며 실제는 아라한이 아니면서 아라한이라 말하고 등정각도 아닌데 등정각이라고 말한다면, 그는 반드시 저절로 몸이 일곱 조각으로 부서질 것이다.

가섭아, 나는 지금 알았기 때문에 안다고 말하고 보았기 때문에 본다고 말하며 진실로 아라한이기 때문에 아라한이라고 말하고 진실로 등정각이기 때문에 등정각이라고 말하는 것이다.

가섭아, 나는 지금 인연이 있기 때문에 성문을 위해 설법하는 것이지 인연이 없는 법이 아니다. 근거가 있는 것이지 근거가 없는 것이 아니다. 신통력이 있으며 신통력이 없는 것이 아니다. 그러므로 가섭아, 만일 법을 듣고자 하거든 이렇게 배워야 한다. 만일 법을 듣고자 하거든 이치로써 중생을 유익하게 하고 그 마음을 전일專一하게 하여 공경하고 존중하며 마음을 다 쏟아 한결같이 귀를 기울여 듣고 이렇게 생각하라. 나는 5온蘊이 생기고 사라짐과 6촉입처觸入處가 쌓이고 사라져 없어지는 것에 대하여 바르게 관찰하고 4염처念處에 대하여 바르게 생각하여 즐겁게 머무르며 7각분覺分을 닦고 8해탈解脫을 닦아 몸으로 증득하고 항상 그 몸을 생각해 일찍이 끊이지 않게 하며 부끄러워할 줄을 알아 스승과 큰 덕이 있는 범행자들에 대해 항상 부끄러워하면서 살리라고 그렇게 배워야 하느니라.'

그때 세존께서는 나를 위해 설법하여 가르쳐 보이시고 기쁘게 해주신 뒤에 자리에서 일어나 떠나셨고 나는 그가 계신 곳으로 따라갔다. 나는 백천금의 값나가는 좋은 옷을 잘라 만든 승가리를 네 겹으로 접어 자리를 깔아드렸다. 그러자 세존께서 나의 지극한 마음을 아시고 곳곳에서 수행하는 길을 가르쳐주셨다. 내가 옷을 깔아 앉을 자리를 만들고 부처님께 앉으시도록 청하자 세존께서는 곧 앉아 손으로 옷을 어루만지시며 찬탄하셨다.

'가섭아, 이 옷은 가볍고 곱구나. 이 옷은 부드럽고 연하구나.'

그때 나는 이렇게 아뢰었다.

'그렇습니다, 세존이시여. 그 옷은 가볍고 곱습니다. 그 옷은 부드럽고 연합니다. 세존께서는 부디 그 옷을 받아주시기 바랍니다.'

부처님께서 나에게 말씀하셨다.

'너는 내 누더기 옷을 받아라. 그러면 내가 너의 승가리를 받으리라.'

그러시고는 곧 손수 자신의 누더기 옷을 내게 주셨고 나는 곧 부처님으로부터 승가리를 받았다. 이렇게 하나하나 가르치셨다. 나는 8일 사이에 법을 배워 걸식하는 법을 받았고 9일 만에 초월하여 더 이상 배울 것이 없는 경지에 이르렀다.

아난이여, 만일 올바르게 묻는 어떤 이가 있어 누가 세존의 법자法子로서 부처님 입으로부터 태어났고 법의 교화로부터 태어났으며 부촉咐囑해 주시는 법재法財를 받고 모든 선정의 해탈과 삼매를 바르게 받아 지녔는가 하고 묻거든 내가 곧 그 사람이라고 말하라. 이것은 바른 말이다. 비유하면 전륜성왕轉輪聖王의 맏아들이 정수리에 물을 붓는 의식을 치르고 왕위에 오르면 왕이 누리는 다섯 가지 욕망의 즐거움은 애써 방편을 쓰지 않고도 저절로 얻어지는 것처럼 나도 그와 같아서 부처님의 법자로서 부처님 입으로부터 생겨나고 법의 교화로부터 생겨나 부촉해 주신 법재를 얻었고 또 법과 선정과 해탈과 삼매를 바르게 받은 일은 애써 방편을 쓰지 않고도 저절로 얻어진 것이다.

또 비유하면 전륜성왕의 보배 코끼리는 높이가 7, 8주肘쯤 되지만 그래도 다라多羅나무 잎사귀 하나로 능히 가릴 수 있는 것처럼 내가 성취한 여섯 가지 신통의 지혜도 모두 가리울 수 있다. 만일 어느 누가 신통경계작증지神通境界作證智에 대하여 의혹이 있으면 나는 다 분별해 말해줄 수 있다. 또 천이통天耳通·타심통他心通·숙명통宿命通·생사지生死智·누진작증지통漏盡作證智通에 대해 의혹이 있으면 나는 그에게 다 분별해 말해주어 결정을 얻을 수 있게 할 것이다."

존자 아난이 존자 마하 가섭에게 말하였다.

"그렇습니다, 그렇습니다. 마하 가섭이시여, 전륜성왕이 타고 다니는 보배 코끼리는 높이가 7, 8주쯤 되지만 다라나무 잎사귀 하나로 가릴 수 있는 것처럼 존자 마하 가섭의 여섯 가지 신통의 지혜는 곧 모든 것을 다 가릴 수 있습니다. 만일 신통 경계를 증득한 지혜와……(이하 생략)……번뇌의 다함을 증득한 지혜에 대해 의혹을 가지는 사람이 있다면, 존자 마하 가섭께선 능히 그것을 확실하게 말해주어 결정할 수 있게 할 것입니다. 제가 오랫동안 존자 마하 가섭을 공경하고 믿고 존중하는 것은 그런 큰 덕과 신통력을 가지고 있기 때문입니다."

존자 마하 가섭이 이렇게 말하자 존자 아난은 그 말을 듣고 기뻐하며 받들어 가졌다.

잡아함경 제 42 권

1145. 복전경福田經[1]

이와 같이 나는 들었다.

어느 때 부처님께서 사위국 기수급고독원에 계셨다.

그때 바사닉왕波斯匿王이 부처님의 처소로 찾아가 부처님의 발에 머리를 조아려 예를 올리고 한쪽에 물러앉아 부처님께 여쭈었다.

"세존이시여, 어떤 사람에게 보시해야 합니까?"

부처님께서 말씀하셨다.

"마음이 하고 싶은 곳에 하십시오."

바사닉왕이 다시 부처님께 아뢰었다.

"어떤 곳에 보시해야 큰 과보果報를 얻을 수 있겠습니까?"

"대왕이여, 앞에서 질문했던 내용과 다른 질문이군요. '어떤 곳에 보시해야 하는가?' 하는 것은 앞에서 질문했던 내용과 다른 질문입니다. 제가 이제 당신께 묻겠으니 마음대로 대답하십시오. 대왕이시

1 이 소경은 『별역잡아함경』 제4권 여섯 번째 소경과 그 내용이 비슷하다.

여, 비유하면 이 나라에서 군진軍陣에 이르러 적병과 싸울 때에 많은 군사들을 모집하는데, 어떤 바라문의 아들이 동쪽에서 왔다고 합시다. 그런데 그가 아직 나이가 어려서 연약하고 단정하며 살갗은 희고 머리는 검으며 게다가 무술도 익히지 못했고 술책術策도 배우지 못하여 두렵고 무서워서 후퇴하고 제 자신도 제대로 안정되지 못하며 도적을 보고도 차마 찌르거나 쏘지 못하고 아무 방편이 없어 적을 해치지도 못한다면 대왕이여, 이와 같은 사람에게 왕께서는 상을 주시겠습니까?"

왕이 부처님께 아뢰었다.

"상을 주지 않을 것입니다. 세존이시여."

"그러실 것입니다. 대왕이여, 찰리刹利 동자가 남쪽에서 찾아오고 비사鞞舍 동자가 서쪽에서 찾아오고 수다라首陀羅 동자가 북쪽에서 찾아왔는데 그들 모두 기술이 없기는 동쪽에서 온 바라문의 아들과 같다면 왕은 그들에게 상을 주시겠습니까?"

"상을 주지 않을 것입니다. 세존이시여."

부처님께서 대왕에게 말씀하셨다.

"이 나라에서 군사를 모아 군진에 이르렀을 때 어떤 바라문婆羅門 소년이 동쪽에서 찾아왔는데 그는 나이가 젊고 단정하며 피부가 희고 머리털도 검으며 무예를 잘 익힌 데다가 싸우는 술법까지 잘 알며 게다가 용맹스러워 두려움이 없고 용감하게 싸워 물러나지 않으며 침착히 머물고 자세히 관찰했다가 창을 휘둘러 큰 적을 죽이고 무찌른다면 대왕이시여, 어떻습니까? 대왕께서는 이와 같은 군사에게 큰 상을 주시겠습니까?"

왕이 부처님께 아뢰었다.

"큰 상을 줄 것입니다. 세존이시여."

"그러실 것입니다. 찰리 동자가 남쪽에서 찾아오고 비사 동자가 서

방에서 찾아오고 수다라 동자가 북쪽에서 찾아왔는데 나이도 젊고 단정한데다 여러 가지 재주가 능하고 용맹스러워 열심히 적과 싸워 적을 물리치되 모두 동방의 바라문 아들과 같다면 그런 군사에게 왕께서는 상을 주시겠습니까?"

왕이 부처님께 아뢰었다.

"큰 상을 줄 것입니다, 세존이시여."

부처님께서 말씀하셨다.

"대왕이시여, 그러실 것입니다. 사문이나 바라문이 다섯 가지를 멀리 여의고 다섯 가지를 성취한다면 복전福田을 성취할 것이니, 그 복전에 보시하면 큰 복과 큰 이익과 큰 과보를 얻을 것입니다. 어떤 것이 다섯 가지를 여의는 것인가? 이른바 탐욕의 덮개〔貪欲蓋〕와 성냄의 덮개〔瞋恚蓋〕·수면의 덮개〔睡眠蓋〕·들뜸의 덮개〔掉悔蓋〕·의심의 덮개〔疑蓋〕를 이미 끊고, 끊은 줄을 이미 알면 이것을 다섯 가지를 여읜 것이라고 합니다. 어떤 것이 다섯 가지를 성취하는 것인가? 배울 것이 없는 이가 계신(戒身 : 계율)을 성취하는 것이며, 배울 것이 없는 이가 정신(定身 : 선정)·혜신(慧身 : 지혜)·해탈신解脫身·해탈지견신解脫知見身을 성취하는 것을 말하니, 이러한 것을 다섯 가지를 성취한 것이라고 합니다.

대왕이여, 이와 같이 다섯 가지를 여의고 다섯 가지를 성취하면 복전을 건립建立한 것이니 그 복전에 보시하면 큰 과보를 얻을 것입니다."

그때 세존께서 다시 게송으로 말씀하셨다.

창을 휘둘러 용맹스럽게 싸워
일을 감당해내는 용감한 사나이
그렇게 싸움을 하였기 때문에

공功에 따라 두둑하게 상을 주지만
명성名聲 있는 종족의 혈통이라도
겁 많고 용기 없으면 상주지 않네.

욕됨을 참고 어진 일을 닦고
진리를 보아 복전을 건립하며
성현의 율의律儀를 두루 갖추고
깊고 묘한 지혜를 성취한다면
종족의 혈통은 비록 미천해도
보시 받는 복전이 될 수 있네.

의복 음식과 재물과 보배와
침구 따위의 온갖 도구들로
그에게 공경하여 보시하라.
깨끗한 계율을 가졌기 때문이다.

행인들이 많이 다니는 숲이나 들판에
우물을 파서 그들에게 물을 주거나
강이나 개울에 다리를 놓으며
머나먼 길에 여관을 지으면
계율과 덕망과 많이 들어 아는 이
길을 가다가 쉬게 되리라.

비유하면 먹구름이 사방에서 일어
뇌성이 울고 번개를 치며
온 땅에 골고루 비가 내리면

온갖 초목草木이 무성해지고
짐승들 모두 기뻐 날뛰며
농부들 함께 즐거워하는 것과 같네.

이와 같아서 깨끗하게 믿는 마음과
많이 들어 지혜로운 이 인색함을 버리고
풍족한 재물과 음식으로써
언제나 좋은 복전에 보시 행하면
높이 외쳐 기쁨과 사랑을 늘려 주되
좋은 밭에 단비가 내리는 것 같으리.

공덕의 물은 쏟아지고 흘러들어
시주施主의 마음 적셔 윤택하게 하나니
재물은 많아지고 좋은 이름 퍼져서
열반의 큰 결과에 이르게 되리.

부처님께서 이 경을 말씀하시자 바사닉왕은 부처님의 말씀을 듣고 기뻐하며 받들어 행하였다.

1146. 명명경明冥經[2]

이와 같이 나는 들었다.
어느 때 부처님께서 사위국 기수급고독원에 계셨다.

2 이 소경은 『별역잡아함경』 제4권 일곱 번째 소경과 그 내용이 비슷하다.

그때 바사닉왕은 부처님께서 계신 곳에 찾아와서 부처님의 발에 머리를 조아려 예를 올리고 한쪽에 물러나 앉아서 부처님께 여쭈었다.

"세존이시여, 어떻습니까? 바라문婆羅門이 죽으면 그는 도로 자기 성인 바라문 집에 태어납니까? 아니면 혹은 찰리刹利나 비사鞞舍나 수다라首陀羅 집에 태어납니까?"

부처님께서 말씀하셨다.

"대왕이시여, 어찌 그렇게 될 수 있겠습니까? 대왕은 마땅히 아셔야만 합니다. 네 종류의 사람이 있습니다. 어떤 것이 그 네 종류의 사람인가? 어떤 한 종류는 어두운 곳에서 어두운 곳으로 들어가고, 어떤 한 종류는 어두운 곳에서 밝은 곳으로 들어가며, 어떤 한 종류는 밝은 곳에서 어두운 곳으로 들어가고, 어떤 한 종류는 밝은 곳에서 밝은 곳으로 들어갑니다.

대왕이여, 어두운 곳에서 어두운 곳으로 들어가는 한 종류란 어떤 것인가? 어떤 사람은 비천卑賤한 가문인 전다라旃陀羅의 집안, 또는 어부나 사냥꾼의 집안, 또는 대나무 가공하는 집안, 수레 만드는 집안이나 그 밖의 갖가지 비천한 장인匠人의 집안에 태어나서 가난하게 살아가며 형체가 초췌憔悴한데 게다가 천賤한 업을 익혀 남에게 천대받고 부림을 당하기까지 하니 이러한 것을 어두운 곳이라고 합니다. 이 어두운 곳에서 살면서 다시 몸으로 악한 행동을 하고 입과 뜻으로도 악한 행동을 하면 그는 그러한 인연으로 몸이 허물어지고 목숨이 끝난 뒤에는 반드시 나쁜 세상에 태어나되 지옥에 떨어질 것입니다. 마치 어떤 사람이 깜깜한 곳에서 깜깜한 곳으로 들어가고 뒷간에서 뒷간으로 들어가며 피로써 피를 씻고 악을 버렸다가 악을 받아들이는 것처럼 어둠에서 어둠으로 들어가는 것도 또한 그와 같습니다. 그러므로 어둠에서 어둠으로 들어간다고 말합니다.

어두운 곳에서 밝은 곳으로 들어가는 한 종류란 어떤 것인가? 세상의 어떤 사람은 천한 가문에 태어나……(이하 생략)……남을 위해 온갖 비천한 업을 일삼는데 이것을 어두운 곳이라고 합니다. 그러나 그 사람이 어두운 곳에서 몸으로 선한 행을 하고 입과 뜻으로도 선한 행을 하면 그는 그러한 인연으로 몸이 허물어지고 목숨이 끝난 뒤에는 틀림없이 좋은 세상에 태어나되 천상에 화생化生할 것입니다. 비유하면 어떤 사람이 평상에 올랐다가 말을 타고 말에서 코끼리로 옮겨 타는 것처럼 어두운 곳에서 밝은 곳으로 들어가는 것도 또한 그와 같습니다. 이것을 어두운 곳에서 밝은 곳으로 들어가는 것이라고 말합니다.

밝은 곳에서 어두운 곳으로 들어가는 한 종류란 어떤 것인가? 세상의 어떤 사람들은 부유하고 행복한 집안인 찰리 또는 바라문이나 장자의 집안이나 그밖에 온갖 부유하고 행복한 집안에 태어나서 여러 가지 재물과 종들과 하인을 많이 거느리고 널리 친구들을 모으며, 단정하고 총명하고 지혜 있는 몸을 받는데 이것을 밝은 곳이라고 말합니다. 그러나 그 사람이 그러한 밝은 곳에서 몸으로 악한 행을 하고 입과 뜻으로 악한 행을 저지르면 그는 그러한 인연으로 몸이 허물어지고 목숨이 끝난 뒤에는 틀림없이 나쁜 세상에 태어나게 되어 지옥에 떨어지고 말 것입니다. 비유하면 어떤 사람이 높은 다락에서 내려와 큰 코끼리를 타고 코끼리에서 내려와 말을 타며 말에서 내려와 가마를 타고 가마에서 내려와 평상에 앉으며 평상에서 내려와 땅에 떨어지고 땅에서 다시 깊은 구덩이로 떨어지는 것처럼 밝은 곳에서 어두운 곳으로 들어가는 사람도 또한 그와 같습니다.

밝은 곳에서 밝은 곳으로 들어가는 한 종류란 어떤 것인가? 세상의 어떤 사람들은 부유하고 행복한 집안에 태어나……(이하 생략)……형상이 단정하고 엄숙하면 이것을 밝은 곳이라고 말합니다. 그가 이렇게 밝은 곳에서 몸으로 선행善行을 하고 입과 뜻으로 선행을 하면, 그는 그러한 인연으로 몸이 허물어지고 목숨이 끝난 뒤에 좋은 세상에 태어나되 천상에 화생할 것입니다. 비유하면 어떤 사람이 다락에서 다락으로 옮겨가고 이와 같이……(이하 생략)……평상에서 평상으로 옮겨가는 것처럼 밝은 곳에서 밝은 곳으로 들어가는 사람도 또한 그와 같습니다. 이것을 밝은 곳에서 밝은 곳으로 들어가는 사람이라고 합니다.

그때 세존께서 다시 게송으로 말씀하셨다.

가난하고 궁색하며 고달파하는 사람
믿는 마음 없고 원한만 늘리며
아끼고 탐내고 악하고 삿된 생각으로
어리석고 의혹하며 공경하지 않네.

사문이 되어 도를 닦는 이로서
계율 지키며 많이 들어 아는 사람을 보면
헐뜯고 비방하고 칭찬하지 않으며
남이 보시하고 받는 것 방해하는 자.

그런 짓을 하는 사람들은
이 세상에서 저 세상에 가더라도
틀림없이 지옥 속에 떨어지리니
어두운 곳에서 어두운 곳으로 들어가는 것이다.

만약 가난하고 궁색한 사람일지라도
믿는 마음 있고 원한이 적으며
언제나 부끄러워하는 마음 내고
은혜로 보시하고 간탐의 때 여의는 자.

사문이나 바라문으로서
계율 지키며 많이 들어 아는 사람을 보면
겸허謙虛하게 안부를 묻고
필요에 따라 생활도구 대어주며
남을 권하여 보시 행하게 하고
시주하는 이와 받는 이를 찬탄하는 자.

이와 같은 착한 일 닦는 사람은
이 세상에서 저 세상에 가더라도
착한 세계인 천상에 오르나니
어두운 곳에서 밝은 곳으로 들어가는 것이다.

부유하고 행복한 사람이지만
믿는 마음 없고 원한만 늘리며
간탐하고 질투하며 악한 생각 내고
삿된 의혹으로 공경하지 않는 자.
사문이나 바라문을 보고도
헐뜯고 비방하며 칭찬하지 않고
남이 보시하는 것을 방해하고
또 보시를 받는 이도 끊는 자.

이와 같은 악한 짓 하는 사람은
이 세상에서 저 세상에 가더라도
반드시 고통받는 지옥에 태어나리니
밝은 곳에서 어두운 곳으로 들어가는 것이다.

또 어떤 부유한 사람이
믿는 마음 있고 성내지 않으며
언제나 부끄러워하는 마음을 내고
은혜로 베풀고 미워하는 때 여읜 자.

사문이나 바라문으로서
계율 지키며 많이 들어 아는 사람을 보면
먼저 받들어 맞이하고 안부 물으며
필요에 따라 생활도구 대어주고
사람들에게 권하여 공양하게 하며
시주하는 이와 받는 이를 찬탄하는 자.

이와 같이 착한 일 하는 사람은
이 세상에서 저 세상에 가더라도
틀림없이 삼십삼천에 태어나리니
밝은 곳에서 밝은 곳으로 들어가는 것이다.

부처님께서 이 경을 말씀하시자 바사닉왕은 부처님의 말씀을 듣고 기뻐하면서 예배하고 떠나갔다.

1147. 석산경石山經[3]

이와 같이 나는 들었다.

---

3 이 소경은 『별역잡아함경』 제4권 여덟 번째 소경과 그 내용이 비슷하다.

어느 때 부처님께서 사위국 기수급고독원에 계셨다.

그때 바사닉왕이 대낮에 온몸에 먼지를 덮어쓰고 부처님께서 계신 곳으로 찾아가 부처님 발에 머리를 조아려 예를 올리고 한쪽에 물러나 앉았다. 부처님께서 말씀하셨다.

"대왕이여, 어디서 오십니까?"

바사닉왕이 아뢰었다.

"세존이시여, 저 관정왕법灌頂王法은 인간 세계에서 자재自在한 것이어서 방편으로써 열심히 노력하고 있습니다. 저는 온 나라를 호령하며 왕법王法으로 다스리고, 두루두루 돌아다니면서 관찰하다가 여기에 왔습니다."

부처님께서 대왕에게 말씀하셨다.

"대왕이여, 이제 대왕에게 물으리니 마음대로 대답하시오. 비유하면 어떤 사람이 동쪽에서 왔는데, 신심信心도 있고 인연도 있으며 일찍이 거짓말을 한 적이 없습니다. 그런 그가 왕에게 말하기를 '저는 동쪽에서 오다가 어떤 돌산을 보았습니다. 매우 반듯하게 생긴데다가 넓고 크며 구멍이 뚫렸거나 부서진 흔적도 없고 또한 깨어진 곳도 없는 그 돌산이 땅을 갈면서 오는데 일체 중생은 물론 초목들까지도 다 갈아서 부수고 있었습니다'라고 하였습니다.

또 남·서·북쪽에서도 어떤 사람이 왔는데 신심도 있고 인연도 있으며 또 거짓말을 한 적이 없는 자들입니다. 그런 그들이 왕에게 말하기를 '제가 어떤 돌산을 보았는데 네모반듯하고 넓고 높고 크며 단절되었거나 부서진 흔적도 없고 또 깨어진 곳도 없는 그 돌산이 땅을 갈면서 오는데 일체 중생은 물론 초목들까지도 다 갈아 부수고 있었습니다'라고 말한다면 대왕이여, 당신 생각에는 어떻습니까? 그와 같은 모습의 매우 두려운 일은 험악하고 서로 죽이는 일이어서 중생의 운은 다하고 인간세계는 온전하기 어려울 것입니다. 장차 어떤 계책을 세워야 하겠습니까?"

왕이 부처님께 아뢰었다.

"만약 그렇다면 더 이상 다른 계책이 없습니다. 오직 착한 일을 닦고 부처님의 법과 율을 전일한 마음으로 닦아나가겠습니다."

부처님께서 대왕에게 말씀하셨다.

"대왕이여, 어찌하여 '험악하고 두렵고 무서운 일이 이 세상에 갑자기 일어나서 중생들의 운이 다되고 사람 몸을 얻기 어려울 때는 오직 법을 행하고 의리를 행하며 복을 짓고 부처님께서 가르쳐 주신 법을 전일한 마음으로 닦아나가겠다'고 말하고, '관정왕의 지위는 모든 사람들의 우두머리로서 능히 자유로울 수 있으므로 왕으로서 온 땅의 일과 모든 사람들을 맡아 잘 다스려야 한다'는 말은 하지 않으십니까?"

왕이 부처님께 아뢰었다.

"세존이시여, 그것은 한가할 때에나 하는 말입니다. 관정왕의 자리는 모든 사람들의 우두머리입니다. 온 나라의 왕으로서 많은 일들을 경영하며 말로써 말과 싸우고 재물로써 재물과 싸우며 코끼리로써 코끼리와 싸우고 전차로 전차와 싸우며 보병으로써 보병과 싸웁니다. 그러나 그럴 때를 당해서는 이기고 지는 것을 마음대로 할 수 없습니다. 그러므로 제가 '험악하고 두렵고 무서운 일이 갑자기 일어날 때, 중생들의 운이 다하고 사람의 몸이 온전하기 어려울 때에는 다른 계책이 있을 수가 없습니다. 오직 정의를 행하고 법과 복을 행하며 부처님 법의 가르침에 한마음 다 기울여 귀의하는 길이 있을 뿐입니다' 하고 말씀드린 것입니다."

부처님께서 대왕에게 말씀하셨다.

"옳은 말입니다, 정말 옳은 말입니다. 평소에 늘 갈아 없애고 있습니다. 이른바 악겁惡劫에는 늙고 병드는 괴로움[4]이 중생들을 갈아 괴롭게 하는데 무슨 계책이 있겠습니까? 오직 바르게 정의를 닦고 법과 복과 착함과 자비를 닦고 부처님 법 안에서 방편으로 꾸준히 노력해야 할 뿐이요."

그때 세존께서 게송을 설하셨다.

마치 어떤 거대한 돌산
높고 넓고 흠집도 없는 것이
사방에서 들이닥쳐
온 대지를 갈아 없앨 때
군사나 주술의 힘으로는
그것을 막을 수 없는 것과 같네.

악겁에는 늙음과 병과 죽음이
언제나 중생을 갈고 있네.
네 가지 큰 종족도
전다라나 사냥꾼도.

속가에 있는 이도 출가한 이도
계율을 지키거나 계율을 범한 이
모두들 그것에 갈리고 있는데
그들을 구호할 이는 아무도 없네.

그러므로 지혜로운 사람은

---

4 송宋·원元·명明 세 본本에는 고苦자가 사死자로 되어 있다. 아래 게송에 죽음[死]으로 되어 있는 것으로 보아서는 여기에서도 죽음이라야 맞을 듯하다.

자기 이익을 살펴보아서
맑고 깨끗한 믿음을 세워
부처님과 법과 승가를 믿는다네.

몸과 입과 마음이 맑고 깨끗하고
올바른 법을 그대로 따르면
현세에서는 좋은 이름 퍼지고
죽어서는 천상에 태어나리라.

부처님께서 이 경을 말씀하시자 바사닉왕은 부처님의 말씀을 듣고 기뻐하면서 예배하고 떠나갔다.

1148. 형상경形相經[5]

이와 같이 나는 들었다.

어느 때 부처님께서 사위국 기수급고독원에 계셨다.

그때 바사닉왕이 부처님께서 계신 곳으로 찾아와 부처님의 발에 머리를 조아려 예를 올리고 한쪽에 물러나 앉았다. 그때 그곳에는 니건자尼乾子 7인과 사기라闍祇羅 7인과 일사라一舍羅[6] 7인이 있었는데 그들은 한결같이 모두 몸집이 거칠고 컸다. 그들이 천천히 걸어서 기원祇洹의 문 밖에 와서 머물고 있었다.

---

5 이 소경은 『별역잡아함경』 제4권 아홉 번째 소경과 그 내용이 비슷하다.

6 니건자는 이계외도離繫外道이고 사기라는 결발외도結髮外道이며 일사라는 일의외도一衣外道이다.

바사닉왕은 그들이 문 밖에서 서성이는 것을 멀리서 보고, 곧 자리에서 일어나 그들 앞으로 가서 합장하고 문안을 올린 다음 세 번이나 자기의 이름을 외쳤다.

"저는 바사닉왕입니다. 구살라의 왕입니다."

그때 세존께서 바사닉왕에게 말씀하셨다.

"그대는 무슨 까닭으로 그들을 공경하여 세 번씩이나 성명을 외쳐대면서 합장하고 문안을 드리는 것입니까?"

왕이 부처님께 아뢰었다.

"저는 '만일 세상에 아라한이 있다면 저들이 바로 그들일 것이다'라고 생각했기 때문입니다."

부처님께서 바사닉왕에게 말씀하셨다.

"그대는 이제 진정하십시오. 당신은 그들이 아라한인지, 아라한이 아닌지도 모르고 있습니다. 다른 이의 마음을 아는 지혜를 얻지 못했기 때문입니다. 우선 가까이하며 계행戒行을 관찰해 보십시오. 그렇게 오래도록 하게 되면 저절로 알게 될 것이니, 그리 성급하게 단정하지 마십시오. 자세하고 분명하게 관찰해야지 함부로 흠모[7]하지 마십시오. 지혜를 써야지 지혜를 쓰지 않아서는 안 됩니다.[8] 모든 고난을 겪어야 스스로 분별할 수 있는 능력이 생기고, 서로 사귀면서 그 사람의 행동을 헤아려 살펴보아야 진실한지 진실하지 못한지를 분별할 수 있으며, 보고 말하고 알기를 분명히 하여 오래도록 그렇게 한 뒤라야 알아지는 것이니, 갑자기 알려고 해서는 안 됩니다. 그러니 모름지기

7 고려대장경에는 낙막洛莫으로 되어있는데 무슨 뜻인지 알 길이 없다. 다만 신수대장경 각주에 의하면 "원元본에는 낙洛자가 낙絡으로 되어 있고, 또 명明본과 성聖본 두 책에는 막莫자가 모慕자로 되어 있다"고 되어 있다.

8 팔리어본에 의하면 이 부분이 "마땅히 사유思惟해야 할 것이요, 사유하지 않으면 안 됩니다"로 되어 있다.

스스로 깊이 사유思惟하고 지혜로 관찰하십시오."

왕이 부처님께 아뢰었다.

"기이합니다, 세존이시여. 그 이치를 잘 말씀해 주셨습니다. 즉 '오랫동안 서로 가까이하며 그의 계행을 관찰해 보고,……(이하 생략)……보고 말하고 알기를 분명히 하라'고 말입니다. 저에게 가인家人이 있었는데, 그도 또한 출가하여 이러한 형상으로 다른 나라를 두루 돌아다니다가 다시 돌아와서는 그 옷을 버리고 다섯 가지 욕망의 즐거움을 누리고 있습니다. 그러므로 세존께서 '마땅히 같이 살면서 그의 계행을 관찰해야 할 것이요,……(이하 생략)……보고 말하고 알기를 분명히 하여 지혜를 얻어야 한다'고 잘 말씀해 주셨습니다."

그때 세존께서 게송을 설하셨다.

사람의 형상만 보고서
그 사람의 선악을 알려 하지 말라.
또 잠깐 동안 서로 보고서
마음과 뜻을 같이 하지 말라.

나타난 몸과 입에는 비밀이 있어
속된 마음을 거두어 단속하지 않나니
마치 놋쇠나 돌이나 구리쇠에
순금純金으로 도금한 것 같네.

안으론 더럽고 잡된 마음 품고서
겉으론 거룩한 위의威儀를 나타내어
모든 나라를 두루 돌아다니며
세상 사람들을 속이고 있느니라.

부처님께서 이 경을 말씀하시자 바사닉왕은 부처님의 말씀을 듣고 기뻐하면서 예배하고 떠나갔다.

1149. 칠왕경七王經[9]

이와 같이 나는 들었다.

어느 때 부처님께서 사위국 기수급고독원에 계셨다.

그때 바사닉왕을 우두머리로 한 일곱 나라 왕과 모든 대신들이 한자리에 모두 모여서 이와 같이 논의하였다.

'다섯 가지 탐욕 중에 어느 것이 제일인가?'

어떤 사람이 말하였다.

"빛깔〔色〕이 제일이다."

또 다른 어떤 사람은 말하였다.

"소리〔聲〕·냄새〔香〕·맛〔味〕·감촉〔觸〕이 제일이다."

그 중에 어떤 사람은 또 말하였다.

"우리가 제각기 제일이라고 말하니 끝끝내 결정할 수가 없을 것이다. 마땅히 세존께서 계신 곳으로 찾아가서 그에 대한 이치를 여쭈어 보고 만일 세존께서 말씀해 주시면 우리들은 그대로 기억해 가지는 게 좋겠다."

그때 바사닉왕을 우두머리로 한 일곱 나라 왕들과 대신, 그리고 그 권속들은 모두 부처님이 계신 곳으로 찾아가서 부처님 발에 머리를 조아려 예를 올리고 한쪽에 물러나 앉아 부처님께 아뢰었다.

---

9 이 소경은 『별역잡아함경』 제4권 열 번째 소경과 『증일아함경』 제25권 제33 「오왕품五王品」 첫 번째 소경과 그 내용이 비슷하다.

“세존이시여, 우리들 일곱 왕과 여러 대신들은 이렇게 의논하였습니다.

‘다섯 가지 향락 중에서 어느 것이 제일인가?’

그랬더니 그 중에는 빛깔이 제일이라고 하는 이도 있었고, 소리가 제일이라고 하는 이, 냄새가 제일이라고 하는 이, 맛이 제일이라고 하는 이, 감촉이 제일이라고 하는 이 등 제각기 주장이 달라서 끝내 결정할 수가 없을 듯하여 이렇게 세존을 뵙고서 그 도리를 여쭙는 것입니다. 어느 것이 제일입니까?”

부처님께서 여러 왕들에게 말씀하셨다.

“각자의 뜻에 따라 제각기 맞는 것이 다릅니다. 내가 말한다 해도 다 다르게 생각할 것입니다. 그러므로 나는 이런 인연을 가지고 다섯 가지 향락에 대해 말하는 것입니다. 어떤 사람이 빛깔이 뜻에 꼭 맞아 다만 그 한 가지 빛깔만을 사랑해 자기의 소원을 만족시키면 그땐 비록 그것보다 훨씬 더 좋은 빛깔이 있어도 그가 사랑하는 것이 아니기 때문에 접촉하거나 보지도 않고 말하기를 ‘오직 내가 사랑하는 것이 제일이다’라고 하면서 그것보다 더 나은 것은 없다고 합니다.

빛깔을 사랑하는 사람과 같이 소리·냄새·맛·감촉에 있어서도 그와 같아서, 그가 사랑하는 것을 만나면 곧 가장 훌륭하다고 말하면서 기뻐하고 좋아해 집착하게 됩니다. 그래서 비록 그것보다 더 훌륭한 것이 있어도 그가 바라는 것이 아니기 때문에 접촉하거나 보지도 않고 ‘오직 내가 좋아하는 것이 가장 훌륭하고 묘해서 비할 데 없으며 그 이상이 되는 것은 없다’고 말할 것입니다.”

그때 그 모임 중에 있던 전단栴檀이라는 우바새가 자리에서 일어나 옷을 바로 여미고는 오른 어깨를 드러내고 합장하고 부처님께 아뢰었다.

“잘 말씀해주셨습니다. 세존이시여, 잘 말씀해주셨습니다. 선서善

逝시여."

부처님께서 그 우바새에게 말씀하셨다.

"잘 말하였다. 전단아, 시원스럽게 말하였다. 전단아."

전단 우바새가 즉시 게송으로 말하였다.

앙가央伽 종족으로 태어난 왕이
진주와 영락으로 된 갑옷을 입었네.
마갈타摩竭陀 대중들은 경하하며 모여드는데
여래께서 그 나라에 출현하셨네.
그 명성名聲 두루 흘러 퍼지니
마치 저 설산왕雪山王과 같아라.

마치 깨끗한 물에서 피어난 연꽃이
청정하고 티 없으며 더러움 없이
햇빛을 따라 피어나면
그 향기 그 나라에 진동하듯이
앙기국央耆國 밝게 드러나는 것이
마치 공중의 해와 같아라.

여래가 가진 지혜의 힘 관찰해보니
허공에 떠오르는 태양과 같아
눈이 되고 또 큰 밝음 되어
오는 이를 위하여 의심을 풀어주네.

그러자 여러 나라 왕들도 찬탄하였다.

"훌륭한 말이로구나. 전단 우바새여."

그때 일곱 왕은 일곱 가지 보배로 된 웃옷을 벗어 우바새에게 바쳤다. 그리고 그 일곱 왕은 부처님께서 설하시는 말씀을 듣고 기뻐하면서 자리에서 일어나 떠나갔다.

그때 전단 우바새는 여러 왕들이 떠난 것을 알고 나서, 자리에서 일어나 옷을 바르게 여미고 오른 어깨를 드러내고 합장하고 부처님께 아뢰었다.

"지금 일곱 나라 왕이 저에게 일곱 벌의 웃옷을 주었습니다. 원컨대 세존께서는 저를 가엾이 여겨 이 일곱 벌의 옷을 받아 주소서."

그때 세존께서 그를 가엾이 여겨 그 옷을 받으시자 전단 우바새는 기뻐하면서 예배하고 떠나갔다.

1150. 천식경喘息經[10]

이와 같이 나는 들었다.

어느 때 부처님께서 사위국 기수급고독원에 계셨다.

그때 바사닉왕은 몸이 너무도 비대하여 온몸에서 땀을 흘리면서 부처님께서 계신 곳으로 찾아가 부처님의 발에 머리를 조아려 예를 올리고 한쪽에 물러나 앉아 있었는데 숨이 차서 헐떡거렸다. 그때 세존께서 바사닉왕에게 말씀하셨다.

"대왕께선 몸이 너무나 비대해지셨군요."

대왕이 부처님께 여쭈었다.

"그렇습니다. 세존이시여, 몸이 너무나 비대해 큰 걱정입니다. 저는 늘 이 몸이 너무 비대해 창피스럽기도 하고 귀찮고 괴롭습니다."

---

10 이 소경은 『별역잡아함경』 제4권 열한 번째 소경과 그 내용이 비슷하다.

세존께서 즉시 게송으로 말씀하셨다.

사람은 마땅히 스스로 생각을 한곳에 매어
먹을 때마다 양을 조절할 줄 알아야 한다.
그렇게 하면 곧 받는 고통 적어지고
편히 소화하여 수명을 보존하리라.

그때 울다라鬱多羅라고 하는 한 나이 어린 사람이 그 자리에 앉아 있었다. 바사닉왕이 울다라에게 말하였다.

"너는 이제 세존께서 설하신 게송의 뜻을 받들어 지니고 있다가 식사할 때가 될 적마다 나를 위해 외워 줄 수 있겠느냐? 만일 그렇게만 해 준다면 금전 10만을 줄 것이요, 또한 평생토록 밥을 주리라."

울다라가 왕에게 아뢰었다.

"분부대로 꼭 외워드리겠습니다."

그때 바사닉왕은 부처님의 말씀을 듣고 기뻐하면서 예배하고 떠나갔다.

그때 울다라는 왕이 떠난 줄을 알고 세존 앞에 나아가 세존께서 말씀하신 게송을 받들고 왕이 식사할 때가 되면 그때마다 늘 게송을 외우면서 대왕에게 아뢰었다.

"불세존·여래·응공·등정각等正覺께서는 아시고 보신대로 이런 게송을 설하셨습니다."

사람은 마땅히 스스로 생각을 한곳에 매어
먹을 때마다 양을 조절할 줄 알아야 한다.
그렇게 하면 곧 받는 고통 적어지고
편히 소화하여 수명을 보존하리라.

이렇게 하여 바사닉왕은 차츰 시일이 지나가자 몸이 점점 여위어져서 날씬하게 되었고 얼굴은 단정하게 되었다. 그는 누각 위에서 세존께서 계신 곳을 향하여 합장해 공경하고 오른 무릎을 땅에 대고 세 번 이렇게 말하였다.

"세존·여래·응공·등정각께 귀의하고 예를 올립니다. 세존·여래·응공·등정각께 귀의하고 예를 올립니다. 저에게 현세의 이익과 후세의 이익과 현세와 후세의 이익을 주셨습니다. 음식을 먹을 때마다 양을 조절할 줄 알게 되었기 때문입니다."

1151. 아수라경阿修羅經[11]

이와 같이 나는 들었다.

어느 때 부처님께서 사위국 기수급고독원에 계셨다.

그때 아수라阿修羅라고 하는 젊은 사람이 부처님께서 계신 곳으로 찾아와 부처님을 마주 대하고 서서 추악하고 착하지 않은 말로 성을 내며 꾸짖었다. 그러자 세존께서 곧 게송을 설하셨다.

성내지 않음이 성냄을 이기고
착하지 않은 사람 착한 사람이 항복 받네.
은혜로 베푸는 것이 간탐을 항복 받고
진실한 말은 거짓말을 무너뜨린다.

---

11 이 소경은 『별역잡아함경』 제4권 열두 번째 소경과 그 내용이 비슷하며, 이역경異譯經으로는 실역失譯 『잡아함경』이 있다.

꾸짖지 않고 사납지도 않으며
언제나 현성賢聖의 마음에 머물면
악한 사람 성내는 곳에 머물더라도
마치 돌산처럼 움직이지 않으리.

화가 치밀 때 잘 제어하는 것은
미친 말이 끄는 수레를 제어하는 것 같네.
내가 말하는 선어사善御士라는 것은
말고삐나 잡는 사람을 말하는 게 아니네.

그때 젊은 아수라가 부처님께 아뢰었다.

"구담이시여, 저는 이제 참회합니다. 너무나도 어리석고 어리석어 분별하지 못하고 착하지도 못해 구담瞿曇을 면전에서 꾸짖고 욕하였습니다."

이와 같이 참회하였다.

그때 아수라는 부처님의 말씀을 듣고 기뻐하면서 예배하고 떠나갔다.

1152. 빈기가경賓耆迦經[12]

이와 같이 나는 들었다.

어느 때 부처님께서 사위국 기수급고독원에 계셨다.

그때 젊은 바라문 빈기가賓耆迦가 부처님께서 계시는 곳으로 찾아가 부처님을 마주 대하고 서서 추악하고 착하지 않은 말로 성을 내며

---

12 이 소경은 『별역잡아함경』 제4권 열세 번째 소경과 그 내용이 비슷하다.

꾸짖었다.

그러자 세존께서 젊은 빈기가에게 말씀하셨다.

"만약 어느 좋은 날에 너는 너의 종친宗親과 권속眷屬들을 모을 수 있겠느냐?"

빈기賓耆가 부처님께 아뢰었다.

"그렇게 할 수 있습니다. 구담이시여."

부처님께서 빈기에게 말씀하셨다.

"만일 너의 종친들이 음식을 먹지 않으면 어떻게 하겠느냐?"

빈기가 부처님께 아뢰었다.

"먹지 않으면 그 음식은 도로 제 것이 될 것입니다."

부처님께서 빈기에게 말씀하셨다.

"너도 그와 같다. 여래의 면전에서 추악하고 착하지 않은 말로 욕하고 꾸짖었다. 내가 끝내 받아 주지 않는다면 그 꾸짖음이 누구에게로 돌아가겠느냐?"

빈기가 부처님께 아뢰었다.

"그렇습니다. 구담이시여, 그가 비록 받지 않더라도 또다시 준다면 곧 준 것이 될 것입니다."

부처님께서 빈기에게 말씀드렸다.

"그와 같은 것은 서로 준 것이라고 말하지 않는다. 그런 것을 어떻게 주었다고 말할 수 있겠느냐?"

빈기가 부처님께 말씀드렸다.

"어떤 것을 다시 주었다고 하고, 어떤 것을 주었는데 받지 않았다고 하며, 어떤 것을 준 것이 아니라고 합니까?"

부처님께서 빈기에게 말씀하셨다.

"만일 어떤 사람이 이와 같이 꾸짖으면 꾸짖음으로써 갚고, 성내면 성냄으로써 갚으며, 때리면 때림으로써 갚고, 싸우면 싸움으로써 갚는다면, 그것은 준 것이 되고 또한 받은 것이 된다.

빈기가야, 혹 꾸짖어도 꾸짖음으로써 갚지 않고, 성내어도 성냄으로써 갚지 않으며, 때려도 때림으로써 갚지 않고, 싸워도 싸움으로써 갚지 않는다면 그것은 준 것도 아니요, 받은 것도 아니라고 하리라."

빈기가가 부처님께 아뢰었다.

"구담이시여, 오래도록 엄숙하게 도를 닦은 옛날 바라문 장로長老들의 말씀에 따르면 '여래 · 응공 · 등정각은 면전에서 욕하고 성내며 꾸짖어도 성내지 않는다'고 저는 들었습니다. 그런데 지금 구담께서는 성내고 계시지 않습니까?"

그때 세존께서 곧 게송을 설하셨다.

성낼 마음 없는데 무슨 성냄이 있으랴.
바른 생활로 성냄을 항복 받고
바른 지혜로 마음이 해탈하였으니
지혜로운 사람은 성냄이 없느니라.

성냄으로써 성냄을 갚는 사람
그는 바로 나쁜 사람이니라.
성냄으로써 성냄을 갚지 않으면
항복 받기 어려운 적을 항복 받으리.

성내지 않는 것은 성내는 것을 이기고
……이 다음 세 게송은 앞에서 설한 것과 같다.

그때 젊은 빈기가가 부처님께 아뢰었다.

"참회합니다. 세존이시여, 너무나도 어리석고 어리석어서 분별하지 못하고 착하지도 못해서 구담瞿曇을 면전에서 꾸짖고 욕하였습니다.”

그는 부처님의 말씀을 듣고 기뻐하면서 예배하고 떠나갔다.

1153. 건매경健罵經[13] ①

이와 같이 나는 들었다.

어느 때 부처님께서 사위국 기수급고독원 녹자모鹿子母 강당에 계셨다.

그때 세존께서는 이른 아침 해뜰 무렵에 선정에서 깨어나 강당 동쪽 그늘 밑으로 가시어 한데에서 거닐고 계셨다. 그때 남 꾸짖기를 좋아하는 바라두바차婆羅豆婆遮 바라문이 부처님께서 계신 곳으로 나아가 세존의 면전에서 추악하고 착하지 못한 말로 욕하고 꾸짖으면서 세존께서 거니시는 대로 그 뒤를 따라 걸었다. 세존께서 경행經行을 마치시고 한 곳에 멈추시자 그 바라문이 말하였다.

“구담이여, 항복하신 것입니까?”

그러자 세존께서 곧 게송을 설하셨다.

이긴 사람은 원수만 더 늘어나고
항복한 이는 누워도 편안치 않네.
승리와 항복 이 두 가지를 다 버리면
그는 곧 편안하게 잘 수 있으리.

바라문이 부처님께 아뢰었다.

---

13 이 소경은 『별역잡아함경』 제4권 열네 번째 소경과 그 내용이 비슷하다.

"구담이시여, 저는 지금 참회懺悔합니다. 너무나도 어리석고 어리석어 분별하지 못하고 착하지도 못해서 어쩌다가 구담을 면전에서 추악하고 좋지 못한 말로 꾸짖고 욕하였는지 모르겠습니다."

그때 바라문은 부처님의 말씀을 듣고 기뻐하면서 왔던 길로 되돌아갔다.

1154. 건매경[14] ②

이와 같이 나는 들었다.

어느 때 부처님께서 사위국 동쪽 동산에 있는 녹자모 강당에 계셨다.

세존께서 이른 아침에 가사를 입고 발우를 가지고 사위성에 들어가 걸식하고 계셨다. 그때 남 꾸짖기를 좋아하는 바라두바차 바라문이 멀리서 세존을 보고는 추악하고 좋지 못한 말로 욕하고 꾸짖으며 흙을 쥐어 부처님께 끼얹었는데 그때 역풍逆風이 불어 그 흙은 도리어 자신이 뒤집어쓰고 말았다.

그때 세존께서 곧 게송을 설하셨다.

사람이 만약 성내거나 원한이 없으면
그를 마주하여 욕하고 꾸짖더라도
청정해 앙심을 품지 않으므로
그 허물 도리어 자신에게 돌아가나니
마치 흙을 그에게 끼얹더라도

---

14 이 소경은 『별역잡아함경』 제4권 열다섯 번째 소경과 그 내용이 비슷하다.

역풍에 도리어 자신이 뒤집어쓰는 것 같네.

그때 그 바라문이 부처님께 아뢰었다.

"구담이시여, 저는 지금 참회합니다. 너무나도 어리석고 어리석어 분별하지 못하고 착하지도 못해서 어쩌다가 구담을 면전에서 추악하고 좋지 못한 말로 꾸짖고 욕하였는지 모르겠습니다."

그때 그 바라문은 부처님의 말씀을 듣고 기뻐하면서 왔던 길로 되돌아갔다.

1155. 위의경違義經[15]

이와 같이 나는 들었다.

어느 때 부처님께서 구살라국 인간세상을 유행하시다가 사위국 기수급고독원으로 가셨다.

그때 바라문 위의違義는 사문 구담께서 구살라국 세간을 유행하시다가 사위국 기수급고독원에 오셨다는 소문을 듣고 이렇게 생각하였다.

'내가 당장 사문 구담을 찾아가 그가 설하는 법을 듣고 그의 주장에 반대되는 주장을 펴리라.'

이렇게 생각하고 정사에 나아가 세존이 계시는 곳으로 갔다.

그때 세존께서 한량없이 많은 권속들에게 둘러싸여 설법하고 계시다가, 멀리서 위의 바라문이 오는 것을 보고는 아무 말씀이 없이 잠자코 계셨다. 위의 바라문이 부처님께 아뢰었다.

"구담의 설법을 듣고 싶습니다."

---

15 이 소경은 『별역잡아함경』 제4권 열여섯 번째 소경과 그 내용이 비슷하다.

그러자 세존께서 곧 게송을 설하셨다.

너 위의 바라문아,
깊은 이치를 알지 못하고
속으로 질투하는 마음을 품어
그 법을 방해하려 하는구나.

어기고 반대하는 그 마음과
믿고 좋아하지 않는 뜻을 항복 받고
모든 장애의 더러움을 없애면
깊고 묘한 말을 곧 이해하리라.

그때 위의 바라문은 '사문 구담께서 이미 내 마음을 다 알고 계시는구나' 하고 생각하였다.

그는 부처님의 말씀을 듣고 기뻐하면서 자리에서 일어나 떠나갔다.

1156. 불해경不害經[16]

이와 같이 나는 들었다.

어느 때 부처님께서 사위국 기수급고독원에 계셨다.

세존께서 이른 아침에 가사를 입고 발우를 가지고 사위성에 들어가 걸식하셨다.

---

16 이 소경은 『별역잡아함경』 제4권 열일곱 번째 소경과 그 내용이 비슷하며, 이역경異譯經으로는 실역失譯 『잡아함경』 스물여섯 번째 소경이 있다.

그때 불해不害라고 하는 바라문이 부처님의 처소에 나아가 아뢰었다.

"제 이름은 불해라고 하는데 사실과 맞습니까?"

부처님께서 그 바라문에게 말씀하셨다.

"그렇다. 그 이름과 사실이 꼭 맞으려고 하면 몸으로 해치지 않고 입으로도 해치지 않으며 뜻으로도 헤치지 않아야 하느니라. 그렇게 하면 사실과 맞느니라."

그때 세존께서 곧 게송을 설하셨다.

만일 마음으로 죽이지 않고
입과 뜻이 모두 다 그러하다면
그것은 곧 해침을 여읜 것이 되어
중생을 두렵게 하지 않으리라.

부처님께서 이 경을 말씀하시자 불해 바라문은 부처님의 말씀을 듣고 기뻐하면서 왔던 길로 되돌아갔다.

1157. 화여경火與經[17]

이와 같이 나는 들었다.

어느 때 부처님께서 왕사성 가란다죽원에 계셨다.

세존께서는 이른 아침에 가사를 입고 발우를 가지고 왕사성에 들어가 차례로 걸식하다가 화여火與라고 하는 바라문의 집으로 갔다. 화

17 이 소경은 『별역잡아함경』 제4권 열여덟 번째 소경과 그 내용이 비슷하다.

여 바라문은 멀리서 부처님이 오시는 것을 보고 곧 온갖 맛있는 음식을 갖추어 발우에 가득히 채워드렸다.

이와 같이 이틀, 사흘 동안 걸식하시면서 또 그 집에 이르셨다. 화여 바라문은 멀리서 부처님께서 오시는 것을 보고 이렇게 생각하였다.

'까까머리 사문이 왜 자주 와서 맛있는 음식만을 탐하는 걸까?'

그러자 세존께서 화여 바라문의 마음을 아시고 곧 게송을 설하셨다.

하늘은 날마다 비를 내려야
농부가 밤낮으로 밭을 갈아서
자주자주 그 밭에 씨를 뿌려
그 밭에서 자주 곡식을 거두리라.

사람은 자주 아기를 배고
젖소는 자주 새끼를 배네.
자주 구하는 사람 있다면
은혜를 베풀어 자주 보시하라.
은혜 베풀어 자주 보시하므로
항상 큰 명성을 얻게 되리라.

죽은 시체를 자주 버릴 때
자꾸만 울면서 슬퍼하고 그리워하나니
자주 태어났다 죽었다 하면
자주 슬퍼하고 괴로워하며
자주 불에 시체가 태워지고
자주 온갖 벌레에게 시체가 먹힌다.

만일 저 성현의 도를 얻으면
온갖 몸 자주 받지 않고
또한 자주 나고 죽지 않으며
자주 슬퍼하고 괴로워하지 않고
불에 자주 태워지지 않으며
자주 벌레에게 먹히지도 않는다.

그때 화여 바라문은 부처님의 게송을 듣고 신심이 다시 생겨 곧 갖가지 맛있는 음식을 발우에 가득 채워드렸다. 그러나 세존께서는 게송 때문에 주는 것이라 하여 그것을 받지 않으시고 다시 게송으로 말씀하셨다.

그를 위해 게송을 읊었다 하여
보시하는 그 음식은 받지 않는다.
마땅히 스스로 법을 보아 살피고
설법으로 인해 음식을 받지 않나니
바라문아, 마땅히 알아야 한다.
그런 것이 깨끗한 생활이니라.

모든 번뇌가 이미 다하고
더러운 법을 이미 다 끊은
순수하고 깨끗한 큰 선인에게
맛있는 음식을 공양하여라.

음식을 공양하여
저 좋은 복 밭에서

복과 덕을 구하려고 한다면
내 밭이 곧 가장 좋으리.

화여 바라문이 부처님께 아뢰었다.

"지금 이 음식을 어디에 두오리까?"

부처님께서 바라문에게 말씀하셨다.

"나는 어떤 하늘이나 악마·범·사문·바라문 등 천신과 세상사람 중에 이 보시를 먹고 그 몸이 안락해질 수 있는 이를 보지 못하겠다. 너는 이 음식을 가져다 벌레가 없는 물속이나 풀이 잘 나지 않는 땅에다 버려라."

그때 바라문이 곧 그 음식을 가져다 벌레 없는 물속에 버리자 물에서 곧 연기가 일며 부글부글 끓는 소리가 났다. 마치 벌겋게 단 쇠구슬을 물속에 넣었을 때 물 속에서 곧 연기가 일며 부글부글 끓는 소리가 나는 것처럼 바라문이 그 음식을 가져다 물속에 넣었을 때 물속에서 곧 연기가 일며 부글부글 끓는 소리가 난 것도 그와 같았다.

그러자 화여 바라문이 찬탄하였다.

"참으로 놀랍습니다. 구담의 큰 덕과 힘이 능히 이 음식으로 하여금 신비스런 변화를 나타내게 하셨습니다."

그때 화여 바라문은 이 음식의 신비스런 변화로 말미암아 믿고 공경하는 마음을 내어 부처님의 발에 머리를 조아려 예를 올리고 한쪽에 물러나 앉아서 아뢰었다.

"세존이시여, 저도 이 바른 법에서 비구가 되어 구족계具足戒를 받고 범행을 닦을 수 있겠습니까?"

부처님께서 바라문에게 말씀하셨다.

"너는 이제 우리 바른 법에서 비구가 되어 구족계를 받을 수 있으리라."

그는 곧 출가하여 이렇게 생각하였다.

'족성자가 수염과 머리를 깎고 가사를 입고 바른 믿음으로 집 아닌 데로 출가하여 도를 배우는 까닭은……(이하 생략)……아라한이 되어 마음이 잘 해탈하는 데 있다.'

1158. 바사타경婆肆吒經[18]

이와 같이 나는 들었다.

어느 때 부처님께서 사위국 기수급고독원에 계셨다.

그때 사위국에는 바사타婆肆吒라는 여자 바라문이 있었다. 그녀는 부처님과 법과 승가를 믿어 부처님께 귀의하고 부처님이 설하신 법에 귀의하며 승가에게 귀의하였다. 부처님과 법과 승가에 대한 의혹을 여의고 괴로움과 괴로움의 발생과 괴로움의 소멸과 괴로움의 소멸에 이르는 길의 진리에 대한 의혹까지도 다 여의고 4제諦의 진리를 보아 과果를 얻어 완전히 평등한 지혜〔無間慧〕[19]를 얻었다.

그 남편은 바로 바라두바차 바라문이었다. 그 여자는 그 남편 곁에서 일을 하다가 이익이나 손해가 있을 때마다 '나무불南無佛'이라고 부르고 여래께서 계신 방향을 향해 세 번 이렇게 말하였다.

'다타아가도多陀阿伽度·아라하阿羅訶·삼먁삼불타三藐三佛陀이신 분, 몸은 순금 빛이시고 뚜렷한 광명이 한 길〔尋〕이나 되며 방정한 몸은 원만하여 니구율尼拘律나무 같고 묘한 법을 잘 연설하시는 거룩한 모니牟尼 높으신 분이시며 선인의 우두머리이신 우리 스승님께 귀의

---

18 이 소경은 『별역잡아함경』 제4권 열아홉 번째 소경과 그 내용이 비슷하다.

19 송·원·명 세 본에서는 모두 무문혜無聞慧로 되어 있다.

합니다.'

그때 그녀의 남편 바라문이 그 말을 듣고 성을 내며 불쾌한 어투로 그의 아내에게 말하였다.

"귀신이 붙었는가? 그럴 리가 없다. 세 가지를 분명하게 통달하신 큰 덕이 있는 바라문을 버리고 저 어둡고 캄캄한 갈래로서 세상 사람들이 칭송하지도 않는 까까머리 사문沙門을 칭송하는 것이오? 내가 지금 가서 당신 스승과 토론할 터이니 누가 낫고 못한지 알 수 있을 것이오."

그 아내가 남편에게 말하였다.

"저는 어떤 하늘·악마·범·사문·바라문이나 모든 신, 그리고 세상사람 어느 누구도 능히 세존·여래·응공·등정각이신 분, 금빛 몸이시고 뚜렷한 광명이 한 길이나 되며, 니구율나무처럼 원만하신 몸이시고, 말씀이 미묘하고 선인의 우두머리이신 내 스승님과 토론할 수 있는 자를 보지 못하였습니다. 그렇기는 하나 바라문께서는 우선 가 보십시오. 그러면 저절로 아실 것입니다."

그때 바라문은 즉시 부처님께 나아가 서로 문안인사를 나누고 위로한 뒤에 한쪽으로 물러나 앉아 게송으로 말하였다.

어떤 것을 죽이면
편안히 잘 수 있고
어떤 것을 죽이면
마음에 걱정이 없으며
어떤 것을 죽이면
구담에게 칭찬을 듣습니까?

그때 세존께서는 바라문이 무슨 생각을 하고 있는지를 살펴 아시고 게송으로 말씀하셨다.

성냄과 원한을 죽이면
편안히 잠잘 수 있고
성냄을 죽이면
마음에 근심이 없어진다.

성냄은 독의 근본이 되어
좋은 종자를 해칠 수 있다.
그 성냄을 죽일 수만 있으면
성현들이 그를 칭찬하리라.
만일 능히 그것을 죽이면
그 마음에 걱정이 없어지리.

그때 바라두바차 바라문은 부처님께서 하시는 말씀을 새겨들었다. 부처님께서는 가르쳐 보여 그를 기쁘게 해주신 뒤에 차례대로 설법하셨다. 이른바 보시와 계율을 말씀하시고, 하늘에 태어나는 법을 말씀하시며, 탐욕에 집착하는 것은 재환과 번뇌가 된다는 것을 말씀하시고, 청정한 출요出要와 멀리 여의고 따르고 순종하는 일과 복과 이익의 청정함에 대하여 자상하게 분별해 말씀해주셨다.

비유하면 마치 깨끗한 흰 천이 물들기 쉬운 것처럼 바라두바차 바라문은 그 자리에서 네 가지 진리, 즉 괴로움과 괴로움의 발생과 괴로움의 소멸과 괴로움의 소멸에 이르는 길에 대한 완전한 지혜를 얻었다. 그 바라문은 법을 보고 법을 얻고 법을 알고 법에 들어가 모든 의혹을 여의고, 다른 이의 제도를 받지 않고 바른 법과 율에서 두려움이 없는 경지를 증득하게 되었다. 그는 곧 자리에서 일어나 오른 어깨를 드러내고는 합장하고 부처님께 여쭈었다.

"이미 제도되었습니다. 세존이시여, 이미 제도되었습니다. 선서시여, 저는 이제 부처님께 귀의하고 법과 승가에 귀의하여 목숨이 다하는 날까지 우바새優婆塞가 되겠습니다. 저를 증명해주소서."

그때 바라두바차 바라문은 부처님의 말씀을 듣고 기뻐하면서 예배하고 떠나갔다. 그가 집에 돌아가자 그의 아내 우바새는 남편이 오는 것을 보고 말하였다.

"여래·응공·등정각이신 분, 금빛 몸에 뚜렷한 광명이 한 길이나 되며, 니구율나무처럼 원만하신 몸이시며, 미묘한 법을 설하시며 선인의 우두머리이시고 큰 모니이신 제 스승과 토론해 보셨습니까?"

그 남편은 대답하였다.

"나는 아직 어떤 하늘·악마·범·사문·바라문이나 모든 신, 그리고 세상사람 어느 누구도, 세존·여래·응공·등정각이신 분, 금빛 몸에 뚜렷한 광명이 한 길이나 되며, 니구율나무처럼 원만하신 몸이시며, 말씀이 미묘하고 선인의 우두머리이시고 거룩한 모니이신 당신의 스승과 토론할 수 있는 사람을 보지 못했소. 당신은 지금 나를 위해 좋은 법의法衣를 지어주시오. 나는 그것을 가지고 세존께서 계시는 곳으로 가서 출가하여 도를 배울 것이오."

그러자 그 아내는 깨끗한 흰 천으로 법의를 지어 주었다. 바라문은 그 가사를 가지고 세존께 나아가 머리를 조아려 그 발에 예배하고 한쪽에 물러나 앉아서 아뢰었다.

"세존이시여, 저도 지금부터 세존의 법에서 비구가 되어 도를 배우고 범행을 닦을 수 있겠습니까?"

부처님께서 바라문에게 말씀하셨다.

"너도 지금부터 내 법에서 비구가 되어 도를 배우고 범행을 닦을 수 있느니라."

그는 곧 출가하여 혼자서 고요히 생각하였다.

'선남자善男子가 수염과 머리를 깎고 가사를 입고 출가하여 도를 배우는 까닭은……(이하 생략)……아라한이 되어 마음이 잘 해탈하는 데 있다.'

1159. 마구경魔瞿經[20]

이와 같이 나는 들었다.

어느 때 부처님께서 사위국 기수급고독원에 계셨다.

그때 마구魔瞿 바라문이 부처님께서 계신 곳으로 나아가 서로 문안인사를 나누고 위로한 뒤에 한쪽에 물러나 앉아서 부처님께 여쭈었다.

"세존이시여, 저는 속가에서 항상 보시를 행하고 있습니다. 가령 한 사람이 오면 한 사람에게 보시하고 두 사람, 세 사람 나아가 백·천 사람이 와도 다 보시를 합니다. 저의 이와 같은 보시는 얼마나 많은 복을 얻을 수 있겠습니까?"

부처님께서 바라문에게 말씀하셨다.

"너의 그러한 보시는 실로 큰 복을 얻을 것이다. 왜냐하면 속가에서 항상 보시를 행해 한 사람이 와서 빌면 한 사람에게 주고 두 사람, 세 사람 나아가 백·천 사람 모두에게 다 보시하기 때문에 큰 복을 얻을 것이다."

그때 마구 바라문이 곧 게송을 설하였다.

속가에 있으면서 제가 하는 일
보시와 큰 법회를 베푸는 것입니다.

---

20 이 소경은 『별역잡아함경』 제4권 스무 번째 소경과 그 내용이 비슷하다.

이 은혜로운 보시로 인해
큰 공덕을 구하고자 합니다.

제가 지금 모니에게 여쭈오니
제가 반드시 알아야 할 것은
범천梵天의 소견과 같아지는 것
저를 위하여 분별해 말씀해주소서.

어떻게 해야 해탈할 수 있고
묘한 좋은 세상에 갈 수 있으며
어떻게 방편을 닦아야만
범梵의 세계에 태어날 수 있으며
어떻게 따르고 즐겁게 보시해야
밝고 좋은 범천에 태어날 수 있겠습니까?

그때 세존께서 게송으로 대답하셨다.

보시하는 사람은 큰 법회를 열어
저들이 좋아하는 것을 보시하라.
기뻐하고 청정하게 믿는 마음으로써
온갖 착한 공덕을 반연攀緣하여
그것을 이룩해 세우는 것으로써
모든 죄악 여의기를 구하라.

모든 탐욕을 멀리 여의면
그의 마음이 잘 해탈할 것이요

자애로운 마음을 닦아 익히면
그 공덕은 한량이 없으리니
하물며 거기에 지성을 더해
큰 법회를 널리 베푸는 것이랴.

혹은 그 중간에서
얻은 모든 착한 마음은
잘 해탈하거나 혹은 다른 순수한
좋은 세상으로 바로 향할 것이니
이러한 훌륭한 인연으로써
범의 세계에 날 수 있으리.

이와 같이 은혜로 베푼 보시는
그 마음이 평등하기 때문에
범의 세계에 나게 되고
그 수명도 길게 늘어나리라.

그때 마구 바라문은 부처님의 말씀을 듣고 기뻐하면서 자리에서 일어나 떠나갔다.

1160. 청정경清淨經[21]

이와 같이 나는 들었다.

---

21 이 소경은 『별역잡아함경』 제4권 스물한 번째 소경과 그 내용이 비슷하다.

어느 때 부처님께서 사위국 기수급고독원에 계셨다.

그때 금 일산〔金蓋〕[22]을 가지고 사륵舍勒[23]을 입은 길잡이 바라문이 부처님의 처소에 찾아와서 서로 문안인사를 나누고 위로한 뒤에 한쪽에 물러나 앉아서 게송으로 말하였다.

바라문이 행하는 것들
청정하지 않은 것 없는데
찰리들이 닦는 고행은
청정과는 서로 어긋나네.

세 가지 경전에 통한 바라문들
이들이야말로 곧 청정한 분들이니
그와 같이 청정한 사람들
다른 중생 중에선 있을 수 없네.

그때 세존께서 게송으로 대답하였다.

청정한 길을 알지 못하고
위없는 청정도 알지 못하면서
다른데서 청정을 구하는 사람
끝내 청정할 때 없으리.

---

22 송·원·명 세본에서는 모두 화개華蓋로 되어 있다.

23 이것은 일종의 짧은 치마이다. 혹은 내의內衣라고 말하는 이도 있으며, 『현응음의玄應音義』 제16권에서는 "사륵舍勒은 이곳 말로 번역하면 의衣 또는 내의內衣라고 한다"고 하였다.

바라문이 부처님께 여쭈었다.

"구담이시여, 청정한 길과 위없는 청정에 대하여 말씀하신 것입니까? 어떤 것이 청정한 길이며, 어떤 것이 위없는 청정입니까?"

부처님께서 바라문에게 말씀하셨다.

"바른 소견이 청정한 길이요, 바른 소견을 닦아 익히고, 더 많이 닦아 익히면 탐욕이 끊어지고 성냄이 끊어지고 어리석음이 끊어진다. 만일 바라문으로서 탐욕을 아주 끊어버리고 성냄을 영원히 끊으며, 어리석음을 아주 끊고 일체 번뇌까지 다 끊으면 이것을 위없는 청정이라고 한다.

바른 뜻·바른 말·바른 행위·바른 생활·바른 방편·바른 기억·바른 선정, 이러한 것들을 청정한 도라고 하느니라. 또 나아가 바른 선정을 닦아 익히고, 더 많이 닦아 익히면 탐욕이 끊어지고 성냄도 끊어지며 어리석음도 끊어진다. 만일 바라문으로서 탐욕을 아주 끊어버리고 성냄을 영원히 끊으며, 어리석음을 아주 끊고 일체 번뇌까지 다 끊으면 이것을 위없는 청정이라고 하느니라."

바라문이 부처님께 아뢰었다.

"구담이시여, 청정한 길과 위없는 청정에 대하여 말씀하셨습니까? 구담이시여, 세간에 일이 많아 이제 그만 하직하고 돌아가겠습니다."

부처님께서 바라문에게 말씀하셨다.

"형편대로 하라."

꽃 일산을 가지고 사륵을 입은 길잡이 바라문은 부처님의 말씀을 듣고 기뻐하면서 자리에서 일어나 떠났다.

1161. 아라한법경阿羅漢法經[24]

이와 같이 나는 들었다.

어느 때 부처님께서 사위국 기수급고독원에 계셨다.

그때 어떤 바라문이 부처님께서 계신 곳으로 찾아와 서로 문안인사를 나누고 위로한 뒤에 한쪽에 물러나 앉아서 게송으로 말하였다.

어떤 것이 시라(尸羅 : 戒律)이고
어떤 것이 바른 위의威儀이며
어떤 것을 공덕이라 하고
어떤 것을 업業이라고 하며
어떤 법을 성취해야
나한羅漢 바라문이 됩니까?

그때 세존께서 게송으로 대답하셨다.

전생 일을 기억하는 지혜로써
하늘과 나쁜 세계에 태어나는 것을 보고
온갖 몸 받기 다하게 되어
모니牟尼는 삼명三明을 결정한다.

아는 마음이 잘 해탈해
일체의 탐욕에서 벗어나고
삼명을 완전하게 갖추면

---

24 이 소경은 『별역잡아함경』 제5권 첫 번째 소경과 그 내용이 비슷하다.

삼명 바라문이라고 한다.

부처님께서 이 경을 말씀하시자 그 바라문은 부처님의 말씀을 듣고 기뻐하면서 자리에서 일어나 떠나갔다.

1162. 노부부경老夫婦經[25]

이와 같이 나는 들었다.

어느 때 부처님께서 사위국 기수급고독원에 계셨다.

그때 세존께서 이른 아침에 가사를 입고 발우를 가지고 사위성에 들어가 걸식하셨다. 존자 아난도 세존의 뒤를 따라갔다.

그때 두 늙은 남녀가 있었는데 그 둘은 부부로서 나이가 많아 감각기관은 다 허물어지고 등은 휘어진 갈고리처럼 굽었다. 그들은 마을 뒷골목 쓰레기를 사르는 곳에서 불을 향해 쪼그리고 앉아 있었다. 세존께서 그 늙은 부부를 보니, 나이는 많은데다 미련스럽고 갈고리처럼 등은 굽었으며 불을 향해 쭈그리고 앉아 있는 모습이 마치 늙은 따오기가 욕심에 가득 차 서로 마주 보고 있는 것 같았다. 이 두 늙은 부부를 보시고 나서 존자 아난에게 말씀하셨다.

"너는 나이가 많은데다 미련스럽고 갈고리처럼 등까지 굽었으며 불을 향해 쭈그리고 앉아 있는 모습이 마치 늙은 따오기가 욕심에 가득 차 서로를 마주 보고 있는 것 같은 저 두 부부를 보았느냐?"

아난이 부처님께 아뢰었다.

"보았습니다. 세존이시여."

25 이 소경은 『별역잡아함경』 제5권 두 번째 소경과 그 내용이 비슷하다.

부처님께서 아난에게 말씀하셨다.

"저 두 늙은 부부는 나이 젊어 건강한 몸이었을 적에 부지런히 재물을 모았더라면 사위성에서 첫째가는 부자 장자가 되었을 것이요, 만일 수염과 머리를 깎고 가사를 입고 바른 믿음으로 집 아닌 데로 출가하여 도를 배워 부지런히 닦아 익혔더라면 아라한이라는 최고의 과果를 얻었을 것이다.

둘째로 왕성하고 건강한 몸이었을 적에 부지런히 재물을 모아놓았더라면 사위성에서 둘째가는 부자가 되었을 것이요, 만일 수염과 머리를 깎고 가사를 입고 바른 믿음으로 집 아닌 데로 출가하여 도를 배웠더라면 아나함과阿那含果를 증득하였을 것이다.

셋째 저들이 중년의 몸이었을 적에 부지런히 재물을 모아놓았더라면 사위성에서 셋째 가는 부자가 되었을 것이요, 만일 수염과 머리를 깎고 가사를 입고 바른 믿음으로 집 아닌 데로 출가하여 도를 배웠더라면 사다함과斯陀含果를 증득하였을 것이다.

그러나 저들은 이제 나이 많아 늙고 감각기능도 다 허물어졌으며 모아놓은 재물도 없고 방편도 없으며 감당할 능력도 없어 재물을 구하려해도 능력이 없게 되었고 또한 사람의 세상을 벗어나는 법도 얻을 수 없게 되었다."

그때 세존께서 다시 게송으로 말씀하셨다.

범행을 행하지 않았기 때문에
젊어서 재물을 얻지 못했고
지나간 옛 일을 생각하면서
땅에서 조는 모습 굽은 활 같네.

범행을 닦지 않았기 때문에

젊어서 재물을 얻지 못했고
마치 저 늙은 따오기가
빈 못을 지키다 죽는 것 같네.

부처님께서 이 경을 말씀하시자 존자 아난은 부처님의 말씀을 듣고 기뻐하며 받들어 행하였다.

1163. 노사경老死經[26]

이와 같이 나는 들었다.

어느 때 부처님께서 사위국 기수급고독원에 계셨다.……이 사이의 자세한 내용은 바로 앞 경인 노부부경에서 말한 것과 같다. 그 경과 다른 내용은 다른 게송을 말씀하신 것뿐이다.

늙음과 죽음이 무너뜨리는
몸과 느낌이 사라진 곳에도
오직 은혜로 보시한 복은 있어
자기를 따르는 양식이 된다.

감관을 잘 거두어 단속하고
선정을 닦는 공덕을 의지하여
돈이나 재물이나 또 음식을

---

26 이 소경은 『별역잡아함경』 제5권 세 번째와 네 번째 소경과 그 내용이 비슷하다.

힘닿는 대로 보시 행하고
대중 속에서도 잠에서 깨어나 있으면
그것은 헛되이 산 것이 아니니라.

부처님께서 이 경을 말씀하시자 그 바라문은 부처님의 말씀을 듣고 기뻐하면서 예배하고 떠나갔다.

잡아함경 제 43 권

1164. 바라연경婆羅延經

이와 같이 나는 들었다.

어느 때 부처님께서 바라내波羅㮈국 선인이 살았던 녹야원鹿野苑에 계셨다.

그때 많은 비구들이 강당에 모여서 이런 이야기를 하였다.

"여러분, 세존께서 바라연저사미덕륵波羅延低舍彌德勒의 질문에 대답하신 것은 이 게송이었다.

만일 두 끝을 아는 사람이라면
중간도 영원히 집착함이 없으리.
그를 일컬어 대장부라 하리니
다섯 가지 탐욕을 돌아보지 않네.
거기엔 번뇌의 쇠사슬 없으며
얽매임의 근심에서 멀리 벗어났네.

여러분 이 게송에 어떤 뜻이 들어있는가? 어떤 것을 끝이라고 하는가? 어떤 것이 두 끝이며 어떤 것이 중간이며 어떤 것이 얽매임인가? 어떻게 생각해야 하고 지혜로써 알아야 하며 깨달음으로써 깨달아야 지혜로써 아는 것이 되고 깨달음으로써 깨달은 것이 되어 괴로움의 끝에 이르러 괴로움에서 벗어날 수 있는가?"

어떤 이는 이렇게 대답하였다.

"여섯 가지 몸 안에 있는 감각기관이 한 끝이 되고 여섯 가지 몸 바깥에 있는 경계가 또 다른 하나의 끝이 되며 느끼는 것이 중간이 되고 욕망이 얽매임이 된다. 느낌을 익히는 사람은 여기저기의 인因을 얻어 몸이 점점 자라나 세상에 태어나게 된다. 여기서 이 법에 대하여 지혜로써 알고 깨달음으로써 깨달으며 그 지혜로써 아는 것과 깨달음으로써 깨닫는 것으로써 괴로움의 끝에 이르러 괴로움에서 벗어나게 된다."

또 어떤 이는 이렇게 말하였다.

"과거 세상이 한 끝이 되고 미래 세상이 또 다른 하나의 끝이 되며 현재 세상이 중간이 되고 욕망이 얽매임이 된다. 욕망을 익히면 여기저기의 인에 몸이 차츰 접촉하게 되고 그것이 점점 자라나 세상에 태어나게 되며,……(이하 생략)……괴로움에서 벗어나게 된다."

또 어떤 이는 이렇게 말하였다.

"즐거운 느낌이 한 끝이 되고 괴로운 느낌이 또 다른 하나의 끝이 되며 괴롭지도 않고 즐겁지도 않은 느낌이 중간이 되고 욕망이 얽매임이 된다. 그 욕망을 익히면 여기저기에서 얻는 바에 제 몸이 차츰 접촉하게 되고 그렇게 점점 자라나 세상에 태어나게 되며,……(이하 생략)……괴로움에서 벗어나게 된다."

또 어떤 이는 이렇게 말하였다.

"존재가 한 끝이 되고 존재의 발생이 또 다른 하나의 끝이 되며 느낌이 중간이 되고 욕망이 얽매임이 된다.……이 사이의 자세한 내용은 앞에서 말한 것과 같다.……괴로움에서 벗어나게 된다."

또 어떤 이는 이렇게 말하였다.

"몸이 한 끝이 되고 몸의 발생이 또 다른 하나의 끝이 되며 욕망이 얽매임이 된다.……이 사이의 자세한 내용은 앞에서 말한 것과 같다.……괴로움에서 벗어나게 된다."

또 어떤 이는 이렇게 말하였다.

"우리들 여러 사람이 제각기 말한 내용은 제각기 다르다. 구체적으로 말하자면 아까부터 여러 사람들이 말한 것들은 서로 다르게 말하여 그 진의를 분명하게 알기를 기대할 수 없다. 세존께서는 어떻게 말씀하시는지 바라연저사미덕륵이 물은 경에 대해서 우리는 세존께 나아가 자세히 여쭈어 보자. 그리하여 세존께서 말씀이 계시면 우리는 세존께서 말씀하시는 대로 받들어 지니도록 하자."

그래서 여러 비구들은 세존께서 계신 곳으로 나아가 머리를 조아려 그 발에 예배하고 한쪽에 물러나 앉아서 아뢰었다.

"세존이시여, 아까 여러 비구들이 강당에 모여 이렇게 이야기하였습니다.

'세존께서 바라연저사미덕륵의 물음에 답하신 경에 대하여, 이른바 두 끝……(이하 생략)……괴로움에서 벗어나는 데까지에 대해 이야기를 나누었는데, 어떤 사람은 '여섯 가지 몸 안에 있는 감각기관이 한 끝이 되고 여섯 가지 몸 바깥에 있는 경계가 또 다른 하나의 끝이 되며 느낌이 중간이 되고 욕망은 얽매임이 된다'고 하기도 하였고,……이 사이의 자세한 내용은 앞에서 말한 것과 같다.……모두 결정하지 못하였습니다. 그래서 지금 일부러 세존께 찾아와서 그 이치를 여쭙는 것입니다. 저희들의 말 중에 어느 것이 이치에 맞습니까?"

부처님께서 여러 비구들에게 말씀하셨다.

"너희들의 말은 다 옳다. 나는 이제 너희들을 위해 또 다른 경을 말하리라. 나는 바라연저사미덕륵을 위해 또 다른 경을 말하리라. 즉 접촉이 한 끝이 되고, 접촉의 발생이 또 다른 하나의 끝이 되며 느낌은 중간이 되고 욕망은 얽매임이 된다. 욕망을 익혀 가까이 하면 여기저기에서 얻은 바 몸은 접촉을 인연하여 그것이 점점 자라나 세상에 태어나게 된다. 이 법에 대해 지혜로써 알고 깨달음으로써 깨달으면 지혜로써 알고 깨달음으로써 깨달으며 지혜로써 안 것과 깨달음으로써 깨달은 것으로서 괴로움의 끝에 이르러 괴로움에서 벗어나게 되느니라."

부처님께서 이 경을 말씀하시자 모든 비구들은 부처님의 말씀을 듣고 기뻐하며 받들어 행하였다.

1165. 빈두로경賓頭盧經

이와 같이 나는 들었다.

어느 때 존자 빈두로賓頭盧는 구섬미국拘睒彌國 구사라원瞿師羅園[1]에 있었다.

그때 바차婆蹉국왕 우다연나優陀延那가 존자 빈두로의 처소를 찾아가서 서로 문안하고 한쪽에 물러나 앉아서 존자 빈두로에게 아뢰었다.

"여쭈어 볼 말이 있습니다. 어떻게 지금 좀 한가하십니까? 대답해 주실 수 있겠습니까?"

존자 빈두로가 대답하였다.

"대왕이여, 대왕은 우선 물으십시오. 아는 것이면 당연히 대답해

1 중인도에 위치하고 있으며, 구사라瞿師羅 장자가 부처님께 바친 원림園林이다.

드리겠습니다."

바차왕 우다연나가 존자 빈두로에게 물었다.

"무슨 인因과 무슨 연緣으로 새로 배우는 젊은 비구가 이 법과 율律에 출가한 지 오래 되지도 않았는데 그렇게 매우 안락하게 지내며, 또한 모든 감관이 평화스럽고 얼굴은 청정하며 피부는 깨끗하고 고요한 것을 좋아하여 움직이는 일이 적으며, 마치 들짐승처럼 왕성한 마음을 다른 곳에 맡겨 목숨이 다할 때까지 범행梵行을 닦아 지니고 순일純一하고 청정하게 살아갑니까?"

존자 빈두로가 대답하였다.

"부처님께서 말씀하신 것과 같습니다. 여래·응공·등정각께서는 깨달아 아시고 보신대로 비구들을 위해 말씀하셨습니다.

'너희 모든 비구들은 나이 많은 여인을 보거든 어머니라 생각하고 중년 여인을 보거든 누이나 동생으로 생각하고 어린 처녀를 보거든 딸이라 생각하라.'

이런 인연으로 젊은 비구들이 이 법과 율에서 비구가 된지 오래지 않았지만 안온하고 즐겁게 지낼 수 있으며, 모든 감각기관은 평화롭고 얼굴은 청정하며 피부는 깨끗하고 고요한 것을 좋아하여 움직이는 일이 적으며 산짐승처럼 왕성한 마음을 다른 데 맡겨 목숨이 다하도록 범행을 닦아 가지며 순일하고 청정하게 살아갈 수 있는 것입니다."

바차왕 우다연나가 존자 빈두로에게 아뢰었다.

"지금 세간 사람들은 탐하고 구하는 마음을 가지고 있습니다. 만일 늙은 여인을 보고 어머니라 생각하고 중년 여인을 보고는 누이나 여동생으로 생각하고 어린 처녀를 보고는 딸이라 생각한다면, 그때는 사모하는 마음도 따라서 일어나 탐욕이 훨훨 불붙고 성냄과 어리석음이 불타오를 것입니다. 다시 이 보다 더 훌륭한 인연은 없습니까?"

존자 빈두로가 바차왕 우다연나에게 말하였다.

“또 다른 인연이 있습니다. 세존께서 말씀하신 것과 같습니다. 여래·응공·등정각께서는 아시고 보신대로 비구들을 위해 말씀하셨습니다.

‘이 몸은 발끝에서 머리 꼭대기에 이르기까지 뼈를 근간으로 삼아 그 위에 살을 바르고 엷은 가죽으로 덮어씌운 것으로서 갖가지 더러운 물질이 가죽주머니 안에 가득 차 있다. 두루 관찰해보면 머리칼·털·손톱·이·먼지·때·침·피부·살·백골白骨·힘줄·맥脈·심장·간장·허파·쓸개·콩팥·창자·위·생장生臟·숙장熟臟·눈물·땀·콧물·거품·기름덩이·골수·가래·고름·피·골·즙액·똥·오줌이 들어있다.’

대왕이여, 이러한 인과 이러한 연으로 젊은 비구들은 이 법과 율에서 비구가 된 지 오래되지는 않았지만 안온하고 즐겁게 지내며 순일하고 청정하게 살아갈 수 있습니다.”

바차왕 우다연나가 존자 빈두로에게 말하였다.

“사람의 마음은 가볍고 빠릅니다. 만일 더럽다고 보면 깨끗하다는 생각도 따라서 일어날 것입니다. 혹 다시 어떤 인연 있어서 젊은 비구들로 하여금 이 법과 율 안에서 비구가 된 지 오래지 않았어도 안온하고 즐겁게 지내며 순일하고 청정하게 살아갈 수 있습니까?”

존자 빈두로가 대답하였다.

“대왕이여, 인연이 있습니다. 세존께서 말씀하신 것과 같습니다. 여래·응공·등정각께서는 아시고 보신대로 비구들을 위해 말씀하셨습니다.

‘너희들은 마땅히 감각기관의 문을 잘 지켜 보호하고 그 마음을 잘 거두어 잡아야 한다. 혹 눈이 빛깔을 볼 때에도 그 빛깔 모양을 취하지 말고 좋은 형상을 따라 취해 그것을 굳세게 집착하지 말라. 만일 눈을 잘 거두어들이지 않으면 곧 세상에 대한 탐욕과 애욕과 악하고 착하지 않은 법이 그 마음에서 새어 나올 것이다. 그러므로 너희들은 눈의 계율을 받들어 지녀야 한다. 귀로 소리를 듣고 코로 냄새를 맡으며 혀가 맛을 보고 몸으로 감촉을 느낄 때에도 마찬가지이며 뜻으로 법을 알 때에도 뜻의 계율을 받들어 지녀야 하느니라.'

이와 같이 말씀하셨습니다."

그러자 바차왕 우다연나는 존자 빈두로에게 말하였다.

"훌륭합니다. 정말 좋은 설법입니다. 모든 감각기관에 대한 계율을 잘 받들어 가져야 할 것입니다. 존자 빈두로여, 나도 그와 같이 하겠습니다.

어떤 때는 몸을 단속하지 않고 모든 감각기관의 계율을 지키지 않으며 마음을 한결같이 하지 못한 채로 궁중에 들어갑니다. 그러면 마음은 무서운 탐욕을 일으켜 활활 불타오르고 어리석음이 활활 불타오릅니다. 아무리 조용한 방에 혼자 있어도 저 세 가지 독은 마음을 불태우는데 하물며 궁중이야 말할 나위가 있겠습니까?

또 나는 어떤 때는 몸을 잘 단속하고, 모든 감각기관을 잘 거두어 단속하며 생각을 오로지 해서 궁중에 들어갑니다. 그러면 탐욕과 성냄과 어리석음이 일어나 그 마음을 태우지 않습니다. 궁중에서도 그 몸을 태우지 않고 또한 마음도 태우지 않거늘 하물며 한가히 혼자 있을 때이겠습니까? 이로써 보면 이 인연은 젊은 비구로 하여금 이 법과 율 안에서 비구가 된 지 오래지 않았어도 안온하고 즐겁게 지내며 순일하고 청정하게 살아가게 할 것입니다."

그때 바차왕 우다연나는 존자 빈두로의 말을 듣고 기뻐하면서 자리에서 일어나 떠나갔다.

1166. 수족유경手足喩經

이와 같이 나는 들었다.

어느 때 부처님께서 구섬미국 구사라원에 계셨다.

그때 세존께서 모든 비구들에게 말씀하셨다.

"손이 있기 때문에 잡고 놓을 수 있다는 것을 알고 발이 있기 때문에 가고 올 수 있다는 것을 알며, 관절關節이 있기 때문에 굽히고 펼 수 있다는 것을 알고 배가 있기 때문에 배고프고 목마름이 있다는 것을 안다. 이와 같이 비구들아, 눈이 있기 때문에 눈이 사물과 접촉함을 인연해 생기는 안에서의 느낌 즉, 괴롭거나 즐겁거나 혹은 괴롭지도 않고 즐겁지도 않은 느낌들이 생긴다. 귀·코·혀·몸·뜻에 있어서도 그와 같다.

비구들아, 만일 손이 없으면 취하고 버림을 알지 못할 것이요, 발이 없으면 가고 옴을 알지 못할 것이며 관절이 없으면 굽히고 폄을 알지 못할 것이요, 배가 없으면 배고프고 목마름을 알지 못할 것이다. 이와 같이 비구들아, 만일 눈이 없으면 눈이 사물과 접촉함을 인연해 생기는 안에서의 느낌인 괴롭거나 즐겁거나 혹은 괴롭지도 않고 즐겁지도 않은 느낌 등이 없을 것이다. 귀·코·혀·몸·뜻도 그와 같으니라."

부처님께서 이 경을 말씀하시자 모든 비구들은 부처님의 말씀을 듣고 기뻐하며 받들어 행하였다.

1167. 구경龜經

이와 같이 나는 들었다.

어느 때 부처님께서 구섬미국 구사라원에 계셨다.

그때 세존께서 모든 비구들에게 말씀하셨다.

"과거 세상 어느 때에 강 속에 풀이 우거져 있었는데 거북 그 속에서 살고 있었다. 그때 어떤 굶주린 여우가 배가 고파서 먹이를 찾아다니다가 멀리서 거북을 보고는 재빨리 달려가 움켜잡았다. 거북은 여우가 오는 것을 보고 곧 여섯 부위4지와 머리와 꼬리를 감추었다. 여우는 지켜보면서 머리나 발이 나오기를 기다렸다가 잡아먹으려고 하였다. 그러나 오랫동안 지켰으나 거북은 끝내 머리나 발을 내놓지 않았다. 여우는 배가 고파 성을 내면서 떠났다.

비구들아, 너희들도 오늘 그와 같은 줄을 알아야 한다. 악마 파순波旬은 항상 너희들의 틈을 엿보며 너희들이 눈으로 빛깔에 집착하거나 귀로 소리를 듣거나 코로 냄새를 맡거나 혀로 맛보거나 몸으로 감촉을 느끼거나 뜻으로 법을 생각하기를 바라면서 여섯 가지 경계에 물들어 집착하는 마음을 내게 하려고 한다.

그러므로 비구들아, 너희들은 언제나 눈의 계율을 잘 지키며 머물러야 한다. 눈의 계율을 잘 지켜 머무르면 악마 파순도 틈을 노릴 수 없어서 너희들은 나오건 반연하건 자유로울 것이다. 귀·코·혀·몸·뜻에 있어서도 그와 같으니라. 그 여섯 가지 감관에서 나오건 반연하건 그 틈을 노리지 못하는 것이 마치 여우가 거북의 틈을 노리지 못한 것과 같으리라."

그때 세존께서 곧 게송을 설하셨다.

거북이 여우를 두려워해
여섯 부위를 껍질 속으로 감추듯
비구도 마음을 잘 거두어
모든 감각과 생각을 감추어라.

그를 의지하지도 두려워하지도 말고
마음을 덮고 말하지도 말라.

부처님께서 이 경을 말씀하시자 여러 비구들은 부처님의 말씀을 듣고 기뻐하며 받들어 행하였다.

1168. 황맥경䵃麥經

이와 같이 나는 들었다.

어느 때 부처님께서 구섬미국 구사라원에 계셨다.

그때 세존께서 모든 비구들에게 말씀하셨다.

"비유하면 보리를 네거리 길가에 놓아두었을 때 여섯 명의 장부가 막대기로 함께 두드리면 잠깐 동안에 티끌처럼 부서지는데, 그것을 일곱 번째 사람이 막대기를 들고 거듭 두드리는 것과 같다. 비구들아, 너희들 생각에는 어떠하냐? 보리 묶음을 여섯 사람이 함께 두드리고, 또 일곱 번째 사람이 거듭 두드린다면 아주 잘게 부서지겠느냐?"

비구들이 부처님께 아뢰었다.

"그렇게 될 것입니다. 세존이시여."

부처님께서 모든 비구들에게 말씀하셨다.

"비구들아, 그와 같이 어리석은 사람은 6촉입처六觸入處에게 두드려 맞는다. 어떤 것을 그 여섯 가지라고 하는가? 안촉입처眼觸入處에게 항상 두드려 맞고 이촉입처耳觸入處・비촉입처鼻觸入處・설촉입처舌觸入處・신촉입처身觸入處・의촉입처意觸入處에게 항상 두드려 맞는 것을 말한다. 저 어리석은 사람은 6촉입처에게 두드려 맞고도 다시 미래 세상의 존재를 사모해 구하니, 그것은 일곱 번째 사람이 거듭 두드려 부수는 것과 같다.

비구들아, 만일 '이것은 곧 나다'라고 말한다면 그것은 흔들리는 것이요, '이것은 내 것이다'라고 말한다면 그것도 흔들리는 것이다. '미래에도 분명히 존재하게 될 것이다'라고 하면 그것도 흔들리는 것이요, '미래에는 분명 없을 것이다'라고 하면 그것도 흔들리는 것이다. '형상이 있을 것이다'라고 하면 그것도 흔들리는 것이고, '형상이 없을 것이다'라고 하면 그것도 흔들리는 것이다. '생각이 있을 것이다'라고 하면 그것도 흔들리는 것이요, '생각이 없을 것이다'라고 하면 그것도 흔들리는 것이며, '있지도 않을 것이요 없지도 않을 것이다'라고 하면 그것도 흔들리는 것이다.

흔들리기 때문에 병이 되고 흔들리기 때문에 종기가 되며 흔들리기 때문에 가시가 되고 흔들리기 때문에 집착하게 된다. 흔들리는 것을 바르게 관찰하기 때문에 괴로워하던 사람도 흔들리지 않는 마음을 얻어 많이 닦아 익혀서 머물고 생각을 잡아매어 바르게 아느니라.

흔들림과 같이 사량思量은 허망하여 행이 있다. 그래서 느낌을 나라고 하나니, 그것은 곧 욕망이요, 내 것이라고 하면 그것도 곧 욕망이다. 미래에도 존재할 것이라고 하면 그것도 욕망이요, 미래에는 존재하지 않을 것이라고 하면 그것도 욕망이다. 형상이 있을 것이라고 하면 그것도 욕망이요, 형상이 없을 것이라고 하면 그것도 욕망이다. 생각이 있을 것이라고 하면 그것도 욕망이요, 생각이 없을 것이라고 하면 그것도 욕망이며, 생각도 아니요 생각 아닌 것도 아니라고 하면 그것도 욕망이다.

욕망 때문에 병이 되고, 욕망 때문에 종기가 되며, 욕망 때문에 가시가 된다. 만일 욕망은 괴로움을 낸다는 것을 잘 생각하고 관찰하면, 욕망을 여읜 마음에 많이 머물러 있게 되어 바른 생각과 바른 지혜가 생겨나느니라.

비구들아, 과거 세상에 아수라가 군사를 일으켜 제석帝釋과 싸웠다. 그때 천제석은 삼십삼천에 알렸다.

'오늘 여러 하늘들과 아수라가 싸운다. 만일 여러 하늘이 이기고 아수라가 지거든 아수라를 사로잡아 다섯 매듭으로 묶어 하늘 궁전으로 데리고 돌아오너라.'

아수라도 자신의 무리들에게 말하였다.

'지금 아수라 군사와 여러 하늘들이 싸운다. 만일 아수라가 이기고 여러 하늘들이 지거든 제석을 사로잡아 다섯 매듭으로 묶어 아수라 궁전으로 돌아오너라.'

그 싸움에서 하늘이 이기고 아수라가 졌다. 그때 삼십삼천은 비마질다라毘摩質多羅 아수라왕을 사로잡아 다섯 매듭으로 묶어 하늘 궁전으로 돌아왔다. 비마질다라 아수라왕은 다섯 매듭으로 묶인 채 정법전正法殿에 있으면서도 여러 하늘의 다섯 가지 즐거움을 누렸다. 비마질다라 아수라왕은 생각하였다.

'오직 아수라만이 어질고 착하며 총명하고 지혜롭다. 여러 하늘이 비록 착하다고 하지만 나는 이제 그만 아수라 궁전으로 돌아가리라.'

이렇게 생각했을 때 그는 곧 다섯 가지 매듭으로 몸이 묶인 것을 스스로 보았고, 여러 하늘의 다섯 가지 쾌락도 저절로 사라지고 말았다. 비마질다라 아수라왕은 다시 생각하였다.

'여러 하늘들은 어질고 착하며 지혜롭고 총명하다. 아수라가 비록 좋다고는 하지만 나는 일단 이 하늘 궁전에 머무르리라.'

이렇게 생각했을 때 몸이 다섯 가지 매듭에서 풀려난 것을 스스로 보았고 여러 하늘들의 다섯 가지 쾌락도 저절로 생겼다.

비마질다라 아수라왕은 이러한 미세한 결박이 있었다. 그러나 악마 파순의 결박은 더욱 미세하여 이 마음이 흔들릴 때 악마가 곧 그 즉시 결박하고 마음이 흔들리지 않으면 악마는 곧 그 즉시 풀어준다. 그러므로 비구들아, 흔들리지 않는 마음에 많이 머물러 바른 생각과 바른 지혜를 공부해야 하느니라."

부처님께서 이 경을 말씀하시자 모든 비구들은 부처님의 말씀을 듣고 기뻐하며 받들어 행하였다.

1169. 금경琴經

이와 같이 나는 들었다.

어느 때 부처님께서 구섬미국 구사라원에 계셨다.

그때 세존께서 모든 비구들에게 말씀하셨다.

"만일 비구나 비구니가 눈과 빛깔을 인연하여 인식이 생겨서는 욕망을 가지거나 탐하거나 친근히 하거나 사모하거나 혹은 확고히 집착하는 마음이 생기거든, 그런 여러 가지 마음을 잘 막고 단속하라. 왜냐하면 그런 것들은 다 두려운 길로서 장애가 있고 어려움이 있다. 그런 것들은 나쁜 사람들이 의지하는 것이요, 착한 사람들은 의지할 것이 아니기 때문이다. 그러므로 스스로 막고 단속해야 한다. 귀·코·혀·몸·뜻에 있어서도 또한 그러하니라.

비유하면 농부가 좋은 밭에 모종을 심었어도 밭을 지키는 사람이 게으르고 방일하면 외양간의 소가 나와 그것을 다 뜯어먹고 마는 것처럼 어리석은 범부가 여섯 가지 촉입처觸入處에서 방일하게 구는 것도 또한 그와 같다.

만일 좋은 밭에 모종을 심었을 때 그 밭을 지키는 사람이 방일放逸하지 않으면 외양간의 소가 사납게 날뛰지도 못하고, 설령 밭에 들어왔다 하더라도 그 소를 몰아낼 것이다. 이른바 많이 들어 아는 거룩한 제자는 다섯 가지 욕망의 향락에 대해서 그 마음과 뜻과 의식을 스스로 잘 거두어 단속하고 마음을 다해 소멸한다.

만일 좋은 밭에 모종을 심었을 때 그 밭을 지키는 사람이 스스로 방일하지 않아서 외양간의 소가 밭 경계에 들어왔더라도 왼손으로는 코뚜레를 잡아끌고 오른손으로 막대기를 들고 온몸을 때리며 밭에서 몰아낸다면 비구들아, 너희들 생각에는 어떠하냐? 그 소가 고통을 겪은 뒤에도 마을에서 집으로 집에서 마을로 가는 도중에 다시 예전처럼 그 밭의 모종을 뜯어먹겠느냐?"

대답하였다.

"아닙니다. 세존이시여, 왜냐하면 전에 밭에 들어갔다가 매를 맞아 고통 받은 일을 기억하고 있기 때문입니다."

"그렇다. 비구들아, 많이 들어 아는 거룩한 제자는 마음이나 뜻이나 의식이 6촉입처에 대해 몹시 싫어하여 여읠 마음을 내고 두려워하고 무서워하여 안으로 마음을 편안히 머물고 잘 제어해서 한마음이 되게 하느니라.

과거 세상에 어떤 왕은 일찍이 없었던 거문고 타는 좋은 소리를 듣고 몹시 사랑하고 즐거워하면서 거기에 빠지고 집착한 끝에 여러 대신들에게 물었다.

'저것이 무슨 소리인가? 매우 사랑스럽고 즐거워할 만하구나!'

대신들이 대답하였다.

'저 소리는 거문고를 타는 소리입니다.'

왕이 대신들에게 말하였다.

'저 소리를 가져오너라.'

대신들은 명령을 받고 곧 가서 거문고를 가지고 와서 아뢰었다.

'대왕이여, 이것이 거문고라는 악기인데 여기에서 좋은 소리가 나옵니다.'

왕이 대신들에게 말하였다.

'나는 거문고가 필요 없다. 아까 듣던 그 사랑스럽고 즐거워할 만한 소리를 가지고 오라.'

대신들이 대답하였다.

'이 거문고에는 여러 가지 기구가 있습니다. 즉 자루도 있고 몸통도 있으며 여麗도 있고 줄도 있고 가죽도 있어서 기술이 있는 사람이 이것을 탈 때에는 여러 가지 기구의 인연을 얻어서 비로소 소리가 나오는 것입니다. 여러 가지 기구를 얻지 못하고서는 소리를 낼 수 없습니다. 아까 들으신 소리는 이미 지나가 버린 지 오래 되어 이미 사라져 없어졌기 때문에 가지고 올 수가 없습니다.'

그러자 대왕이 이렇게 말하였다.

'아! 이렇게 허망한 물건을 어디에 쓸 것인가. 세상의 거문고란 다 허망한 물건이다. 그런데도 세상 사람들을 빠지게 하고 집착하게 하는구나. 너희들은 이것을 가지고 가서 조각조각 부수어 시방에 버려라.'

대신들은 명령을 받고 백 조각으로 부수어 여러 곳에 버렸다.

이와 같이 비구들아, 저 색色·수受·상想·사思·욕欲 등 이 모든 법은 덧없는 것이요 함이 있는 것임을 알아야 한다. 마음이 이를 인연해 생겨서는 곧 '이것은 나요, 내 것이다'라고 말하지만 그것들은 언젠가는 다 없어지고 마는 것이다. 비구들아, 이와 같이 평등하고 바른 지혜로 사실 그대로를 관찰해야 하느니라."

부처님께서 이 경을 말씀하시자 모든 비구들은 부처님의 말씀을 듣고 기뻐하며 받들어 행하였다.

1170. 나창경癩瘡經

이와 같이 나는 들었다.

어느 때 부처님께서 구섬미국拘睒彌國 구사라원瞿師羅園에 계셨다.

그때 세존께서 모든 비구들에게 말씀하셨다.

"마치 온몸에 부스럼이 나있는 나병癩病에 걸린 사람이 띠나 억새밭으로 들어간다면 가시나 바늘 같은 수많은 잎사귀에 찔려 그 고통이 몇 곱이나 더 심한 것처럼, 어리석은 범부가 6촉입처로 인하여 온갖 고통을 받는 것도 그와 같다. 저 나병에 걸린 사람이 바늘이나 가시 같은 풀 잎사귀에 찔려 고름과 피가 흘러나오는 것처럼, 어리석은 범부는 그 성질이 모질고 사나워서 6촉입처에 닿으면 성을 내며 나쁜 소리를 지르는 것이 저 나병에 걸린 사람과 같다. 왜냐하면 어리석고 무식한 범부는 그 마음이 나병 환자의 부스럼과 같기 때문이니라.

내 이제 율의律儀와 불율의不律儀에 대하여 설명해 주리라. 어떤 것이 율의이며, 어떤 것이 불율의인가? 어리석고 무식한 범부는 눈으로 빛깔을 보고 마음에 드는 빛깔에는 탐욕을 내어 집착하고 마음에 들지 않는 빛깔에는 성을 낸다. 그래서 차례를 따라서 많은 감각과 생각을 내어 그것이 연속하면서 그 허물과 근심을 보지 못한다. 설령 그 허물과 근심을 보더라도 그것을 없앨 방법을 모른다. 귀·코·혀·몸·뜻에 있어서도 그와 같다. 비구들아, 이것을 불율의라고 하느니라.

어떤 것이 율의인가? 많이 들어 아는 거룩한 제자는 혹 눈으로 빛깔을 볼 때에 마음에 드는 빛깔에도 탐욕을 내지 않고, 마음에 들지 않는 빛깔에도 성을 내지 않는다. 그래서 차례를 따라서 많은 감각과 생각을 내지 않고 계속 머물러 빛깔의 허물과 근심을 본다. 그는 허물과 근심을 보기 때문에 그것을 버릴 수가 있다. 귀·코·혀·몸·뜻에 있어서도 그와 같다. 이것을 율의라고 하느니라."

부처님께서 이 경을 말씀하시자 모든 비구들은 부처님의 말씀을 듣고 기뻐하며 받들어 행하였다.

1171. 육종중생경六種衆生經[2]

이와 같이 나는 들었다.

어느 때 부처님께서 구섬미국 구사라원에 계셨다.

그때 세존께서 모든 비구들에게 말씀하셨다.

"비유하면, 어떤 사람이 빈집에서 놀다가 여섯 가지 동물을 얻었다고 하자. 처음에는 개를 얻었는데, 곧 그 개를 붙들어 어떤 곳에 매어 두었다. 다음에는 새를 얻었고, 다음에는 독사, 다음에는 여우, 다음에는 실수마라失收摩羅,[3] 다음에는 원숭이를 얻었다. 그는 이런 동물들을 얻어 모두 한곳에 매어 두었다.

그러면 개는 마을로 들어가려고 하고 새는 항상 허공으로 날아가려고 하며 뱀은 늘 구멍으로 들어가려고 하고 여우는 무덤 사이로 가려고 하며 실수마라는 언제나 바다로 들어가려고 하고 원숭이는 산으로 들어가려고 한다. 이 여섯 가지 중생들을 모두 한곳에 매어 두지만 좋아하는 것이 똑같지 않기 때문에 각각 제 편안한 곳으로 가기를 희망하여 서로 즐거워하지 않는다. 그것은 자신이 좋아하는 곳과는 다른 곳에 매어있기 때문이다. 그래서 제각기 그 힘을 다해 원하는 방향

2 이 소경은 『증일아함경』 제32권 제38 「역품力品」의 여덟 번째 소경과 그 내용이 비슷하다.

3 팔리어로는 suṁsumāra로 표기하며, 악어를 말한다.

으로 가려고 하지만 거기서 벗어날 수가 없다.

이와 같이 여섯 가지 감각기관의 갖가지 경계에는 각각 제가 좋아하는 경계를 구하고 다른 경계를 원하지 않는다. 눈은 언제나 사랑할 만한 빛깔을 구하고 마음에 들지 않는 빛깔은 곧 싫어한다. 귀는 언제나 사랑할 만한 소리를 구하고 마음에 들지 않는 소리는 곧 싫어한다. 코는 언제나 마음에 드는 냄새를 구하고 마음에 들지 않는 냄새는 곧 싫어한다. 혀는 언제나 마음에 드는 맛을 구하고 마음에 들지 않는 맛은 곧 싫어한다. 몸은 언제나 마음에 드는 감촉을 구하고 마음에 들지 않는 감촉은 곧 싫어한다. 뜻은 언제나 마음에 드는 법을 구하고 마음에 들지 않는 법은 곧 싫어하느니라.

이 여섯 감각기관은 갖가지 작용과 갖가지 경계에 있어서 제각기 다른 감각기관의 경계를 구하지 않는다. 이 여섯 감각기관이 힘이 있다면 지각하는 경계를 따라 자유로울 수 있을 것이다. 그러나 마치 저 장부가 여섯 가지 중생들을 든든한 기둥에 매어둔다면 그것들은 저마다 힘을 다해 제 마음에 맞는 대로 가려고 하여 이리저리 달려보다가 그만 지쳐버리고 마는 것과 같다. 그들은 밧줄에 매어있기 때문에 끝내 기둥에 의지하고 만다.

비구들아, 내가 이 비유를 들어 말하는 것은 너희들을 위해 그 이치를 나타내 보이기 위해서이다. 여섯 가지 중생이란 여섯 가지 감각기관에 비유한 것이고 든든한 기둥이란 신념처身念處에 비유한 것이다. 만일 신념처를 잘 닦아 익히면, 생각하는 빛깔과 생각하지 않는 빛깔이 있어서 사랑할 만한 빛깔을 보아도 집착하지 않고, 사랑할 만하지 않은 빛깔을 보아도 싫어하지 않는다. 귀가 소리에 대해서 · 코가 냄새에 대해서 · 혀가 맛에 대해서 · 몸이 감촉에 대해서도 그러하며 뜻이 법에 대해서도 마음에 드는 법을 구하지 않고 마음에 들지 않는 법도 싫어하지 않는다. 그러므로 비구들아, 마땅히 신념처를 부지런히 닦아 익혀 항상 거기에 머물러야 하느니라."

부처님께서 이 경을 말씀하시자 모든 비구들은 부처님의 말씀을 듣고 기뻐하며 받들어 행하였다.

1172. 독사경毒蛇經[4]

이와 같이 나는 들었다.

어느 때 부처님께서 구섬미국 구사라원에 계셨다.

그때 세존께서 모든 비구들에게 말씀하셨다.

"비유하면 흉악하고 독하고 모진 독사 네 마리가 같은 상자 안에 담겨 있는 것과 같다. 그때 어리석지 않고 총명하고 지혜로우며 즐거움을 구하고 괴로움을 싫어하며 살기를 구하고 죽기를 싫어하는 어떤 장부가 있었다. 어떤 사람이 그 장부에게 말하였다.

'너는 지금 이 상자에 든 독사를 가져다가 어루만져주고 목욕도 시켜주며 은혜를 베풀고 친근히 하여 먹이를 주어 기르되 수시로 꺼냈다 집어넣었다 하라. 만일 네 마리 독사 중에 혹 괴로워하는 놈이 있으면 너를 죽이거나 혹은 거의 죽을 지경에 이르도록 할 터이니 너는 조심해서 방어하고 보호해야 한다.'

그때 그 장부는 두려워서 달아났다. 또 어떤 이가 말하였다.

'갑자기 다섯 사람의 원수가 칼을 빼어들고 쫓아와 기어코 죽이려고 할 것이니 너는 조심해서 방어하고 보호해야 한다.'

그때 그 장부는 네 마리 독사와 칼을 빼어든 다섯 원수가 두려워서

4 이 소경은 『증일아함경』 제23권 제31 「증상품增上品」의 여섯 번째 소경과 그 내용이 비슷하다.

달아났다. 또 어떤 사람이 말하였다.

'장부여, 네 몸 안에 여섯 도적이 있어 늘 따라 다니면서 너를 엿보다가 틈이 생기면 반드시 너를 죽일 것이니 너는 조심해서 방어하고 보호해야 한다.'

그때 그 장부는 네 마리 독사와 칼을 빼든 다섯 원수와 몸 안의 여섯 도적이 두려워 다시 달려 텅 빈 마을로 들어갔다. 그 마을에 있는 빈집을 보니 다 썩어 허물어져서 위태롭기 그지없고 그 안에 있는 온갖 나쁜 물건을 잡아 보았으나 모두 연약할 뿐 든든한 것이라곤 하나도 없었다.

어떤 사람이 다시 말하였다.

'장부여, 이 빈 마을에 있다가는 장차 도적 떼가 와서 틀림없이 너를 해칠 것이다.'

그때 그 장부는 네 마리 독사와 칼을 빼든 다섯 원수와 몸 안의 여섯 나쁜 도적과 빈 마을에 도적 떼가 들이닥칠까 무서워서 다시 달아났다. 그가 달아나는 길에 갑자기 큰 강이 앞을 가로막았는데 물결이 매우 세차고 급하였다. 이쪽 언덕에는 온갖 무서운 것들만 보일 뿐이고 안온하고 즐거우며 청정하고 두려움이 없는 저쪽 언덕이 보이긴 하지만 저쪽 언덕으로 건널 수 있는 다리나 배가 없었다. 그래서 그는 생각하였다.

'나는 풀과 나무를 많이 모아 하나로 묶어서 뗏목을 만들고 손과 발로 방편을 삼아 저쪽 언덕으로 건너가야겠다.'

그렇게 생각한 그는 곧 풀과 나무를 주워 언덕을 의지해 묶어서 뗏목을 만들고, 손과 발로 방편을 삼아 흐름을 끊고 물을 횡단하여 건너갔다.

이리하여 그 장부는 네 마리 독사와 칼을 빼든 다섯 원수와 몸 안의 여섯 나쁜 도적으로부터 벗어났고, 또 빈 마을 도적의 무리들로부터 벗어나게 되었다. 그리고 깊은 강을 건너서는 이쪽 언덕의 온갖 두려움을 여의고 안온하고 즐거운 저쪽 언덕에 이르게 되었느니라.

비구들아, 내가 이런 비유를 들어 말했는데 이제 그 뜻을 설명하리라. 여기에서 상자라고 한 것은 추한 4대大로 이루어진 이 몸뚱이를 비유한 것이다. 4대로 된 정혈精血의 몸은 더러운 음식으로 기르고 목욕시키고 옷을 입히지만, 그것은 덧없는 것이어서 변하고 무너지며 위태롭기 그지없는 법이니라.

여기에서 독사라고 한 것은 4대 즉, 지계地界·수계水界·화계火界·풍대風界에 비유한 것이다. 만일 지계와 다투면 그 몸을 죽이거나 거의 죽음의 지경에 이르게 될 것이다. 수계·화계·풍계와의 다툼도 그와 같으니라.

칼을 뺀 다섯 원수라고 한 것은 5수음受陰을 비유한 것이며, 몸 안의 여섯 도적이라고 한 것은 여섯 가지 사랑과 기쁨을 비유한 것이며, 빈 마을이라고 한 것은, 6내입內入을 비유한 것이다.

선남자들아, 안입처眼入處를 관찰해보면 그것은 다 덧없는 것이어서 변하고 무너지는 것이며, 눈을 고집하는 자도 또한 덧없고 거짓된 법이다. 이입처耳入處·비입처鼻入處·설입처舌入處·신입처身入處·의입처意入處도 그와 같으니라.

빈 마을의 떼도적이라고 한 것은 6외입처外入處를 비유한 것이니, 곧 눈은 마음에 들거나 마음에 들지 않는 빛깔의 해침을 받는다. 귀가 소리에게, 코가 냄새에게, 혀가 맛에게, 몸이 감촉에 해침을 받는 것도 마찬가지며, 뜻은 마음에 들거나 마음에 들지 않는 법의 해침을 받는다. 사나운 흐름이라고 한 것은 네 가지 흐름인 애욕의 흐름〔欲流〕, 존재의 흐름〔有流〕, 소견의 흐름〔見流〕, 무명의 흐름〔無明流〕을 비유한 것이다.

강이라고 한 것은 세 가지 욕망인 욕애欲愛, 색애色愛, 무색애無色愛

를 비유한 것이다. 두려움이 많은 이쪽 언덕이라고 한 것은 존재하는 몸을 비유한 것이며, 맑고 시원하고 편안하고 즐거운 저쪽 언덕이라고 한 것은 무여열반無餘涅槃을 비유한 것이다. 뗏목이라고 한 것은 8정도正道를 비유한 것이며, 손발을 방편 삼아 흐름을 끊고 건넌다고 한 것은 열심히 노력하여 용맹하게 저쪽 언덕에 이르는 것을 비유한 것이다. 바라문이 사는 곳이라고 한 것은 여래·응공·등정각을 비유한 것이다.

이와 같이 비구들아, 스승은 자비로써 제자들을 안위시키는 것을 의무로 삼는다. 내가 할 일은 이미 다 마쳤다. 너희들도 이제 그 할 일을 해야 한다. 즉, 비고 고요한 곳이나 나무 밑이나 깨끗한 방에 풀을 깔아 자리를 만들고, 한데나 무덤 사이 같은 외진 곳에 앉아 부지런히 선정을 닦고, 부디 방일하게 행동함으로써 뒷날 후회하는 일이 없도록 하라. 이것이 곧 내가 가르치는 법이니라."

부처님께서 이 경을 말씀하시자 모든 비구들은 부처님의 말씀을 듣고 기뻐하며 받들어 행하였다.

1173. 고법경苦法經

이와 같이 나는 들었다.

어느 때 부처님께서 구섬미국 구사라원에 계셨다.

그때 세존께서 모든 비구들에게 말씀하셨다.

"많이 들어 아는 거룩한 제자는 일체 괴로운 법과 괴로움의 발생·소멸·맛들임·재앙·벗어남을 사실 그대로 알고 본다. 그래서 다섯 가지 욕망 보기를 마치 불구덩이처럼 본다. 이와 같이 다섯 가지 욕망에 대하여 관찰하고 나서는 다섯 가지 욕탐欲貪·욕애欲愛·욕염欲

念·욕착欲着으로 영원히 그 마음을 가리지 않는다. 그는 그 욕심을 알기 때문에 가는 곳이나 머무르는 곳에서 스스로 그 욕심을 막고 닫는다. 가는 곳이나 머무르는 곳에서 미리 막고 닫으면 가고 머무르는 어느 곳에서도 세상의 탐욕과 근심과 악하고 착하지 않은 법이 그 마음에서 새어나가지 않느니라.

어떤 것을 많이 들어 아는 거룩한 제자가 일체 괴로운 법과 그 발생·소멸·맛들임·재앙·벗어남을 사실 그대로 알고 보는 것이라고 하는가? 많이 들어 아는 거룩한 제자는 이것은 괴로움에 대한 성스러운 진리라고 사실 그대로 알고, 이것은 괴로움의 발생이요, 이것은 괴로움의 소멸이며, 이것은 괴로움의 소멸에 이르는 길에 대한 성스러운 진리라고 사실 그대로 안다. 이것을 많이 들어 아는 거룩한 제자가 일체 괴로운 법과 그 발생·소멸·맛들임·재앙·벗어남을 사실 그대로 알고 보는 것이라고 하느니라.

어떤 것을 많이 들어 아는 거룩한 제자가 다섯 가지 욕망 보기를 불구덩이처럼 보고 세상의 탐욕과 근심과 악하고 착하지 않은 법으로 다시는 그 마음을 가리지 않는 것이라고 하는가?

비유하면 어떤 촌락 끝에 깊은 구덩이가 있고, 그 구덩이 속에 이글거리는 불이 가득히 담겨져 있으나 연기나 불꽃이 없는 것과 같다. 그때 어리석지도 미련하지 않고 총명하고 지혜로우며 즐거운 것을 좋아하고 괴로운 것을 싫어하며 사는 것을 좋아하고 죽는 것을 싫어하는 어떤 사람이 있다. 그는 이렇게 생각한다.

'이 불구덩이 속에는 이글거리는 불이 있다. 만일 내가 저 속에 떨어지면 죽을 것은 의심할 여지가 없다.'

그래서 그곳을 멀리 하려는 마음을 내고 멀리 하기를 생각하고 멀리 하기를 원한다. 이와 같이 많이 들어 아는 거룩한 제자는 다섯 가지 욕망 보기를 불구덩이처럼 보고 세상의 탐욕과 근심과 악하고 착하지 않은 법으로 다시는 그 마음을 가리지 않느니라.

만일 가는 곳이나 머무르는 곳에서 미리 막고 미리 알면 세상의 탐욕과 근심과 악하고 착하지 않은 법이 그 마음에서 새어나가지 않는다.

비유하면 촌락 끝에 있는 가시덤불로 가득찬 내림棕林과 같다. 어떤 장부가 할 일이 있어 그 숲속에 들어갔는데 전후・좌우・상하에 모두 가시뿐이었다. 그때 그 장부는 바른 생각으로 다니고 바른 생각으로 오고가며, 바른 생각으로 단정히 보고 바른 생각으로 몸을 굽혔다. 왜냐하면 날카로운 가시가 많아 몸을 다치지 않게 하기 위해서이다.

많이 들어 아는 거룩한 제자도 그와 같다. 혹 촌락이나 도시를 의지해 살면서 이른 아침에 가사를 입고 발우를 가지고 마을에 들어가 걸식할 때에는 그 몸을 잘 단속하고 그 마음을 잘 다잡아 바른 생각으로 편안히 머물고 바른 생각으로 다니며 바른 생각으로 눈을 뜨고 바른 생각으로 관찰한다. 왜냐하면 날카로운 가시에 거룩한 법法과 율律을 다치지 않게 하기 위해서이다.

어떤 것을 날카로운 가시가 거룩한 법과 율을 다치게 하는 것이라고 하는가? 이른바 마음에 들고 사랑스러워 기억할만한 빛깔을 말하니, 이것을 날카로운 가시가 거룩한 법과 율을 다치게 하는 것이라고 한다. 어떤 것을 마음에 들고 사랑하고 기억할만한 빛깔이 거룩한 법과 율을 다치게 하는 것이라고 하는가? 이른바 다섯 가지 욕망〔五欲功德〕을 일컫는 말이니, 눈으로 빛깔을 분별하고는 사랑하는 생각을 일으켜 욕락欲樂을 자라게 한다. 귀로 소리를 분별하고 코로 냄새를 분별하며 혀로 맛을 분별하고 몸으로 감촉을 분별하고는 사랑하는 생각을 일으켜 욕락을 자라게 한다. 이것을 사랑하고 기억할 만한 빛깔이 거룩한 법과 율을 다치게 하는 것이라고 하고, 이것을 또 많이 들어 아는 거룩한 제자가 가는 곳이나 머무르는 곳에서 미리 막고 미리 알아 세상의 탐욕과 근심과 착하지 않은 법이 그 마음에서 새어나가지 않도록 하는 것이라 하느니라.

혹 때로는 많이 들어 아는 거룩한 제자도 바른 생각을 잃고 악하고 착하지 않은 생각을 일으켜 탐욕을 키우고 성냄과 어리석음을 키우기도 하니, 그들은 우둔한 근기根器이다. 많이 들어 아는 거룩한 제자로서 비록 발생을 소멸하려는 생각을 내었다가도 욕심으로 마음을 가리고 만다. 마치 쇠구슬을 불에 달구어 몹시 뜨겁게 한 뒤에 물을 조금 뿌리면 물이 이내 말라 없어지는 것처럼, 많이 들어 아는 거룩한 제자로서 우둔한 근기가 생각을 내었다가 이내 사라지는 것도 그와 같으니라.

많이 들어 아는 거룩한 제자가 그렇게 머무를 때, 혹 왕이나 대신이나 친족이 그에게 찾아가 봉록俸祿을 주겠노라고 청하며 말하기를 '장부여, 무엇 때문에 머리를 깎고 발우를 들고 몸에는 가사를 입고 집집마다 돌아다니면서 걸식하는가? 편안하게 다섯 가지 향락을 누리면서 보시를 행해 복을 짓는 것만 못하다'라고 한다면, 어떤가? 비구들아, 그런 많이 들어 아는 거룩한 제자가 국왕이나 대신이나 여러 친족이나 시주가 봉록을 빌미로 청한다고 해서 그가 속세로 돌아가 계율에서 물러나리라고 생각하느냐?"

대답하였다.

"아닙니다. 세존이시여, 왜냐하면 많이 들어 아는 거룩한 제자는 일체 괴로운 법과 그 발생・소멸・맛들임・재앙・벗어남에 대하여 사실 그대로 알고 보기 때문입니다. 불구덩이를 보고는 다섯 가지 욕망에 비유하고,……(이하 생략)……세상의 탐욕과 근심과 악하고 착하지 않은 법이 다시는 그 마음을 가리지 못할 것입니다. 또 가는 곳이나 머무르는 곳에서 미리 막고 미리 알아……(이하 생략)……세상의 탐욕과 근심과 악하고 착하지 않은 법이 그 마음에서 새어나가지 않을 것입니다. 그러니 설사 국왕이나 대신이나 친족이 봉록을 내세워 청한다고 해도 속세로 돌아가 계율에서 물러날 리는 없을 것입니다."

부처님께서 모든 비구들에게 말씀하셨다.

"훌륭하고, 훌륭하구나. 많이 들어 아는 거룩한 제자는 그 마음이 오랫동안 여러 세계에 흘러 들어가고 윤회하면서도 멀리 여읨을 향하였고 욕심 여읨을 향해 나아갔기 때문에 열반의 경지에서 고요하게 버리고 열반을 좋아하여 번뇌에서 나와 지극히 고요하고 맑고 시원하게 되었다. 그러므로 국왕이나 장자나 친족이 청한다고 해도 속세로 돌아가 계율에서 물러날 리가 없다. 그렇게 하려는 다른 사람들만 큰 고통을 받을 것이다.

비유하면 항하의 물은 오랜 세월동안 치달려 동방으로 쏟아져 흘러든다. 그런데 많은 사람들이 그것을 끊어 서방으로 쏟아져 흘러들게 하려고 한다면 과연 그렇게 될 수 있겠느냐?"

대답하였다.

"불가능한 일입니다, 세존이시여. 왜냐하면 항하의 물은 오랫동안 동방으로 흘렀으므로 갑자기 서방으로 흐르게 한다는 것은 있을 수 없는 일이기 때문입니다. 그 대중들은 부질없이 고달프기만 할 뿐입니다."

"그렇다. 많이 들어 아는 거룩한 제자는 오랜 세월동안 멀리 여읨으로 향해 나아갔고 흘러들었으므로……(이하 생략)……갑자기 물러나게 하려고 해도 그리될 수 없다. 다만 괴로울 뿐이니라."

부처님께서 이 경을 말씀하시자 모든 비구들은 부처님의 말씀을 듣고 기뻐하며 받들어 행하였다.

1174. 유수경流樹經[5]

이와 같이 나는 들었다.

어느 때 부처님께서 아비사阿毘闍의 항수(恒水 : 갠지스강) 가에 계셨다.

그때 어떤 비구가 부처님께서 계신 곳으로 찾아와 부처님의 발에 머리를 조아려 예를 올리고 한쪽에 물러나 앉아서 여쭈었다.

"훌륭하십니다. 세존이시여, 저를 위해 설법해 주십시오. 저는 그 법을 듣고 나서 혼자 고요한 곳에서 정신을 집중하여 사유思惟하며 방일하게 지내지 않겠습니다. 그리하여 족성자族姓子들이 수염과 머리를 깎고 바른 믿음으로 집 아닌 데로 출가하여 도를 배우는 목적대로 범행을 닦아 점점 위로 나아가고 법을 보고 스스로 증득한 한 줄을 알아 '나의 생은 이미 다하였고 범행은 이미 섰으며 할 일을 이미 다 마쳐 후세에는 몸을 받지 않는다'는 사실을 스스로 알겠습니다."

그때 세존께서 항수를 관찰하시다가 항수 가운데 큰 나무 하나가 둥둥 떠내려가는 것을 보시고 그 비구에게 말씀하셨다.

"너는 저 항수 가운데 떠내려가는 큰 나무가 보이느냐?"

비구는 아뢰었다.

"보입니다, 세존이시여."

부처님께서 비구에게 말씀하셨다.

"저 큰 나무가 이쪽 언덕에도 닿지 않고 저쪽 언덕에도 닿지 않으며 물밑에 가라앉지도 않고 섬에 걸리지도 않으며 소용돌이치는 물에 빨

---

5 이 소경은 『증일아함경』 제38권 제43 「마혈천자문팔정품馬穴天子問八政品」의 세 번째 소경과 그 내용이 비슷하다.

려 들어가지도 않고 사람이 건져 가지도 않으며 사람 아닌 것이 가져 가지도 않고 또 썩지도 않는다면, 장차 강을 따라 흘러 아무 탈 없이 큰 바다까지 흘러 들어갈 수 있겠느냐?"

비구가 부처님께 아뢰었다.

"그럴 것입니다, 세존이시여."

부처님께서 말씀하셨다.

"비구도 또한 그와 같다. 이쪽 언덕에도 닿지 않고 저쪽 언덕에도 닿지 않으며 물밑에 가라앉지도 않고 섬에 걸리지도 않으며 소용돌이에 빨려 들어가지도 않고 사람이 가져가지도 않으며 사람 아닌 것이 가져가지도 않고 또 썩지도 않는다면, 순조롭게 전진해 나아가고 열반으로 흘러들게 될 것이니라."

비구가 부처님께 아뢰었다.

"세존이시여, 이쪽 언덕이란 무엇을 뜻하며 저쪽 언덕이란 무엇을 뜻하며 가라앉는다는 것은 무엇을 뜻하며 섬은 또 무엇을 뜻하며 소용돌이치는 물이라는 것은 무엇을 뜻하며 사람이 가져간다는 것은 무슨 뜻이며 사람 아닌 것이 가져간다는 것은 무슨 뜻이며 썩는다는 것은 무슨 뜻입니까? 세존이시여, 저를 위해 자세히 설명하여 주시기 바랍니다. 저는 그 법을 듣고 나서는 혼자 고요한 곳에서 오로지 정진하고 사유하며 방일하게 머무는 일이 없을 것입니다.……(이하 생략)……후세의 몸을 받지 않는다는 것을 스스로 알겠습니다."

부처님께서 비구에게 말씀하셨다.

"이쪽 언덕이라고 한 것은 6내입처內入處를 말한 것이고, 저쪽 언덕이라고 한 것은 6외입처外入處를 말한 것이다. 사람이 가지고 간다는 것은 어떤 사람이 속세에 사는 이나 출가한 이를 가까이하여 기뻐하기도 하고 근심하기도 하며 괴로워하기도 하고 즐거워하기도 하며 이런 저런 일들에 처음부터 끝까지 늘 함께 하면, 이것을 사람이 가지고 가는 것이라고 말한다. 사람 아닌 것이 가지고 간다는 것은, 마치 어떤 사람이 범행梵行 닦기를 원하면서 '나는 지금 계율을 지키고 고행을 행하며, 온갖 범행을 닦아 미래에는 좋은 것만 있는 곳에 태어나리라'고 하는 것과 같은 것이다. 좋은 것만 있는 곳이란 천상天上을 말한다. 이것을 사람 아닌 것이 가지고 가는 것이라고 말한다. 소용돌이 치는 물이라고 한 것은 마치 어떤 사람이 계율을 깨뜨리고 속세로 돌아가는 것과 같은 것을 말한 것이고, 썩는다고 한 것은 계율을 범하고 악하고 착하지 않은 법을 행하여 부패腐敗하고 들어 아는 것이 적어서 마치 강아지풀이나 피나 패성貝聲[6]과 같아 사문도 아니면서 사문인 체하고 범행을 행하는 사람도 아니면서 범행을 행하는 사람인 체하는 것을 말한 것이다. 이와 같이 비구들아, 이것을 이쪽 언덕에도 닿지 않고 열반으로 흘러들어 가는 것이라고 한 것이니라."

그때 그 비구는 부처님 말씀을 듣고 기뻐하면서 예배하고 물러갔다.

그리고는 그때 그 비구는 혼자 고요한 곳에서 부처님께서 말씀하신 수류대수경水流大樹經의 가르침을 생각하고,……(이하 생략)……후세의 몸을 받지 않을 것이라는 사실을 스스로 깨달아 아라한阿羅漢이 되었다.

그때 소치는 사람 난도難屠[7]가 부처님으로부터 멀지 않은 곳에서 막대기를 들고 소를 먹이고 있었다. 그는 비구가 떠난 뒤에 세존께서 계신 곳으로 찾아가 머리를 조아려 그 발에 예를 올리고 한쪽에 서서 부처님께 여쭈었다.

"세존이시여, 저는 지금 이쪽 언덕에도 닿지 않고, 저쪽 언덕에도

---

6 강아지풀이나 피는 곡식과 비슷하게 생겼으나 곡식이 아니고, 패성(貝聲 : 소라)에서 나는 소리는 해랑(海浪 : 파도 소리)의 소리와 흡사하나 낭성浪聲은 아니다.

7 사람의 이름이며, 팔리어로는 Nanda로 표기하고 있다.

닿지 않으며 물속에 잠기지도 않고 섬에 걸리지도 않고 사람이 가져가지도 않았으며 사람 아닌 이들이 가져가지도 않았고 소용돌이치는 물에 빨려 들어가지도 않았으며 또 썩지도 않았습니다. 저도 출가하여 세존의 바른 법과 율 안에서 범행을 닦을 수 있겠습니까?"

부처님께서 소치는 사람에게 말씀하셨다.

"너는 그 소를 주인에게 돌려보내지 않겠느냐?"

소치는 이가 말하였다.

"저 소들은 다 송아지가 있으니 스스로 제집으로 돌아갈 수 있을 것입니다. 굳이 돌려보내려고 애쓸 것이 없습니다. 다만 제가 출가하여 도를 배우는 것을 허락해 주십시오."

부처님께서 소치는 이에게 말씀하셨다.

"그 소들은 제집으로 돌아갈 수 있겠지만 너는 남에게 옷을 얻어 입고 밥을 먹고 있었으니 돌아가서 너의 집 주인에게 알려야 할 것이다."

그때 소치는 이는 부처님의 분부를 듣고 기뻐하면서 예를 올리고 떠나갔다.

그때 존자 사리불舍利弗도 그 자리에 있었다. 소치는 이가 떠난 지 오래되지 않아 부처님께 아뢰었다.

"세존이시여, 저 소치는 이 난도가 출가하려고 하는데 세존께서는 왜 집으로 돌려보내셨습니까?"

부처님께서 사리불에게 말씀하셨다.

"소치는 이 난도가 속가에 돌아가 다섯 가지 향락을 누리면서 살 리가 없기 때문이니라. 소를 주인에게 돌려주고 나면 곧 스스로 돌아와 나의 법과 율 안에서 출가하여 도를 배우고 범행을 깨끗이 닦을 것이며,……(이하 생략)……결국에는 후세에는 몸을 받지 않는다는 사실을 스스로 깨닫고 아라한이 될 것이다."

그때 소치는 이 난도는 소를 주인에게 돌려준 다음에 부처님 계신 곳으로 다시 돌아와 머리를 조아려 부처님께 예를 올리고 한쪽에 물러나 앉아서 여쭈었다.

"세존이시여, 소는 이미 주인에게 돌려주었습니다. 제가 바른 법과 율 안에서 출가하여 도 배우는 것을 허락해 주십시오."

부처님께서 소 치던 이 난도에게 말씀하셨다.

"너는 이 바른 법과 율 안에서 출가하여 구족계를 받고 비구의 신분을 얻게 될 것이다."

그는 출가하여 생각하였다.

'족성자가 수염과 머리를 깎고 가사를 입고 바른 믿음으로 집 아닌 데로 출가하여 도를 배우는 까닭은 범행을 더욱 열심히 닦아서……(이하 생략)……후세의 몸을 받지 않는다는 사실을 스스로 깨닫고 아라한이 되는 데 있다.'

1175. 긴수유경緊獸喩經

이와 같이 나는 들었다.

어느 때 부처님께서 사위국 기수급고독원에 계셨다.

그때 어떤 비구가 혼자 조용한 곳에서 좌선坐禪을 하다가 이렇게 생각하였다.

'비구로서 어떻게 알아야 하고 어떻게 보아야 청정한 소견을 얻을 수 있을까?'

이렇게 생각하고는 비구들이 있는 곳으로 가서 모든 비구들에게 말하였다.

"모든 비구들이여, 어떻게 알고 어떻게 보아야 소견이 청정해지겠습니까?"

비구들이 대답하였다.

"존자여, 6촉입처觸入處와 그것들의 소멸·맛들임·재앙·벗어남을 사실 그대로 바르게 알아야 합니다. 비구여, 이와 같이 알고 보면 소견이 청정해질 것입니다."

그 비구들이 정확하게 말해 주는 것을 듣고도 그는 마음에 차지 않아 다시 다른 비구들의 처소로 찾아가서 그곳 비구들에게 물었다.

"여러 높으신 비구들이여, 어떻게 알고 어떻게 보아야 소견이 청정해지겠습니까?"

그 비구들이 대답하였다.

"여섯 가지 경계〔界〕와 그것들의 소멸·맛들임·재앙·벗어남 등을 사실 그대로 바르게 알아야 합니다. 비구여, 이와 같이 알고 보면 소견이 청정해질 것입니다."

비구는 그들이 정확하게 해주는 말을 듣고도 역시 마음에 차지 않아 다시 다른 비구의 처소로 찾아가서 그곳 비구들에게 이렇게 물었다.

"비구여, 어떻게 알고 어떻게 보아야 소견이 청정해지겠습니까?"

그 비구들이 대답하였다.

"5수음受陰은 질병과 같고 종기와 같은 것이며, 가시와 같고 살생과 같은 것이며 덧없는 것이고 괴로운 것이며 빈 것이고 나라는 것도 아니다라고 관찰하십시오. 그렇게 알고 그렇게 보면 소견이 청정해질 것입니다."

그 비구는 비구들이 확실하게 해주는 말을 듣고도 또 마음에 차지 않았다. 그는 부처님께서 계신 곳으로 찾아가서 머리를 조아려 그 발에 예를 올리고 한쪽에 물러나 앉아서 아뢰었다.

"세존이시여, 저는 혼자 고요히 생각하였습니다.

'비구가 어떻게 알고 어떻게 보아야 소견이 청정해질까?'

이렇게 생각하고는 비구들이 있는 곳마다 찾아갔습니다.……세 곳에서 말한 내용을 자세히 세존께 아뢰었다.……저는 그들의 말을 듣고도 마음에 차지 않아 이렇게 세존을 찾아와서 그 이치를 세존께 여쭈옵니다. 비구는 어떻게 알고 어떻게 보아야 소견이 청정해집니까?"

부처님께서 비구에게 말씀하셨다.

"옛날, 긴수緊獸[8]를 한 번도 본 일이 없는 어떤 사람이 긴수를 본 적이 있는 사람을 찾아가서 물었다.

'그대는 긴수를 아는가?'

그가 대답하였다.

'안다.'

다시 물었다.

'그 모양이 어떠한가?'

그가 대답하였다.

'그 빛깔은 새까만 것이 마치 불에 탄 기둥 같다.'

그 사람이 그것을 보았을 때 마치 불에 탄 기둥 같은 검은 빛이었다고 그는 말했다.

그때 그 사람은 긴수의 새까만 빛깔이 마치 불에 탄 기둥 같았다는 말을 듣고도 그다지 만족스러워하지 않고, 다시 긴수를 본 일이 있다는 사람을 찾아가서 물었다.

'그대는 긴수를 알고 있는가?'

그가 대답하였다.

'안다.'

---

8 육색화肉色花라고 하는 식물의 이름이며, 팔리어로는 kimsuka로 표기하고 있다.

다시 물었다.

'그 모양이 어떠한가?'

긴수를 본 일이 있는 사람이 대답하였다.

'붉은 빛깔로 핀 그 꽃의 모양이 마치 살덩어리 같았다.'

그 사람이 보았을 때 긴수는 꽃을 피웠었고, 그 모양은 마치 살덩어리 같았다고 했다. 그 사람은 그의 말을 듣고도 만족하지 않았다. 그래서 그는 다시 긴수를 본 적이 있다는 다른 사람을 찾아가서 물었다.

'그대는 긴수를 아는가?'

그는 대답하였다.

'안다.'

다시 물었다.

'그 모양이 어떻던가?'

대답하였다.

'아래로 죽죽 늘어진 모습이 마치 시리사尸利沙열매와 같았다.'

그는 그의 말을 듣고도 마음에 만족스러워하지 않았다. 그래서 다시 긴수를 잘 안다는 다른 사람을 찾아가서 물었다.

'너는 긴수를 아는가?'

그는 대답하였다.

'안다.'

다시 물었다.

'그 모양이 어떻던가?'

그는 대답하였다.

'그 잎사귀는 푸르고 반들반들하며 길이가 길고 너비가 넓은 것이 마치 니구루타尼拘婁陀 나무와 같았다.'

그 사람은 긴수에 대한 것을 물어 들을 때마다 만족스러워하지 못하고 다시 여러 곳을 찾아다녔지만 긴수를 본 여러 사람들은 그때마다 자신들이 보고 느낀 그대로 대답하였다. 그래서 대답이 똑같지 않았던 것이니라.

그와 같이 비구들이 만일 혼자 조용한 곳에서 전념하여 사유思惟하면서 방일하게 생활하지 않고 머무르면 그 사유하는 방법으로 인해 온갖 번뇌를 일으키지 않고 마음이 해탈하게 된다. 그리고 그런 그들은 제 자신이 본 그대로 분명하게 말한다. 너는 이제 다시 들어라. 내가 비유를 들어 말하리라. 지혜로운 사람은 비유를 들어 말해주면 잘 이해하느니라.

비유하면 어떤 변방에 있는 국왕이 성벽을 잘 쌓았는데 그 문 아래는 견고하기 그지없고 얽혀있는 길들은 편편하다. 네 성문에는 네 명의 성문지기를 두었는데 그들은 다 총명하여 드나드는 사람에 대하여 낱낱이 다 알았다. 그 성안의 네거리에는 평상을 펴놓고 성주가 그 위에 앉아 있었다. 만일 동방에서 사자가 찾아와 성문지기에게 성주가 어디 있느냐고 물으면 그는 곧, 성주는 성안 네거리의 평상 위에 앉아 있다고 대답한다. 그 사자는 그 말을 듣고 성주에게 나아가 명령을 받고 길을 돌려 돌아간다.

남 · 서 · 북방으로부터 멀리서 찾아오는 사신들도 문지기에게 성주는 어디 있느냐고 물으면 그는 성 안 네거리에 있다고 대답한다. 사자들은 그 말을 듣고 모두 성주에게 나아가 명령을 받아 가지고 각각 제가 왔던 곳으로 다시 돌아가느니라."

부처님께서 이어 말씀하셨다.

"나는 이런 비유를 들어 말하였는데, 이제 그 뜻을 하나하나 설명해 주겠다. 여기에서 성이란, 사람 몸의 추한 색色을 비유한 것이다.……이 사이의 자세한 내용은 상자 안에 들어있는 독사로 비유한 경에서 말씀하신 것과 같다.……성을 잘 쌓는다고 한 것은 바른 소견을 말한 것이요, 얽혀 있는 길이 편편하다고 한 것은 6내입처內入處를 말한 것이다. 네 문이라고 한 것은 4식주識住를 비유한 것이요, 네 문지기라고 한 것은 4념처念處를 비유한 것이다. 성주라고 한 것은 의식이 받아들이는 것이 쌓인 것을 말한 것이요, 사자라고 한 것은 바른 관찰을 말한 것이다. 참된 말이라고 한 것은 네 가지 진리를 말한 것이요, 길을 되돌아간다고 한 것은 8성도聖道를 말한 것이니라."

부처님께서 이어 말씀하셨다.

"스승으로서 제자를 위해 해야할 일을 나는 이미 마쳤다. 너를 가엾이 여겼기 때문이다.……이 사이의 자세한 내용은 상자 안에 들어 있는 독사로 비유한 경에서 말씀하신 것과 같다."

그때 비구는 부처님 말씀을 듣고 전념으로 사유하며 방일하게 생활하지 않았고……(이하 생략)……더욱 범행을 닦아 후세의 몸을 받지 않는 아라한이 되었다.

1176. 누법경漏法經

이와 같이 나는 들었다.

어느 때 세존께서 석씨들의 인간세상을 유행하시다가 가비라위국迦毘羅衛國에 이르러 니구율원尼拘律園에 계셨다.

그때 가비라위국에 사는 석씨들이 새로 강당을 지었는데, 사문이나 바라문이나 석씨 성을 지닌 젊은이나 온 나라 인민들 중 어느 누구도 그 안에 머무른 이가 없었다. 그들은 세존께서 석씨의 나라인 가비라위에 이르러 인간세상을 유행하시다가 니구율원에 계시면서 괴로움과 즐거움의 이치에 대하여 연설하신다는 말을 들었다.

'이 강당은 새로 지은 것이라서 아직 아무도 머무른 이가 없으니,

세존과 그 대중들을 청해 이곳에서 공양하는 것이 좋겠다. 그러면 공덕과 복의 과보를 얻어 오랜 세월 동안 안온할 것이다. 그런 후에 우리들도 따라서 사용하자.'

이렇게 의논한 뒤에 그들은 모두 성을 빠져 나와 세존께서 계신 곳으로 찾아가 머리를 조아려 그 발에 예를 올리고 한쪽에 물러나 앉았다. 그때 세존께서는 여러 석씨들을 위해 긴요한 법을 설하고 가르쳐 보여 그들을 기쁘게 하신 뒤에 잠자코 계셨다.

그때 석씨들은 자리에서 일어나 옷을 바로 여미고 예배한 뒤에, 오른 무릎을 땅에 붙이고 합장하고 아뢰었다.

"세존이시여, 저희 석씨들이 새로 강당을 지었사온데 머문 사람이 아직 아무도 없습니다. 그래서 지금 세존과 여러 대중들을 초청하여 그곳에 모시고 공양을 올려서 공덕과 복리福利를 얻는다면, 오랜 세월 동안 안온할 것입니다. 그런 다음에 저희들이 그대로 사용할까 합니다."

그때 세존께서 잠자코 청을 받아들이셨다. 여러 석씨들은 세존께서 잠자코 청을 받으신 것을 알고 부처님 발에 머리를 조아려 예를 올리고 각각 제 집으로 돌아갔다. 그 날로 곧 수레를 준비해 온갖 도구들을 운반하여 새 강당을 장엄하고 평상을 펴고 땅에 풀을 깔고 향과 등불을 준비하여 모든 일을 완벽하게 갖추어 놓았다. 그리고 그들은 부처님께 나아가 머리를 조아려 예를 올리고 아뢰었다.

"모든 일은 다 준비되었습니다. 성인께서는 때를 아시옵소서."

그때 세존께서는 대중들에게 앞뒤로 둘러싸여 새 강당 밖에 이르셨고, 발을 씻으신 뒤에 강당으로 올라가 중간 기둥 밑에서 동쪽을 향해 앉으셨다. 그때 비구들도 발을 씻은 뒤에 세존을 따라 강당에 들어가 세존의 뒤쪽인 서쪽에서 동쪽을 향해 앉았다. 그리고 여러 석씨들은 동쪽에서 서쪽을 향해 앉았다.

그때 세존께서는 모든 석씨들을 위해 요긴한 법을 자세히 설하고 가르쳐 보여 그들을 기쁘게 하신 뒤에 석씨들에게 말씀하셨다.

"구담들이여, 이미 초저녁이 지났으니 이제는 가비라성으로 돌아가야 할 때이니라."

여러 석씨들은 부처님의 말씀을 듣고 기뻐하면서 예를 올리고 떠나갔다.

그때 세존께서는 석씨들이 떠나간 줄 아시고 마하 목건련目揵連에게 말씀하셨다.

"네가 비구들을 위해 설법하라. 나는 지금 등이 아파서 조금 쉬어야겠다."

그때 마하 목건련은 묵묵히 분부를 받았다. 세존께서는 울다라승鬱多羅僧을 네 겹으로 접어 옆구리 밑에 깔고 승가리僧伽梨를 접어 머리 밑에 베고 오른쪽으로 누워 무릎을 오그리고 발을 포개고 밝은 모양에 생각을 두고 언제고 일어날 생각을 가지시고 사색에 잠기셨다.

그때 마하 목건련이 비구들에게 말하였다.

"부처님께서 말씀하신 법은 처음이나 중간이나 마지막이나 할 것 없이 다 훌륭하시고 뜻도 좋으며 맛도 좋다. 또 순일純一하고 원만하고 청정하며 정말로 깨끗한 범행이다. 나는 이제 번뇌와 번뇌 아닌 법에 대하여 설명하리니 너희들은 자세히 들어라.

어떤 것이 번뇌법〔漏法〕인가 하면, 어리석고 무식한 범부는 눈으로 빛깔을 보고는 제 마음에 맞는 빛깔에 대해서는 좋아하는 마음을 내고 마음에 맞지 않는 빛깔에 대해서는 싫어하는 마음을 내어 신념처身念處에 머무르지 않는다. 마음이 해탈하는 것과 지혜로 해탈하는 것에 대해서는 조그마한 지혜도 없어 갖가지 악하고 착하지 않은 법을 일으켜서 남김없이 없애지도 못하고 남김없이 영원히 다하지도 못한다. 귀·코·혀·몸·뜻에 있어서도 또한 그러하다.

비구들아, 그렇게 하면 악마 파순波旬이 그에게 찾아가 틈을 엿보고 있다가 그의 눈이 빛깔에 집착하면 곧 그 틈을 탄다. 귀로 소리를 듣고 코로 냄새를 맡으며 혀로 맛을 보고 몸으로 감촉을 느낄 때에도 마찬가지며 뜻으로 법을 알 때에도 또한 그와 같이 곧 그 틈을 타게 되느니라.

비유하면 마른 풀을 쌓아둔 곳에 사방에서 불이 일어나면 잠깐 사이에 다 타버리는 것처럼 비구들아, 그 눈이 빛깔에 대해 집착하면 하늘의 악마 파순이 그 틈을 타리니, 그렇게 되면 그 비구는 빛깔의 유혹을 이기지 못한다. 귀로 소리를 듣고 코로 냄새를 맡으며 혀로 맛을 보고 몸이 감촉을 느낄 때에도 마찬가지며 뜻이 법을 알 때에도 그 법에 제어되어 그 법을 이기지 못한다. 빛깔을 이기지 못하고 소리·냄새·맛·감촉·법을 이기지 못하며, 또한 뜻도 이기지 못하면, 착하지 않는 법과 온갖 번뇌로 인해 일어나는 불꽃같은 괴로운 과보와 미래 세상에서 태어나고 늙고 병들고 죽는 일들이 있을 것이다. 여러분, 나는 세존에게서 직접 이 모든 번뇌법에 대하여 가르침을 받았다. 이것을 「번뇌법경」이라고 한다.

어떤 것이 번뇌 없는 법에 대하여 설하신 경인가? 많이 들어 아는 거룩한 제자는 눈으로 빛깔을 볼 적에 생각에 맞는 빛깔에 대해서도 좋아하는 마음을 내지 않고, 생각에 맞지 않는 빛깔에 대해서도 미워하는 마음을 내지 않으며, 생각을 매어 머무른다. 그래서 한량없는 심해탈心解脫하고 혜해탈慧解脫하여, 그것을 사실 그대로 알고는 악하고 착하지 않은 법이 일어나더라도 남김없이 다 없애 버린다. 귀·코·혀·몸·뜻에 있어서도 그와 같이 한다.

그런 부류의 비구들은 악마 파순이 그를 찾아가 그 눈이 빛깔에 대해 집착하는 허물이 있을 때를 엿보지만 그 허물을 잡아내지 못한다. 귀로 소리를 듣고 코로 냄새를 맡으며 혀로 맛을 보고 몸으로 감촉을 느낄 때에도 마찬가지이며, 뜻이 법을 집착하는 허물을 엿보지만 그 허물을 잡아내지 못한다.

이를 비유하면 누각을 지을 적에 담을 단단하게 쌓고 창문을 겹겹이 닫고 진흙으로 두껍게 바르면, 사방에서 불이 일어나더라도 태울 수 없는 것처럼 이들 비구들도 그와 같아서, 악마 파순이 그들을 찾아가 그 허물을 엿보더라도 그 허물을 잡아내지 못한다. 그러한 비구는 능히 그 빛깔을 이기고 그 빛깔에 지지 않는다. 소리·냄새·맛·감촉에 대해서도 그러하며, 법을 이기고 그 법에게 지지 않는다. 만일 빛깔을 이기고, 소리·냄새·맛·감촉·법을 이긴다면 또 악하고 착하지 않은 법과 번뇌로 인해 일어나는 불꽃같은 괴로운 과보와, 미래 세상에서 태어나고 늙고 병들고 죽는 일들도 다 이겨낼 것이다. 나는 세존으로부터 직접 이 법을 받았다. 이것을 번뇌가 없는 법을 설한 경이라고 한다."

그때 세존께서는 마하 목건련의 설법이 끝난 줄을 아시고, 일어나 단정히 앉아 생각을 모으고 마하 목건련에게 말씀하셨다.

"훌륭하고 훌륭하다! 목건련아, 사람들을 위해 그 경법經法을 잘 연설하였다. 많이 유익할 것이요, 대부분 다 제도될 것이며, 오랜 세월 동안 모든 하늘과 세상 사람들이 안락할 것이다."

그때 세존께서 여러 비구들에게 말씀하셨다.

"너희들은 이 번뇌와 번뇌 없는 법을 설한 경을 받들어 가졌다가 널리 사람들을 위해 설명하도록 하라. 왜냐하면, 이 법은 이치가 구족하고 법이 구족하고 범행이 구족하여 신통을 얻어 열반으로 바로 향할 수 있는 법이기 때문이다. 그리고 신심이 있는 선남자들은 속가에 있거나 출가하였거나 간에 이 경을 받들어 가져 읽고 외우고 또 널리 사람들을 위해 설명해야 할 것이니라."

부처님께서 이 경을 말씀하시자 모든 비구들은 부처님의 말씀을 듣

고 기뻐하며 받들어 행하였다.

1177. 회하경灰河經

이와 같이 나는 들었다.

어느 때 부처님께서 사위국 기수급고독원에 계셨다.

그때 세존께서 모든 비구들에게 말씀하셨다.

"비유하면 회하灰河의 남쪽 언덕은 몹시 뜨겁고 온갖 예리한 가시가 많이 있으며 깜깜하고 어두운 곳인데 많은 죄인들이 그 강가에서 물결을 따라 떠돌고 있다. 그 중에 어떤 한 사람은 미련하지도 않고 어리석지 않으며 총명하고 지혜로워서 즐거운 것을 좋아하고 괴로운 것을 싫어하며 살기를 좋아하고 죽기를 싫어하여 이렇게 생각하였다.

'나는 무슨 인연으로 몹시 뜨겁고 예리한 가시가 많이 있으며, 깜깜하고 어두운 곳인 회하의 남쪽 언덕에서 물결을 따라 떠돌고 있는가? 나는 손과 발로 방편을 삼아 이 강물을 거슬러 올라가리라.'

그리하여 그는 그 강을 거슬러 올라가다가 아주 희미한 빛을 잠깐 보고는 가만히 생각하였다.

'열심히 애쓴 결과 이제 이 조그만 빛이나마 보게 되었구나.'

그렇게 생각한 그는 다시 손과 발을 써서 더욱 부지런히 방편을 가하여 마침내 평지에 이르게 되었다. 그는 그곳에 머물면서 사방을 관찰하다가 큰 돌산을 보았다. 그런데 그 돌산은 끊어지지도 않았고 무너지지도 않았으며, 또 구멍이 뚫리지도 않았다. 그는 곧 그 돌산 위에 올라가 다시 맑고 시원한 여덟 갈래 물, 즉 시원하고 맛이 있으며, 경쾌하고 부드러우며, 향기롭고 깨끗하며, 마실 때에도 목이 메지 않고 목 안에 걸리지도 않으며, 마시고 나면 온몸이 편안해지는 물을 보았다. 그가 곧 그 속에 들어가 목욕하고 그 물을 마시자 모든 번열과 괴로움이 사라졌다.

그는 다시 큰 산 위에 올라가 일곱 가지 꽃을 보았는데, 그 꽃은 우발라優鉢羅꽃·발담마鉢曇摩꽃·구모두拘牟頭꽃·분다리分陀利꽃·수건제修揵提꽃·미리두건제彌離頭揵提꽃·아제목다阿提目多꽃이었다. 그는 이 꽃의 향기를 맡고는 다시 돌산에 올라가 4층 누각을 보았다. 그는 그 누각 위에 앉아 다섯 기둥으로 된 장막을 보고는 곧 그 안에 들어가 몸을 거두고 바르게 앉았다. 갖가지 베개와 담요가 있고 꽃을 흩어 골고루 펴서 장엄해놓아서 매우 아름다웠으며 그 안에서 앉고 누울 때는 시원한 바람이 4방에서 불어와 그 몸을 안온하게 하였다. 그는 높은 곳에 앉아서 아래를 굽어보며〔坐高臨下〕[9] 큰 소리로 외쳤다.

'회하에 있는 여러 정사正士들이여, 그 회하의 남쪽 언덕은 몹시 뜨겁고 온갖 예리한 가시가 많으며 게다가 깜깜하게 어둡기까지 하니 어서 그 강에서 나오시오.'

그 소리를 들은 어떤 사람이 소리가 나는 곳을 향해 물었다.

'어디로 가야 나갈 수 있습니까, 어느 곳을 따라서 나가야 합니까?'

그러자 그 안에 있던 다른 어떤 사람이 말하였다.

'너는 무엇 때문에 〈어디로 가야 나갈 수 있느냐〉고 묻느냐? 고함치는 저 사람 역시 어디로 나가야 하는지를 알지 못하고 보지도 못하였다. 저 사람 역시 몹시 뜨겁고 온갖 예리한 가시가 많은 회하의 남쪽에서 깜깜하고 어두운 물결을 따라 떠내려 오고 있다. 그에게 물어서 무슨 소용이 있겠느냐?'

비구들아, 이와 같이 나는 비유를 들어 말하였다. 이제 그 뜻을 설

9 고려대장경 원문에는 좌고임하坐高林下로 되어 있는데, 문맥상 의미가 걸맞지 않다. 그래서 여기에서는 송·원·명 세 본에 의거하여 임臨자로 풀이한다.

명해 주겠다. 여기에서 재라고 한 것은 곧 세 가지 악하고 착하지 않은 생각을 말한 것이니, 세 가지란 탐하는 생각, 성내는 생각, 해치려는 생각을 말한다. 강은 세 가지 욕망을 비유한 것이니 욕계의 욕망〔欲愛〕과 색계의 욕망〔色愛〕과 무색계의 욕망〔無色愛〕을 비유한 것이다. 몹시 뜨거운 남쪽 언덕은 안과 밖의 6입처入處를 비유한 것이고, 온갖 예리한 가시가 많다고 한 것은 다섯 가지 욕망〔五欲功德〕을 비유한 것이다. 깜깜한 곳이라고 한 것은 지혜의 눈을 가리는 무명을 비유한 것이고, 많은 사람이라는 것은 어리석은 범부를 말한 것이다. 물결이라는 것은 삶과 죽음의 강을 말하고, 그 중에서 미련하거나 어리석지 않은 한 사람이란 보살마하살을 비유한 것이다. 손발의 방편으로 흐름을 거슬러 올라간다고 한 것은 부지런히 공부하는 것을 비유한 것이고, 희미한 빛을 잠깐 보았다는 것은 법인法忍을 얻은 것이다. 평지에 이르렀다는 것은 계율을 지키는 것을 비유한 것이다. 사방을 관찰한다는 것은 네 가지 진리를 보는 것이고 큰 돌산은 바른 소견에 비유한 것이다. 여덟 갈래 물이라고 한 것은 8성도聖道를 비유한 것이고 일곱 가지 꽃은 7각지覺支를 가리킨 것이다. 4층집은 4여의족如意足을 가리킨 것이고 다섯 기둥의 장막은 믿음 따위의 5근根을 비유한 것이다. 몸을 거두고 똑바르게 앉았다고 한 것은 무여열반無餘涅槃에 비유한 것이고 꽃을 흩어 두루 편다고 한 것은 모든 선정·해탈·삼매·정수正受를 비유한 것이니라.

마음대로 앉고 눕는다고 한 것은 여래·응공·등정각을 지칭한 말이고, 사방에서 바람이 분다고 한 것은 네 가지 왕성한 마음〔四增心〕으로 법을 보아 편안하고 즐겁게 머무르는 것을 비유한 것이다. 소리를 높여 외쳤다고 한 것은 법륜法輪을 굴리는 것을 지칭한 것이고, '여러 정사正士들이여, 어디로 가야 나갈 수 있습니까, 어느 곳을 따라서 나가야 합니까' 하고 물은 사람이란 바로 사리불이나 목건련 같은 거룩한 비구들을 말한 것이다.

그 중의 어떤 사람이 '너는 무슨 때문에 묻느냐? 그 말을 해준 사람도 어디로 나가야 하는지를 알지 못하고 보지도 못하였다. 그 사람도 역시 몹시 뜨겁고 온갖 예리한 가시가 많은 남쪽언덕에 있으며, 깜깜하게 어두운 회하의 물결을 따라 떠내려 오고 있다. 그에게 물어서 무슨 소용이 있겠느냐?'라고 한 것은 온갖 삿된 소견을 가진 여섯 스승들을 비유한 것이니, 그 여섯 스승은 부란나가섭富蘭那迦葉·말가리구사리자末伽梨瞿舍離子·산사야비라지자散闍耶毘羅胝子·아기다지사흠바라阿耆多枳舍欽婆羅·가구라가전연伽拘羅迦氈延·니건련타사제불다라尼揵連陀闍提弗多羅와 그 밖의 삿된 소견을 가진 무리들을 말한 것이니라.

이와 같나니 비구들아, 스승으로서 여러 성문들을 위해 해야할 일을 나는 이제 이미 다 말하였다. 그러니 너희들도 이제 해야할 일을 해야 하느니라.……이 사이의 자세한 내용은 앞의 상자 안의 독사에 비유하여 설한 경에서 말씀하신 것과 같다."

부처님께서 이 경을 말씀하시자 모든 비구들은 부처님의 말씀을 듣고 기뻐하며 받들어 행하였다.

잡아함경 제 44 권

1178. 바사타경婆四吒經[1]

이와 같이 나는 들었다.

어느 때 부처님께서 미치라국彌絺羅國 암라원菴羅園에 계셨다.

그때 바라문 종족의 여자 바사타婆四吒[2]는 아들 여섯 명이 연속해 죽자, 아들을 생각하다가 미치광이가 되어 알몸에 머리를 풀어헤치고 길거리를 헤매다가 미치라에 있는 암라원에까지 이르게 되었다.

그때 세존께서는 한량없는 대중들에게 둘러싸인 채 설법을 하고 계셨다. 바라문 종족의 여자인 바사타는 멀리서 세존을 뵙고 곧 제정신으로 돌아와 부끄럽고 창피해 몸을 움츠리고는 쭈그려 앉았다. 세존께서 존자 아난에게 말씀하셨다.

"너의 울다라승鬱多羅僧을 벗어 저 바사타에게 주어 그것을 입고 법

---

1 이 소경은 『별역잡아함경』 제5권 아홉 번째 소경과 그 내용이 비슷하다.

2 바라문의 이름. 또는 바사타婆私吒·바사체婆斯搋로 쓰기도 하며, 팔리어로는 Vasitthi로 표기하고 있다.

을 듣게 하라."

존자 아난은 부처님의 분부를 받고 곧 웃옷을 벗어 그에게 주어 입게 하였다. 그때 바라문 종족의 여자는 옷을 입은 뒤에 부처님 앞으로 나아가 머리를 조아려 예를 올리고 한쪽에 물러나 앉았다. 세존께서는 그를 위해 설법하여 가르쳐 보이시어 그로 하여금 기쁘게 하신 뒤에 부처님께서 늘 말씀하시는 법을 따라 차례로 설법하시니,……(이하 생략)……그는 믿는 마음이 청정해져서 삼보三寶에 스스로 귀의하였다.

그는 부처님 말씀을 듣고 기뻐하시면서 예를 올리고 떠나갔다.

저 바사타 우바이優婆夷는 그 뒤에 또 일곱째 아들이 갑자기 죽었다. 그러나 그 우바이는 전혀 울거나 근심하거나 슬퍼하거나 번민하거나 괴로워하지 않았다. 그때 바사타 우바이의 남편이 게송으로 바사타 우바이에게 말하였다.

전에 여러 아들이 죽었을 적엔
자식 생각으로 근심하고 괴로워해
밤낮으로 음식도 먹지 않았고
심지어는 미치기까지 하더니
이제 일곱 번째 아들을 잃고는
근심하거나 괴로워하지 않는구나.

바사타 우바이가 게송으로 남편에게 대답하였다.

비록 자손이 수천 명 있다 해도
인연의 화합으로 생긴 것이라
오랜 세월 지나면 과거가 되는 법

나와 그대도 또한 그러하오.

자손이나 또 많은 종족들
그 수가 비록 한량없이 많지만
그들도 제각기 태어난 곳에서
서로서로 잔인하게 잡아먹나니
그것이 그렇게도 나쁜 줄을 안다면
근심하고 괴로워할 까닭이 없네.

태어나고 죽고 있고 없다는 모든 상相에서
벗어나야 한다는 것 나는 알았기에
다시는 근심하거나 괴로워하지 않나니
부처님의 바른 가르침에 들어갔기 때문이네.

그때 바사타 우바이의 남편이 게송으로 찬탄하였다.

내 일찍이 들어 보지 못했던 법을
그대가 연설하는 것 이제 들었다.
너는 그 설법 어디서 들었기에
자식 생각에 근심하고 슬퍼하지 않는가?

바사타 우바이는 게송으로 대답하였다.

지금 등정각께서
저기 미치라국에 있는
암라수원菴羅樹園에 계시니

일체의 괴로움을 영원히 여의신 분.

일체의 괴로움에 대해 설하시고
괴로움의 발생과 괴로움의 소멸
현성의 8정도正道를 자세히 설하시어
안온히 열반으로 나아가게 하시네.

그분은 곧 나의 스승님
바른 가르침 너무나 좋아합니다.
나 이미 바른 법 알았기에
자식은 근심이요 괴로움임을 알았네.

그 남편 바라문이 다시 게송으로 말하였다.

나도 이제 미치라국에 있는
암라원으로 가리라.
저 세존께서는 나에게도
자식은 근심이요 괴로움임을 깨우쳐 주리.

우바이가 다시 게송으로 말하였다.

마땅히 등정각을 살펴보소서
부드러운 황금빛 몸에
길들지 않은 이를 길들일 수 있고
바다에 빠진 이를 두루 건져 주시네.

그때 바라문은 곧 마차를 준비해 타고 미치라국에 있는 암라원으로 갔다. 그는 멀리서 세존을 뵙자 믿음과 즐거움이 더욱 더해 스승 앞으로 나아갔다. 그때 스승은 곧 게송을 읊어 그에게 법안法眼을 열어주시고 괴로움〔苦〕·괴로움의 발생〔集〕·괴로움의 소멸〔滅〕·괴로움의 소멸에 이르는 길〔道〕에 대한 진리를 깨달아 바로 열반으로 향하는 방법을 알려주셨다. 그는 곧 법을 보아 평등한 지혜를 얻고, 법을 안 뒤에는 출가하기를 청했다.

그때 바라문은 곧 출가할 수 있게 되어 혼자 조용한 곳에서 사색하였고,……(이하 생략)……아라한이 되었다. 세존께서 예언하여 말씀하시기를 '사흘째 되는 날 밤에는 3명明을 얻을 것이라'고 하셨다. 그가 3명을 얻자, 부처님께서는 곧 그에게 말씀하셨다.

"마부에게 수레를 타고 집으로 돌아가 바사타 우바이에게 알리게 하여, 그녀도 따라 기뻐하게 하라. 우바이에게 '바라문은 세존께서 계신 곳으로 가서 세존을 뵙고는 깨끗한 신심을 얻어 스승을 받들어 섬긴다. 스승님은 그를 위해 설법해 주셨고 그는 법안이 열려 괴로움·괴로움의 발생·괴로움의 소멸·괴로움의 소멸에 이르는 길에 대한 진리와 성현의 8정도를 보고 편안히 열반으로 나아가 평등한 지혜를 성취하였다.

그는 법을 알고 나서는 곧 출가하기를 청하였고, 세존께서 예언하여 말씀하시기를 사흘째가 되는 날 밤에는 3명明을 완전히 갖출 것이라고 하셨다'라고 전하거라."

그러자 마부는 분부를 받고 빨리 돌아갔다. 그때 바사타 우바이는 마부가 빈 수레로 돌아오는 것을 보고 멀리서 물었다.

"바라문은 부처님을 뵈었는가? 부처님께서는 그를 위해 설법하시어 법안法眼을 열어주고 거룩한 진리를 보게 하셨는가?"

마부가 아뢰었다.

"바라문은 세존을 뵙고 깨끗한 신심을 얻어 스승을 섬겼습니다. 스승께서 그의 법안을 열기 위해 네 가지 거룩한 진리를 말씀하시자 그는 평등한 지혜를 성취하였습니다. 그는 법을 안 뒤에는 곧 출가하기를 청하여 전일專一한 마음으로 사색思索하였고 세존께서는 그에게 '사흘째 되는 날 밤에는 3명을 완전히 갖추게 될 것이다'라고 예언하셨습니다."

그러자 우바이는 따라 기뻐하면서 마부에게 말하였다.

"수레와 말을 너에게 주고 또 더불어 돈 천냥을 주리라. 네가 나에게 '바라문은 벌써 진리를 깨닫고 3명까지 얻었다'고 소식을 전해주어 나를 기쁘게 하였기 때문이다."

마부가 아뢰었다.

"제가 지금 수레와 말과 돈이 무슨 소용이 있겠습니까? 그 수레와 말과 돈은 우바이에게 돌려 드립니다. 저는 지금 바라문에게 돌아가서 그를 따라 출가할 것입니다."

우바이가 말하였다.

"네 뜻이 그러하다면 빨리 돌아가라. 오래지 않아 너도 그가 얻은 3명을 완전히 갖추게 될 것이다. 그의 뒤를 따라 출가하거라."

마부가 말하였다.

"그렇습니다. 우바이여, 그가 출가한 것처럼 저도 그렇게 하겠습니다."

우바이가 말하였다.

"네 주인이 출가하였고 너도 따라 출가하려고 하니 나도 오래지 않아 따라 가리라. 마치 허허벌판에서 큰 용이 허공을 타고 노닐면 여러 다른 용과 용의 아들과 딸들이 다 따라가는 것처럼 나도 또한 그와 같이 가사와 발우를 가지리니, 몸을 보양하기도 쉽고 만족을 느끼기도 쉬우리라."

마부가 아뢰었다.

“우바이여, 만일 그렇게 하신다면 소원은 반드시 성취될 것입니다. 오래지 않아 다시 뵙겠습니다.”

우바이는 욕심이 적고 만족할 줄을 알아, 가사와 발우를 가지고 사람들이 버리는 것을 구걸해 받아먹었다. 머리를 깎고 물들인 옷을 입어 음陰·계界·입入에 대해서 애욕을 끊고 탐욕의 결박을 여의었으며, 모든 번뇌를 없앴다.

이리하여, 그 바라문과 마부와 바사타 우바이와 그 우바이의 딸 손타반리孫陀槃梨는 모두 출가하여 괴로움을 완전히 벗어났다.

1179. 실우경失牛經[3]

이와 같이 나는 들었다.

어느 때 부처님께서 비사리국毘舍離國 대림大林정사에 계셨다.

그때 비리야바라두바차毘梨耶婆羅豆婆遮라는 바라문이 이른 아침에 소를 샀다가 값도 미처 치르기 전에 그 날로 소를 잃고 엿새 동안 찾지 못하였다. 그는 소를 찾아다니다가 대림정사에 이르렀는데 멀리서 세존께서 나무 밑에 앉아 계시는 것을 보니 풍채가 뛰어나고 모든 감각기관이 청정하였으며 그 마음은 고요하고 지관止觀을 성취하여 그 몸에서 나오는 광명이 불꽃처럼 빛나고 있었다. 그는 그런 현상을 보고 곧 그 앞에 나아가 게송으로 말하였다.

어찌하여 아무 구함이 없이

3 이 소경은 『별역잡아함경』 제5권 열 번째 소경과 그 내용이 비슷하다.

쓸쓸하고 고요한 여기에 계십니까?
혼자 텅 비고 조용한 곳에 계시건만
그래도 마음이 즐거울 수 있습니까?

그때 세존께서 게송으로 대답하셨다.

얻거나 잃는 일 때문에
나는 마음이 어지러워지지 않나니
나는 너와는 같지 않다는 것을
바라문아, 마땅히 알아야 한다.
얻고 잃음을 마음에 두면
그 마음 자유롭지 못하리라.

그때 바라문은 다시 게송으로 말하였다.

가장 훌륭한 범지의 처신
비구가 말한 것과 같습니다.
그러나 내 이제 진실을 말하리니
비구는 내 말을 자세히 들으시오.

사문은 지금 이른 아침에
먹이던 소를 잃어버리고
엿새 동안 못 찾는 일이 없으니
그러므로 안락하게 지내십니다.

사문은 지금 깨밭을 갈아

거기다 깨 씨를 뿌려 놓고는
잡초가 우거질까 걱정하지 않으니
그러므로 안락하게 지내십니다.

사문은 지금 모를 심고
그 논에 물이 딸려 잎사귀 말라
이내 죽을까 두려워하지 않으니
그러므로 안락하게 지내십니다.

사문은 지금 일곱 명의 딸이
과부가 되어 그들 모두가
외동 유복자를 기르는 일 없으니
그러므로 안락하게 지내십니다.

사문은 지금 일곱 사람의
사랑하지 않는 아들이 있어
방탕해 많은 빚 진 일이 없으니
그러므로 안락하게 지내십니다.

사문은 지금 빚쟁이들이
모두 몰려와 문마다 지키면서
불어난 이자를 독촉하는 일 없으니
그러므로 안락하게 지내십니다.

사문은 지금 일곱 벌이나 되는
침구를 쌓아놓고 좀이 먹는가

뒤져보는 걱정 없으니
그러므로 안락하게 지내십니다.

사문은 지금 빨간 눈동자에
노랑 머리털 사나운 아내에게
밤낮으로 그 욕설 듣는 일 없으니
그러므로 안락하게 지내십니다.

사문은 지금 텅 빈 창고에
쥐들이 몰려와 들끓음으로
양식이 떨어질까 걱정하는 일 없으니
그러므로 안락하게 지내십니다.

그때 세존께서 게송으로 대답하셨다.

확실히 나는 지금 이른 새벽에
먹이던 소를 잃어버리고
엿새 동안 못 찾는 일이 없나니
그러므로 안락하게 지내느니라.

확실히 나는 지금 깨밭을 갈아
거기에 깨 씨를 뿌려 놓고는
잡초가 우거질까 걱정하는 일 없으니
그러므로 안락하게 지내느니라.

확실히 나는 지금 모를 심고

그 논에 물이 딸려 잎사귀 마르고
이내 죽을까 두려워하지 않나니
그러므로 안락하게 지내느니라.

나는 지금 과부가 된
일곱 딸이 있어 그들이 모두
외동 유복자 기르는 일 없나니
그러므로 안락하게 지내느니라.

확실히 나는 지금 사랑하지 않는
일곱 명의 아들이 있어
방탕해 많이 빚진 일 없나니
그러므로 안락하게 지내느니라.

확실히 나는 지금 빚쟁이들이
모두 몰려와 문마다 지키면서
불어난 이자 독촉하는 일 없나니
그러므로 안락하게 지내느니라.

확실히 나는 지금 일곱 벌의
침구를 쌓아 두고 좀이 먹는가
뒤져보는 걱정 없나니
그러므로 안락하게 지내느니라.

확실히 나는 지금 빨간 눈동자에
노랑 머리털 사나운 아내 있어

밤낮으로 그 욕설 듣는 일 없으니
그러므로 안락하게 지내느니라.

확실히 나는 지금 텅 빈 창고에
쥐들이 몰려와 들끓음으로
양식이 떨어질까 걱정하는 일 없으니
그러므로 안락하게 지내느니라.

언제나 집착하여 버리지 못하므로
중생들은 안락하게 지내지 못하거니와
탐욕을 끊고 은애恩愛마저 여의면
언제나 안락하게 지낼 수 있느니라.

그때 세존께서 정진精進바라두바차 바라문을 위해 설법하시어 가르쳐 보이고 기쁘게 해주신 뒤에 부처님의 항상한 법을 차례로 설법해 주셨다. 즉 보시를 하고 계율을 지키며,……(이하 생략)……그는 바른 법 안에서 마음에 두려움이 없음을 얻었다. 그는 곧 자리에서 일어나 합장하고 부처님께 아뢰었다.

"저도 지금부터 바른 법과 율 안에서 비구가 되어 도를 배우고 비구 신분을 얻어 범행을 닦을 수 있겠습니까?"

부처님께서 바라문에게 말씀하셨다.

"너는 지금부터 바른 법과 율 안에서 비구가 되어 구족계를 받고 온갖 범행을 닦아 아라한이 되어 마음이 잘 해탈할 수 있을 것이다."

그때 정진바라두바차 바라문은 아라한이 되어 스스로 깨달아 앎을 인연해 해탈의 즐거움을 얻고 게송으로 말하였다.

저는 지금 대선大仙의 위없는 법을
기뻐하고 또 즐거워하나이다.
모든 탐욕과 즐거운 일 여의게 되었으니
부처님을 뵌 것이 헛되지 않습니다.

1180. 지자경智者經[4]

이와 같이 나는 들었다.

어느 때 부처님께서 사라娑羅숲에 있는 바라문의 마을에 계셨다.

그때 세존께서 이른 아침에 가사를 입고 발우를 가지고 바라문의 마을에 들어가 걸식하시는데 갑자기 구름이 일어났다. 세존께서는 '내 지금 바라문의 마을에 있는 바라문 장자의 큰 회당會堂으로 가야겠다'고 생각하시고, 곧 그 큰 회당이 있는 곳으로 향하셨다.

그때 바라문 장자들이 회당에 모여 있다가 멀리 있는 세존을 보고 서로들 말하였다.

"저 머리 깎은 사문이 과연 무슨 법을 알고 있을까?"

그때 세존께서 그곳에 있던 바라문의 마을에 사는 바라문 장자들에게 말씀하셨다.

"바라문 중에는 법을 아는 이도 있고 법을 알지 못하는 이도 있다. 찰리 장자 중에도 법을 아는 이도 있고 법을 알지 못하는 이도 있느니라."

그때 세존께서 곧 게송으로 말씀하셨다.

4 이 소경은 『별역잡아함경』 제5권 열한 번째 소경과 그 내용이 비슷하다.

벗은 자기의 벗을 이기려 하지 않고
왕은 꺾기 어려운 이를 꺾지 않으며
아내는 그 남편을 이기려 하지 않고
자식 치고 부모를 공경하지 않는 이 없다.

아는 것도 없고 지혜도 없으며
지혜가 없어서 법 아닌 말을 하더라도
탐욕·성냄·어리석음을 모두 끊으면
그는 곧 지혜로운 사람이니라.

그때 바라문 장자들이 부처님께 여쭈었다.

"선사善士 구담瞿曇께서는 훌륭한 장부이십니다. 이 당堂에 들어와 자리에 앉으소서."

세존께서 앉으시자 그들이 곧 아뢰었다.

"구담이시여, 설법해 주십시오. 저희들이 듣기를 바랍니다."

그때 세존께서는 그 모임에 있는 바라문 장자들을 위해 여러 가지로 설법하시어 가르쳐 보이고 기쁘게 해주신 다음에 다시 게송으로 말씀하셨다.

어리석고 지혜로운 이 모여 있는데
말하지 않으면 그 지혜 누가 알리.
지극히 고요한 길 잘 설명하면
지혜로운 사람은 말로 인해 분별하리.

말하는 사람 바른 법 나타내어
큰 신선의 깃대 건립하였네.

좋은 말을 신선의 깃대라 하고
법을 곧 아라한의 깃대라 한다.

그때 세존께서는 바라문의 마을에 사는 바라문 장자들을 위해 바른 법을 세워 가르쳐 보이고 기쁘게 하신 뒤에 자리에서 일어나 떠나셨다.

1181. 천작경天作經[5]

이와 같이 나는 들었다.

어느 때 부처님께서 구살라국 인간세상을 유행하시다가 부리浮梨라는 마을에 이르러 천작天作[6] 바라문의 암라원에 머물고 계셨는데 존자 우파마優波摩가 시자로 있었다.

그때 세존께서 등창을 앓고 계셨는데 존자 우파마에게 말씀하셨다.

"너는 가사와 발우를 가지고 천작 바라문의 집으로 가거라."

그때 천작 바라문은 중당中堂에서 이발사를 시켜 수염과 머리를 깎고 있다가 존자 우파마가 문 밖에 서 있는 것을 보고 곧 게송으로 말하였다.

어째서 수염과 머리를 깎고
몸에는 승가리僧伽梨를 입은 채

5 이 소경은 『별역잡아함경』 제5권 열두 번째 소경과 그 내용이 비슷하다.
6 바라문의 이름인데 혹은 제바비다提婆比多로 표기하기도 하며, 『별역잡아함경』에는 천경天敬으로 되어있다. 팔리어로는 Devahita로 표기한다.

그렇게 문 밖에 서 있는 것인가?
무엇을 구하기 위해서인가?

존자 우파마가 게송으로 대답하였다.

아라한이신 세간의 선서善逝께서
지금 등창을 앓고 계시는데
혹시나 안락한 물이 있으면 구해
모니牟尼의 병을 고쳐드릴까 해서입니다.

그러자 천작 바라문은 소酥를 가져다가 발우에 가득 담아주고 또 기름 한 병과 석밀石蜜 한 병을 사람을 시켜 가져가게 하고 자신은 다시 따뜻한 물을 가지고 존자 우파마를 따라 세존께서 계신 곳으로 찾아가서 그것을 몸에 발라드리고 따뜻한 물로 씻어드리고 소와 밀을 마시게 하자 세존의 등창이 곧 나아서 편안함을 얻게 되었다.

그때 천작 바라문은 아침에 일찍 일어나 부처님께 나아가 머리를 조아려 그 발에 예를 올리고 나서 한쪽에 물러나 앉아 게송으로 여쭈었다.

어떤 사람을 바라문이라고 하고
무엇을 보시해야 큰 과보를 얻습니까?
어떤 것을 시기적절한 보시라 하고
어떤 것을 깨끗한 복전福田이라 합니까?

그때 세존께서 게송으로 대답하셨다.

만일 전생 일 아는 지혜를 얻고
분명 하늘에 태어날 줄 알며
모든 번뇌 다 끊어지게 되면
성자로서 3명明을 얻은 것이다.

마음이 해탈한 줄 잘 알아서
일체의 탐욕에서 벗어난다면
그를 일컬어 바라문이라 하네.
그에게 보시하면 큰 과보를 얻고
그에게 하는 보시 때에 맞는 보시이며
희망 따라 보시하면 그것이 복전이네.

그때 천작 바라문은 부처님의 말씀을 듣고 기뻐하면서 예를 올리고 떠나갔다.

1182. 전업경田業經[7]

이와 같이 나는 들었다.

어느 때 부처님께서 구살라국 인간세상을 유행하시다가 어느 날 밤에 사라娑羅 숲 속에 계셨다.

그때 어떤 바라문이 사라 숲에서 멀지 않은 곳에서 농사를 짓고 있었다. 그는 이른 아침에 일어나 사라 숲으로 왔다가 세존께서 어느 나무 밑에 앉아 계시는데 풍채가 단정하고 모든 감관이 청정하며 그

7 이 소경은 『별역잡아함경』 제5권 열세 번째 소경과 그 내용이 비슷하다.

마음은 고요하고 안정되어 제일가는 지관止觀을 완전하게 성취하였고 그 몸에서 금빛 광명이 환하게 비치는 것을 보았다. 그는 그곳으로 나아가 아뢰었다.

"구담이시여, 저는 여기에서 그리 멀지 않은 곳에서 농사를 짓기 때문에 이 숲을 좋아하지만 구담께서는 무슨 일로 이 숲 속을 좋아하십니까?"

그는 다시 게송으로 말하였다.

그대 비구여, 이 숲 속에서
무슨 사업을 하고 있기에
혼자 텅 비고 고요한 곳을 지키면서
이 숲 속을 좋아합니까?

그때 세존께서 게송으로 대답하셨다.

나는 이 숲에서 아무 일이 없네.
숲의 뿌리를 끊은 지 오래되어
숲에서 이미 그 숲을 벗어났으며
즐거움을 버리고 번뇌를 끊었노라.

그때 그 바라문은 부처님의 말씀을 듣고 기뻐하면서 예를 올리고 떠나갔다.

1183. 채신경採薪經[8]

이와 같이 나는 들었다.

어느 때 부처님께서 구살라국 인간세상을 유행하시다가 어느 날 밤에 사라 숲에서 주무셨다. 그때 어떤 바라문이 그 숲 가까운 곳에서 5백 명의 젊은 바라문들과 함께 있었다. 그 바라문은 세존을 늘 찬탄하고 흠모하며 한 번 뵙고싶어 하면서 '어느 때에나 이곳에 오셔서 노니실 것인가? 내가 뵙게 되면 의심나는 것들을 여쭈어 보리라. 혹 한가한 시간이 있으시면 나에게 분명히 말씀해 주실 것이다'라고 생각하고 있던 차였다.

그때 그 바라문의 젊은 제자가 나무를 하러 숲 속에 들어갔다가 멀리 어떤 나무 밑에 앉아 계시는 세존을 뵈었다. 그의 풍채는 단정하고 모든 감각기관은 고요하며 그의 마음은 안정되고 모습은 금산金山과 같아서 광명이 환하게 비치고 있었다. 그는 그런 모습을 보고 나서 생각하였다.

'우리 화상和上 바라문은 늘 구담을 찬탄하고 흠모하면서 언젠가 뵙게 되면 의심스러운 것들을 다 여쭈어보겠다고 입버릇처럼 말해왔다. 그런데 이제 사문 구담이 이 숲 속에 머물고 계신다. 나는 빨리 가서 화상에게 알려야겠다.'

그는 곧 나뭇단을 들고 학당으로 돌아가 나뭇단을 내려놓고 화상에게 나아가 아뢰었다.

"화상께선 꼭 아셔야만 합니다. 화상께서는 오래전부터 늘 부처님을 찬탄하고 흠모하면서 사문 구담을 뵈려고 애써 왔습니다. 그리하여 혹 이 숲에 오시면 의심나는 것들을 다 여쭈어 보시겠다고 하셨습

8 이 소경은 『별역잡아함경』 제5권 열네 번째 소경과 그 내용이 비슷하다.

니다. 그런데 오늘 구담께서 이 숲에 오셨습니다. 화상께서는 때를 아셔야 합니다."

그때 그 바라문은 곧 부처님께 나아가 서로 문안인사를 나눈 뒤에 한쪽에 물러나 앉아서 게송으로 말하였다.

이 두렵고 무서운 깊디깊은
숲 덤불 속에 혼자 들어와
굳건하게 머물러 흔들리지 않고
바르게 부지런히 법을 닦는구려.

노래도 춤도 음악도 없는 곳
텅 비고 조용한 데에서 묵묵히 살면서
혼자서 깊은 숲 즐거워하는 이
나는 일찍이 과거에 보지 못했네.

이 세상의 자유롭고 훌륭한
증상주增上主 되기를 구하는 것인가?
그렇지 않으면 삼십삼천 천상에서
자유로운 즐거움을 위해서인가?
무엇 때문에 깊은 숲 속에서
괴로운 수행하여 스스로 마르는가?

그때 세존께서 게송으로 대답하셨다.

괴롭게 여러 가지 구하려 하면
모든 경계에 갖가지 집착이 생긴다.

저 일체의 모든 것들은
바로 어리석음의 근본이니라.

이와 같은 일체 구하는 일을
나는 이미 버린 지 오래 되었네.
구하지 않고 아첨과 거짓이 없어
그 어느 것에도 접촉하지 않노라.

이 세상의 일체 법에 대하여
오직 하나 청정한 관찰할 뿐이니
저 최상의 귀한 보리 얻어
선정 닦으며 즐거워하지 않노라.

바라문이 다시 게송으로 말하였다.

저는 지금 당신에게 경례하오니
크고 고요한 모니牟尼 높으시고
선정 닦으신 묘한 왕이시며
위없는 큰 깨달음 깨치신 분이십니다.
여래는 천상과 인간을 구제하시니
우뚝이 높은 모습 금산 같아라.

우거진 숲 덤불을 이미 벗어나
숲에 대해 영원히 집착 않나니
깊이 박힌 날카로운 가시를 뽑아
청정하여 남은 자국 다신 없다네.

변론하는 스승들의 우두머리로
하는 말마다 최상의 웅변이시네.
사람 중에서 영걸스런 수사자로서
깊은 숲에서 우렁차게 외치십니다.

괴로움에 대한 성스러운 진리와
그 발생과 소멸과 8정도 밝히시어
온갖 고통의 무더기 모두 없애고
거기에서 벗어나 때 없이 청정하시네.

자신도 모든 고통에서 벗어나고
괴로움 받는 중생들 제도하시네.
그 중생들 안락하게 해주기 위해
바른 법 두루 펴서 연설하시네.

이미 그 은혜와 애정을 끊고
온갖 욕심의 그물 멀리 여의고
일체의 존재에 대한 욕망과
그 결박을 끊어 버리셨네.

마치 저 물에서 피어난 연꽃은
흙탕물이 거기에 묻지 않는 것 같고
마치 허공에 멈추어 있는 해가
청정하여 구름 한 점 없는 것 같네.

너무도 좋습니다, 저는 오늘

구살라에 있는 사라 숲에 와서
양족兩足 중에 가장 높으신
우리 큰 스승님을 뵙게 됐었네.

큰 숲에서 크게 정진하시어
가장 많이 중생들 제도하시며
길들이는 스승의 우두머리인
두려움 없는 이께 경례합니다.

그때 바라문은 이 게송을 널리 외워 부처님을 찬탄한 뒤에 부처님의 말씀을 듣고 기뻐하면서 예를 올리고 떠나갔다.

1184. 손타리경孫陀利經[9] ①

이와 같이 나는 들었다.

어느 때 부처님께서 구살라국 인간세상을 유행하시다가 손타리孫陀利강 가에서 밤을 지내셨다. 그때 세존께서는 머리를 깎으신 지 오래되지 않았다. 새벽 시간이 되자 가부좌하고 앉아 몸을 똑바르게 하시고 사색하실 적에, 생각을 매어 앞에 두고 옷으로 머리를 덮으셨다.

그때 손타리강 가에 사는 어떤 바라문이 밤에 일어나 사당에 제사하고 나서 음식을 다 먹지 못하고 남자, 그는 그것을 가지고 강가에 이르러 대덕 바라문을 찾아 그 음식을 바치려고 하였다. 그때 세존께서는 강가에서 나는 바라문의 소리를 들으시고 일부러 소리내어 기침

9 이 소경은 『별역잡아함경』 제5권 열여섯 번째 소경과 그 내용이 비슷하다.

하시고 머리에 썼던 옷을 벗어 머리를 드러내셨다.

그때 손타리강 가에 있던 바라문은 부처님을 보고 이렇게 생각하였다.

'이 사람은 바라문이 아니고 머리를 깎은 사문이구나. 이 음식을 그냥 가지고 돌아가리라.'

그 바라문은 다시 이렇게 생각하였다.

'오직 사문만이 머리를 깎는 것은 아니다. 바라문 중에도 머리를 깎은 이가 있다. 저 사람에게 가서 신분을 물어 보아야겠다.'

그렇게 생각하고는 손타리강 가를 지나가던 바라문은 세존께서 계신 곳으로 찾아가 물었다.

"성씨가 어떻게 되십니까?"

세존께서 곧 게송으로 대답하셨다.

그대는 어떤 종족인가를 묻지 말고
하는 일이 무엇이냐고 물어 보라.
나무를 베어 비비고 비비면
거기에서 불이 일어나느니라.

천하고 낮은 종족에게서도
견고한 모니가 태어나나니
지혜롭고 부끄러워할 줄 알며
열심히 정진하여 잘 항복 받았다.

큰 밝음 최후의 경지를 이루어
맑고 깨끗이 범행을 닦았네.
지금이야말로 가장 적절한 때이니

그 남은 음식을 보시하거라.

그러자 그 바라문도 게송으로 말하였다.

내 오늘 이 좋은 날에
복을 구하여 제사를 지냈더니
마침 보살을 보게 되었네.
세 세상 통틀어 가장 높은 분
만일 부처님 뵙지 못했더라면
아마 다른 이에게 보시하였으리라.

그때 손타리강 가에 있던 바라문은 더욱 신심을 내어 곧 남은 음식을 세존께 다 바쳤다. 그러나 세존께서는 게송을 말씀해 얻은 것이라 하여 그것을 받지 않으셨다.……게송을 말씀함으로써 음식을 얻은 일에 대해서는 위에서 자세히 말한 것과 같다.

손타리강 가에 있던 바라문이 부처님께 여쭈었다.

"세존이시여, 이 시식施食은 어디에 두오리까?"

부처님께서 바라문에게 말씀하셨다.

"나는 어떤 하늘과 악마·범梵·사문·바라문 등 천신과 세상 사람들 중에 그 음식을 먹고 몸이 안락해질 수 있는 이를 볼 수가 없다. 너는 그 음식을 가져다 벌레가 없는 물속이나 아니면 풀이 적게 난 땅에 버려라."

그러자 바라문은 곧 그 음식을 가져다가 벌레가 없는 물속에 버렸다. 그랬더니 물은 곧 연기를 내고 끓어오르면서 피식피식 소리를 내었다. 마치 달군 쇠구슬을 찬 물에 던지면 연기가 나고 끓어오르면서 피식피식 소리를 내는 것처럼, 그 음식을 벌레가 없는 물속에 던지자 연기가 일고 끓으면서 피식피식 소리를 내는 것도 마치 그와 같았다.
바라문은 두려운 마음이 생겨 온몸의 털이 다 곤두서는 것 같았다. 그는 큰 재변이라 생각하고 언덕으로 달려 올라가 마른 나무를 모아 불을 질러 제사를 지내고 공양하면서 그 재변을 그치게 하려고 하였다. 세존께서는 그가 마른 나무를 모아 불을 놓고 불에 공양하고 제사를 올려 그 재변을 그치게 하려고 애쓰는 모습을 보시고 곧 게송으로 말씀하셨다.

너 바라문은 불에 제사 지내려고
마른 나무를 모아 불사르는구나.
그것을 온갖 재앙을 물리치는
깨끗한 도라고 말하지 말라.

그것은 나쁜 공양이건만
그래도 지혜롭다 생각하나니
그러한 인연 짓는 것으로
외도들은 깨끗함을 닦는다 집착하네.

너는 지금 섶나무의 불을 버리고
마음속의 불을 왕성하게 일으켜
항상 닦아서 방일하지 말며
언제나 풍부한 공양을 올려라.
어디서나 깨끗한 믿음을 일으켜
큰 모임 열고 널리 보시하여라.

마음과 뜻이 섶나무 되어

성냄의 검은 연기 일으키네.
거짓말을 껄끄러운 맛으로 삼고
입안의 혀는 나무국자로 삼아라.

가슴은 불태우는 곳이 되어
욕심의 불길 언제나 왕성하나니
마땅히 스스로 잘 항복 받아서
사람의 불을 소멸시켜라.

바른 믿음을 큰 강으로 삼고
깨끗한 계율을 배로 삼아라.
맑고 깨끗이 흐르는 물은
지혜로운 이가 칭찬하는 것이다.

사람 중에 하늘이신 깨끗한 덕
마땅히 그 속에서 목욕하여라.
물을 건너도 몸이 젖지 않고
편안히 저 언덕에 건너가리라.

바른 법을 깊은 못으로 삼고
복과 덕을 그 선창으로 삼아라.
맑고 깨끗한 물 가득한 것은
지혜로운 이가 칭찬하는 것이니라.

사람 중에 하늘이신 깨끗한 덕
그 속에서 마땅히 목욕하여라.

물을 건너도 몸이 젖지 않고
편안히 저 언덕에 건너가리라.

진제眞諦로써 마음을 잘 길들이고
거두고 단속해 범행을 닦으며
자비로써 괴로운 행을 삼으면
진실한 마음은 청정하리니
바른 법으로써 목욕하는 것은
지혜로운 이가 칭찬하는 것이니라.

그때 손타리강 가에 사는 바라문은 부처님의 말씀을 듣고 기뻐하면서 왔던 길을 따라 떠나갔다.

1185. 손타리경[10] ②

이와 같이 나는 들었다.

어느 때 부처님께서는 구살라국의 인간세상을 유행하시다가 손타리강 가의 총림叢林에 계셨다.

그때 손타리강 가에 사는 바라문이 부처님 계신 곳으로 찾아와서 서로 문안하고 위로한 다음 한쪽에 물러나 앉아 부처님께 여쭈었다.

"구담이시여, 손타리 강에 가셔서 목욕하지 않으시겠습니까?"

---

10 이 소경은 『별역잡아함경』 제5권 열여섯 번째 소경과 『증일아함경』 제6권 제13 「이양품利養品」의 다섯 번째 소경과 『중아함경中阿含經』 제23권 아흔세 번째 소경인 수정범지경水淨梵志經과 그 내용이 비슷하며, 이역본으로는 한역한 사람을 알 수 없는 『불설범지계수정경佛說梵志計水淨經』이 있다.

부처님께서 바라문에게 말씀하셨다.

"손타리 강에 가서 목욕한들 무슨 쓸모가 있겠느냐?"

바라문이 부처님께 아뢰었다.

"구담이시여, 손타리 강은 바로 제도하는 강이요, 길하고 상서로운 강이며, 청정한 강입니다. 만일 누구든지 거기 가서 목욕하면 사람의 모든 악을 다 없앨 수 있습니다."

그때 세존께서 곧 게송을 설하셨다.

손타리 강이나
바휴다婆休多 강이나
가야伽倻 강이나 살라薩羅 강
이와 같은 여러 강들은
온갖 악하고 착하지 못한 것을
능히 청정하게 할 수 없다.

항하나 바휴다 강이나
손타리 강 따위는
어리석은 이가 늘 그 속에 살아도
그 많은 죄악을 없앨 수 없느니라.

그가 청정한 사람이라면
구태여 목욕해 무엇하며
그가 청정한 사람이라면
포살布薩은 하여 무엇하리.

깨끗한 업으로써 자신을 깨끗이 하는 것

그것은 살생도 도둑질도 하지 않고
음행하지 않고 거짓말하지 않는
이런 것들을 받들어 가지는 것이니라.

믿음으로 보시하여 때를 없애고
이와 같은 일로써 목욕하며
일체의 모든 중생들을 대하여
자비스런 마음을 언제나 일으키면
우물물로 목욕해도 그만이거니
구태여 가야 등의 강물을 무엇하리.

안으로 마음을 스스로 청정하게 하면
바깥을 씻을 필요 없나니
천하고 낮은 시골 아이들
그 몸에 더러운 때가 많아서
물로써 먼지를 씻는다 해도
그 마음은 깨끗하게 할 수 없다네.

그때 손타리강 가에 사는 바라문은 부처님의 말씀을 듣고 기뻐하면서 자리에서 일어나 떠나갔다.

1186. 계발경髻髮經[11] ①

이와 같이 나는 들었다.

어느 때 부처님께서 가비라위국 니구율원에 계셨다.

그때 속인으로 있을 때 본래 부처님과 친구였던 상투를 튼 라두바차羅豆婆遮[12] 바라문이 부처님께서 계신 곳으로 찾아와 서로 문안하고 위로한 다음 한쪽에 물러나 앉아서 게송으로 말하였다.

몸 밖의 털을 묶어 상투를 틀면
그것은 다만 상투를 틀었다 하지만
마음속에 상투를 틀면
그것은 중생을 결박하는 것이네.
이제 구담에게 청해 묻나니
어떻게 해야 상투를 풀 수 있습니까?

그때 세존께서 게송으로 대답하셨다.

깨끗한 계율을 받들어 지키고
마음속으로 바른 깨달음을 닦으며
전일한 마음으로 정근하고 방편을 쓰면
그것이 곧 상투를 푸는 것이니라.

---

11 이 소경은 『별역잡아함경』 제5권 열일곱 번째 소경 전반부와 그 내용이 비슷하다.

12 바라문의 이름인데, 송・원・명 세 본에는 바라두바차婆羅豆婆遮로 되어 있고 팔리어본에도 Bharadvaja로 표기되어 있다. 이것으로 보아 고려장경의 표기는 바婆자가 결여된 것이 아닌가 싶다.

그때 상투를 튼 바라문은 부처님의 말씀을 듣고 기뻐하면서 자리에서 일어나 떠나갔다.

1187. 계발경[13] ②

이와 같이 나는 들었다.

어느 때 부처님께서 가비라위국 니구율원에 계셨다.

그때 상투를 튼 바라두바차 바라문이 부처님께서 계신 곳으로 찾아와 서로 문안인사를 나누고 위로한 다음 한쪽에 물러나 앉아서 게송을 읊었다.

몸 밖의 털을 묶어 상투를 틀면
그것은 다만 상투를 틀었다 하지만
마음속에 상투를 틀면
그것은 중생을 결박하는 것이네.

제가 이제 구담에게 여쭈나니
이와 같은 상투를 튼 사람은
어떤 방편을 써야 하며
어떻게 해야 상투가 풀리겠습니까?

그때 세존께서 게송으로 대답하셨다.

13 이 소경은 『별역잡아함경』 제5권 열일곱 번째 소경 후반부와 그 내용이 비슷하다.

눈과 귀와 그리고 코와
혀와 몸과 뜻의 입처入處
또 저 명名과 색色까지도
남김없이 다 없애버리고
모든 의식이 아주 다 사라지면
거기에서 상투가 끊어지리라.

부처님께서 이 경을 말씀하시자 상투를 튼 바라두바차 바라문은 부처님의 말씀을 듣고 기뻐하면서 자리에서 일어나 떠나갔다.

1188. 존중경尊重經[14]

이와 같이 나는 들었다.

어느 때 부처님께서 울비라鬱毘羅라는 마을 니련선尼連禪강 가에 있는 보리수 밑에 계셨는데 깨달음을 얻으신 지 그리 오래되지 않은 때였다. 그때 세존께서 혼자 고요히 사색하시다가 이렇게 생각하셨다.

'공경하지 않는 사람은 큰 고통을 받을 것이다. 차례도 모르고 남의 뜻을 두려워할 줄 모르며 제멋대로 하기 때문에 큰 의리에서 타락하게 된다. 공경할 줄 알고 차례를 지키며 그것에 순종하면 그는 안락하게 지낼 수 있을 것이다. 공경할 줄 알고 차례를 지키며 남에게 순종하면 큰 의리가 만족해진다. 혹 어떤 하늘이나 악마·범梵·사문·바라문 등 천신天神이나 세상 사람들 중에 내가 두루 갖춘 계율보다 낫고 삼매보다 나으며 지혜보다 낫고 해탈보다 나으며 해탈지견보다 나

14 이 소경은 『별역잡아함경』 제5권 열여덟 번째 소경 후반부와 그 내용이 비슷하다.

아서 나로 하여금 공경하고 존중하게 하며 받들어 섬기고 공양하게 할 만한 것이 있으면 나는 그를 의지해 살리라.'

또 이렇게 생각하였다.

'어떤 하늘이나 악마 · 범 · 사문 · 바라문 등 천신이나 세상사람 중에 내가 두루 갖추고 있는 계율보다 낫고 내가 지니고 있는 삼매三昧나 지혜智慧나 해탈解脫이나 해탈지견解脫知見보다 나아서 나로 하여금 공경하고 존중하게 하며 받들어 섬기고 공양하게 할 만한 것이 있어서 그를 의지해 살아야 될 만한 자는 어느 누구도 없다. 오직 바른 법이 있어서 나로 하여금 스스로 깨닫게 하여 삼먁삼불타(三藐三佛陀 : 正徧知)를 이룩하게 하였다. 나는 마땅히 그것만을 공경하고 존중하며 받들어 섬기고 공양하면서 그것을 의지해 살아가리라. 왜냐하면 과거의 여래 · 응공 · 등정각께서도 바른 법을 공경하고 존중하셨으며, 받들어 섬기고 공양하면서 그것을 의지해 사셨기 때문이다.'

그때 사바세계의 주인인 범천왕梵天王이 세존께서 생각하고 계시는 것이 무엇인지를 알고 마치 역사力士가 팔을 굽혔다 펼 만한 짧은 시간에 범천에서 사라져 부처님 앞에 나타나 찬탄하면서 말하였다.

"훌륭하십니다. 그렇습니다. 세존이시여, 그렇습니다. 선서시여, 게으름을 피우며 공경하지 않는 이는 참으로 큰 고통이 있을 것입니다.……이 사이의 자세한 내용은 앞에서 말한 것과 같다……큰 의리가 만족해질 것입니다. 진실로 어떤 하늘이나 악마 · 범 · 사문 · 바라문 등 천신이나 세상사람 중에 세존께서 갖추신 계율보다 낫거나 삼매와 지혜와 해탈과 해탈지견보다 더 나아서, 세존으로 하여금 공경하게 하고 존중하게 하며 받들어 섬기고 공양할 만해서 그것을 의지해 살아갈 만한 것은 없습니다. 오직 바른 법만이 있어, 세존께서 스스로 깨달아 등정각을 성취하셨습니다. 그러므로 그것은 여래께서 공경하고 존중하며 받들어 섬기고 공양할 만한 것으로서 그것을 의지해 살아가셔야 할 것입니다.

왜냐하면 과거의 모든 여래·응공·등정각들께서도 바른 법을 공경하였고 존중하였으며 받들어 섬겼고 공양하면서 그것만을 의지해 살았고 미래의 모든 여래·응공·등정각들께서도 바른 법을 공경할 것이고 존중할 것이며 받들어 섬길 것이고 공양하면서 그것만을 의지해 살아갈 것이기 때문입니다. 그러므로 세존께서도 마땅히 그 바른 법을 공경하고 존중하며 받들어 섬기고 공양하면서 그것만을 의지해 살아가셔야 할 것입니다."

그때 범천왕은 다시 게송으로 말하였다.

과거의 등정각이나
미래의 모든 부처님이나
현재의 불세존께서는
중생들의 근심을 없애 주시네.

그 분들 모두 법을 공경하시고
바른 법을 의지해 사셨으니
그와 같이 바른 법 공경하는 일
그것이 바로 모든 부처님의 법입니다.

그때 범천왕은 부처님 말씀을 듣고 기뻐하면서 부처님 발에 머리를 조아려 예를 올리고 이내 사라지더니 나타나지 않았다.

1189. 범천경梵天經[15]

이와 같이 나는 들었다.

어느 때 부처님께서 울비라라는 마을에 있는 니련선강 가의 보리수 밑에 계셨는데, 깨달음을 얻으신 지 그리 오래되지 않은 때였다. 그 때 세존께서 혼자 고요히 사색하시다가 이렇게 생각하셨다.

'일승一乘의 도가 있으니, 그것은 능히 중생을 청정하게 해주고 온갖 근심과 슬픔에서 건져주며 고통과 번뇌를 없애주고 진여眞如의 법을 얻게 한다. 이것을 일러 4념처念處라고 한다.

어떤 것이 그 네 가지인가? 몸을 몸 그대로 관하는 염처〔身念處〕, 느낌을 느낌 그대로 관하는 염처〔受念處〕, 마음을 마음 그대로 관하는 염처〔心念處〕, 법을 법 그대로 관하는 염처〔法念處〕이다.

만일 어떤 사람이 4념처에 대하여 좋아하지 않으면, 곧 성스러운 법을 좋아하지 않을 것이요, 성스러운 법을 좋아하지 않으면 성스러운 도를 좋아하지 않을 것이며, 성스러운 도를 좋아하지 않으면 감로법甘露法을 좋아하지 않을 것이요, 감로법을 좋아하지 않으면 태어남·늙음·병듦·죽음과 근심·슬픔·괴로움·번민에서 벗어나지 못할 것이다.

만일 4념처 닦기를 좋아하면 성스러운 법 닦기를 좋아할 것이요, 성스러운 법 닦기를 좋아하면 성스러운 도 닦기를 좋아할 것이며, 성스러운 도 닦기를 좋아하면 감로법을 좋아할 것이요, 감로법을 좋아하면 태어남·늙음·병듦·죽음과 근심·슬픔·괴로움·번민에서

15 이 소경은 『별역잡아함경』 제5권 열아홉 번째 소경과 그 내용이 비슷하며 이역본으로는 한역자를 알 수 없는 『잡아함경 k.745』의 네 번째 소경이 그것이다.

벗어나게 될 것이다.'

그때 사바세계의 주인인 범천왕이 세존께서 생각하고 계시는 것이 무엇인가를 알고, 마치 역사力士가 팔을 굽혔다 펼 만한 짧은 시간에 범천에서 사라져 부처님 앞에 나타나 찬탄하면서 말하였다.

"그렇습니다. 세존이시여, 그렇습니다. 선서시여, 일승一乘의 도가 있어서 능히 중생을 깨끗이 하나니, 그것은 곧 4염처입니다.……(이하 생략)……태어남·늙음·병듦·죽음과 근심·슬픔·번민·괴로움에서 벗어나나이다."

그때 범천왕이 다시 게송으로 말하였다.

이른바 일승의 도가 있어서
모든 존재에서 벗어남을 보나니
그 바른 법을 펴 말씀하시어
괴로운 중생들을 안위安慰케 하네.

과거의 모든 세존께서도
이 일승의 도로써 건너가셨고
미래의 모든 세존께서도
이 일승의 도로써 건너가시리.

현재의 존귀하신 정각께서도
이 일승의 도로써 저 바다를 건너
나고 죽음의 끝을 완전히 여의시고
마음을 길들여 청정하게 되셨네.

나고 죽음의 수레바퀴를

모두 다 아주 녹여 없애고
가지가지 모든 경계를 알아
지혜의 눈으로 바른 길 드러내셨네.

비유하면 항하강 물이 흘러서
큰 바다로 들어가면
급하고 거센 물결 자는 것처럼
이 바른 법도 또한 그와 같다네.

넓은 지혜로 잘 나타내 보이시사
감로법을 체득하게 하셨네.
특별하고 훌륭한 올바른 법륜法輪
과거엔 한 번도 듣지 못한 것이네.

모든 중생들 가엾이 여기시고
중생들 위해 그 바퀴 굴리셨네.
천상과 인간을 감싸 보호하시어
저 언덕으로 건너게 해 주셨네.
그러므로 이 세상의 모든 중생들
모두 다 머리 조아려 예배합니다.

그때 범천왕은 부처님의 말씀을 듣고 기뻐하면서 부처님의 발에 머리를 조아려 예를 올리고 이내 사라지더니 나타나지 않았다.

1190. 범주경梵主經[16]

이와 같이 나는 들었다.

어느 때 부처님께서 울비라 마을 니련선강 가에 있는 보리수 밑에 계셨는데, 깨달음을 얻으신 지 그리 오래되지 않은 때였다.

그때 사바세계의 주인인 범천왕은 절묘絶妙한 몸을 가지고 새벽에 부처님께서 계신 곳으로 찾아와 부처님의 발에 머리를 조아려 예를 올리고 한쪽에 물러나 앉아서 게송으로 말하였다.

모든 종성 중에 찰리 종족으로서
두 발 가진 이 중에 높은 이시고
지혜와 행을 완전히 갖추신 이시며
천상과 인간에서 가장 훌륭하시네.

부처님께서 범천왕에게 말씀하셨다.

"그렇다, 범천이여. 그렇다, 범천이여."

모든 종성 중에 찰리 종족으로서
두 발 가진 이 중에 높은 이시고
지혜와 행을 완전히 갖추신 이시며
천상과 인간에서 가장 훌륭하니라.

부처님께서 이 경을 말씀하시자 사바세계의 주인인 범천왕은 부처님의 말씀을 듣고 기뻐하면서 부처님 발에 머리를 조아려 예를 올리

16 이 소경은 『별역잡아함경』 제5권 스무 번째 소경과 그 내용이 비슷하다.

고 이내 사라지더니 나타나지 않았다.

1191. 공한처경空閑處經[17]

이와 같이 나는 들었다.

어느 때 부처님께서 구살라국 인간세상을 유행하시다가 마을이 없는 텅 비고 조용한 곳에서 비구들과 함께 밤을 지내셨다. 그때 세존께서 비구들을 위해 아련야법阿練若法[18]을 수순하는 것에 대하여 말씀하셨다.

그때 사바세계의 주인인 범천왕은 이렇게 생각하였다.

'지금 세존께서는 구살라국 인간세상을 유행하시다가 마을도 없는 텅 비고 고요한 곳에 계시면서 비구들과 함께 쓸쓸한 벌판에서 밤을 지내신다. 그리고 세존께서는 대중을 위해 공법空法에 수순하라고 말씀하신다. 내가 이제 그곳에 가서 그를 따라 찬탄하리라.'

그는 마치 역사가 팔을 굽혔다 펴는 듯한 아주 짧은 시간에 범천에서 사라져 부처님 앞에 나타나 부처님 발에 머리를 조아리고 한쪽에 물러나 앉아서 게송으로 말하였다.

외진 곳의 자리에 앉기를 익히고
온갖 번뇌를 모두 끊어 버려라.
만일 비고 한적한 곳 좋아하지 않거든

17 이 소경은『별역잡아함경』제5권 스물한 번째 소경과 그 내용이 비슷하다.
18 아련야법이란 인가人家를 멀리 떠나 텅 비고 고요한 곳에서 혼자 조용히 앉아 선정에 들어 사색하는 공부법을 말한다.

대중 속에 들어가 스스로 단속하라.

그리하여 그 마음 스스로 잘 길들이고
집집마다 다니면서 걸식을 하되
모든 감관 거두어 단속해 지키고
오로지 전력을 다해 마음과 생각을 잡아매어라.

그러고 나서 공한空閑을 익혀
아련야의 자리에 앉아서
온갖 두려움 멀리 여의고
무서움 없이 안락하게 머물러라.

또 저 온갖 흉악하고 험난한 일과
사나운 독사들의 갖가지 해침이 있거나
검은 구름이 일어 매우 깜깜한 속에
뇌성이 울고 번갯불 치더라도
온갖 번뇌를 여의었기 때문에
밤낮으로 안락하게 머무르리라.

가령 내가 이제 들은 그 법이
최후의 경지에 이르지는 못했더라도
혼자서 고요히 범행 닦으면
천 번 죽음과 악마도 두렵지 않고
만일 그 위에 깨달음의 길 닦으면
몇 만이 오더라도 두려울 것 없으리.

혹은 수다원이나
사다함이나
또 아나함을 얻는
그 수도 또한 한량없으리니
능히 그 수를 정하지 않은 것은
거짓말이 될까 두려워해서라네.

그때 사바세계의 주인인 범천왕은 부처님의 말씀을 듣고 기뻐하면서 부처님께 예를 올리고 이내 사라지더니 나타나지 않았다.

1192. 집회경集會經[19]

이와 같이 나는 들었다.

어느 때 부처님께서 가비라위국 가비라위迦毘羅衛국 어느 숲속에서 5백 비구들과 함께 계셨다. 그들은 다 아라한으로서 모든 번뇌가 이미 다 끊어지고 할 일을 이미 마쳤으며 온갖 무거운 짐을 버려 자기 이익을 이미 얻었고 모든 존재의 결박을 끊어 바른 지혜로 마음이 잘 해탈된 이들이었다.

그때 세존께서는 대중을 위해 열반에 호응하는 법을 말씀하셨다. 그때 시방 세계의 대중들과 위력威力있는 모든 하늘들이 다 모여 와서 세존과 비구대중을 공양하였다.

---

19 이 소경은 『별역잡아함경』 제5권 스물두 번째 소경과 『장아함경』 제12권 292번째 소경과 그 내용이 비슷하며, 이역본으로는 법천法天이 한역한 『불설대삼마야경佛說大三摩若經』이 있다.

다시 여러 범천왕들은 범천 세계에서 이렇게 생각하였다.

'오늘 부처님께서 가비라위국에 계시면서……이 사이의 자세한 내용은 위에서 말한 내용과 같다.……세존과 여러 대중들에게 공양한다. 우리들도 지금 가서 각각 찬탄하리라.'

이렇게 생각하고는 마치 역사가 팔을 굽혔다 펴는 것 같은 아주 짧은 시간에 범천에서 사라져 부처님 앞에 나타났다.

첫째 범천 곧 게송으로 말하였다.

지금 이 큰 숲 속에
대중들이 구름처럼 모였고
시방의 여러 하늘들도
모두 와서 공경하네.
그러므로 나도 멀리서 와서
가장 훌륭하고 항복 받기 어려운 스님들에게 예배하노라.

둘째 범천도 게송으로 말하였다.

이 여러 비구승들은
진실한 마음으로 정진하면서
지금 여기 이 큰 숲속에서
모든 감각기관 거두고 해탈 구하네.

또 셋째 범천도 게송으로 말하였다.

좋은 방편으로 은혜와 애정과
매우 예리한 가시 녹이고

굳고 튼튼해 흔들리지 않음이
마치 저 인다라因陀羅 당기와 같네.

깊은 해자의 물을 건너서
맑고 깨끗해 욕심 없으니
잘 건너신 길잡이 스승은
그 마음 항복 받은 큰 용이시네.

다음에는 넷째 범천이 게송으로 말하였다.

부처님께 돌아가 의지하는 이
마침내 나쁜 곳에 떨어지지 않나니
능히 인간 몸 끊어 버리고
천상의 몸을 받아 즐거워하리.

네 범천은 이렇게 각각 게송을 마치고 사라지더니 나타나지 않았다.

1193. 구가리경瞿迦梨經[20]

이와 같이 나는 들었다.
어느 때 부처님께서 왕사성 가란다죽원에 계셨다.
그때 사바세계의 주인인 범천왕은 날마다 한결같이 열심히 부처님

20 이 소경은 『별역잡아함경』 제5권 스물세 번째 소경과 그 내용이 비슷하며, 이역본으로는 한역자를 알 수 없는 『잡아함경 k.745』의 다섯 번째 소경이 그것이다.

께 나아가 존중하고 공양하였다. 그때 사바세계의 주인은 이렇게 생각하였다.

'오늘 아침에는 부처님을 뵈려고 왔더니 너무 일러 마침 세존께서는 큰 삼매에 들어 계신다. 우리들은 우선 제바달다提婆達多의 무리인 구가리瞿迦梨 비구의 집부터 들러보리라.'

이렇게 생각하고 곧 그 비구의 집을 찾아가서 손가락으로 창을 두드리면서 말하였다.

"구가리여, 구가리여, 너는 사리불舍利弗이나 목건련目揵連의 처소에 가서 깨끗한 신심을 일으켜라. 너는 오랜 세월 동안 유익함이 없는 고통을 받지 말라."

구가리가 대답하였다.

"너는 누구냐?"

범천이 대답하였다.

"사바세계의 주인인 범천왕이다."

구가리가 말하였다.

"세존께서 너에게 아나함(阿那含 : 인간 세계에 다시 오지 않는 지위)을 얻었다고 증명하시지 않았던가?"

범천왕이 말하였다.

"그렇다, 비구여."

구가리가 말하였다.

"그런데 그대는 왜 왔는가?"

사바세계의 주인인 범천왕이 말하였다.

"너는 고칠 수 없구나."

그리고는 곧 게송으로 말하였다.

한량없이 많은 처소에 대해

마음으로 그것을 헤아리려 하는구나.
어떻게 지혜로운 사람이
그러한 부질없는 생각을 내겠는가?
한량없는 것을 헤아리려 하는 것
그것은 곧 무지한 범부나 하는 짓이니라.

그때 사바세계의 주인인 범천왕은 부처님의 처소에 찾아가 머리를 조아려 그 발에 예배하고 한쪽에 물러나 앉아서 부처님께 아뢰었다.

"세존이시여, 저는 항상 날마다 부지런히 부처님의 처소에 찾아와 친히 뵙고 공양하였습니다. 저는 오늘 이렇게 생각하였습니다.

'오늘 아침에는 너무 일찍 세존을 뵈러 왔더니, 마침 세존께서 큰 삼매에 들어 계신다. 나는 우선 제바달다의 무리인 구가리 비구의 집부터 들러보자.'

그렇게 생각하고는 곧 그의 집을 찾아가 정중하게 창문을 두드리면서 말하였습니다.

'너는 어질고 착하며 지혜 있는 사리불과 목건련의 처소에 찾아가서 깨끗한 신심을 일으켜라. 그리하여 오랜 세월 동안 유익함이 없는 고통을 받지 말라.'

그러자 구가리가 물었습니다.

'너는 누구냐?'

제가 대답하였습니다.

'나는 사바세계의 주인인 범천왕이다.'

그러자 그는 말하였습니다.

'세존께서 너에게 아나함을 얻었다고 증명하시지 않았느냐?'

제가 대답하였습니다.

'증명하셨다.'

그가 다시 물었습니다.
'그런데 너는 왜 또 왔느냐?'
제가 대답하였습니다.
'이 사람은 도저히 고칠 수 없구나.'
그리고는 곧 게송으로 말하였습니다.

헤아릴 수 없는 것을
헤아리려고 마음을 내는구나.
헤아릴 수 없는 것을 헤아리려 하면
그는 곧 무지한 범부이니라.

부처님께서 범왕에게 말씀하셨다.
"그렇다, 그렇다. 범왕이여."

헤아릴 수 없는 것을
헤아리려고 마음을 낸다.
어떻게 지혜로운 사람으로서
이러한 부질없는 생각을 내는가?
헤아릴 수 없는 것 헤아리려 하면
그는 곧 무지한 범부이니라.

부처님께서 이 경을 말씀하시자 사바세계의 주인인 범천왕은 부처님의 말씀을 듣고 기뻐하면서 자리에서 일어나 부처님께 예를 올리고 이내 사라지더니 나타나지 않았다.

1194. 범천경梵天經[21]

이와 같이 나는 들었다.

어느 때 세존께서 왕사성 가란다죽원에 계셨다.

그때 대범천왕과 또 다른 별범천別梵天과 선비별범천善臂別梵天[22]이 날마다 방편을 써서 세존을 찾아가 뵙고 공양하였다. 그때 바구범천婆拘梵天은 별범천과 선비별범천이 부지런히 방편을 쓰는 것을 보고 그들에게 물었다.

"너희들은 어디로 가려고 하는가?"

그들은 대답하였다.

"세존을 뵙고 공경하고 공양을 올리려고 한다."

그때 바구범천은 곧 게송으로 말하였다.

여기엔 네 곡조(鵠鳥 : 범천의 이름)가 있고
세 개의 금빛 찬란한 궁전도 있으며
그리고 572명이나 되는
수행하고 좌선하는 사람이 있다.

불꽃처럼 찬란한 금빛 몸으로
범천 궁전을 두루 비추나니
그대들은 우선 내 몸을 보라
구태여 거기까지 갈 것 없으리.

---

21 이 소경은 『별역잡아함경』 제6권 첫 번째 소경과 그 내용이 비슷하다.

22 『별역잡아함경』에는 "그때 두 하늘이 있었는데 하나는 소승선폐범小乘善閉梵이고, 다른 하나는 소승광범小乘光梵이었다"라고 되어 있다.

그때 선범왕과 별범왕과 선비별범왕도 게송으로 말하였다.

아무리 금빛 몸 가지고 있어
범천 궁전을 두루 비춘다 해도
아마도 지혜를 가진 사람이라면
그 빛깔에 번뇌가 있음을 아나니
지혜로운 자는 그런 빛깔 좋아하지 않고
그것에 대해 마음이 해탈하나니라.

그때 그 선범천과 별범천과 선비별범천이 부처님께 나아가 부처님 발에 머리를 조아리고 한쪽에 물러나 앉아서 부처님께 아뢰었다.

"세존이시여, 저희들이 아까 방편을 써서 세존을 찾아가 뵙고 공경하고 공양하려고 하는데 바구범천이 저희들의 방편 쓰는 것을 보고 저희들에게 물었습니다.

'너희들은 지금 방편을 써서 어디로 가려고 하느냐?'

저희들이 대답하였습니다.

'세존을 찾아가서 뵙고 예로써 섬기고 공양하려고 한다.'

그랬더니 바구범천이 곧 게송으로 말하였습니다."

여기엔 네 곡조가 있고
세 개의 금빛 궁전 있으며
그리고 572명이나 되는 자들이
이곳에서 선정에 들어 있단다.

이 내 몸의 금빛을 보라
범천 궁전을 두루 비춘다.

너희들은 우선 내 몸을 보라
구태여 거기까지 갈 것 없으리.

저희들은 곧 게송으로 답하였습니다.

아무리 금빛 몸으로
범천 궁전을 두루 비춘다 해도
그 순금 빛깔은 바로
번뇌거리임을 알아야 하리.
지혜로운 사람은 빛깔에서 벗어나
다시는 빛깔을 좋아하지 않는다.

부처님께서 범천에게 말씀하셨다.
"그렇다, 범천이여. 그렇다, 범천이여."

아무리 금빛 몸으로
범천 궁전을 두루 비춘다 해도
그 순금 빛깔은 바로
번뇌거리임을 알아야 하리.
지혜로운 사람은 빛깔에서 벗어나
다시는 빛깔을 좋아하지 않는다.

그때 그들 범천은 가타무다저사迦吒務陀低沙 비구를 위해 일부러 게송으로 말하였다.

대개 사람이 세상에 태어나면

날카로운 도끼가 입안에 있어
도리어 제 자신의 몸 해치나니
그것은 나쁜 말을 하기 때문이니라.

비방해야 할 이를 도리어 칭찬하고
칭찬해야 할 이를 도리어 비방하여
나쁜 말로써 그 허물 더해
태어나는 곳마다 안락安樂 없다네.

도박이나 술로써 재물 잃어도
그 허물은 지극히 적은 것이다.
나쁜 마음으로 선서善逝 대하면
그야말로 커다란 허물이 되리.

저 지옥은 백천 개나 있어
그 이름을 니라부지尼羅浮地[23]라 하네.
30하고 또 6백과 그리고
다섯 개의 아부타阿浮陀가 있으니
이 모두 성인을 비방한 자를 가두는 지옥
입과 뜻으로 악한 원 지었기 때문이다.

부처님께서 이 경을 말씀하시자 여러 범천들은 부처님의 말씀을 듣고 기뻐하면서 부처님 발에 머리를 조아려 예를 올리고 이내 사라지고는 나타나지 않았다.

---

23 송·원·명 3본에는 '니라부타尼羅浮陀'로 되어있다.

1195. 바구범경婆拘梵經[24]

이와 같이 나는 들었다.

어느 때 부처님께서 왕사성 가란다죽원에 계셨다.

그때 바구범천이 범천 하늘에서 다음과 같은 삿된 소견을 일으켰다.

'이곳은 항상한 곳이고 한결같아 변하거나 바뀌는 법〔變易法〕이 아니며 순수하고 한결같이 생사를 벗어난 곳이다.'

그때 세존께서 바구범천의 생각을 아시고는 삼매에 들어, 삼매에 든 채로 왕사성에서 사라져 범천 하늘에 나타나셨다. 바구범천이 멀리서 세존을 뵙고 게송으로 말하였다.

72개의 범천은
온갖 복업을 지었으므로
자유로이 언제나 머무르나니
태어남·늙음·죽음을 이미 여의었네.

나는 여러 가지 밝은 이치를
닦고 익혀 구경의 경지에 이르렀나니
저 여러 하늘 대중들이
오직 나만을 영원한 존재라 말했네.

그때 세존께서 게송으로 대답하셨다.

---

24 이 소경은 『별역잡아함경』 제6권 두 번째 소경과 그 내용이 비슷하다.

이들은 지극히 목숨이 짧으니
영원히 존재하는 사람 아니다.
그런데 이제 너 바구범천은
스스로 오래 산다 말하는구나.

너는 저 니라부다 지옥 속에서
그 목숨 백천 년을 지냈느니라.
내가 모두 그것을 기억하는데
너는 스스로 오래 산다 말하는구나.

바구범천이 게송으로 말하였다.

불세존께서 보신 것은
그 겁수劫數가 끝이 없어라.
태어남·늙음·죽음과 근심·슬픔들
그런 것들 모두 다 지나갔거니

원하옵건대 제가 일찍 지나온
과거의 경력 말해 주소서.
어떤 계율의 업을 받아 가졌기에
지금 여기에 태어나게 되었습니까?

그러자 세존께서 게송으로 대답하셨다.

너는 과거 구원겁久遠劫 때에
크고 넓은 벌판을 지난 일 있다.

거기에는 성현의 범행을 닦는
많은 대중들의 행렬이 있었다.

그들이 배고프고 양식이 없을 때
너는 구원하여 모면하게 하였고
자비스런 마음도 끊임없이 계속되어
몇 겁을 지나도록 잃지 않았다.

이것은 네가 지난 세상에
받아 가진 바 공덕이니라.
나는 모두 그것을 기억하나니
마치 금시 꿈에서 본 것 같다네.

또 과거에 어떤 촌과 도시가
도적의 노략질을 받은 일 있다.
너는 그때 그들을 구해
모두 거기서 벗어나게 하였다.

이것은 네가 지난 세상에
받아 가진 바 복업福業이니라.
나는 그 인연 기억하나니
마치 금시 꿈에서 본 것과 같다.

또 과거에 많은 사람들
배를 타고 항하강을 건너가다가
흉악한 용이 그 배를 덮쳐

그 목숨 모두 해치려 했다.

너는 그때 신통의 힘으로
그들을 구해 벗어나게 하였다.
이것이 네가 지난 세상에
받아 가진 바 복업이니라.
나는 그 인연 기억하나니
마치 금시 꿈에서 본 것과 같다.

바구범천이 다시 게송으로 말하였다.

나의 옛날과 지금의 수명
또한 그 밖의 모든 일들을
확실히 모두 알고 계시니
그야말로 바르게 깨달은 분이시네.

그러므로 받으신 바 그 몸에서
금빛 광명이 불꽃처럼 빛나니
그 몸은 여기 머무르셔도
광명은 온 세간 두루 미치네.

그때 세존께서는 바구범천을 위해 갖가지로 설법해 가르쳐 보이시고 기쁘게 해주신 뒤에 삼매에 든 채로 범천에서 사라져 왕사성으로 돌아오셨다.

1196. 사견경邪見經[25]

이와 같이 나는 들었다.

어느 때 부처님께서 사위국 기수급고독원에 계셨다.

그때 어떤 범천은 범천 하늘에서 다음과 같은 삿된 소견을 일으켜 말하였다.

'이곳은 항상한 곳이고 한결같아 변하거나 바뀌는 법이 아니며 순수하고 한결같이 생사를 벗어난 곳이다. 일찍 아무도 여기에 온 이를 보지 못했거늘 하물며 이보다 더 훌륭한 곳이 있겠는가?'

그때 세존께서 범천의 생각을 아시고, 곧 삼매에 들어 삼매에 드신 채로 사위국에서 사라져 범천 궁전에 나타나셨다. 그래서 범천 정상頂上에 머물러 허공에서 가부좌하고 앉아 몸을 바르게 하고 생각을 모으셨다.

그때 존자 아야구린阿若俱隣은 이렇게 생각하였다.

'오늘 세존께서는 어디에 계시는가?'

그는 곧 사람의 눈보다 뛰어난 깨끗한 천안天眼으로 세존께서 범천 정상에 계신 것을 보았다. 그는 곧 삼매에 들어 삼매에 든 채로 사위국에서 사라져 범천 세계에 나타났다. 동쪽에서 서쪽으로 부처님을 향해 가부좌하고 앉아 몸을 단정히 하고 생각을 모아 부처님의 자리보다는 아래이고 범천의 자리보다는 위인 위치에 있었다.

그때 존자 마하 가섭도 이렇게 생각하였다.

'오늘 세존께서는 어디에 계시는가?'

곧 사람의 눈보다 뛰어난 천안으로, 세존께서 범천 정상에 계신 것을 보았다. 그는 곧 삼매에 들어 삼매에 든 채로 사위국에서 사라져

25 이 소경은 『별역잡아함경』 제6권 세 번째 소경과 그 내용이 비슷하다.

범천에 나타났다. 남쪽에서 북쪽으로 부처님을 향해 가부좌하고 앉아 몸을 단정히 하고 생각을 모아, 부처님의 자리보다는 아래이고 범천의 자리보다는 위인 위치에 있었다.

그때 존자 사리불도 이렇게 생각하였다.

'세존께서는 지금 어디에 계시는가?'

그도 곧 사람의 눈보다 뛰어난 천안으로 세존께서 범천에 계신 것을 보았다. 그는 곧 삼매에 들어 삼매에 든 채로 사위국에서 사라져 범천에 나타났다. 서쪽에서 동쪽으로 부처님을 향해 가부좌하고 앉아 몸을 단정히 하고 생각을 모아 부처님의 자리보다는 아래이고 범천의 자리보다는 위인 위치에 있었다.

그때 존자 마하 목건련도 이렇게 생각하였다.

'오늘 세존께서 어디에 계시는가?'

그도 곧 사람의 눈보다 뛰어난 천안으로 세존께서 범천 정상에 계시는 것을 멀리서 보았다. 그는 곧 삼매에 들어 삼매에 든 채로 사위국에서 사라져 범천에 나타났다. 북쪽에서 남쪽으로 부처님을 향해 가부좌하고 앉아 몸을 단정히 하고 생각을 모아 부처님의 자리보다는 아래이고 범천의 자리보다는 위인 위치에 있었다.

그때 세존께서 범천에게 말씀하셨다.

"너는 지금도 '과거부터 아직 나보다 나은 이를 보지 못하였다'는 소견을 가지고 있는가?"

범천이 부처님께 아뢰었다.

"저는 이제는 감히 '일찍이 나보다 나은 이를 보지 못하였다'는 소견을 내지 않습니다. 다만 범천의 광명이 가려진 것만을 볼뿐입니다."

그때 세존께서 그 범천을 위해 갖가지로 설법하여 가르쳐 보이시고 기쁘게 해주신 뒤에 곧 삼매에 들어 삼매에 든 채로 범천에서 사라져 사위국으로 돌아오셨다.

존자 아야구린과 마하 가섭과 사리불도 그 범천을 위해 갖가지로 설법하여 가르쳐 보이고 기쁘게 해준 뒤에, 곧 삼매에 들어 삼매의 힘을 따라 범천에서 사라져 사위국으로 돌아왔다.

오직 존자 마하 목건련만 그대로 그곳에 남아 있었다. 그때 그 범천이 존자 목건련에게 물었다.

"세존의 다른 여러 제자들도 다 그런 큰 덕과 큰 힘이 있는가?"

그때 존자 목건련이 곧 게송으로 말하였다.

큰 덕이 있고 삼명三明을 갖추어
통달하여 남의 마음 환히 안다.
온갖 번뇌 다 끊은 여러 아라한
그 수효가 한량이 없소.

그때 존자 마하 목건련은 그 범천을 위해 갖가지로 설법하여 가르쳐 보이고 기쁘게 해준 뒤에 곧 삼매에 들어 삼매의 힘을 따라 범천에서 사라져 사위국으로 돌아왔다.

1197. 입멸경入滅經[26]

이와 같이 나는 들었다.

어느 때 부처님께서 구시나갈俱尸那竭국의 역사力士가 태어난 곳인 견고쌍수堅固雙樹 숲에 계셨다.

그때 세존께서 반열반般涅槃할 시기에 임박하여 존자 아난에게 말

26 이 소경은 『별역잡아함경』 제6권 네 번째 소경과 그 내용이 비슷하다.

씀하셨다.

"너는 견고쌍수 사이에 머리를 북쪽으로 둘 수 있도록 하여 평상을 펴라. 여래가 오늘 밤중에 무여열반無餘涅槃에 들 것이다."

그때 존자 아난은 세존의 분부를 받고 세존을 위해 견고한 쌍수雙樹 사이에 머리를 북쪽으로 둘 수 있게 평상을 폈다. 그리고 세존께 돌아와 머리를 조아려 그 발에 예배하고 아뢰었다.

"여래를 위해 견고한 쌍수 숲 사이에 북쪽으로 머리를 둘 수 있게 하여 평상을 펴놓았습니다."

그러자 세존께서는 평상에 나아가 북쪽으로 머리를 두시고 오른쪽 옆구리를 땅에 대고 누워 발을 포개고 밝은 현상에 생각을 모았다.

그때 세존께서 한밤중에 무여열반에 드셨다. 그러자 견고한 쌍수 숲은 곧 꽃을 피우고는 에워싸듯 가지를 드리우며 세존께 공양하였다. 그때 어떤 비구가 곧 게송으로 말하였다.

장하다. 너희들 견고 나무여,
가지 드리워 부처님께 예배하네.
큰 스승님의 반열반을
아름다운 꽃으로 공양하는구나.

제석이 곧 게송으로 말하였다.

일체의 행은 덧없는 것이니
그것은 모두 생멸生滅하는 법이니라.
비록 생겨나도 이내 사라지는 것
이 적멸寂滅로 곧 즐거움을 삼느니라.

사바세계의 주인인 범천왕이 다시 게송으로 말하였다.

이 세상에 한번 생겨난 것이면
그 자리에서 모두 버려야 하느니라.
이와 같이 거룩한 큰 스승님은
이 세상에 아무도 짝할 이 없네.

비록 여래의 힘을 얻어서
두루 이 세상의 눈이 되었건만
결국은 사라짐에 돌아가
이제 무여열반에 드셨네.

존자 아나율타가 다시 게송으로 말하였다.

드나드는 숨길 이미 멈추었으나
그 즉시 마음 잘 거두어 잡았으니
의지했던 곳으로부터 나와서
이 세상에서 반열반에 드셨네.

모두들 서로 큰 두려움 일으켜
사람들 온 몸의 털 곤두서나니
일체의 행行과 힘을 갖추신
큰 스승님 지금 반열반하셨네.

그 마음 항상 게을리 하지 않았고
온갖 애욕에도 집착하지 않았네.

마음의 법 점점 해탈하는 것
섶나무 다해 불이 꺼지는 것 같네.

여래께서 열반하신 지 이레 뒤에 존자 아난이 지제枝提[27]에 가서 게송을 읊었다.

스승님의 이 보배로운 몸
저 범천 위로 떠나가셨네.
이와 같이 큰 신통의 힘으로
속에서 불을 내어 몸을 태우셨네.

천 벌의 고운 흰옷으로
여래의 몸을 염殮하였는데
오직 두 겹만 타지 않았으니
가장 좋은 것과 속옷이었네.

존자 아난이 이 게송을 읊었을 때 모든 비구들은 잠자코 있으면서 슬퍼하기도 하고 기뻐하기도 하였다.

27 신수대장경 각주에 의하면 "송·원·명 세 본에는 지제枝提가 지제支提로 되어있다"고 하였다.

잡아함경 제 45 권

1198. 아랍비경阿臈毘經[1]

이와 같이 나는 들었다.

어느 때 부처님께서 사위국 기수급고독원에 계셨다.

그때 아랍비阿臈毘[2] 비구니는 사위국 국왕 소유의 동산에 있는 정사의 비구니들과 함께 있었다. 그는 이른 아침에 가사를 입고 발우를 가지고 사위성에 들어가 걸식하였다. 걸식을 마치고 정사로 돌아와 가사와 발우를 챙겨두고 발을 씻은 뒤에 니사단尼師壇을 오른 어깨에 메고 안다림安陀林에 들어가 좌선하고 있었다.

그때 악마 파순波旬은 이렇게 생각하였다.

'지금 사문 구담은 사위국 기수급고독원에 있고 그 제자 아랍비 비구니는 사위국 국왕 소유의 동산에 있는 정사의 비구니들과 함께 있

1 이 소경은 『별역잡아함경』 제12권 첫 번째 소경과 그 내용이 비슷하다.

2 팔리어로는 āḷavikā라고 한다. 원래 '광야曠野의'라는 뜻이나, 광야에 머무는 사람을 가리킨다. 비구니의 이름으로 아랍비가阿臘毘迦라고도 한다.

는데 이른 아침에 가사를 입고 발우를 가지고 사위성에 들어가 걸식하고, 걸식하고 나서 정사로 돌아와 가사와 발우를 챙겨두고 발을 씻은 뒤에 니사단을 오른 어깨에 메고 안다림에 들어가 좌선하고 있다. 나는 지금 가서 곤란한 지경에 빠뜨리리라.'

그리고는 곧 용모가 단정한 젊은이로 변화하여 그 비구니가 있는 곳으로 가서 그 비구니에게 말하였다.

"아이阿姨[3]여, 어디로 가려 하는가?"

비구니가 대답하였다.

"현자여, 인가에서 멀리 떨어진 곳으로 가려고 한다."

그때 악마 파순이 곧 게송으로 말하였다.

이 세간을 벗어날 수 없거늘
인가를 멀리 떠나 무엇을 구하려 하는가?
돌아가 다섯 가지 욕심 누리며 살아
뒷날 후회하는 일이 없도록 하라.

그때 아랍비 비구니는 이렇게 생각하였다.

'이는 도대체 누구이기에 나에게 겁을 주려 하는가? 이것이 사람인가, 사람 아닌 것인가? 혹 간악하고 교활한 사람인가?'

마음으로 또 생각하면서 중얼거렸다.

'이것은 틀림없이 악마가 나를 어지럽히려는 것일 뿐이다.'

이렇게 깨닫고 나서 게송으로 말하였다.

이 세상을 벗어나는 방법이 있는데

---

3 팔리어로는 ayya라고 하며 대자大姊 또는 귀부인貴夫人이라는 의미이다.

나는 그것을 얻는 방법을 안다.
미련하고 천박한 너 악마여.
너는 그 길을 알지 못할 것이다.

비유하면 예리한 칼로 해치는 것처럼
다섯 가지 욕심도 그와 같으며
비유하면 살덩이를 베어내는 것처럼
괴로움의 쌓임도 그와 같다네.

네가 아까 말한 것 같은
다섯 가지 욕심을 누리는 일은
그것은 누릴 만한 일이 아니요
크게 두려워해야 할 일이니라.

모든 기쁨과 즐거움 여의고
갖가지 큰 어둠 저버리며
모두 사라짐을 몸으로 증득하고서
온갖 번뇌 다해 편안히 사느니라.
나는 네가 악마인 줄 깨달아 알았으니
즉시 스스로 사라져 없어지거라.

그때 악마 파순은 '저 아랍비 비구니가 이미 내 마음을 알고 있구나' 하고 생각하고는 근심하고 불쾌해 하면서 이내 사라지더니 나타나지 않았다.

1199. 소마경蘇摩經[4]

이와 같이 나는 들었다.

어느 때 부처님께서는 사위국 기수급고독원에 계셨다.

그때 소마蘇摩 비구니는 사위국 국왕 소유의 동산에 있는 정사의 비구니들과 함께 있었다. 그는 이른 아침에 가사를 입고 발우를 가지고 사위성에 들어가 걸식하고, 걸식하고 나서는 정사로 돌아와 가사와 발우를 챙겨두고 발을 씻은 뒤에 니사단尼師檀을 오른 어깨에 메고 안다림에 들어가 좌선하고 있었다.

그때 악마 파순波旬은 이렇게 생각하였다.

'지금 사문 구담은 사위국 기수급고독원에 있고 그 제자 소마 비구니는 사위국 국왕 소유의 동산에 있는 정사의 비구니들과 함께 있는데 이른 아침에 가사를 입고 발우를 가지고 사위성에 들어가 걸식하고, 걸식하고 나서는 정사로 돌아와 가사와 발우를 챙겨두고 발을 씻은 뒤에 니사단을 오른 어깨에 메고 안다림에 들어가 좌선하고 있다. 나는 지금 가서 곤란한 지경에 빠뜨리리라.'

그리고는 곧 용모가 단정한 젊은이로 변화하여 그 비구니가 있는 곳으로 가서 물었다.

"아이여, 어디로 가려고 하는가?"

비구니가 대답하였다.

"현자여, 인가에서 멀리 떨어진 곳으로 가려고 한다."

그때 악마 파순이 곧 게송으로 말하였다.

신선들이 머무르고 있는 곳

---

4 이 소경은 『별역잡아함경』 제12권 두 번째 소경과 그 내용이 비슷하다.

그곳은 매우 얻기 어려운 곳으로서
두 손가락의 지혜〔二指智〕[5]로써는
능히 그곳에 이를 수 없느니라.

그때 소마 비구니가 생각하였다.

'이는 도대체 누구이기에 나에게 겁을 주려 하는가? 이것이 사람인가, 사람 아닌 것인가? 혹 간악하고 교활한 사람인가?'

이렇게 생각하고는 곧 결정하는 지혜가 생겨 이는 악마가 와서 어지럽히려는 것일 뿐임을 알고는 곧 게송으로 말하였다.

마음이 정수(正受 : 禪定)에 들어 있거니
여자의 몸이라고 무슨 상관이리.
만일 혹 지혜가 생기고 나면
무상법無上法을 얻을 수 있으리라.

만일 남자니 여자니 하는 생각
그것을 마음에서 모두 여의지 못하면
그는 곧 악마의 말을 따르는 것이니
너는 마땅히 그에게 가서 말하라.

일체의 괴로움을 여의고
일체의 어둠을 저버리고

5 손가락 두 개만으로 헤아리는 지혜를 말하는 것으로 부인들의 지혜, 즉 보잘것없는 지혜를 일컫는 말이다. 이 부분을 『별역잡아함경』에서는 '비예지鄙穢智'라고 표현하고 있다.

모두 사라짐을 몸으로 증득하면
온갖 번뇌가 다하여 편안히 살리라.
나는 네가 악마인 줄 깨달아 알았으니
즉시 스스로 사라져 없어지거라.

그때 악마 파순은 '저 소마 비구니가 이미 내 마음을 알고 있구나' 하고 생각하고는 근심하고 불쾌해 하면서 이내 사라지더니 나타나지 않았다.

1200. 구담미경瞿曇彌經[6]

이와 같이 나는 들었다.

어느 때 부처님께서 사위국 기수급고독원에 계셨다.

그때 길리사구담미吉離舍瞿曇彌 비구니는 사위국 국왕 소유의 동산에 있는 정사의 비구니들과 함께 있었다. 그는 이른 아침에 가사를 입고 발우를 가지고 사위성에 들어가 걸식하고, 걸식하고 나서는 정사로 돌아와 가사와 발우를 챙겨두고 발을 씻은 뒤에 니사단을 오른 어깨에 메고 안다림에 들어가 한 나무 아래에서 결가부좌結跏趺坐하고서 낮 정수에 들어 있었다.

그때 악마 파순은 이렇게 생각하였다.

'지금 사문 구담은 사위국 기수급고독원에 있고 길리사구담미 비구니는 사위국 국왕 소유의 동산에 있는 정사의 비구니들과 함께 있는데 이른 아침에 가사를 입고 발우를 가지고 사위성에 들어가 걸식하

6 이 소경은 『별역잡아함경』 제12권 세 번째 소경과 그 내용이 비슷하다.

고, 걸식하고 나서는 정사로 돌아와 가사와 발우를 챙겨두고 발을 씻은 뒤에 니사단을 오른 어깨에 메고 안다림에 들어가 한 나무 아래에서 결가부좌하고서 낮 정수에 들어 있다. 나는 지금 가서 곤란한 지경에 빠뜨리리라.'

그리고는 곧 용모가 단정한 젊은이로 변화하여 길리사구담미 비구니가 있는 곳으로 가서 게송으로 말하였다.

눈물 흘리면서 시름하는 모습을 하고
너는 왜 아들을 잃었느냐?
혼자서 나무 밑에 앉아 있는 것
어떤 남자를 구하려고 그러느냐?

그때 길리사구담미 비구니가 생각하였다.

'이는 도대체 누구이기에 나에게 겁을 주려 하는가? 이것이 사람인가, 사람 아닌 것인가? 혹 간악하고 교활한 사람인가?'

이렇게 생각하고는 곧 결정하는 지혜가 생겨 이는 악마가 와서 어지럽히려는 것일 뿐임을 알고 곧 게송으로 말하였다.

한량없는 모든 아들을
모두 다 잃어버렸으니
이것은 곧 남자의 마지막으로
남자들의 밖으로 벗어난 것이다.

번민하지도 않고 근심하지도 않으며
부처님의 가르치심 행해 마쳤으며
탐애와 괴로움을 모두 여의었고

갖가지 모든 어둠 저버렸구나.

모두 사라짐을 몸으로 증득하고서
온갖 번뇌 다해 편안히 사느니라.
나는 네가 악마인 줄 깨달아 알았으니
즉시 스스로 사라져 없어지거라.

그때 악마 파순은 '저 길리사구담미 비구니가 이미 내 마음을 알고 있구나' 하고 생각하고는 근심하고 불쾌해 하면서 이내 사라지더니 나타나지 않았다.

1201. 우발라색경優鉢羅色經[7]

이와 같이 나는 들었다.

어느 때 부처님께서 사위국 기수급고독원에 계셨다.

그때 우발라색優鉢羅色[8] 비구니는 사위국 국왕 소유의 동산에 있는 정사의 비구니들과 함께 있었다. 그는 이른 아침에 가사를 입고 발우를 가지고 사위성에 들어가 걸식하고, 걸식하고 나서는 정사로 돌아와 가사와 발우를 챙겨두고 발을 씻은 뒤에 니사단을 오른 어깨에 메고 안다림에 들어가 한 나무 아래에서 낮 정수에 들어 있었다.

그때 악마 파순은 이렇게 생각하였다.

---

7 이 소경은 『별역잡아함경』 제12권 네 번째 소경과 그 내용이 비슷하다.

8 팔리어로는 uppalavaṇṇā라고 하며, 연화색蓮花色 비구니를 말함. 부처님의 비구니 제자 가운데 신통력이 제일이다.

'지금 사문 구담은 사위국 기수급고독원에 있고 우발라색 비구니는 사위국 국왕 소유의 동산에 있는 정사의 비구니들과 함께 있는데 이른 아침에 가사를 입고 발우를 가지고 사위성에 들어가 걸식하고, 걸식하고 나서는 정사로 돌아와 가사와 발우를 챙겨두고 발을 씻은 뒤에 니사단을 오른 어깨에 메고 안다림에 들어가 한 나무 아래에서 결가부좌하고서 낮 정수에 들어 있다. 나는 지금 가서 곤란한 지경에 빠뜨리리라.'

그리고는 곧 용모가 단정한 젊은이로 변화하여 우발라색 비구니가 있는 곳으로 가서 게송으로 말하였다.

아름다운 꽃 피운 견고堅固나무
그 나무 밑을 의지해 앉아
도반 없이 홀로 있으니
악한 사람 만날까 두렵지 않은가?

그때 우발라색 비구니가 생각하였다.

'이는 도대체 누구이기에 나에게 겁을 주려 하는가? 이것이 사람인가, 사람 아닌 것인가? 혹 간악하고 교활한 사람인가?'

이렇게 생각하고는 곧 결정하는 지혜가 생겨 이는 악마가 와서 어지럽히려는 것일 뿐임을 알고 곧 게송으로 말하였다.

설령 백천 사람이 있더라도
모두 간악하고 교활한 사람이다.
너희들 악마와 같은 자들이
내가 있는 곳에 몰려오더라도
털 끝 하나도 움직이지 않으리니

너희 같은 악마는 두렵지 않다.

악마가 다시 게송으로 말하였다.

내가 이제 너의 배에 들어가
너의 내장 속에 머무르거나
혹은 두 눈썹 사이에 머물지라도
너는 결코 나를 보지 못하리.

그러자 우발라색 비구니가 다시 게송으로 말하였다.

내 마음에는 큰 힘이 있어
신통을 잘 닦고 익혀서
큰 결박에서 이미 벗어났으니
너 같은 악마는 두렵지 않다.

나는 이미 세 가지 때를 토하고
두려움의 근본을 버렸으며
두려워하지 않는 자리에 머물렀으니
악마 군사들은 두려워하지 않는다.

모든 애욕과 기쁨
갖가지 모든 어둠 저버리고
모두 사라짐을 몸으로 증득하고서
온갖 번뇌 다해 편안히 사느니라.
나는 네가 악마인 줄 깨달아 알았으니

즉시 스스로 사라져 없어지거라.

그때 악마 파순은 '저 우발라색 비구니가 이미 내 마음을 알고 있구나' 하고 생각하고는 근심하고 불쾌해 하면서 이내 사라지더니 나타나지 않았다.

1202. 시라경尸羅經[9]

이와 같이 나는 들었다.

어느 때 부처님께서 사위국 기수급고독원에 계셨다.

그때 시라尸羅 비구니는 사위국 국왕 소유의 동산에 있는 정사의 비구니들과 함께 있었다. 그는 이른 아침에 가사를 입고 발우를 가지고 사위성에 들어가 걸식하고, 걸식하고 나서는 정사로 돌아와 가사와 발우를 챙겨두고 발을 씻은 뒤에 니사단을 어깨에 메고 안다림에 들어가 한 나무 아래에서 결가부좌하고서 낮 선정에 들어 있었다.

그때 악마 파순은 이렇게 생각하였다.

'지금 사문 구담은 사위국 기수급고독원에 있고, 시라 비구니는 사위국 국왕 소유의 동산에 있는 정사의 비구니들과 함께 있는데, 이른 아침에 가사를 입고 발우를 가지고 사위성에 들어가 걸식하고, 걸식하고 나서는 정사로 돌아와 가사와 발우를 챙겨두고 발을 씻은 뒤에 니사단을 어깨에 메고 안다림에 들어가 한 나무 아래에 앉아서 낮 정수에 들어 있다. 나는 지금 가서 곤란한 지경에 빠뜨리리라.'

그리고는 곧 용모가 단정한 젊은이로 변화하여 시라 비구니의 앞으

9 이 소경은 『별역잡아함경』 제12권 다섯 번째 소경과 그 내용이 비슷하다.

로 가서 게송으로 말하였다.

중생은 어떻게 생겨났는가?
누가 중생들을 만들었는가?
중생은 어디서 생겨났으며
다시 어디로 가는 것인가?

시라 비구니가 생각하였다.

'이는 도대체 누구이기에 나에게 겁을 주려 하는가? 이것이 사람인가, 사람 아닌 것인가? 혹 간악하고 교활한 사람인가?'

이렇게 생각하고는 곧 지각이 생겨 이는 악마 파순波旬이 곤란한 지경에 빠뜨리게 하려는 것임을 알고는 곧 게송으로 말하였다.

너는 중생이 있다고 말하지만
그것은 곧 악마의 소견이니
오직 부질없는 음陰의 덩어리일 뿐
중생이라고 말할 것 없다.

마치 여러 가지 재목을 한데 모아
세상에서 수레라 일컫는 것처럼
모든 음의 인연이 화합된 것을
임시로 중생이라 부르느니라.

그것이 생기면 괴로움이 생기고
그것이 멈추면 괴로움도 멈춘다.
괴로움을 내는 다른 법 없나니

괴로움이 생겼다 저절로 사라진다.

모든 애욕과 괴로움을 버리고
갖가지 모든 어둠을 여의며
모두 사라짐을 몸으로 증득하고서
온갖 번뇌 다해 편안히 사느니라.
나는 네가 악마인 줄 깨달아 알았으니
즉시 스스로 사라져 없어지거라.

그때 악마 파순은 '저 시라 비구니가 이미 내 마음을 알고 있구나' 하고 생각하고는 근심하고 슬퍼하면서 이내 사라지더니 나타나지 않았다.

1203. 비라경毘羅經[10]

이와 같이 나는 들었다.

어느 때 부처님께서 사위국 기수급고독원에 계셨다.

그때 비라毘羅 비구니는 사위국 국왕 소유의 동산에 있는 정사의 비구니들과 함께 있었다. 그는 이른 아침에 가사를 입고 발우를 가지고 사위성에 들어가 걸식하고, 걸식하고 나서는 정사로 돌아와 가사와 발우를 챙겨두고 발을 씻은 뒤에 니사단을 어깨에 메고 안다림에 들어가 한 나무 아래에 앉아서 낮 정수에 들어 있었다.

그때 악마 파순은 이렇게 생각하였다.

---

10 이 소경은 『별역잡아함경』 제12권 여섯 번째 소경과 그 내용이 비슷하다.

'지금 사문 구담은 사위국 기수급고독원에 있고 비라 비구니는 사위국 국왕 소유의 동산에 있는 비구니들과 함께 있는데 이른 아침에 가사를 입고 발우를 가지고 사위성에 들어가 걸식하고, 걸식하고 나서는 정사로 돌아와 가사와 발우를 두고 발을 씻은 뒤에 니사단을 어깨에 메고 안다림에 들어가 한 나무 아래에 앉아서 낮 정수에 들어 있다. 나는 지금 가서 그를 곤란한 지경에 빠뜨리리라.'

그리고는 곧 용모가 단정한 젊은이로 변화하여 비라 비구니가 있는 곳으로 가서 게송으로 말하였다.

어떻게 이 형상이 만들어졌으며
누가 그것을 만들었는가?
이 형상은 어디서 생겨났으며
형상이 가면 어디로 가는 것인가?

비라 비구니가 생각하였다.

'이는 도대체 누구이기에 나에게 겁을 주려 하는가? 이것이 사람인가, 사람 아닌 것인가? 혹 간악하고 교활한 사람인가?'

이렇게 생각하고는 곧 지각이 생겨 이는 악마 파순이 어지럽히려는 것임을 알고는 곧 게송으로 말하였다.

이 형상은 저절로 만들어진 것도 아니요
또한 다른 이가 만든 것도 아니다.
인연이 모여서 생겨났다가
인연이 흩어지면 사라지느니라.

마치 세상의 온갖 종자가

땅을 인하여 생겨나는 것처럼
흙과 물과 불과 바람을 인하고
음陰·계界·입入도 그러하나니

인연이 화합하여 생겨났다가
인연이 흩어지면 사라지느니라.
일체의 애욕과 괴로움을 저버리고
갖가지 모든 어둠도 여의었으며

모두 사라짐을 몸으로 증득하고서
온갖 번뇌 다하여 편안히 사느니라.
나는 네가 악마인 줄 깨달아 알았으니
즉시 스스로 사라져 없어지거라.

그때 악마 파순은 '저 비라 비구니가 이미 내 마음을 알고 있구나' 하고 생각하고는 크게 슬퍼하며 이내 사라지더니 나타나지 않았다.

1204. 비사경毘闍經[11]

이와 같이 나는 들었다.

어느 때 부처님께서 사위국 기수급고독원에 계셨다.

그때 비사야毘闍耶 비구니는 사위국 국왕 소유의 동산에 있는 정사의 비구니들과 함께 있었다. 그는 이른 아침에 가사를 입고 발우를

11 이 소경은 『별역잡아함경』 제12권 일곱 번째 소경과 그 내용이 비슷하다.

가지고 사위성에 들어가 걸식하고, 걸식하고 나서는 정사로 돌아와 가사와 발우를 챙겨두고 발을 씻은 뒤에 니사단을 어깨에 메고 안다림에 들어가 한 나무 아래에 앉아서 낮 정수에 들어 있었다.

그때 악마 파순은 이렇게 생각하였다.

'지금 사문 구담은 사위국 기수급고독원에 있고 비사야 비구니는 사위국 국왕 소유의 동산에 있는 비구니들과 함께 있는데 그는 이른 아침에 가사를 입고 발우를 가지고 사위성에 들어가 걸식하고, 걸식하고 나서는 정사로 돌아와 가사와 발우를 챙겨두고 발을 씻은 뒤에 니사단을 어깨에 메고 안다림에 들어가 한 나무 아래에 앉아서 낮 정수에 들어 있다. 나는 지금 가서 곤란한 지경에 빠뜨리리라.'

그리고는 곧 용모가 단정한 젊은이로 변화하여 그의 앞에 가서 게송으로 말하였다.

너도 지금 한창 젊은 때이고
나도 또한 한창 젊은 때이다.
장차 우리 함께 지금 여기서
다섯 가지 음악音樂을 지어
서로 즐기며 맘껏 놀아나 보자.
그까지 좌선을 해서 무엇 하겠느냐?

그때 비사야 비구니가 생각하였다.

'이는 도대체 누구이기에 나에게 겁을 주려 하는가? 이것이 사람인가, 사람 아닌 것인가? 혹 간악하고 교활한 사람인가?'

이렇게 생각하고는 곧 지각이 생겨 이는 악마 파순이 어지럽히려는 것임을 알고는 곧 게송으로 말하였다.

노래와 춤과 온갖 잡다한 기교로
갖가지로 서로 즐기는 것은
이제 모두 네게 주겠노라.
그런 것들 나에겐 아무 필요가 없다.

적멸정수寂滅正受에 들면
천상과 인간의 다섯 가지 욕락들
모두 가져다가 네게 주리라.
그런 것들 나에겐 아무 필요가 없다.

모든 기쁨과 즐거움 버리고
모든 어둠을 여의었으며
모두 사라짐을 몸으로 증득하고서
온갖 번뇌 다하여 편안히 사느니라.
나는 네가 악마인 줄 깨달아 알았으니
즉시 스스로 사라져 없어지거라.

그때 악마 파순은 '저 비사야 비구니가 이미 내 마음을 알고 있구나' 하고 생각하고는 마음속으로 근심하고 슬퍼하면서 이내 사라지더니 나타나지 않았다.

1205. 차라경遮羅經[12]

이와 같이 나는 들었다.

어느 때 부처님께서 사위국 기수급고독원에 계셨다.

그때 차라遮羅 비구니는 사위국 국왕 소유의 동산에 있는 정사의 비구니들과 함께 있었다. 그는 이른 아침에 가사를 입고 발우를 가지고 사위성에 들어가 걸식하고, 걸식하고 나서는 정사로 돌아와 가사와 발우를 챙겨두고 발을 씻은 뒤에 니사단을 어깨에 메고 안다림에 들어가 한 나무 아래에 앉아 낮 정수에 들어 있었다.

그때 악마 파순은 이렇게 생각하였다.

'지금 사문 구담은 사위국 기수급고독원에 있고 차라 비구니는 사위국 국왕 소유의 동산에 있는 비구니들과 함께 있는데 그는 이른 아침에 가사를 입고 발우를 가지고 사위성에 들어가 걸식하고, 걸식하고 나서는 정사로 돌아와 가사와 발우를 챙겨두고 발을 씻은 뒤에 니사단을 어깨에 메고 안다림으로 들어가 한 나무 아래에 앉아서 낮 정수에 들어 있다. 나는 지금 가서 곤란한 지경에 빠뜨리리라.'

그리고는 곧 용모가 단정한 젊은이로 변화하여 차라 비구니의 앞에 가서 게송으로 말하였다.

세상에 태어난 즐거움을 느끼고
살아서는 다섯 가지 욕락欲樂을 즐겨야 하거늘
누가 너를 가르쳐
삶을 싫어해 떠나게 하였는가?

---

12 이 소경은 『별역잡아함경』 제12권 여덟 번째 소경과 그 내용이 비슷하다.

그때 차라 비구니가 생각하였다.

'이는 도대체 누구이기에 나에게 겁을 주려 하는가? 이것이 사람인가, 사람 아닌 것인가? 혹 간악하고 교활한 사람인가? 여기에 와서 나를 어지럽게 하려고 하는구나.'

그리고는 곧 게송으로 말하였다.

한 번 나면 반드시 죽음이 있고
한 번 나면 온갖 괴로움 받는다.
채찍질하고 매를 때려 온갖 괴로움 주나니
일체는 생生을 연으로 하여 존재한다.

마땅히 모든 괴로움 끊고
일체의 생을 뛰어넘어서
지혜의 눈으로 거룩한 진리를 관찰하라.
석가모니께서 연설한 법이니라.

괴로움과 괴로움의 발생원인
그것을 다 없애어 온갖 괴로움 여의고
8정도正道를 닦고 익히면
안온히 열반으로 나아가리.

스승님 법은 평등한 법이라
나는 그 법을 좋아한다네.
나는 그 법을 알기 때문에
다시는 태어남을 좋아하지 않노라.

모든 애욕과 기쁨을 여의고
온갖 어둠을 저버리며
모두 사라짐을 몸으로 증득하고서
모든 번뇌 다해 편안히 사느니라.
나는 네가 악마인 줄 깨달아 알았으니
즉시 스스로 사라져 없어지거라.

그때 악마 파순은 '저 차라 비구니가 이미 내 마음을 알고 있구나' 라고 생각하고는 마음 속으로 근심하고 슬퍼하면서 이내 사라지더니 나타나지 않았다.

1206. 우파차라경優波遮羅經[13]

이와 같이 나는 들었다.

어느 때 부처님께서 사위국 기수급고독원에 계셨다.

그때 우파차라優波遮羅 비구니는 사위국 국왕 소유의 동산에서 여러 비구니들과 함께 있었다. 그는 이른 아침에 가사를 입고 발우를 가지고 사위성에 들어가 걸식하고, 걸식하고 나서는 정사로 돌아와 가사와 발우를 챙겨두고 발을 씻은 뒤에 니사단을 어깨에 메고 안다림에 들어가 한 나무 아래에 앉아 낮 정수에 들어 있었다.

그때 악마 파순은 이렇게 생각하였다.

'지금 사문 구담은 사위국 기수급고독원에 있고 우파차라 비구니는 사위국 국왕 소유의 동산에서 여러 비구니들과 함께 있는데 그는 이

13 이 소경은 『별역잡아함경』 제12권 아홉 번째 소경과 그 내용이 비슷하다.

른 아침에 가사를 입고 발우를 가지고 사위성에 들어가 걸식하고, 걸식하고 나서는 정사로 돌아와 가사와 발우를 챙겨두고 발을 씻은 뒤에 니사단을 어깨에 메고 안다림에 들어가 한 나무 아래에 앉아 낮 정수에 들어 있다. 나는 지금 가서 곤란한 지경에 빠뜨리리라.'

그리고는 곧 용모가 단정한 젊은이로 변화하여 우파차라 비구니의 앞에 가서 게송으로 말하였다.

삼십삼천三十三天과
염마천炎魔天과 도솔타천兜率陀天과
화락천化樂天과 타자재천他自在天은
서원만 세우면 거기 가서 태어나리라.

그때 우파차라 비구니가 생각하였다.

'이는 도대체 누구이기에 나에게 겁을 주려 하는가? 이것이 사람인가, 사람 아닌 것인가? 혹 간악하고 교활한 사람인가?'

그러고 나서 이는 틀림없이 악마가 어지럽히려는 것임을 깨달아 알고는 곧 게송으로 말하였다.

삼십삼천 하늘과
염마천과 도솔타천과
화락천과 타자재천
이런 모든 하늘들은
유위有爲의 행을 여의지 못했으니
그러므로 악마가 마음대로 하느니라.

일체 모든 세간은

모두가 온갖 행의 무더기이고
일체 모든 세간은
모두 다 흔들리는 법이다.

일체 모든 세간은
괴로움의 불꽃이 항상 타오르고
일체 모든 세간은
모두 다 연기와 먼지가 일어난다.

움직이지도 않고 흔들리지도 않고
범부를 가까이하거나 친하지 않으며
악마 세계에 떨어지지 않나니
이러한 곳에서 즐기느니라.

모든 애욕과 괴로움을 버리고
갖가지 모든 어둠을 여의며
모두 사라짐을 몸으로 증득하고서
온갖 번뇌 다해 편안히 사느니라.
나는 네가 악마인 줄 깨달아 알았으니
즉시 스스로 사라져 없어지거라.

그때 악마 파순은 '저 우파차라 비구니가 이미 내 마음을 알고 있구나' 하고 생각하고는 마음속으로 근심하고 슬퍼하면서 이내 사라지더니 나타나지 않았다.

1207. 시리사차라경尸利沙遮羅經[14]

이와 같이 나는 들었다.

어느 때 부처님께서 사위국 기수급고독원에 계셨다.

그때 시리사차라尸利沙遮羅 비구니는 사위국 국왕 소유의 동산에서 여러 비구니들과 함께 있었다. 그는 이른 아침에 가사를 입고 발우를 가지고 사위성에 들어가 걸식하고, 걸식하고 나서는 정사로 돌아와 가사와 발우를 챙겨두고 발을 씻은 뒤에 니사단을 어깨에 메고 안다림에 들어가 한 나무 아래에 앉아서 낮 정수에 들어 있었다.

그때 악마 파순은 이렇게 생각하였다.

'지금 사문 구담은 사위국 기수급고독원에 있고 시리사차라 비구니는 사위국 국왕 소유의 동산에서 여러 비구니들과 함께 있는데 그는 이른 아침에 가사를 입고 발우를 가지고 사위성에 들어가 걸식하고, 걸식하고 나서 정사로 돌아와 가사와 발우를 챙겨두고 발을 씻은 뒤에 니사단을 어깨에 메고 안다림에 들어가 한 나무 아래에 앉아서 낮 정수에 들어 있다. 나는 지금 가서 곤란한 지경에 빠뜨리리라.'

그리고는 곧 용모가 단정한 젊은이로 변화하여 시리사차라 비구니의 앞에 가서 이렇게 말하였다.

"아이阿姨여, 그대는 어떤 도를 좋아하는가?"

비구니가 대답하였다.

"나는 아무 것도 좋아하는 것이 없다."

그때 악마 파순이 곧 게송으로 말하였다.

그대는 누구의 자문을 받아

---

14 이 소경은 『별역잡아함경』 제12권 열 번째 소경과 그 내용이 비슷하다.

머리를 깎고 사문이 되어
몸에는 가사袈裟를 입고
출가한 사람의 모습을 하고서
온갖 다른 도는 즐기지 않고
어리석음을 지키며 살아가는가?

그때 시리사차라 비구니가 생각하였다.

'이는 도대체 누구이기에 나에게 겁을 주려 하는가? 이것이 사람인가, 사람 아닌 것인가? 혹 간악하고 교활한 사람인가?'

이렇게 생각하고서 이는 틀림없이 악마 파순이 나를 어지럽히려는 것이라고 깨달아 알고는 곧 게송으로 말하였다.

이 법 밖의 모든 다른 도
그것은 모든 소견에 얽매이게 되나니
모든 소견에 얽매인 뒤에는
언제나 악마가 마음대로 하게 된다.

만일 석씨 종족의 가문에 태어나신
비교할 데 없는 스승의 가르침을 받으면
모든 악마 원수를 항복 받을 수 있고
그들에게 항복하지 않게 되리라.

맑고 깨끗해 일체를 벗어나고
도의 눈으로 널리 관찰하며
일체 지혜로 모든 것 다 알고
가장 훌륭해 온갖 번뇌 여의셨네.

그는 곧 나의 큰 스승으로서
나는 오직 그 법만을 좋아한다오.
내가 그 법에 들어가고 나서야
번뇌를 멀리 여의고 적멸을 얻었노라.

모든 애욕과 괴로움을 여의고
갖가지 모든 어둠을 저버리며
모두 사라짐을 몸으로 증득하고서
온갖 번뇌 다해 편안히 사느니라.
나는 네가 악마인 줄 깨달아 알았으니
즉시 스스로 사라져 없어지거라.

그때 악마 파순은 '저 시리사차라 비구니가 이미 내 마음을 알고 있구나'라고 생각하고는 마음속으로 근심하고 슬퍼하면서 이내 사라지더니 나타나지 않았다.

1208. 갈가지경揭伽池經[15]

이와 같이 나는 들었다.

어느 때 부처님께서 첨파국瞻婆國의 갈가못〔揭伽池〕 가에 계셨다.

그때 세존께서 그 달 보름날 포살布薩을 행할 때에 대중들 앞에 앉아 계셨는데 달이 막 뜰 무렵이었다.

그때 존자 바기사婆耆舍도 대중들 속에 있었는데 그는 이렇게 생각

15 이 소경은 『별역잡아함경』 제12권 열한 번째 소경과 그 내용이 비슷하다.

하였다.

'나는 지금 부처님 앞에서 달에 비유한 게송〔月譬偈〕으로 찬탄하리라.'

이렇게 생각하고는 곧 자리에서 일어나 옷매무새를 바로잡고 부처님께 예를 올린 뒤에 합장하고서 부처님께 아뢰었다.

"세존이시여, 드리고 싶은 말씀이 있습니다. 선서善逝시여, 드리고 싶은 말씀이 있습니다."

부처님께서 바기사에게 말씀하셨다.

"하고 싶은 말이 있으면 말하라."

그러자 존자 바기사는 곧 부처님 앞에서 게송으로 말하였다.

마치 허공에 떠있는 달이
맑고 깨끗하고 가린 구름도 없으며
그 광명 불꽃처럼 찬란하게 빛나
시방을 두루 비추는 것처럼

여래도 또한 그와 같아서
지혜의 광명 세상을 비추나니
그 공덕과 좋은 칭호는
시방에 두루 가득하네.

존자 바기사가 이 게송을 말하자 모든 비구들은 그 말을 듣고 모두들 매우 기뻐하였다.

1209. 교진여경憍陳如經[16]

이와 같이 나는 들었다.

어느 때 부처님께서 첨파국의 갈가못 가에 계셨다.

그때 존자 아야교진여阿若憍陳如[17]는 텅 비고 고요한 아련야처阿練若處에 오랫동안 머물고 있다가 부처님께서 계신 곳으로 찾아가 부처님 발에 머리를 조아리고 얼굴로 부처님의 발등을 덮으면서 이렇게 말하였다.

"오랫동안 세존을 뵙지 못하였습니다. 오랫동안 선서를 뵙지 못하였습니다."

그때 존자 바기사는 대중들 속에 있었는데 그는 이렇게 생각하였다.

'나는 지금 존자 아야교진여 앞에서 상좌上座의 비유로 그를 찬탄하리라.'

이렇게 생각한 뒤에 그는 곧 자리에서 일어나 옷매무새를 바르게 하고 부처님께 예를 올리고 합장하고서 부처님께 아뢰었다.

"세존이시여, 드리고 싶은 말씀이 있습니다. 선서시여, 드리고 싶은 말씀이 있습니다."

부처님께서 바기사에게 말씀하셨다.

"하고 싶은 말이 있으면 말하라."

그러자 존자 바기사는 곧 게송으로 말하였다.

---

16 이 소경은 『별역잡아함경』 제12권 열두 번째 소경과 그 내용이 비슷하다.

17 팔리어로는 aññāsi-koṇḍañña라고 하며 부처님께서 초전법륜初轉法輪 때 제도한 다섯 비구 가운데 한 명이다.

상좌 중에 상좌이신
존자 교진여는
이미 건넜고 이미 초월하여
편안하고 즐거운 정수를 얻으시고서

아련야처에서
멀리 여읨을 늘 좋아하십니다.
성문의 제자들의 근기에 맞게
큰 스승의 바른 법을 가르침을

빠짐없이 다 연설해주고
정수에 들어 방일하지 않나니
큰 덕의 힘과 세 가지 밝음[18]으로
남의 마음을 아는 지혜 명료하십니다.

상좌이신 교진여는
부처님의 법재法財를 보호해 지키고
공경하는 마음 한층 더하여
부처님 발에 머리 대고 예배합니다.

---

18 특별한 수행자가 가질 수 있는 세 종류의 초인적 능력을 말한다. 첫째는 숙명명宿命明으로 숙세(宿世:前生)의 인연을 환히 알아 자타自他의 잘못을 아는 것을 말함. 둘째는 천안명天眼明으로 미래의 과보果報를 아는 것을 말함. 셋째는 누진명漏盡明으로 번뇌가 다하여 얻은 지혜를 말한다. 이것에 의해 현재의 번뇌를 끊는다. 이 세 가지 능력을 6신통神通에 배대하면 숙명통宿命通·천안통天眼通·누진통漏盡通이 이에 해당한다.

존자 바기사가 이렇게 말하자 그때 모든 비구들은 그 말을 듣고 모두들 매우 기뻐하였다.

1210. 사리불경舍利弗經[19]

이와 같이 나는 들었다.

어느 때 부처님께서는 첨파국의 갈가못 가에 계셨다.

그때 존자 사리불舍利弗은 공양당供養堂에 있으면서 많은 비구들의 모임을 위해 설법하였다. 글귀와 뜻은 만족하고 말솜씨는 간결하여 이해하기가 쉬워 즐겁게 들으며 걸리지도 않고 끊이지도 않아, 깊은 이치를 밝게 나타내었다. 모든 비구들은 마음을 집중하여 즐겁게 듣고 존중하고 기억하려고 일심으로 귀를 기울여 들었다.

그때 존자 바기사는 대중들 속에 있었는데 그는 이렇게 생각하였다.

'나는 지금 존자 사리불 앞에서 게송으로 그를 찬탄하리라.'

이렇게 생각한 뒤에 그는 곧 자리에서 일어나 합장하고 존자 사리불에게 아뢰었다.

"제가 드리고 싶은 말씀이 있습니다."

사리불이 말하였다.

"하고 싶은 말이 있으면 말하시오."

그러자 존자 바기사가 곧 게송으로 말하였다.

간략하게 법을 잘 말하여

19 이 소경은 『별역잡아함경』 제12권 열세 번째 소경과 그 내용이 비슷하다.

대중들을 널리 깨우쳐 주나니
저 훌륭한 우바제사優婆提舍[20]를
이 대중 앞에서 칭송하노라.

그가 법을 연설할 때는
목에서 아름다운 소리를 내나니
기쁘고 즐거우며 사랑스러운 음성
고르고 부드럽고 점점 옮아가는 소리
그 소리 듣는 이 모두 기뻐하면서
생각을 거기 쏟아 옮기지 않네.

존자 바기사가 이렇게 말하자 모든 비구들은 그 말을 듣고 모두들 매우 기뻐하였다.

1211. 나가산경那伽山經[21]

이와 같이 나는 들었다.

어느 때 부처님께서 왕사성 나가산那伽山 곁에서 5백 비구와 함께 계셨다.

그들은 모두 아라한으로서 모든 번뇌가 다하여 할 일을 이미 다 마쳤으며 온갖 무거운 짐을 이미 버렸고 자기 자신이 이익을 얻었으며 모든 존재의 결박을 끊고 바른 지혜로써 마음이 잘 해탈한 분들이었

---

20 팔리어로는 upatissa라고 하며, 사리불의 별명別名이다.
21 이 소경은 『별역잡아함경』 제12권 열네 번째 소경과 그 내용이 비슷하다.

다. 존자 대목건련大目揵連이 대중들의 마음을 관찰해보니 그들은 다 탐욕에서 해탈한 이들이었다.

그때 존자 바기사는 대중들 속에 있었는데, 그는 이렇게 생각하였다.

'나는 지금 세존과 비구 스님들 앞에서 게송으로 찬탄하리라.'

이렇게 생각한 뒤에 그는 곧 자리에서 일어나 옷매무새를 바르게 하고 합장하고 부처님께 아뢰었다.

"세존이시여, 드리고 싶은 말씀이 있습니다. 선서시여, 아뢰고 싶은 말씀이 있습니다."

부처님께서 바기사에게 말씀하셨다.

"하고 싶은 말이 있으면 말하라."

그러자 존자 바기사가 곧 게송으로 말하였다.

길잡이 스승, 무상사無上士님
나가산 곁에 머무시니
5백 명이나 되는 비구들은
큰 스승을 몸소 받들어 모시네.

존자 대목련은
신통 이루고 진리도 분명히 알아
저 대중들 마음을 관찰해 보았더니
그들은 모두 탐욕에서 벗어난 이들이었네.

이렇게 완전히 갖추고 계신
모니께서 저 언덕으로 건너가시어
이 최후의 몸만 가지셨으니

나는 이제 머리 조아려 예배하네.

존자 바기사가 이렇게 말하자 모든 비구들은 그 말을 듣고 모두들 매우 기뻐하였다.

1212. 회수경懷受經[22]

이와 같이 나는 들었다.

어느 때 부처님께서 왕사성 가란다죽원迦蘭陀竹園에 계시면서 대 비구대중 5백 명과 함께 여름 안거安居를 마치셨다.

그들은 모두 아라한으로서 모든 번뇌가 다하였고 할 일을 이미 다 마쳤으며 온갖 무거운 짐을 이미 버렸고 모든 존재의 결박을 끊었으며 바른 지혜로써 마음이 잘 해탈한 분들이었다. 그런데 오직 한 사람 존자 아난만은 그렇지 못했다. 세존께서는 "그는 현세에서 무지증無知證을 얻을 것이다"라고 수기를 내려 말씀하셨다.

그때 세존께서 그 달 보름날 식수(食受 : 自恣)할 시기가 되자 대중들 앞에 자리를 펴고 앉아 모든 비구들에게 말씀하셨다.

"나는 바라문이 되어 반열반般涅槃을 얻었고 최후 마지막 몸을 지녔으며, 큰 의사가 되어 온갖 칼과 가시를 뽑아버렸다. 나는 바라문이 되어 반열반을 얻었고 최후 마지막 몸을 지녔으며, 큰 의사가 되어

---

22 이 소경은 『별역잡아함경』 제12권 열다섯 번째 소경과 『중아함경』 제29권 121번째 소경인 청정경請請經과 『증일아함경』 제24권 제32 「선취품善聚品」과 그 내용이 비슷한 것이며 이역본으로는 축법호竺法護가 한역한 『수신세경受新歲經』과 축담무란竺曇無蘭이 한역한 『신세경新歲經』과 법현法賢이 한역한 『해하경解夏經』이 있다.

온갖 칼과 가시를 뽑아버렸다. 너희들은 나의 아들로서 내 입으로부터 났고 법의 교화를 좇아 났으며 법의 남은 재물을 얻었으니, 혹 내 몸이나 입이나 마음에 꾸짖을 만한 일은 없는지 마땅히 나를 생각해 보아라〔懷受〕."[23]

그때 존자 사리불이 대중 속에 있다가 자리에서 일어나 옷매무새를 바르게 하고 부처님께 예를 올리고서 합장하고 부처님께 아뢰었다.

"세존께서는 이제 '나는 바라문이 되어 반열반을 얻고 최후 마지막 몸을 지녔으며, 최상의 큰 의사로서 칼과 가시를 뽑았다. 너희들은 내 아들로서 부처의 입으로부터 났고 법의 교화를 좇아 났으며 법의 남은 재물을 얻었다. 모든 비구들이여, 혹 내 몸이나 입이나 마음에 꾸짖을 만한 일은 없는지 마땅히 나를 잘 생각해 보아라'라고 말씀하셨습니다.

그러나 저는 세존의 몸과 입과 마음에서 꾸짖을 만한 일을 보지 못하였습니다. 왜냐하면 세존께서는 길들지 않은 이는 길들이시고 고요하지 못한 이는 고요하게 하며 안온〔穌息〕하지 못한 이는 안온하게 하고 반열반에 들지 못한 이는 반열반에 들게 하시기 때문입니다. 여래께서는 도를 알고 도를 연설하며 도로 향하십니다. 그런 다음에 성문聲聞을 성취시켜 도를 따르고 도를 숭상하게 하며 스승의 가르침을 받들어 지니게 하여 그 가르침대로 바로 향하여 진여眞如의 훌륭한 법을 좋아하게 하시기 때문입니다. 그러므로 저는 세존에게서 꾸짖을 만한 몸과 입과 마음의 행을 전혀 보지 못하였습니다. 저는 이제 세존께서 계신 곳에서 저의 몸과 입과 마음으로 듣고 의심하는 죄가 혹 꾸짖을 만한 일인지 생각해 주시기를 간절히 바라나이다."

---

23 이 부분이 『신세경新歲經』에는 "당화심상향當和心相向"으로 되어 있다.

부처님께서 사리불에게 말씀하셨다.

"나는 너의 몸과 입과 마음에서 보고 듣고 의심하는 것 중에 꾸짖을 만한 일을 보지 못하였다. 왜냐하면 그대 사리불은 계를 잘 지키고 들은 것이 많아 욕심이 적고 만족할 줄 알며 멀리 여의는 행을 닦고 방편으로 꾸준히 힘쓰며 바르게 기억하고 바른 선정에 들며 민첩하고 빠른 지혜 · 밝고 예리한 지혜 · 생사를 벗어나는 지혜 · 싫어하여 여의는 지혜 · 큰 지혜 · 넓은 지혜 · 깊은 지혜 · 견줄 데 없는 지혜 · 지혜의 보배를 성취하여 가르쳐 보이고 기뻐하게 하며 가르쳐 보이고 기뻐하게 하는 이를 항상 찬탄하면서 대중들을 위해 설법하되 한 번도 피로해하거나 게을리 한 적이 없었기 때문이다.

비유하면 전륜성왕轉輪聖王의 맏아들이 관정灌頂의식을 치를 만하면서도 아직 관정의식을 치르지는 않았으나, 이미 관정의 의식과 법에 머무르면 아버지의 법대로 굴려야 할 것을 따라서 굴릴 수 있는 것처럼 너도 지금 그와 같다. 너는 내 맏아들이 되어 관정의식을 치를 만한데도 아직 관정의식을 치르지는 않았으나 그 의식과 법에 머무르기 때문에 내가 굴려야 할 법륜을 네가 따라서 굴릴 수 있다. 그래서 더 이상 생겨 일어나는 바가 없게 되었고, 온갖 존재의 번뇌가 다하여 마음이 잘 해탈하였다.

이와 같이 사리불아, 나는 그대가 몸과 입과 마음으로 보고 듣고 의심하는 것 중에 꾸짖을 만한 일을 전혀 보지 못하였다."

사리불이 부처님께 아뢰었다.

"세존이시여, 만일 제가 몸과 입과 마음으로 보고 듣고 의심하는 것 중에 꾸짖을 만한 일이 없다면 이 5백 비구들이 몸과 입과 마음으로 보고 듣고 의심하는 것에서도 꾸짖을 만한 일이 없겠습니까?"

부처님께서 사리불에게 말씀하셨다.

"나는 이 5백 비구들이 몸과 입과 마음으로 보고 듣고 의심하는 것에서도 꾸짖을 만한 일을 보지 못했다. 왜냐하면 이 5백 비구들은 다 아라한으로서 모든 번뇌가 이미 다하였고 할 일을 이미 마쳤으며 무거운 짐을 이미 버렸고 온갖 존재의 결박을 끊었으며 바른 지혜로 마음이 잘 해탈하였기 때문이다. 그러나 오직 한 비구 존자 아난만은 그렇지 못하지만, '나는 그는 현세에서 무지증을 얻을 것이다'라고 수기하여 말하였다. 그러므로 나는 이 5백 비구들이 몸과 입과 마음으로 보고 듣고 의심하는 것 중에 죄가 되어 꾸짖을 만한 일을 보지 못했느니라."

사리불이 부처님께 여쭈었다.

"세존이시여, 이 5백 비구들이 몸과 입과 마음으로 보고 듣고 의심하는 것 중에 꾸짖을 만한 일이 이미 없다면 그 중 몇 비구가 3명明을 얻고, 몇 비구가 구해탈俱解脫을 얻었으며 몇 비구가 혜해탈慧解脫을 얻었습니까?"

부처님께서 사리불에게 말씀하셨다.

"이 5백 비구 중에서 90비구는 3명을 얻었고 90비구는 구해탈俱解脫을 얻었으며 나머지는 혜해탈을 얻었느니라. 사리불아, 이 여러 비구들은 모든 흔들림과 물러남을 여의고 피부皮膚가 없으며 진실하고 견고하니라."

그때 존자 바기사는 대중들 속에 있었는데, 그는 이렇게 생각하였다.

'나는 지금 세존과 비구들 앞에서 회수게懷受偈로 찬탄하리라.'

이렇게 생각한 뒤에 그는 곧 자리에서 일어나 옷매무새를 바르게 하고 부처님께 예배한 뒤에 오른쪽 무릎을 땅에 꿇고 합장하고서 부처님께 아뢰었다.

"세존이시여, 드리고 싶은 말씀이 있습니다. 선서시여, 아뢰고 싶은 말씀이 있습니다."

부처님께서 바기사에게 말씀하셨다.
“하고 싶은 말이 있으면 말하라.”
그러자 존자 바기사가 곧 게송으로 말하였다.

청정한 보름날에
대중들 5백 명은
일체 결박을 끊어버리고
온갖 존재 다한 큰 신선 되었네.

맑고 깨끗하여 서로 친근히 하고
맑고 깨끗하여 널리 해탈하였으며
어떤 존재도 다시는 받지 않아
나고 죽음이 아주 끊어졌네.

해야 할 일을 이미 마쳤고
일체 번뇌가 다 끊어져서
다섯 가지 덮개의 구름 걷히고
가시 같은 근본 애욕 뽑아버렸네.

사자가 두려움 없는 것처럼
일체 남음의 존재를 여의어
모든 존재의 원결怨結을 없애고
존재의 남은 경계 벗어났네.

갖가지 번뇌의 원수들
모두 다 이미 잠복했으니

그것은 마치 저 전륜성왕이
모든 권속들을 생각하여

자애로운 마음으로 널리 교화할 때에
온 천하가 모두 받드는 것처럼
능히 악마 원수를 항복 받고
위없는 길잡이 스승이 되었네.

믿고 공경하는 마음으로 받들고
3명明으로 늙고 죽음 없애며
그 법의 진정한 아들이 되어
흔들려 물러날 근심이 없고
온갖 번뇌의 가시를 뽑아버린
일종자日種子[24]의 후손에게 경례합니다.

부처님께서 이 경을 말씀하시자 모든 비구들은 부처님의 말씀을 듣고 기뻐하며 받들어 행하였다.

1213. 불락경不樂經[25]

이와 같이 나는 들었다.

---

24 석가 종족의 선조라고 하며, 복덕福德으로 천하를 통일한 감자왕甘蔗王도 일종(日種: 태양)의 후예이다.

25 이 소경은 『별역잡아함경』 제12권 열여섯 번째 소경과 그 내용이 비슷하다.

어느 때 부처님께서 왕사성 가란다죽원에 계셨다.

그때 존자 니구율상尼拘律相[26]은 넓은 벌판 금수가 득실거리는 곳에 있었다.

존자 바기사婆耆舍는 출가한 지 오래되지 않았는데도 다음과 같은 위의威儀가 있었다. 즉 촌락이나 도시를 의지해 살고 있으면서 이른 아침에 가사를 입고 발우를 가지고 그 촌락이나 도시에서 걸식할 때에는 그 몸을 잘 단속하고 모든 감관의 문을 지켜, 마음을 거두고 생각을 잡아매었다.

걸식을 마치고 본래 있던 곳으로 돌아와서는 가사와 발우를 챙겨두고 발을 씻은 다음 방에 들어가 좌선하였으며 선정에서 빠르게 깨어나도 걸식에 집착하지 않았다. 그러나 그에게는 수시로 가르쳐 주는 사람도 없었고 훈계해주는 사람도 없었으므로 마음이 편하고 즐겁지 않아 두루 감추고 깊이 숨어 살았다.

그때 존자 바기사는 이렇게 생각하였다.

'나는 이익을 얻지 못한다. 이익이란 얻기 어려운 것이니 쉽게 얻어지는 것이 아니다. 나는 수시로 가르쳐 주거나 가르쳐 훈계하는 이가 없기 때문에 편하고 즐겁지 못해 두루 감추고 깊이 숨어서 살아간다. 나는 이제 자기 몸을 싫어하는 게송〔自厭之偈〕으로 찬탄하리라.'

그는 곧 게송으로 말하였다.

즐겁거나 즐겁지 않은 것 다 버리고
일체 탐하는 생각까지 다 버려서
가까이 있는 것에 아무 작용이 없고
더러움을 여읜 이를 비구라 한다.

---

26 팔리어로는 nigrodha-kappa라고 하며, 또는 니구율겁파尼拘律劫波라고도 한다.

여섯 가지 느낌 있는 심상心想이 있어
온 세간을 치달려 돌아다니면서
악하고 착하지 못한 것 숨겨 덮어주고
능히 피부를 버리지 못하며
더러움으로 마음에 즐거움을 삼는
그런 사람은 비구라 부르지 않는다.

남음이 있는 번뇌에 묶여도
보고 듣고 깨닫고 분별하여
탐욕을 밝게 깨달아 아는 이
다시는 그것에 물들지 않나니
이와 같이 물들지 않는 사람들을
곧 모니牟尼라고 부른다네.

온 땅덩이나 또 허공이나
이 세간의 모든 현상들
그것은 모두 사라지는 것들이라
적연寂然히 스스로 결정되네.

오래도록 법의 그릇 닦아 익히고
또 삼마제三摩提를 얻으며
접촉하지 않고 아첨이나 거짓이 없어
그 마음 지극히 순수해지면
그 성인 오래도록 열반에 들으리니
생각 모아 열반의 시기를 기다리네.

그때 존자 바기사는 자신의 몸뚱이를 싫어하여 여의는 게송을 말한 뒤에 마음이 스스로 열려 즐겁지 않은 따위를 밝게 깨달아 즐거워하는 마음으로 머물렀다.

1214. 탐욕경貪欲經[27]

이와 같이 나는 들었다.

어느 때 부처님께서 사위국 기수급고독원에 계셨다.

그때 존자 아난다阿難陀는 이른 아침에 가사를 입고 발우를 가지고 사위성에 들어가 존자 바기사와 함께 걸식하였다.

그때 존자 바기사는 미색이 아주 빼어난 어떤 여인을 보았는데 그녀를 보고는 탐욕의 마음이 일어났다.

존자 바기사는 이렇게 생각하였다.

'나는 지금 이롭지 않은 일을 당했다. 괴로움만 받을 뿐 즐거움을 얻을 만한 일이 아니다. 나는 지금 미색이 아주 빼어난 어떤 젊은 여인을 보고 탐욕의 마음이 생겼다. 지금 싫어하여 멀리하려는 마음을 내기 위해 게송을 읊자.'

그리고는 곧 게송을 읊었다.

탐욕에 덮였기 때문에
왕성한 불길이 내 마음을 태우네.
이보시오. 존자 아난다여

---

27 이 소경은 『별역잡아함경』 제12권 열일곱 번째 소경과 『증일아함경』 제27권 제35 사취품邪聚品의 아홉 번째 소경과 그 내용이 비슷하다.

나를 위해 탐욕의 불꽃을 꺼주시오.
자애로운 마음으로 가엾이 여겨
그 방편 나를 위해 설명해주오.

존자 아난이 게송으로 대답하였다.

그 뒤바뀐 생각 때문에
왕성한 불길이 마음을 태우나니
탐욕을 키우고 자라게 하는
깨끗한 것이라는 생각 멀리 여의고서

깨끗하지 않다는 생각을 닦아
언제나 한 마음으로 선정에 들어
빨리 탐욕의 불꽃을 꺼서
그 마음을 태우지 말아야 하네.

모든 행은 괴롭고 또 공空한 것이요
나라는 것도 없다고 자세히 관찰하고서
생각을 붙잡아 몸을 바르게 관찰하여
싫어해 떠날 생각 많이 닦아 익혀야 하네.

모양 없는 것이라고 닦아 익히고
교만과 번뇌를 없애 버리고서
교만에 대한 평등의 지혜 얻어
괴로움을 완전히 벗어나시오.

존자 아난이 이렇게 말하자 존자 바기사는 그 말을 듣고 기뻐하며 받들어 행하였다.

1215. 출리경出離經[28]

이와 같이 나는 들었다.

어느 때 부처님께서 사위국 기수급고독원에 계셨다.

그때 어떤 장자가 부처님과 스님들을 자기 집에 초청하여 공양하게 하자, 모두들 그 집에 들어갔다. 존자 바기사는 그 날따라 수직하는 차례가 되어 스님들의 방을 지키고 있으면서 음식을 조금 싸 가지고 오라고 청하였다.

그때 많은 장자 부인들이 마을에서 나와 정사를 찾아왔다. 존자 바기사는 얼굴이 단정하고 아름다운 젊은 여자를 보고 탐욕의 마음이 일어났다.

그때 존자 바기사는 이렇게 생각하였다.

'나는 지금 이롭지 않은 일을 당했다. 괴로움만 받을 뿐 즐거움을 얻을 만한 일이 아니다. 나는 지금 얼굴이 단정하고 아름다운 젊은 여자를 보고 탐욕의 마음이 생겼다. 나는 지금 싫어하는 마음을 내기 위해 게송을 읊자.'

그렇게 생각하고는 곧 게송을 읊었다.

나는 이미 생사를 떠나고자
집 아닌 데로 출가하였거늘

28 이 소경은 『별역잡아함경』 제13권 첫 번째 소경과 그 내용이 비슷하다.

이 탐욕이 나를 쫓아다니는 것이
마치 소가 남의 여물 생각는 것 같구나.

나는 마치 저 대장이
큰 힘으로 강한 활 잡고
겹겹이 쳐진 진陣을 부수고
혼자서 천 명의 적을 무찌르듯 해야 하리.

내가 지금 일종日種의 후손 앞에서
그 분이 말씀하시는 법을 듣고서
저 열반의 길로 바로 나아가면
틀림없이 마음이 즐거움에 머물리라.

이와 같이 마음이 방일하지 않고
지극히 고요한 정수에 머무르면
능히 내 마음에 의혹을 일으키거나
속이는 자 거기엔 없을 것이다.

결정코 잘 보고 살피어
바른 법에 편안히 머무르면
비록 한량없는 악마의 무리가
내게 와서 나를 유혹하고 속이려 해도
이와 같은 악마의 무리들이
감히 나를 넘보지 못하리.

그때 존자 바기사는 이 게송을 읊고 나자 마음이 편안히 머무르게 되었다.

1216. 교만경憍慢經[29]

이와 같이 나는 들었다.

어느 때 부처님께서 사위국 기수급고독원에 계셨다.

그때 존자 바기사는 스스로 지혜가 있어서 설법을 잘할 수 있다고 생각하고는 총명한 범행자梵行者들에게 교만한 생각을 내었다. 그러다가 곧 스스로 생각했다.

'나는 이롭지 못한 일을 했으니 이로움을 얻지 못할 것이요 괴로움만 받을 뿐 즐거울 만한 일은 없을 것이다. 나는 내 자신의 지혜만 가지고 저 총명한 범행자들을 업신여겼다. 나는 지금 그런 것을 싫어하여 여의는 마음을 내는 게송을 읊으리라.'

그리고는 곧 게송을 읊었다.

구담이시여, 교만을 내지 말고
교만을 끊어 남음이 없게 해주십시오.
교만한 생각 일으키지 말고
후퇴하여 뉘우치는 일 없으려면

다른 사람을 덮고 가리지 말아야 하리니
지옥에서 죽임을 당하는 것 교만 때문이라네.
정수正受에 들어 근심을 없애고

---

29 이 소경은 『별역잡아함경』 제13권 두 번째 소경과 그 내용이 비슷하다.

도를 깨달아 바른 도에 머물면

그 마음에 기쁨과 즐거움 얻으리니
도를 깨달아 스스로를 잘 단속해야 한다.
그리하여 걸림이 없는 변재로
모든 번뇌의 장애 여의어 깨끗하게 하고

일체의 모든 교만을 끊고
일체의 모든 밝은 일 일으켜
세 가지 밝음과 신족神足과
남의 마음 아는 지혜 바르게 생각하라.

그때 존자 바기사는 이 싫어하여 여의는 마음이 생기도록 하는 게송을 읊고 나서 마음이 맑고 깨끗해졌다.

1217. 본욕광혹경本欲狂惑經[30]

이와 같이 나는 들었다.

어느 때 부처님께서 사위국 기수급고독원에 계셨다.

그때 존자 바기사는 사위국 동쪽 동산의 녹자모鹿子母 강당에 있었다. 그는 혼자 고요히 사색하며 방일하지 않게 머물면서 자신의 업을 닦는데 전념하여 3명明을 얻어 몸으로 증득하였다.

그때 존자 바기사는 이렇게 생각하였다.

---

30 이 소경은 『별역잡아함경』 제13권 세 번째 소경과 그 내용이 비슷하다.

'나는 혼자 조용한 곳에서 깊이 사색하며 방일하지 않게 머물면서 내 업을 닦는데 전념하여 3명을 일으켜 몸으로 증득하였다. 나는 지금 게송을 읊어 3명에 대하여 찬탄하리라.'

그리고는 곧 게송을 읊었다.

내 본래 욕심으로 심하게 미혹되어
마을마다 집집을 돌아다니다가
우연히 부처님을 만나 뵙게 되었는데
훌륭한 법을 나에게 주셨다네.

구담께서는 가엾게 여기시어
나를 위해 바른 법 연설하셨네.
나는 그 법을 듣고 깨끗한 믿음 얻어
모든 것 버리고 집 아닌 데로 출가하였네.

그 분께서 연설하시는 법문 듣고는
그 법의 가르침에 바르게 머물러
부지런히 방편으로 생각을 잡아매고
굳건히 항상 견뎌 내어
마침내 3명을 얻었으니
부처님의 가르침 이미 마쳤네.

세존께서 잘 나타내 보이신 것
일종자 후손께서 하신 말씀으로서
타고난 장님 중생들을 위해
생사를 벗어나는 문을 열어주셨네.

괴로움과 괴로움의 발생원인과
괴로움의 소멸을 몸으로 증득하고
8정도正道로써 괴로움 없애
편하고 즐겁게 열반으로 나아가네.

좋은 이치와 좋은 구절과 뜻
그보다 더 나은 범행 없네.
세존께서 잘 나타내 보이시어
중생을 열반의 길로 인도하셨네.

1218. 사법구경四法句經[31]

이와 같이 나는 들었다.
어느 때 부처님께서 사위국 기수급고독원에 계셨다.
그때 세존께서 여러 비구들에게 말씀하셨다.
"내 지금 네 가지 법구法句를 설명하리니 자세히 듣고 잘 생각해 보라. 너희들을 위해 설명하리라. 어떤 것이 그 네 가지인가?

성현은 법을 잘 연설하시니
이것이 맨 첫 번째이니라.
사람에게 듣기 좋은 말만하시니
이것이 그 두 번째이니라.

31 이 소경은 『별역잡아함경』 제13권 네 번째 소경과 그 내용이 비슷하다.

진리만 말하고 거짓말하지 않나니
이것이 그 세 번째라네.
법다운 말만하고 다른 말은 하지 않나니
이것이 그 네 번째이니라.

비구들아, 이것을 네 가지 법구라고 하느니라."

그때 존자 바기사가 대중 속에 있다가 이렇게 생각하였다.

'세존께서 사부대중들에게 네 가지 법구를 말씀하셨다. 나는 그 네 가지에 대하여 찬양하고 따라 기뻐하리라.'

이렇게 생각한 뒤에 그는 곧 자리에서 일어나 옷매무새를 바르게 하고 부처님께 예를 올린 뒤에 합장하고 부처님께 아뢰었다.

"세존이시여, 드리고 싶은 말씀이 있습니다. 선서시여, 아뢰고 싶은 말씀이 있습니다."

부처님께서 바기사에게 말씀하셨다.

"하고 싶은 말이 있으면 말하라."

그러자 존자 바기사가 곧 게송으로 말하였다.

만일 법을 잘 연설하면
자신이 괴로움을 당하지 않고
또한 남을 두려워하지도 않나니
이것이 법을 잘 연설하는 것이네.

그 말이 듣기 좋으면
듣는 이로 하여금 기쁘게 하고
또한 악을 짓지도 않게 하나니
이것을 좋은 말이라 하네.

진리의 말은 감로甘露를 알고
진리의 말은 무상無上을 안나니
진리와 법을 연설하는 말
바른 선비가 세운 이치라네.

부처님께서 말씀하신 법은
편하고 고요한 열반의 길로서
일체의 괴로움을 없애 주나니
이것이 법을 잘 연설하는 것이네.

부처님께서 이 경을 말씀하시자 모든 비구들은 부처님의 말씀을 듣고 기뻐하며 받들어 행하였다.

1219. 나가산측경那伽山側經

이와 같이 나는 들었다.

어느 때 부처님께서 왕사성에 있는 나가산那伽山 곁에서 천 명의 비구들과 함께 계셨다.

그들은 다 아라한으로서 모든 번뇌가 이미 다하였고 할 일을 이미 마쳤으며, 온갖 무거운 짐을 벗어버렸고 자신의 이익을 얻었으며 모든 존재의 결박을 다 끊었고 바른 지혜로 마음이 잘 해탈한 이들이었다.

그때 존자 바기사는 왕사성 한림寒林 속에 있는 무덤 사이에 있었는데 그는 이렇게 생각하였다.

'지금 세존께서 왕사성에 있는 나가산 곁에서 천 명의 비구들과 함께 계신다. 그들은 다 아라한으로서 모든 번뇌가 이미 다하였고 할 일을 이미 마쳤으며 온갖 무거운 짐을 벗어버렸고 자신의 이익을 얻었으며 모든 존재의 결박을 다 끊었고 바른 지혜로 마음이 잘 해탈한 이들이다. 나는 지금 가서 세존과 비구 스님들을 각각 따로따로 찬탄하리라.'

이렇게 생각하고 나서 곧 부처님께서 계신 곳으로 나아가 그 발에 머리 조아려 예배하고 한 쪽에 물러나 앉아서 게송으로 말하였다.

위없는 길잡이이신 분
나가산 곁에 계시는데
천 명의 비구 권속들이
여래를 받들어 섬기네.

큰 스승께서 널리 법을 연설하시니
맑고 깨끗한 열반으로 가는 길이네.
바르게 깨달은 이 연설하시는
맑고 깨끗한 법 열심히 듣네.

바르게 깨달은 이 존경받으며
많은 무리 가운데 계시네.
공덕 그늘의 큰 용이시며
모든 신선들의 우두머리로
공덕의 조밀한 구름 일으키시어
성문대중에게 두루 내리시네.

낮 정수正受에서 일어나 나와
큰 스승님 받들어 뵈옵니다.

이 제자 바기사는
머리 조아려 예배합니다.

"세존이시여, 드리고 싶은 말씀이 있습니다. 그렇습니다. 선서시여, 아뢰고 싶은 말씀이 있습니다."

부처님께서 바기사에게 말씀하셨다.

"하고 싶은 말이 있으면 말하라. 생각을 먼저 하지 말라."

그러자 바기사가 곧 게송으로 말하였다.

파순이 조그만 악을 일으키자
가만히 제어하여 얼른 멸하시고
모든 악마를 억눌러 막아
그 잘못 스스로 깨닫게 하시네.

자세히 관찰해 결박을 풀고
맑고 깨끗한 법 분별하여
모든 외도들의 왕들을 위하여
해와 달처럼 밝게 비추어 주시네.

뛰어난 지혜로 도를 증득해
으뜸가는 그 법을 연설하시고
온갖 번뇌의 흐름 속에서 벗어나
한량없이 많은 종류의 도를 말씀하시며
감로문甘露門을 이룩해 세우고
진리의 진실한 법을 깨달으셨네.

이와 같이 그 도를 그대로 따르시니
이와 같은 스승은 얻기 어렵네.
감로의 길을 이룩해 세우시고
진리 깨달아 멀리 여윔을 숭상하시네.

세존께서는 법을 잘 연설하시어
중생들의 음개陰蓋를 없애주시고
모든 법을 환히 나타내시어
길들여 따라 배우게 하시네.

존자 바기사가 이 게송을 말하자 모든 비구들은 그 말을 듣고 모두들 매우 기뻐하였다.

1220. 발전경拔箭經[32]

이와 같이 나는 들었다.

어느 때 부처님께서 바라내국波羅㮈國 선인이 머물던 곳인 녹야원鹿野苑에 계셨다.

그때 세존께서 비구 대중들을 위해 네 가지 거룩한 진리에 상응相應하는 법을 말씀하셨으니, 이른바 '이것은 괴로움에 대한 거룩한 진리〔苦聖諦〕이고 이것은 괴로움의 발생원인에 대한 거룩한 진리〔苦集聖諦〕이며 이것은 괴로움의 소멸에 대한 거룩한 진리〔苦滅聖諦〕이고 이것은 괴로움의 소멸에 이르는 길에 대한 성스러운 진리〔苦滅道聖諦〕이

32 이 소경은 『별역잡아함경』 제13권 다섯 번째 소경과 그 내용이 비슷하다.

다'라는 내용이다.

그때 존자 바기사가 대중 속에 있다가 이렇게 생각하였다.

'나는 지금 세존 앞에서 화살을 뽑는 비유를 들어 찬탄하리라.'

이렇게 생각한 뒤에 그는 곧 자리에서 일어나 옷매무새를 바르게 하고 합장하고서 부처님께 아뢰었다.

"그렇습니다. 세존이시여, 드리고 싶은 말씀이 있습니다. 그렇습니다. 선서시여, 아뢰고 싶은 말씀이 있습니다."

부처님께서 바기사에게 말씀하셨다.

"하고 싶은 말이 있으면 말하라."

그러자 존자 바기사가 곧 게송으로 말하였다.

저는 지금 부처님께 경례합니다.
모든 중생들 가엾게 여기사
제일 먼저 날카로운 화살을 뽑아주시고
온갖 병을 잘 알아 다스리시네.

의사 가로迦露가 투여하는 약과
파후라波睺羅가 치료하는 약과
그리고 또 의사 첨바기瞻婆耆와
의사 기바耆婆가 병을 치료할 적에

어쩌다 혹 병이 조금 나으면
병을 잘 치료한다 말을 하지만
뒷날에 그 병은 다시 재발해
병을 앓다가 마침내 죽고 마네.

바르게 깨달은 큰 의왕醫王께선
중생들에게 온갖 약 잘 써서
마침내 온갖 괴로움 없애주시어
다시는 온갖 존재의 몸 받지 않게 하시네.

나아가 백천 가지 나유타那由他 수의
한량없이 많은 저 온갖 병들을
부처님은 남김없이 모두 치료하여
괴로움을 완전히 벗어나게 하시네.

여기 모여 온 여러 의사들이여,
나는 이제 그대들에게 모두 말하리니
그 감로법甘露法의 약을 얻어
원하는 대로 따라 그 약을 먹어라.

제일 먼저 날카로운 화살을 뽑고
온갖 병을 잘 깨달아 알리라.
치료하는 법 중의 최상이기에
그러므로 구담께 머리 조아린다네.

존자 바기사가 이 말을 하자 모든 비구들은 그 말을 듣고 모두들 매우 기뻐하였다.

1221. 니구율상경尼拘律想經[33]

이와 같이 나는 들었다.

어느 때 부처님께서 왕사성 가란다죽원迦蘭陀竹園에 계셨다.

그때 존자 니구율상尼拘律想이 넓은 들판에 짐승들이 득실거리는 곳에 있었는데 병이 위독하여 존자 바기사가 간병인看病人이 되어 보살피고 공양하였다. 그러나 존자 니구율상은 병으로 말미암아 결국 반열반般涅槃에 들고 말았다.

그때 존자 바기사는 이렇게 생각하였다.

'우리 화상和上께서는 유여열반有餘涅槃에 들었을까, 혹은 무여열반無餘涅槃에 들었을까? 나는 이제 그 진상을 알아보리라.'

그때 존자 바기사는 존자 니구률상의 사리를 공양한 뒤에 가사와 발우를 가지고 왕사성을 향해 갔다.

왕사성에 이르러서 가사와 발우를 챙겨두고 발을 씻은 뒤에 부처님께서 계신 곳으로 나아가 부처님 발에 머리 조아려 예배하고 나서 한쪽에 물러나 앉아서 게송으로 말하였다.

멸함이 없으신 등정각이시고
현재 이 세상에서
일체의 의심 그물 끊어 버리신
큰 스승님께 저는 지금 예배합니다.

넓은 들판에 살고 있는 저 비구가
목숨을 마치고 반열반 하였는데

---

33 이 소경은 『별역잡아함경』 제13권 여섯 번째 소경과 그 내용이 비슷하다.

위의威儀 있고 모든 감관 단속하였기에
그 큰 덕 온 세상 사람들이 칭송했네.
세존께서 그의 이름 지어주셨으니
그 이름 니구율상이라 합니다.

저는 이제 세존께 여쭈옵니다.
그가 해탈하여 동요하지 않고
방편으로 열심히 정진精進한
그 공덕 저를 위해 설명해 주소서.

저는 석가의 종족으로서
세존의 법제자法弟子이고
또한 다른 이들도 알고 싶어 하오니
원만한 도안道眼께서 말씀해 주소서.

저희들은 여기에 머물러 있으면서
그 모든 것 다 듣기를 바랍니다.
세존께서는 큰 스승 되시어
위없이 세간을 구제하여 주소서.

의심을 끊은 큰 모니牟尼께선
그 지혜 이미 두루 갖추셨고
두루 비추는 신비한 도안道眼
그 광명 사부대중 밝게 비추네.
비유하면 저 천제석天帝釋이
삼십삼천을 밝게 비추는 것 같네.

온갖 탐욕과 의혹은
모두 무명無明으로 인해 일어나나니
그가 만일 여래를 만나게 되면
남김없이 모조리 끊어 없애리.

세존의 신비스런 도안은
이 세상에 제일이어라.
중생들의 우환을 없애버림이
바람이 먼지를 날려 보냄 같구나.

일체의 모든 세간은
번뇌에 덮이고 파묻혔네.
설령 다른 어느 곳에도
부처님처럼 밝은 눈 없을지라도
지혜의 광명 두루 비추어
다 함께 크게 정진하게 하시네.

오직 원컨대 크게 지혜로운 분이시여
대중들을 위하여 확실하게 말씀하소서.
미묘한 소리 내어 말씀하시면
저희들은 마음 기울여 들으오리다.

부드러운 음성으로 연설하시는 것
이 모든 세간 두루 들으면
마치 목이 타서 고통 받던 사람이
맑고 시원한 물 찾은 것과 같으리.

부처님의 멸함 없는 지혜처럼
저희들도 알기를 또한 구하옵니다.

존자 바기사가 다시 게송으로 말하였다.

이제 무상사無上士께서
공덕에 대해 수기하신 말씀 들으니
범행 닦은 것 헛되지 않았기에
저는 듣고 나서 너무도 기뻤습니다.

그 말씀 듣고 그 말씀 따라
모니牟尼를 따라 제자가 되어
나고 죽음의 긴 밧줄과
거짓과 허깨비의 결박 없앴네.

이제 세존을 뵈었기 때문에
모든 애욕을 끊어 없애고
생사에서 벗어나 저 언덕에 이르러
다시는 모든 몸 받지 않게 되었네.

부처님께서 이 경을 말씀하시자 존자 바기사는 부처님의 말씀을 듣고 기뻐하며 예배하고 떠나갔다.

잡아함경 제 46 권

1222. 조소경鳥巢經[1]

이와 같이 나는 들었다.

어느 때 부처님께서 사위국 기수급고독원에 계셨다.

그때 세존께서 여러 비구들에게 말씀하셨다.

"과거 세상에 하늘과 아수라가 마주 진陣을 치고 싸웠는데 아수라가 이기고 하늘의 뜻대로 되지 못했다. 그때 천제석天帝釋의 군사는 패망하여 흩어지면서 매우 두려운 마음이 생겨 차를 타고 북으로 치달려 천궁天宮으로 돌아왔다.

수미산首彌山 아래 길가에는 우거진 숲이 있고 그 숲속에는 금시조金翅鳥 둥지가 있는데 거기에 금시조 새끼가 많이 있었다. 그때 천제석은 수레와 말이 지나가다가 그 새끼들을 밟아 죽일까 걱정이 되어 마부에게 말하였다.

'수레를 돌려라. 새 새끼를 죽이지 말라.'

---

1 이 소경은 『별역잡아함경』 제3권 일곱 번째 소경과 그 내용이 비슷하다.

마부가 왕에게 아뢰었다.

'아수라 군대가 뒤에서 쫓아오고 있습니다. 만일 되돌아가면 그들에게 곤욕을 당할 것입니다.'

제석이 말하였다.

'차라리 되돌아 가다가 아수라에게 죽임을 당할지언정 군사들 때문에 중생들이 길에서 밟혀 죽게 할 수는 없다.'

그러자 마부는 어쩔 수 없이 수레를 돌려 남쪽으로 향하였다. 아수라 군대는 멀리서 제석이 수레를 돌려 되돌아오는 것을 보고 전술의 책략을 쓰는 것이라고 생각하고 곧 후퇴하여 달리기 시작했고 아수라의 군사들은 매우 두려워 진을 무너뜨리고 흩어져 아수라궁으로 돌아갔느니라."

부처님께서 모든 비구들에게 말씀하셨다.

"저 천제석은 삼십삼천三十三天의 자재로운 왕〔自在王〕이었지만 자애로운 마음〔慈心〕을 지녔었기 때문에 그 위력으로 아수라의 군대를 무찔러 항복 받았고 또 항상 자애로운 마음에 대한 공덕을 찬탄하였었느니라. 너희 비구들은 바른 믿음으로 집 아닌 데로 출가하여 집 없이 도를 배우고 있나니, 마땅히 자애로운 마음을 닦고 또한 자애로운 마음에 대한 공덕을 찬탄해야 하느니라."

부처님께서 이 경을 말씀하시자 모든 비구들은 부처님의 말씀을 듣고 기뻐하며 받들어 행하였다.

1223. 빈인경貧人經[2]

이와 같이 나는 들었다.

어느 때 부처님께서 왕사성 가란다죽원에 계셨다.

그때 왕사성 안에 어떤 장정이 있었다. 그는 빈궁하여 모진 고생을 하면서도 부처님과 법과 승가를 믿으면서 금계禁戒를 받들어 지키고, 많이 듣고 널리 배우며 힘써 보시를 행하고 바른 소견을 성취하였었다. 그래서 그는 몸이 무너지고 목숨을 마친 뒤에 천상에 태어나게 되었다. 삼십삼천에 태어나서는 세 가지 일에 있어 다른 삼십삼천보다 뛰어났다.

어떤 것이 그 세 가지 일인가? 첫째는 하늘의 수명〔天壽〕이요, 둘째는 하늘의 형상〔天色〕이며, 셋째는 하늘의 명칭〔天名〕이다. 여러 삼십삼천은 이 천자가 하늘의 수명·하늘의 형상·하늘의 명칭 등의 세 가지 일이 다른 하늘보다 특별히 훌륭한 것을 발견했다. 다른 여러 하늘들이 그것을 보고 나서 천제석이 있는 곳으로 찾아가서 이렇게 말하였다.

"교시가憍尸迦여, 어떤 천자가 이 하늘에 처음으로 태어났는데, 하늘 수명·하늘 형상·하늘 명칭 등의 세 가지 일에 있어 먼저 태어난 다른 하늘들보다 특별히 훌륭하다는 것을 아셔야 합니다."

그때 천제석은 그 천자들에게 말하였다.

"현자들이여, 내가 이 사람을 보니 이 사람은 왕사성에서 한 장정이었었는데, 빈궁하여 모진 고생을 하면서도 여래의 법과 율을 믿고 향하는 마음을 얻어……(이하 생략)……바른 소견을 성취하였다. 그래서 몸이 무너지고 목숨을 마친 뒤에는 이 하늘에 와 태어나서 하늘

---

2 이 소경은 『별역잡아함경』 제3권 아홉 번째 소경과 그 내용이 비슷하다.

수명·하늘 형상·하늘 명칭 등의 세 가지 일에 있어 여러 삼십삼천보다 특별히 뛰어난 것이다."

그때 천제석이 곧 게송으로 말하였다.

여래를 올바르게 믿어
결정코 흔들리지 않으며
진실한 계戒를 받들어 지켜
거룩한 계를 싫어하지 않았고

부처에 대해 마음이 청정하여
바른 소견을 성취하였다네.
그는 가난 때문에 괴로워하지도 않았고
스스로의 삶이 헛되지도 않았음을 알라.

그러므로 부처와 법과 스님에게
맑고 깨끗한 믿음을 내면
지혜의 힘은 더욱 밝아지리니
부처의 바른 가르침을 생각해야 한다.

부처님께서 이 경을 말씀하시자 모든 비구들은 부처님의 말씀을 듣고 기뻐하며 받들어 행하였다.

1224. 대사경大祠經[3] ①

이와 같이 나는 들었다.

어느 때 부처님께서 왕사성 기사굴산耆闍崛山에 계셨다.

그때 왕사성의 사람들은 널리 대회를 마련해 모두 여러 외도를 청하였다. 차라가遮羅迦 외도를 섬기는 어떤 사람은 이렇게 생각하였다.

'나는 지금 차라가도천遮羅迦道天을 청해 먼저 복전福田을 지으리라.'

또 어떤 사람은 외도 출가자를 섬겼고, 어떤 사람은 니건자尼乾子의 도를 섬겼으며, 어떤 사람은 늙은 제자를 섬겼고, 어떤 사람은 큰 제자〔大[4]弟子〕를 섬겼는데 다들 그런 식으로 생각하였다. 어떤 사람은 부처님 제자인 승가를 섬겼는데, 그도 이렇게 생각하였다.

'지금 부처님 앞에 있는 비구로 하여금 먼저 복전을 짓게 하리라.'

그때 천제석天帝釋은 이렇게 생각하였다.

'왕사성의 사람들로 하여금 부처님 앞에 있는 승가를 버리고서 다른 도를 받들어 섬기며 복전을 구하는 일이 없도록 해야겠다. 나는 지금 빨리 가서 왕사성의 사람들을 위해 복전을 건립建立하리라.'

그리고는 곧 용모가 단정한 큰 바라문으로 변화해 흰 마차에 오르자 여러 젊은 바라문들이 앞에서 인도하고 뒤에서 따르면서 금 자루로 된 비단 일산을 들고 왕사성에 이르러 곳곳의 대중들의 모임에 나아갔다. 왕사성의 여러 남녀들은 모두 이렇게 생각하였다.

'단지 이 큰 바라문이 받들어 섬기는 대상만 바라본 다음 우리도 그

---

3 이 소경은 『별역잡아함경』 제3권 열 번째 소경과 그 내용이 비슷하다.

4 신수대장경 각주에 의하면 "송·원·명 세 본에는 대大자가 화火자로 되어 있다"고 하였다.

를 따라 먼저 공양해 좋은 복전을 삼으리라.'

그때 천제석은 왕사성의 여러 남녀들이 생각하고 있는 것을 알고 수레를 타고 앞뒤로 대중을 거느리고 기사굴산으로 갔다. 문 밖에 이르러서는 다섯 가지 장식을 버리고 부처님께서 계신 곳으로 나아가 부처님 발에 머리를 조아리고서 한 쪽으로 물러나 앉아 게송으로 말하였다.

> 일체 모든 법의 저쪽 언덕을
> 잘 분별해 나타내 보이시어
> 온갖 두려움에서 모두 다 벗어났으니
> 그러므로 구담瞿曇께 머리 조아립니다.
>
> 모든 사람들 널리 모임을 열어
> 큰 공덕을 구하려고 하여
> 제각기 모두 큰 보시 베풀고
> 항상 다른 결과 있기를 원하오니
> 원컨대 저들 위해 복전을 설명하사
> 이 보시의 과보 이루게 하여지이다.

제석 대자재大自在의 천왕이 여쭌 일들을 기사굴산에서 큰 스승님께서 수기하여 말씀하셨다.

> 모든 사람들 널리 모임을 열고
> 큰 공덕을 구하려고 하여
> 제각기 큰 보시를 베풀고
> 항상 다른 결과 있기를 원하지만

내 이제 복전을 설명하리니
보시 행하여 큰 과보의 터전 얻어라.

바르게 향하는 이에 네 부류[5]가 있나니
그 네 성자가 머무는 과위〔果〕
이것을 승가의 복전이라고 한다.
명행明行과 선정을 구족하면
승가의 복전은 더욱 더 넓어져서
한량없기 바다보다 더하리라.

사람을 길들이는 스승의 제자
바른 법을 드러내 밝게 비추나니
그들에게 공양하고 잘 보시하면
그것이 곧 승가의 좋은 복전이니라.
이 좋은 승가의 복전에 대해
큰 과보 얻는다고 부처님 말씀하셨네.

승가는 다섯 가지 번뇌를 여의었기에
그 청정함 마땅히 찬탄해야 하나니
저 최상의 복전에 보시하면
조그만 보시로도 큰 이익 거두리라.

그러므로 모든 사람 그 누구나
승가의 복전에 보시해야 하리니

5 초과향初果向·이과향二果向·삼과향三果向·사과향四果向을 말하는 것이다.

더욱 더 훌륭하고 묘한 법 얻어
명행明行과 선정이 상응하리라.

그런 보배로운 승가에게 공양하면
시주의 마음 기쁨에 넘칠 것이니
세 가지 마음 일으켜
의복과 음식을 보시하면
티끌과 때와 칼과 가시를 벗어나고
모든 나쁜 갈래의 세계를 뛰어넘으리.

몸소 나아가 알려 청하고
손수 평등하게 골고루 주는 것
자기도 유익하고 남도 이롭게 하는 것이니
이런 보시 행하면 큰 이익 얻으리라.

자비스런 사람은 이렇게 보시하고
깨끗한 믿음으로 마음이 해탈하나니
죄 없고 편하며 즐거운 보시는
지혜를 타고 극락에 나느니라.

그때 천제석은 부처님의 말씀을 듣고 기뻐하면서 부처님께 예배하고 이내 사라지더니 나타나지 않았다.

그때 왕사성의 여러 사람들은 곧 자리에서 일어나 옷매무새를 바르게 하고 부처님께 예배한 뒤에 합장하고 부처님께 아뢰었다.

"원컨대 세존이시여, 세존과 모든 대중들께서는 저희들의 공양을 받아주소서."

그때 세존께서는 잠자코 그 청을 받아 주셨다. 그러자 왕사성 사람들은 세존께서 잠자코 그 청을 받아들이신 것을 알고는 예를 올리고 돌아가 여러 사람들이 모인 곳에 이르러 음식을 갖추어 놓고 자리를 폈다. 그리고는 이른 아침에 사람을 보내 부처님께 아뢰었다.

"때가 되었습니다. 부디 때가 되었음을 아소서."

그때 세존께서 대중들과 함께 가사를 입고 발우를 가지고 큰 모임이 있는 곳으로 가셔서 대중 앞에서 자리를 펴고 앉으셨다.

왕사성 사람들은 부처님께서 자리하신 줄을 알고 갖가지 풍성하고 감미로운 음식들을 손수 돌렸다. 공양이 끝나고 발우를 씻고 손을 씻고 양치질이 끝나자 다시 본래의 자리로 돌아가 부처님의 설법을 들었다.

그때 세존께서는 왕사성 사람들을 위해 갖가지로 설법해 가르쳐 보이고 기쁘게 해주시고는 자리에서 일어나 떠나가셨다.

1225. 대사경 ②

이와 같이 나는 들었다.

어느 때 부처님께서 왕사성 기사굴산에 계셨다.……이 사이의 자세한 내용은 앞의 경에서 말한 것과 같고 다만 다른 것은 다음과 같다.……그때 천제석은 다른 게송으로 부처님께 여쭈었다.

이제 구담께 청해 묻자오니
그윽하고 비밀스런 깊고 묘한 지혜와
세존께서 몸소 증득하신
걸림 없는 지견知見을 설해주소서.

여러 사람들은 크게 모임을 열었고,……게송의 자세한 내용은 바로 앞의 경에서 말한 것과 같다.……왕사성의 모임을 베푼 여러 사람들을 위해서도 갖가지로 설법해 가르쳐 보이시고 기쁘게 해주신 뒤에 자리에서 일어나 떠나셨다.

1226. 삼보리경三菩提經[6]

이와 같이 나는 들었다.

어느 때 부처님께서 구살라국拘薩羅國 인간 세상을 유행하시다가 사위국 기수급고독원에 이르셨다.

그때 바사닉왕波斯匿王은 세존께서 구살라국 인간 세상을 유행하시다가 사위국 기수급고독원으로 오셨다는 말을 듣고 부처님께서 계신 곳으로 찾아가 부처님 발에 머리 조아려 예배하고 한쪽에 물러나 앉아서 부처님께 아뢰었다.

"세존이시여, 저는 세존께서 스스로 아뇩다라삼먁삼보리阿耨多羅三藐三菩提를 이루었다고 선언하여 말씀하셨다는 말을 들었습니다. 여러 사람들이 전하는 그 말이 거짓이거나 과장된 말이 아니옵니까? 그 말은 과연 말다운 말이요 법다운 말이며 법을 따르는 말이옵니까? 그것은 다른 사람이 법을 해치기 위하여 그 문답에 대해서 나쁜 감정을 내게 하려는 것이 아니옵니까?"

부처님께서 대왕에게 말씀하셨다.

"그와 같은 말은 진실한 말이요 거짓이 아니며 그것은 말다운 말이요 법다운 말이며, 법을 따르는 말입니다. 그것은 다른 사람이 법을

6 이 소경은『별역잡아함경』제3권 열한 번째 소경과 그 내용이 비슷하다.

해치기 위하여 그 문답에 대해서 나쁜 감정을 내게 하려는 것이 아닙니다. 왜냐하면 대왕이여, 나는 지금 진실로 아뇩다라삼먁삼보리를 얻었기 때문입니다."

바사닉왕이 부처님께 아뢰었다.

"세존께서는 비록 그렇게 말씀하시지만 저는 그래도 믿지 못하겠습니다. 왜냐하면, 요사이 여러 늙고 유명한 사문이나 바라문들, 즉 부란나가섭富蘭那迦葉·말가리구사리자末迦利瞿舍梨子·산사야비라지자刪闍耶毘羅胝子·아기다지사흠바라阿耆多枳舍欽婆羅·가라구타가전연迦羅拘陀迦栴延·니건타야제자尼乾陀若提子들도 모두 아뇩다라삼먁삼보리를 얻었다고 스스로 말하지 않았습니다. 그런데 세존께서는 연치年齒 어리고 젊으며, 출가한 지도 그리 오래 되지 않았는데, 어떻게 아뇩다라삼먁삼보리를 증득할 수 있겠습니까?"

부처님께서 대왕에게 말씀하셨다.

"아무리 작아도 소홀하게 여길 수 없는 것에 네 가지가 있습니다. 어떤 것이 그 네 가지인가 하면, 찰리왕자刹利王子는 아무리 어려도 소홀하게 여길 수 없고 용왕의 아들은 아무리 어려도 소홀하게 여길 수 없으며 작은 불은 비록 조그만 해도 소홀하게 여길 수 없고 비구는 아무리 어려도 소홀하게 여길 수 없습니다."

그때 세존께서 곧 게송으로 말씀하셨다.

찰리의 형상을 갖추었고
귀족으로 명성을 떨칠 이
나이는 비록 어리다 하더라도
지혜로운 이들은 소홀히 보지 않네.

그는 반드시 왕위에 올라

옛일 기억했다가 해칠 마음 내리니
그러므로 소홀히 보기 어렵고
마땅히 크게 공경해야 하리.

자신을 보호하기 바라는 이는
남도 자기 목숨 보호하듯 하라.
평등으로써 자신을 잘 보호하면
다 같이 목숨을 보호하게 되리라.

촌락이나 혹은 한적한 곳에서
혹 저 어린 용을 보거든
그것을 조그만 뱀이라 하여
깔보고 업신여기는 생각을 내지 말라.

잡된 빛깔의 새끼 용 모습이라도
마땅히 편하고 즐겁게 해주어라.
뱀을 무시하면 남녀 할 것 없이
모두 다 그 독의 해침을 받으리라.

그러므로 자신을 보호하려는 사람은
남도 마땅히 자기 목숨 보호하듯 하라.
그것은 자신을 잘 보호함으로써
다 같이 남까지 보호하게 되리라.

맹렬한 불길이 삼켜버리는 것은
아무리 작아도 삼키는 것 끝이 없나니

작은 촛불도 능히 태울 수 있어
섶을 대어주면 자꾸만 번져나가며
조그만 데서 점점 나아가
촌락이나 도시까지 태워 없애리.

그러므로 자신을 보호하려는 사람은
남도 마땅히 목숨을 보호하듯 하라.
그것은 자신을 잘 보호함으로써
다 같이 남까지 보호하게 되리라.

왕성한 불길이 태우는 것은
온갖 초목을 다 태우나니
꺼지고 나면 차거나 줄어들지 않지만
그 불이 다시 날까 경계해야 하리.

청정한 계의 불을 받들어 지닌 비구
그를 비방하거나 무시하게 되면
그 몸과 그 자손을 태우고
온갖 재앙이 백 대를 흐르리니
마치 다라多羅 나무를 태우는 것 같아서
생겨나서 자랄 기약이 전혀 없다네.

그러므로 마땅히 자신 보호하기를
스스로 자기 목숨 보호하듯이 하라.
그것은 자신을 잘 보호함으로써
다 같이 남까지 보호하게 되리라.

형상을 갖춘 찰리와
어린 용과 또 작은 불꽃과
청정한 계를 갖춘 비구들에게
소홀히 보는 생각 내지 말라.

그러므로 자신을 보호하려는 사람은 마땅히
남도 자기 목숨 보호하듯 하라.
그것은 자신을 잘 보호함으로써
다 같이 남까지 보호하게 되리라.

부처님께서 이 경을 말씀하시자 바사닉왕은 부처님의 말씀을 듣고 기뻐하면서 예배하고 떠나갔다.

1227. 모경母經[7]

이와 같이 나는 들었다.

어느 때 부처님께서 사위국 기수급고독원에 계셨다.

그때 바사닉왕에게는 지극히 존경하던 할머니가 있었는데 갑자기 세상을 떠났다. 그는 성을 나가 화장〔闍維〕을 하고 사리舍利[8]에 공양

---

7 이 소경은 『별역잡아함경』 제3권 열두 번째 소경과 『증일아함경』 제18권 제26 사의단품四意斷品과 그 내용이 비슷하며, 이역경으로는 법거法炬가 한역한 『불설바사닉왕태후붕진토분신경佛說波斯匿王太后崩塵土坌身經』이 있다.

8 팔리어로는 sarīra라고 하며, 실리實利 혹은 설리라設利羅라고도 음역한다. 또 이것을 음역하여 신체身體·신골身骨·유신遺身이라고도 하는데, 시신屍身·유골遺骨을 뜻한다.

을 마치고는 헤진 옷을 입고 머리를 풀어헤치고 부처님께서 계신 곳으로 찾아와 부처님의 발에 머리 조아려 예를 올리고 한 쪽에 물러나 앉았다.

그때 세존께서 바사닉왕에게 말씀하셨다.

"대왕이여, 어디에서 오시기에 헤진 옷을 입고 머리를 풀어헤쳤습니까?"

바사닉왕이 부처님께 아뢰었다.

"세존이시여, 저에게는 지극히 존경하던 조모님이 계셨는데 저를 버리고 갑자기 세상을 떠나셨습니다. 그래서 성 밖에 나가 화장을 하고 공양을 마친 다음 세존께 온 것입니다."

부처님께서 대왕에게 말씀하셨다.

"조모님을 지극히 사랑하고 존경스럽게 생각하셨습니까?"

바사닉왕이 부처님께 아뢰었다.

"세존이시여, 지극히 존경하고 사랑하고 생각합니다. 세존이시여, 만일 이 나라의 모든 코끼리와 말과 나아가 왕위까지 모두 가져다 남에게 주고서라도 조모님의 목숨만 구할 수 있다면 저는 마땅히 그에게 주겠습니다. 그러나 이미 구할 수도 없고 삶과 죽음으로 영원히 하직하였으므로 슬픔과 그리움과 근심과 괴로움을 스스로 견딜 수 없습니다. 일찍이 세존께서는 '모든 중생 · 모든 벌레 · 모든 신神에 이르기까지도 일단 생겨난 것은 모두 속절없이 죽게 마련이어서 끝내 다하지 않는 것은 없다. 한 번 생겨난 것 치고 죽지 않는 것은 없다'고 말씀하셨다고 들었사온데, 오늘에야 비로소 세존께서 하신 말씀이 훌륭하다는 것을 알겠습니다."

부처님께서 말씀하셨다.

"대왕이여, 그렇습니다, 그렇습니다. 모든 중생 · 모든 벌레 · 모든 신들에 이르기까지 일단 생겨난 것이면 다 속절없이 죽게 마련이어서 마침내 다함으로 돌아간답니다. 어느 것도 일단 생겨나면 죽지 않는 것은 없습니다."

부처님께서 대왕에게 말씀하셨다.

"설사 바라문婆羅門같은 훌륭한 족성〔姓〕이나 찰리刹利같은 훌륭한 족성이나 장자長者같은 훌륭한 족성이라 하더라도 일단 태어난 이는 다 죽게 마련이니, 죽지 않는 이는 없습니다. 설령 찰리 종성의 대왕이 정수리에 물을 붓는 의식을 치르고 왕위에 올라 온 천하의 왕이 되어 자재로운 힘을 얻어 모든 적국敵國을 다 항복 받았다 하더라도 마침내는 다함으로 돌아가 죽지 않는 이는 없답니다. 또 대왕이여, 장수천長壽天에 태어나서 하늘 궁전의 왕이 되어 마음껏 쾌락을 누린다 하더라도, 마침내는 다함으로 돌아가 죽지 않는 이는 없답니다.

또 대왕이여, 아라한 비구로서 모든 번뇌가 이미 다하고 온갖 무거운 짐을 버렸으며 할 일을 이미 마쳤고 자신은 이익을 얻었으며 모든 존재의 결박에서 벗어나 바른 지혜로 마음이 잘 해탈하였다 하더라도, 그도 또한 다함으로 돌아가 몸을 버리고 열반하는 것입니다. 혹은 연각緣覺으로서 잘 균형을 이루어 지극히 고요하다 하더라도 그 몸과 목숨은 다해 마침내 열반으로 돌아간답니다. 모든 불세존께서 열 가지 힘을 완전히 갖추고 네 가지 두려움이 없으며〔四無所畏〕[9] 뛰어난

9 4무외無畏라고도 함. 무소외란 불·보살이 설법할 때 두려운 생각이 없는 지혜 능력의 네 가지를 말함. 여기에는 부처님의 무소외와 보살의 무소외가 있다. 부처님의 무소외란 첫째는 정등각무외正等覺無畏로서 일체 모든 법을 평등하게 깨달아 다른 이의 힐난詰難을 두려워하지 않는 것이고, 둘째는 누영진무외漏永盡無畏로서 온갖 번뇌를 다 끊었노라고 하여 외난外難을 두려워하지 않는 것이며, 셋째는 설장법무외說障法無畏로서 보리를 장애하는 것을 말하되, 악법惡法은 장애되는 것이라고 말해서 다른 이의 비난을 두려워하지 않는 것이고, 넷째는 설출도무외說出道無畏로서 고통의 세계를 벗어나는 중요한 길을 나타내서 다른 이의 비난을 두려워하지 않는 것을 말한다. 보살의 무소외란 첫째 능지무외能持無畏로서 교법을 듣고 명구문名句文과 그 뜻을 잊지 않아 남에게 가르침에 있어 두려워하지 않는 것이고, 둘째는 지근무외知根無畏

사자처럼 외쳐댄다 하더라도 마침내는 몸을 버리고 반열반般涅槃을 취하는 것이라오. 이러한 까닭으로 대왕께서는 아셔야만 합니다. 모든 중생 · 모든 벌레 · 모든 신에 이르기까지 일단 생겨난 것은 속절없이 죽게 마련이니 마침내 소멸됨으로 돌아가며 죽지 않는 것은 아무것도 없답니다.”

그때 세존께서 다시 게송으로 말씀하셨다.

온갖 중생의 부류들
목숨 있으면 마침내 죽음으로 돌아가
각기 지은 업을 따라 다른 세계로 나아가서
선악의 결과를 제 자신이 받는다.

그 나쁜 업 지은 자는 지옥에 떨어지고
선을 행한 사람은 천상에 오르며
훌륭하고 묘한 도 닦아 익힌 이는
번뇌가 다해 반열반에 드느니라.

여래와 연각과
부처님의 성문 제자들까지도
마침내는 그 몸과 목숨을 버리나니
하물며 저 세속 범부들이겠는가.

로서 중생 근기의 우둔함과 예리함을 알고 그에 알맞은 법을 말해줌에 있어 두려워하지 않는 것이며, 셋째는 결의무외決疑無畏로서 다른 이의 의심을 판결하여 적절한 답변을 해줌에 있어 두려워하지 않는 것이고, 넷째는 답보무외答報無畏로서 여러 가지 어려운 질문에 대해 자유자재로 응답함에 있어 두려워하지 않는 것을 말한다.

부처님께서 이 경을 말씀하시자 바사닉왕은 부처님의 말씀을 듣고 기뻐하면서 예배하고 떠나갔다.

1228. 자념경自念經[10]

이와 같이 나는 들었다.

어느 때 부처님께서 사위국 기수급고독원에 계셨다.

그때 바사닉왕은 혼자 고요한 곳에서 선정에 들어 이렇게 생각하였다.

'어떤 것을 자신을 생각하는 것이라 하고 어떤 것을 자신을 생각하지 않는 것이라고 하는가?'

또 이렇게 생각하였다.

'만일 몸으로 악행惡行을 하고 입으로 악행을 하며 뜻으로 악행을 하면 그것은 자신을 생각하지 않는 것이며, 만일 몸으로 선행善行을 하고 입으로 선행을 하며 뜻으로 선행을 하면 그것은 자신을 생각하는 것이다.'

그는 선정에서 깨어나 부처님께서 계신 곳으로 찾아가서 부처님의 발에 머리 조아려 예를 올리고 한 쪽에 물러나 앉아서 아뢰었다.

"세존이시여, 저는 고요한 곳에서 혼자 사색에 잠겨 있다가 '어떤 것이 자신을 생각하는 것이며, 어떤 것이 자기를 생각하지 않는 것인가' 하고 생각하였습니다. 그리고 또 '만일 몸으로 악행을 하고 입으로 악행을 하며 뜻으로 악행을 하면 그것은 자기를 생각하지 않는 것이다. 만일 몸으로 선행을 하고 입으로 선행을 하며 뜻으로 선행을

10 이 소경은 『별역잡아함경』 제3권 열세 번째 소경과 그 내용이 비슷하다.

하면 그것은 자기를 생각하는 것이다'라고 생각하였습니다."

부처님께서 대왕에게 말씀하셨다.

"그렇습니다. 대왕이여, 그렇습니다. 대왕이여, 만일 몸으로 악행을 행하고 입으로 악행을 행하며 뜻으로 악행을 행하면 그것은 자기〔自〕[11]를 생각하지 않는 것임을 아셔야 합니다. 그들이 아무리 스스로 자기를 사랑스럽게 생각한다고 말하더라도 사실은 자신을 생각하지 않는 것입니다. 왜냐하면 나쁜 벗이 염려하지 않는 사람에게 악한 짓을 하는 것은 그를 염려하지 않고 사랑하지 않기 때문인데 사랑하지 않는 사람에게 하는 짓을 스스로 자신에게 행하는 것과 같기 때문입니다. 그러므로 그것은 자기를 생각하지 않는 것입니다.

대왕이여, 만일 또 몸으로 선행을 하고 입으로 선행을 하며 뜻으로 선행을 하면 그것은 자신을 생각하는 것임을 아셔야 합니다. 그들은 스스로 자신은 자기 몸을 사랑하지 않는다고 말하지만, 그들은 사실 자신을 생각하는 것입니다. 왜냐하면 착한 벗이 착한 벗에게 행하는 것을 생각하는 것입니다. 생각하거나 사랑하는 자가 사랑스러운 사람에게 행하는 것을 자기 스스로 자신에게 행하는 것과 같기 때문입니다. 그러므로 그들은 자기를 생각하는 것입니다."

그때 세존께서 다시 게송으로 말씀하셨다.

이른바 자기를 생각하는 이라면
마땅히 나쁜 행 짓지 말지니
끝끝내 나쁜 행 의지하지 않으면
자기로 하여금 안락을 얻게 하리라.

---

11 여기서 '자기'란 우파니샤드적인 자아自我, ātman를 말하는 것이 아니고, 업業에 의해 형성되는 5온蘊의 복합체로서의 개인을 의미하는 것이다.

이른바 자기를 생각하는 이라면
끝끝내 나쁜 행 짓지 말지니
온갖 착한 업 짓는 사람은
자기로 하여금 안락을 얻게 하리라.

만일 자기를 사랑하는 이라면
자기 자신 보호하기를
나라를 잘 보호하는 임금이
밖으로 국경의 성 막듯이 하라.

만일 자기를 사랑하는 이라면
자신의 보배창고를 잘 지키되
나라를 잘 지키는 임금이
안으로 국경의 성 막듯이 하라.

이와 같이 자신의 보배창고를
잠깐이라도 빈틈이 없게 하라.
잠깐이라도 틈이 생기면 근심 이루고
나쁜 곳에서 오래도록 괴로움 받으리.

부처님께서 이 경을 말씀하시자 바사닉왕은 부처님의 말씀을 듣고 기뻐하면서 예배하고 떠나갔다.

1229. 자호경自護經[12]

이와 같이 나는 들었다.

어느 때 부처님께서 사위국 기수급고독원에 계셨다.

그때 바사닉왕은 혼자 고요히 사색하다가 이런 생각에 잠겼다.

'어떤 것이 자신을 보호하는 것이며 어떤 것이 자신을 보호하지 않는 것인가?'

또 이렇게 생각하였다.

'만일 어떤 이가 몸으로 악행을 하고 입으로 악행을 하며 뜻으로 악행을 하면 그들은 자기를 보호하지 않는 것이다. 만일 몸으로 선행을 하고 입으로 선행을 하며 뜻으로 선행을 하면 그들은 자기를 보호하는 것이다.'

그는 선정에서 깨어나 부처님께서 계신 곳으로 찾아가서 부처님 발에 머리를 조아려 예배하고 한 쪽에 물러나 앉아서 부처님께 아뢰었다.

"세존이시여, 저는 혼자서 고요히 이런 생각을 하였습니다.

'어떤 것이 자신을 보호하는 것이며 어떤 것이 자신을 보호하지 않는 것인가?'

또 이런 생각을 하였습니다.

'만일 어떤 이가 몸으로 악행을 하고 입으로 악행을 하며 뜻으로 악행을 하면 그들은 자신을 보호하지 않는 것이다. 만일 몸으로 선행을 하고 입으로 선행을 하며 뜻으로 선행을 하면 그들은 자기를 보호하는 것이다.'"

부처님께서 대왕에게 말씀하셨다.

"그렇습니다. 대왕이여, 그렇습니다. 대왕이여, 만일 몸으로 악행

---

12 이 소경은 『별역잡아함경』 제3권 열네 번째 소경과 그 내용이 비슷하다.

을 하고 입으로 악행을 하며 뜻으로 악행을 하면 그것은 자기를 생각하지 않는 것입니다.

그러면서 그들은 스스로 자신을 잘 보호한다고 말들을 합니다. 상군象軍 · 마군馬軍 · 차군車軍 · 보군步軍으로써 자신을 보호하면서 스스로 보호한다고 말하지만, 사실은 자신을 보호하는 것이 아닙니다. 왜냐하면 비록 밖은 보호하고 있을지라도 안을 보호하지는 못하기 때문입니다. 그러므로 대왕이여, 그것은 자기를 보호하지 않는 것이라고 합니다.

대왕이여, 만일 어떤 이가 몸으로 선행을 하고 입으로 선행을 하며 뜻으로 선행을 하면 그것은 자신을 보호하는 것입니다. 그들은 상군 · 마군 · 차군 · 보군, 이 네 군사로써 자기 몸을 보호하지 않는다고 말하지만 그들은 사실 자신을 보호하는 것입니다.

왜냐하면 안을 보호하는 이를 자신을 잘 보호한다고 하지, 밖을 보호하는 것을 말하는 것이 아니기 때문입니다."

그때 세존께서 다시 게송으로 말씀하셨다.

몸과 입과 뜻으로 짓는
모든 업을 잘 단속하고
부끄러운 줄 알아 스스로 지키는 것
이것을 잘 지켜 보호하는 것이라 한다.

그때 바사닉왕은 부처님의 말씀을 듣고 기뻐하면서 예배하고 떠나갔다.

1230. 재리경財利經[13]

이와 같이 나는 들었다.

어느 때 부처님께서 사위국 기수급고독원에 계셨다.

그때 바사닉왕은 혼자 고요히 사색하다가 이렇게 생각하였다.

'세상에 훌륭하고 값진 재물과 이익을 얻은 사람으로서 방일하지 않고 탐착하지 않으며 중생들에게 악행을 짓지 않는 사람은 적고 세상에 훌륭하고 값진 재물과 이익을 얻고 나면 방일해지고 더욱 탐착하며 온갖 삿된 짓을 하는 사람은 많다.'

이렇게 생각하고는 부처님께서 계신 곳으로 찾아가서 부처님의 발에 머리 조아려 예배하고 한 쪽에 물러나 앉아서 부처님께 아뢰었다.

"세존이시여, 저는 혼자 고요히 사색하다가 이렇게 생각하였다.

'세상에 훌륭하고 값진 재물과 이익을 얻은 사람으로서 방일하지 않고 탐착하지 않으며 중생들에게 악행을 짓지 않는 사람은 적고 세상에 훌륭하고 값진 재물과 이익을 얻고 나면 방일해지고 더욱 탐착하며 온갖 삿된 짓을 하는 사람은 많다.'

부처님께서 바사닉왕에게 말씀하셨다.

"그렇습니다. 대왕이여, 그렇습니다. 대왕이여, '세상에 훌륭하고 값진 재물과 이익을 얻은 사람으로서 방일하지 않고 탐착하지 않으며 중생들에게 악행을 짓지 않는 사람은 적고 세상에 훌륭하고 값진 재물과 이익을 얻고 나면 방일해지고 더욱 탐착하며 온갖 삿된 짓을 하는 사람은 많습니다. 대왕이여, 마땅히 알아야만 합니다. 저 모든 세상 사람들 중에 훌륭하고 값진 재물을 얻고 나서 그 재물로 인하여 방일해지고 탐착을 일으키며 삿된 짓을 하는 사람은 어리석은 사람으로서

13 이 소경은 『별역잡아함경』 제3권 열여섯 번째 소경과 그 내용이 비슷하다.

오랜 세월 동안 유익하지 않은 많은 괴로움을 받을 것입니다.

비유하면 사냥꾼이나 사냥꾼의 제자가 텅 빈 들판이나 숲 속에 그물을 치고 덫을 놓아 많은 짐승을 죽이고 중생들을 괴롭혀서 악한 업이 더욱 많아지는 것처럼, 저 세상 사람이 훌륭하고 값진 재물을 얻으면 그 재물로 인하여 방일해지고 탐착하며 온갖 삿된 짓을 하는 것도 그와 같습니다.

그는 어리석은 사람으로서 오랜 세월 동안 유익하지 못한 괴로움을 받을 것입니다."

그때 세존께서 다시 게송으로 말씀하셨다.

좋은 재물에 탐욕을 내어
그 탐욕 때문에 미혹하고 취해
미쳐 날뛰면서 깨닫지 못하나니
비유하면 마치 저 사냥꾼과 같네.
그는 그 방일한 행으로 말미암아
마땅히 큰 고통의 과보를 받으리라.

부처님께서 이 경을 말씀하시자 바사닉왕은 부처님의 말씀을 듣고 기뻐하면서 예배하고 떠나갔다.

1231. 탐리경貪利經[14]

이와 같이 나는 들었다.

14 이 소경은 『별역잡아함경』 제3권 열다섯 번째 소경과 그 내용이 비슷하다.

어느 때 부처님께서 사위국 기수급고독원에 계셨다.

그때 바사닉왕은 정전正殿[15] 위에서 스스로 왕의 일〔王事〕을 관장하다가 찰리처럼 훌륭한 족성이나 바라문처럼 훌륭한 족성이나 장자처럼 훌륭한 족성을 지닌 사람들이 모두 탐욕으로 말미암아 서로 속이고 거짓말하는 것을 보았다. 그는 곧 이렇게 생각하였다.

'이 재판하는 일을 중단하자. 이 재판하는 일을 그만두자. 나는 다시는 이런 재판을 몸소 처결하지 않으리라. 내게는 현명한 아들이 있다. 그 아들로 하여금 재판하게 하리라. 어떻게 내가 직접 이 찰리처럼 훌륭한 족성이나 바라문처럼 훌륭한 족성이나 장자처럼 훌륭한 족성을 지닌 사람들이 탐욕으로 말미암아 서로 속이고 거짓말하는 것을 차마 볼 수 있겠는가?'

그때 바사닉왕은 이렇게 생각하고는 부처님께서 계신 곳으로 찾아가서 부처님의 발에 머리 조아려 예배하고 한 쪽에 물러나 앉아서 부처님께 아뢰었다.

'세존이시여, 저는 정전 위에서 몸소 왕의 일을 맡아보다가 저 찰리처럼 훌륭한 족성이나 바라문처럼 훌륭한 족성이나 장자처럼 훌륭한 족성을 가진 사람들이 모두들 이익을 탐한 까닭에 서로 속이고 거짓말하는 것을 보았습니다. 세존이시여, 저는 그 사실을 보고 이렇게 생각하였습니다.

'나는 오늘부터 이 재판하는 일을 중단하자. 이 재판하는 일을 그만두자. 내게는 현명한 아들이 있으니 그 아들을 시켜 재판을 하게 하자. 나는 친히 이 찰리처럼 훌륭한 족성이나 바라문처럼 훌륭한 족성이나 장자처럼 훌륭한 족성을 지닌 사람들이 이익을 탐한 까닭에 서로 속이고 거짓말하는 것을 보지 않으리라'고 다짐하였습니다."

---

15 팔리어로는 atthakarana라고 하며, 재판소裁判所를 말함.

부처님께서 바사닉왕에게 말씀하셨다.

"그렇습니다. 대왕이여, 그렇습니다. 대왕이여, 저 찰리처럼 훌륭한 족성이나 바라문처럼 훌륭한 족성이나 장자처럼 훌륭한 족성을 지닌 사람들이 이익을 탐한 까닭에 서로 속이고 거짓말을 합니다. 저들은 어리석은 사람으로서 오랜 세월동안 유익하지 못한 큰 고통을 받을 것입니다. 대왕이여, 마땅히 알아야만 합니다. 비유하면 어부漁夫나 어부의 제자들이 강이나 개울에 물을 막고 그물을 치고 잔인하게 중생을 죽이면 큰 괴로움을 당하게 되듯 대왕이여, 저 찰리처럼 훌륭한 족성이나 바라문처럼 훌륭한 족성이나 장자처럼 훌륭한 족성을 지닌 사람들이 이익을 탐함으로 인하여 서로 속이고 거짓말을 하여, 오랜 세월동안 유익하지 못한 큰 고통을 받을 것입니다."

그때 세존께서 다시 게송으로 말씀하셨다.

> 재물에 대하여 탐욕을 일으키면
> 그 탐욕에 빠지고 혼미해져서
> 미쳐 날뛰면서도 깨닫지 못하리니
> 그것은 마치 저 어부들과 같아서
> 그들은 그 나쁜 업으로 인해
> 극심한 괴로움의 과보를 받으리라.

부처님께서 이 경을 말씀하시자 바사닉왕은 부처님의 말씀을 듣고 기뻐하면서 예배하고 떠나갔다.

1232. 간경慳經[16]

이와 같이 나는 들었다.

어느 때 부처님께서 사위국 기수급고독원에 계셨다.

그때 바사닉왕은 부처님께서 계신 곳으로 찾아가서 부처님의 발에 머리 조아려 예배하고 한 쪽에 물러나 앉아서 아뢰었다.

"세존이시여, 이 사위국에 마하남摩訶男이라는 장자가 있습니다. 그는 재물이 많은 큰 부자라서 순금을 백천억이나 쌓아두고 있으니, 하물며 다른 재물이겠습니까? 세존이시여, 그 마하남 장자는 그렇게 큰 부자인데도 싸라기로 밥을 지어먹고 콩국을 먹으며 상한 생강을 먹습니다. 거친 베옷을 입고 홑겹의 가죽신을 신으며 낡은 수레를 타고 다니며 나뭇잎으로 만든 일산을 쓰고 다닙니다. 그러나 그가 일찍이 사문 바라문에게 공양하고 보시하거나 가난한 사람·나그네·불쌍한 거지들을 가엾이 여겨 돌아보았다는 말은 듣지 못했고 문을 닫고 음식을 먹어서 사문 바라문이나 가난한 사람·나그네 그리고 여러 거지들이 보지 못하게 합니다."

부처님께서 바사닉왕에게 말씀하셨다.

"그는 올바른 사람이 아닙니다. 많은 재물을 지니고 있으면서도 제 자신이 쓰지도 않고 부모를 공양하거나 처자와 친척과 권속을 돌보거나 모든 종들을 가엾이 여기거나 벗에게 보시할 줄도 모르니 말입니다. 때를 따라 사문 바라문에게 보시하여 훌륭한 복전福田에 종자를 심으면 훌륭한 곳을 향해 나아가 오래도록 안락한 생활을 하다가 미래에 천상에 태어난다는 것을 모르는 사람입니다. 많은 재물을 지니

16 이 소경은 『별역잡아함경』 제3권 열일곱 번째 소경과 『증일아함경』 제13권 제23 「지주품地主品」과 그 내용이 비슷하다.

고 있으면서 널리 써서 큰 이익을 거두는 방법을 알지 못하는 사람입니다. 대왕이여, 비유하면 넓은 들판에 있는 못〔池〕에 물이 가득 차 있는데도 그 물을 쓰거나 목욕하거나 마시는 사람이 없어서 그 못물이 햇볕에 쪼여 말라 없어지는 것처럼 그 착하지 않은 사람이 많은 재물을 가지고 있으면서도……(이하 생략)……널리 써서 큰 이익을 거두지 못하는 것도 꼭 저 못물과 같습니다.

대왕이여, 어떤 선남자善男子가 많은 재물을 얻으면 자신도 쓰면서 즐기고, 부모를 봉양하고 처자와 친척과 권속을 돌보며 종들을 가엾이 여겨 도와주고 여러 벗들에게 보시하며 때때로 사문 바라문에게 공양하여 훌륭한 복전福田에 종자를 심으면 훌륭한 곳으로 향하여 그는 미래에 틀림없이 천상에 태어날 것입니다. 그는 많은 재물을 얻어 널리 씀으로써 몇 배나 큰 이익을 거두는 것입니다. 비유하면 대왕이여, 촌락에 있는 성 곁에 맑고 시원하고 깨끗한 못물이 있고 나무 그늘이 덮고 있어 사람들이 즐겁게 쉬고 많은 사람들과 나아가 짐승들까지도 그곳을 즐기는 것처럼 선남자는 많고 값진 재물을 얻으면 제 자신도 쓰면서 즐기고 또한 부모를 공양하며,……(이하 생략)……훌륭한 복전에 종자를 심어 큰 이익을 널리 거둡니다."

그때 세존께서 다시 게송으로 말씀하셨다.

넓은 들판에 못이 있어
맑고 시원하고 깨끗해도
그것을 즐겨 쓰는 이 없으면
곧 거기서 말라버리고 만다네.

이와 같이 훌륭하고 값진 재물도
나쁜 사람이 지니게 되면

자신도 쓰지 못하거니와
남을 가엾이 여겨 주지도 못하며
부질없이 스스로 괴롭게 모으기만 하고
그렇게 모았다가는 스스로 잃고 만다네.

지혜로운 사람은 많은 재물 얻으면
자신도 즐기며 잘 쓸 줄을 알고
널리 보시해 공덕도 지으며
친척과 권속들에게도 보시한다네.

보시해야 할 곳에 맞게 보시하는 것
마치 소가 그 떼를 거느림과 같으리니
남에게 주고 스스로도 쓸 줄 알며
응당해야 할 것을 잃지 않으면
이치를 따라 목숨을 마치고는
천상에 나서 복락福樂을 받으리라.

부처님께서 이 경을 말씀하시자 바사닉왕은 부처님의 말씀을 듣고 기뻐하면서 예배하고 떠나갔다.

1233. 명종경命終經[17]

이와 같이 나는 들었다.

---

17 이 소경은 『별역잡아함경』 제3권 열여덟 번째 소경과 그 내용이 비슷하다.

어느 때 부처님께서 사위국 기수급고독원에 계셨다.

그때 사위국에는 마하남이라는 장자가 살다가 목숨을 마쳤는데 그에게는 아들이 없었다. 바사닉왕은 아들도 없고 친척도 없다 하여 그의 재산을 모두 왕가에 귀속시켰다.

바사닉왕은 날마다 재물을 조사하느라 몸에 먼지를 잔뜩 뒤집어쓴 채 부처님께서 계신 곳으로 찾아가서 부처님의 발에 머리 조아려 예배하고 한 쪽에 물러나 앉았다.

그때 세존께서 바사닉왕에게 말씀하셨다.

"대왕이여, 어디서 오시기에 그렇게 몸에 먼지를 잔뜩 뒤집어썼으며, 어찌 그리도 피곤해 보이십니까?"

바사닉왕이 부처님께 아뢰었다.

"세존이시여, 이 나라에 마하남이라는 장자가 목숨을 마쳤는데, 그에게는 아들이 없었습니다. 그래서 그의 재물을 모두 왕가에 귀속시키고 그 재물을 점검하고 처리하느라고 피로가 쌓였고 몸에는 먼지를 뒤집어쓴 채로 이렇게 온 것입니다."

부처님께서 바사닉왕에게 물으셨다.

"그 마하남 장자는 재물이 아주 많은 큰 부자입니까?"

바사닉왕이 부처님께 아뢰었다.

"세존이시여, 그는 큰 부자라서 돈과 재물이 매우 많았습니다. 백천 거억巨億의 돈과 보물이 있었으니 하물며 다른 재산이겠습니까? 세존이시여, 그 마하남은 세상에 살았을 때 거친 옷을 입고 나쁜 음식만 먹었습니다.……이 사이의 자세한 내용은 앞에서 말한 것과 같다."

부처님께서 바사닉왕에게 말씀하셨다.

"저 마하남은 과거 세상에 다가라시기多迦羅尸棄라는 벽지불辟支佛을 만나 한 끼니의 밥을 보시했었습니다. 그러나 청정하게 믿는 마음이 아니었고 공경히 준 것도 아니었으며 손수 주지도 않았고 보시하고 나서는 후회하면서 말하기를 '이 밥을 많은 우리 집 종들에게 줄 것을 쓸데없이 사문들에게 보시하였다'라고 하였었습니다. 그런 보시의 복으로 말미암아 일곱 번은 삼십삼천에 태어났고 일곱 번은 여기 사위국에서 가장 훌륭한 족성族姓으로 태어나 돈과 재물이 많이 가진 큰 부자가 되었던 것입니다. 그러나 그 벽지불에게 보시할 때 청정하게 믿는 마음이 아니었고 제 손으로 직접 주지도 않았으며 공경히 주지도 않았고 보시하고 나서는 후회하였기 때문에 그가 태어난 곳에서 비록 부자가 되어도 일부러 거친 옷을 입고 나쁜 음식만 먹으며 추하고 낡은 침구와 집과 수레를 쓰면서 처음부터 훌륭하고 묘한 색·소리·냄새·맛·감촉을 얻지 못하고 스스로 몸을 위안했던 것입니다.

또 대왕이여, 그 마하남 장자는 자기 이모의 형을 죽이고 그의 재물을 빼앗았었습니다. 그 죄로 말미암아 백천 년을 지나도록 지옥에 떨어졌고 그 남은 죄의 과보果報로 일곱 번 사람의 몸을 받아 사위국에 태어났지만 늘 아들이 없었기 때문에 재물이 왕가에 몰수당했었습니다. 대왕이여, 마하남 장자는 지금 여기서 목숨을 마쳤지만 전생에 보시한 과보는 다 끝났고 그 몸의 간탐 때문에 재물에 방일하여 죄를 지었으므로 그는 여기서 목숨을 마친 뒤에는 지옥에 떨어져 극심한 고통을 받을 것입니다."

바사닉왕이 부처님께 아뢰었다.

"세존이시여, 마하남 장자는 목숨을 마치고 나서 지옥에 들어가 고통을 받습니까?"

부처님께서 말씀하셨다.

"그렇습니다. 대왕이여, 이미 지옥에 들어갔습니다."

그때 바사닉왕은 그를 생각해 슬피 울고 옷으로 눈물을 훔치면서 게송으로 말하였다.

재물과 또 순금 보배와
코끼리와 말과 장신구들
종들과 여러 사환 아이와
많은 논밭과 또 그 집들

이런 것 일체를 모두 다 버리고
오직 벗은 혼만이 홀로 갔네.
그 복의 운수가 이미 다하여
사람의 몸을 영원히 버렸네.

이제 그에게 무엇이 있으며
그는 무엇을 가지고 갔는가?
그 어떤 일이라 하여 버리지 않으리
마치 형체 따르는 그림자 같은 것을.

그때 세존께서 게송으로 대답하셨다.

오직 그 죄와 복의 업만 있나니
만일 사람이 그런 것을 지으면
그야말로 그의 소유이거니
그는 언제나 가지고 다니면서
나든지 죽든지 일찍이 버리지 못함이
그림자가 형체를 따르는 것 같다네.

마치 어떤 사람이 적은 양식 가지고
먼 길을 떠나면 고난을 당하듯이

그 공덕을 닦지 않는 사람은
반드시 나쁜 세계에서 괴로움을 겪으리.

마치 어떤 사람이 양식이 풍족하면
편안하게 먼 길을 갈 수 있듯이
순박하고 후하게 덕을 닦으면
좋은 세계에서 오래도록 즐거움 누리리.

마치 어떤 사람이 먼 길을 떠났다가
오랜만에 무사히 집으로 돌아오면
그의 친척들과 친한 벗들이
반기고 기뻐하며 모여들 듯이

공덕을 잘 닦은 사람은
여기서 죽어 저승에 날 때
그의 여러 친척과 그 권속들이
그걸 보면 기뻐하고 즐거워하리.

그러므로 마땅히 복을 닦아서
오랫동안 쌓고 모으면
그 복과 덕이 능히 그 사람 위해
다른 세상의 즐거움 마련하리라.

복과 덕은 하늘도 찬탄하는 것
바른 행을 평등하게 닦기 때문이니
현세의 사람들도 헐뜯지 않고

죽어서는 천상에 태어나리라.

부처님께서 이 경을 말씀하시자 바사닉왕은 부처님의 말씀을 듣고 기뻐하면서 예배하고 떠나갔다.

1234. 사사경祠祀經[18]

이와 같이 나는 들었다.

어느 때 부처님께서 사위국 기수급고독원에 계셨다.

그때 바사닉왕은 널리 큰 모임[19]을 베풀기 위해 큰 대회 때문에 천 마리 황소를 줄을 세워 기둥에 매어놓고 온갖 공양거리를 모으며 멀리 모든 외도들을 불러들이니, 그들은 모두 바사닉왕이 베푸는 큰 모임에 모여들었다.

그때 많은 비구들이 이른 아침에 가사를 입고 발우를 가지고 사위성에 들어가 걸식하다가 바사닉왕이 널리 큰 모임을 베풀었는데…… 이 사이의 자세한 내용은 앞에서 말한 것과 같다.……여러 외도들이 모두 모였다는 말을 들었다. 그들은 걸식을 마치고 정사精舍로 돌아와 가사와 발우를 챙겨두고 발을 씻은 뒤에 부처님께서 계신 곳으로 나아가 부처님의 발에 머리 조아려 예배하고 한 쪽에 물러나 앉아서 부처님께 아뢰었다.

"세존이시여, 저희 여러 비구들은 이른 아침에 가사를 입고 발우를

---

18 이 소경은 『별역잡아함경』 제3권 열아홉 번째 소경과 그 내용이 비슷하다.

19 여기에서 큰 모임이란 부처님과 불제자들을 모시고 가지는 법회가 아니라, 희생犧牲을 바치고 제사를 지내는 그런 모임이다.

가지고 사위성에 들어가 걸식하다가 바사닉왕이 널리 모임을 베풀었는데……이 사이의 자세한 내용은 앞에서 말한 것과 같다.……많은 외도들이 그 모임에 모였다는 말을 들었습니다."

그때 세존께서 곧 게송으로 말씀하셨다.

달마다 큰 모임 베풀어
그렇게 백천 번에 이르더라도
바르게 부처님을 믿는 것의
16분의 1에도 미치지 못하리라.

이와 같이 법과 승가를 믿으며
중생을 자애롭게 생각한다면
저 큰 모임을 베푸는 복은
16분의 1에도 미치지 못하리라.

혹 어떤 사람이 이 세상에서
억 년 동안 복업福業을 베풀더라도
정직한 마음으로 예경하는 것의
4분의 1에도 미치지 못하리라.

부처님께서 이 경을 말씀하시자 모든 비구들은 부처님의 말씀을 듣고 기뻐하면서 받들어 행하였다.

1235. 계박경繫縛經[20]

이와 같이 나는 들었다.

어느 때 부처님께서 사위국 기수급고독원에 계셨다.

그때 바사닉왕이 화가 나서 여러 나라 사람들을 많이 잡아 가두었다. 찰리刹利이건, 바라문婆羅門이건, 비사鞞舍건, 수다라首陀羅건, 전다라旃陀羅건, 계를 지키는 이건, 계를 범한 이건, 속가에 있는 이건, 출가한 이건 할 것 없이 다 잡혀 사슬에 엮이기도 하고 차꼬에 채워지기도 하였으며, 혹은 밧줄에 포박되기도 하였다.

그 무렵 많은 비구들이 이른 아침에 가사를 입고 발우를 가지고 사위성에 들어가 걸식하다가 많은 사람들이 바사닉왕에게 잡혀……(이하 생략)……사슬이나 밧줄에 묶였다는 말을 들었다. 그들은 걸식을 마치고 정사로 돌아와 가사와 발우를 챙겨두고 발을 씻은 뒤에 부처님께서 계신 곳으로 나아가 부처님의 발에 머리 조아려 예배하고 한쪽에 물러나 앉아서 부처님께 아뢰었다.

"세존이시여, 저희 많은 비구들은 오늘 성에 들어가 걸식하다가 많은 사람이 바사닉왕에게 잡혀서……(이하 생략)……사슬에 엮이거나 밧줄에 포박되었다는 말을 들었습니다."

그때 세존께서 곧 게송으로 말씀하셨다.

밧줄 · 사슬 · 차꼬 따위는
단단한 결박이라 하지 않는다.
물들어 더러운 마음 가지고
돈 · 재물 · 보배 · 아내 · 자식 등을

20 이 소경은 『별역잡아함경』 제3권 스무 번째 소경과 그 내용이 비슷하다.

생각하는 그 결박이야말로 깊고 단단해
아무리 늦추어도 벗어나기 어렵다.

세상에 다섯 가지 욕심의 향락
지혜로운 사람은 돌아보지 않나니
그것이 곧 온갖 결박을 끊고
편안히 이 세상을 벗어나는 것이다.

부처님께서 이 경을 말씀하시자 모든 비구들은 부처님의 말씀을 듣고 기뻐하며 받들어 행하였다.

1236. 전투경戰鬪經[21] ①

이와 같이 나는 들었다.

어느 때 부처님께서 사위국 기수급고독원에 계셨다.

그때 바사닉왕은 마갈제국摩竭提國 위제희韋提希의 아들인 아사세왕阿闍世王과 사이가 좋지 않았다. 마갈제국 위제희의 아들인 아사세왕은 상병〔象軍〕·마병〔馬軍〕·차병〔車軍〕·보병〔步軍〕 등 네 종류의 군사를 일으켜 구살라국拘薩羅國으로 쳐들어갔다.

바사닉왕은 위제희의 아들인 아사세왕의 네 종류 군사들이 쳐들어온다는 말을 듣고 그도 또한 상병·마병·차병·보병 등 네 종류의 군사를 소집해 나가 전쟁을 벌였다. 그리하여 아사세왕의 네 종류 군사가 이겼고 바사닉왕의 네 종류 군사는 그들보다 못했기에 패하여

21 이 소경은 『별역잡아함경』 제4권 첫 번째 소경과 그 내용이 비슷하다.

후퇴하다 별처럼 흩어지게 되었다. 그러자 바사닉왕은 한 대의 수레를 타고 달려서 사위성으로 돌아왔다.

그때 많은 비구들이 이른 아침에 가사를 입고 발우를 가지고 사위성에 들어가 걸식하다가 마갈제국 위제희의 아들인 아사세왕이 네 종류의 군사를 일으켜 구살라국으로 쳐들어 왔고 바사닉왕도 네 종류의 군사를 일으켜 나가 전쟁을 벌였는데 바사닉왕의 네 종류 군사가 그들만 못해서 패하여 후퇴하다 별처럼 흩어지자 바사닉왕은 두렵고 당황한 나머지 한 대의 수레를 타고 달려서 사위성으로 돌아왔다는 말을 들었다.

그들은 그것을 듣고서 걸식을 마치고 정사로 돌아와 가사와 발우를 챙겨두고 발을 씻은 뒤에 부처님께서 계신 곳으로 나아가 부처님의 발에 머리 조아려 예배하고 한 쪽에 물러나 앉아서 부처님께 아뢰었다.

"세존이시여, 저희 많은 비구들이 오늘 성에 들어가 걸식하다가 마갈제국 위제희의 아들인 아사세왕이 네 종류의 군사를 일으켜……이하 자세한 내용은 앞에서 말한 것과 같다.……한 대의 수레를 타고 달려서 사위성으로 돌아왔다는 말을 들었습니다."

그때 세존께서 곧 게송으로 말씀하셨다.

싸워 이기면 원수와 적이 불어나고
패하여 괴로우면 누워서도 편치 않다.
이기고 지는 두 가지를 다 버리면
누웠건 깨었건 고요한 즐거움을 누리리.

부처님께서 이 경을 말씀하시자 모든 비구들은 부처님의 설법을 듣고 기뻐하며 받들어 행하였다.

1237. 전투경[22] ②

이와 같이 나는 들었다.

어느 때 부처님께서 사위국 기수급고독원에 계셨다.

그때 바사닉왕은 마갈제국 위제희의 아들인 아사세왕과 사이가 좋지 않았다. 마갈제국 위제희의 아들인 아사세왕이 네 종류의 군사를 일으켜 구살라국으로 쳐들어오자 바사닉왕도 네 종류의 군사를 배나 더 많게 일으켜 나가 전쟁을 벌였다. 그리하여 바사닉왕의 네 종류 군사가 이기고 아사세왕의 네 종류 군사는 패하여 항복하고 별처럼 흩어져버렸다. 바사닉왕은 아사세왕이 소유하고 있던 코끼리·말·수레·돈·재물·보물 등을 모조리 빼앗고 아사세왕을 사로잡았다. 그래서 같은 수레를 타고 부처님께서 계신 곳으로 찾아가서 부처님의 발에 머리를 조아리고서 한 쪽에 물러나 앉았다. 바사닉왕이 부처님께 아뢰었다.

"세존이시여, 이 사람은 바로 위제희의 아들인 아사세왕입니다. 오랫동안 내게 원한이 없던 사람이었는데 어쩌다 원한을 품어 호감을 가지고 있는 사람에게 좋지 않은 일을 하였습니다. 그러나 그는 나의 좋은 친구의 아들입니다. 놓아주어 제 나라로 돌아가게 하겠습니다."

부처님께서 바사닉왕에게 말씀하셨다.

"훌륭한 생각입니다. 대왕이여, 그를 놓아주어 제 나라로 돌아가게 한다면 당신은 오래도록 안락하고 요익하게 될 것입니다."

그때 세존께서 곧 게송으로 말씀하셨다.

나아가선 그 힘이 자재自在하여

---

22 이 소경은 『별역잡아함경』 제4권 두 번째 소경과 그 내용이 비슷하다.

능히 널리 저들을 노략질했다지만
원한을 조장함이 힘이 늘어나서
남의 이익 몇 배나 거둔 것일 뿐이네.

부처님께서 이 경을 말씀하시자 바사닉왕과 위제희의 아들인 아사세왕은 부처님의 말씀을 듣고 기뻐하면서 예배하고 떠나갔다.

1238. 불방일경不放逸經[23] ①

이와 같이 나는 들었다.

어느 때 부처님께서는 사위국 기수급고독원에 계셨다.

그때 바사닉왕은 혼자 고요히 사색하고 있다가 이렇게 생각하였다.

'세존의 바른 법은 현재 세상에서 모든 번뇌를 여의고, 시절時節을 기다리지 않고 통달하여 밝게 보고 이 법을 스스로 깨달아 증지證知하는 것이다. 그러니 그것은 좋은 벗이고 좋은 짝이요, 나쁜 벗이 아니고 나쁜 짝이 아니다.'

이렇게 생각하고는 부처님께서 계신 곳으로 찾아가 부처님의 발에 머리 조아리고는 한 쪽에 물러나 앉아서 부처님께 아뢰었다.

"세존이시여, 저는 혼자 조용히 사색하다가 이런 생각을 하였습니다.

'세존의 바른 법은 현재 세상에서 모든 번뇌를 여의고 시절을 기다리지 않고, 통달하여 밝게 보고 이 법을 스스로 깨달아 증득하는 것이

23 이 소경은 『별역잡아함경』 제4권 세 번째 소경과 그 내용이 비슷하다.

다. 그러니 그것은 좋은 벗이고 좋은 짝이요, 나쁜 벗이 아니고 나쁜 짝이 아니다.'"

부처님께서 바사닉왕에게 말씀하셨다.

"그렇습니다. 대왕이여, 그렇습니다. 대왕이여, 세존의 바른 법은 현재 세상에서 모든 번뇌를 여의고 시절을 기다리지 않고, 통달하여 밝게 보고 이 법을 스스로 깨달아 증득하는 것입니다. 그러니 그것은 좋은 벗이고 좋은 짝이요, 나쁜 벗이 아니고 나쁜 짝이 아닙니다. 왜냐하면 나는 좋은 벗이 되어 태어나는 법이 있는 중생들에게는 태어나는 법에서 해탈하게 해주고 늙음·병듦·죽음·근심·슬픔·번민·고통이 있는 중생들에게는 그런 것에서 다 해탈하게 해주기 때문입니다. 대왕이여, 나는 어느 때 왕사성 어느 산골에 있는 정사에 있었습니다. 그때 아난다 비구가 혼자서 조용히 사색하다가 이런 생각을 하였습니다.

'범행梵行을 하는 것에 있어 절반은 좋은 벗·좋은 짝과 사귀는 것이요 나쁜 벗·나쁜 짝과 사귀는 것이 아니다.'

그는 이렇게 생각하고는 내가 있는 곳으로 와서 내 발에 머리를 조아리고는 한쪽에 물러나 앉아서 나에게 말했습니다.

'세존이시여, 저는 혼자 조용히 사색하다가 〈범행을 하는 것에 있어 절반은 좋은 벗·좋은 짝과 사귀는 것이요, 나쁜 벗·나쁜 짝과 사귀는 것이 아니다〉라는 그런 생각을 하였습니다.'

나는 그때 '아난아, 〈범행을 하는 것에 있어 절반은 좋은 벗·좋은 짝과 사귀는 것이요, 나쁜 벗·나쁜 짝과 사귀는 것이 아니다〉라는 그런 말은 하지 말라. 왜냐하면 순일하고 원만하게 청정해지는 범행의 청백淸白함을 아주 순수하고 완전하게 깨끗해지도록 하는 것이 이른바 좋은 벗·좋은 짝과 사귀는 것이요, 나쁜 벗·나쁜 짝과 사귀는 것이 아니라고 하기 때문이니라. 그 까닭은 나는 언제나 모든 중생의 좋은 벗이 되기 때문이니, 저 중생들에게는 생겨남이 있기 때문에 세존의 바른 법을 알면 현재 세상에서 그들로 하여금 생겨남에서 벗어나게 해주고 늙음·병듦·죽음·근심·슬픔·번민·고통이 있으면, 그 모든 번뇌를 여의게 하여 시절을 기다리지 않고 현재 세상에서 그 고뇌를 벗어나게 해주어서 보고 통달하고 스스로 깨달아 증득하게 하기 때문이다. 그러므로 이것이 곧 좋은 벗·좋은 짝과 사귀는 것이요, 나쁜 벗·나쁜 짝과 사귀는 것이 아니니라'라고 그렇게 말해 주었습니다."

그때 세존께서 곧 게송으로 말씀하셨다.

방일하지 않음을 찬탄하는 것
그것은 부처님의 올바른 가르침이다.
선정을 닦아 방일하지 않으면
모든 번뇌 밝게 알아 증득하게 되리.

부처님께서 이 경을 말씀하시자 바사닉왕은 부처님의 말씀을 듣고 기뻐하면서 예배하고 떠나갔다.

1239. 불방일경[24] ②

이와 같이 나는 들었다.

어느 때 부처님께서 사위국 기수급고독원에 계셨다.

24 이 소경은 『별역잡아함경』 제4권 네 번째 소경과 『중아함경中阿含經』 제34권 141번째 소경인 유경喩經과 그 내용이 비슷하다.

그때 바사닉왕은 혼자 조용히 사색에 잠겨 있다가 이렇게 생각하였다.

'혹 닦아 익히고 더욱 많이 닦아 익히면 현재 세상에서의 소원을 만족하게 하고 다음 세상에서의 소원을 만족하게 하며 현재 세상과 다음 세상의 소원을 만족하게 할 수 있는 어떤 유일한 법이 있을까?'

그는 이렇게 생각하고는 부처님께서 계신 곳으로 나아가, 부처님의 발에 머리를 조아리고는 한 쪽에 물러나 앉아서 부처님께 아뢰었다.

"세존이시여, 저는 혼자 조용히 사색하다가 '혹 닦아 익히고 더욱 많이 닦아 익히면, 현재 세상에서의 소원을 만족하게 하고 다음 세상에서의 소원을 만족하게 하며, 현재 세상과 다음 세상의 소원을 만족하게 할 수 있는 어떤 유일한 법이 있을까?'라는 생각을 하였습니다."

부처님께서 바사닉왕에게 말씀하셨다.

"그렇습니다. 대왕이여, 그렇습니다. 대왕이여, 닦아 익히고 더욱 많이 닦아 익히면 현재 세상에서의 소원을 만족하게 하고 다음 세상에서의 소원을 만족하게 하며 현재 세상과 다음 세상의 소원을 만족하게 할 수 있는 그런 법이 있습니다. 그 법은 곧 방일하지 않는〔不放逸〕 훌륭한 법이라오. 방일하지 않는 훌륭한 법을 닦아 익히고 더욱 많이 닦아 익히면 현재 세상에서의 소원을 만족하게 하고 다음 세상에서의 소원을 만족하게 하며 현재 세상과 다음 세상의 소원을 만족하게 할 수 있습니다.

대왕이여, 비유를 들어 말하면 세간에서 경영하는 모든 거친 일들은 다 땅을 의지해 건립建立되는 것처럼 방일하지 않은 훌륭한 법도 역시 그와 같아서 닦아 익히고 더욱 많이 닦아 익히면 현재 세상에서의 소원을 만족하게 하고 다음 세상에서의 소원을 만족하게 하며 현재 세상과 다음 세상의 소원을 만족하게 할 수 있습니다. 그 힘과 같이 종자나 뿌리의 단단함과 육지나 물을 발로 다니는 것과 사자의 굴도 다 그러한 것이오.

그러므로 대왕이여, 방일하지 않은 데에 머무시고 방일하지 않음에 의지하십시오. 방일하지 않은 데에 머물고 방일하지 않음에 의지하고 나면 부인께서는 마땅히 이렇게 생각하실 것입니다.

'대왕께서는 방일하지 않은 데에 머무시고 방일하지 않음에 의지하시니, 나도 지금부터 그와 같이 방일하지 않은 데에 머물고 방일하지 않음에 의지하리라.'

그러면 부인과 마찬가지로 대신 · 태자 · 장군들도 모두 그렇게 할 것이며, 온 나라 백성들도 또한 '대왕께서는 방일하지 않은 데에 머물고 방일하지 않음에 의지하시며 부인 · 태자 · 대신 · 장군들까지도 방일하지 않은 데에 머물고 방일하지 않음에 의지하신다. 그러니 우리들도 마땅히 그렇게 방일하지 않은 데에 머물고 방일하지 않음에 의지해야겠다'라고 생각할 것입니다.

대왕이여, 만일 방일하지 않은 데 머무시고 방일하지 않음에 의지하신다면 곧 자신도 보호할 수 있고 부인과 채녀婇女들도 또한 제 자신을 보전할 수 있을 것이며 창고의 재물과 보배도 더욱 불어나고 풍족하게 될 것입니다."

그때 세존께서 곧 게송으로 말씀하셨다.

방일하지 않은 사람을 칭찬하고
방일한 사람은 비방하라.
제석은 방일하지 않아
도리천의 주인이 될 수 있었네.

방일하지 않은 사람을 칭찬하고
방일한 사람은 비방하라.
방일하지 않음을 완전하게 갖추면
두 가지 유익함을 거둘 수 있네.

첫째는 현재 세상에서 유익할 것이요
둘째는 다음 세상에서도 그러할 것이니
이것을 항상 끊임없이 똑같은
매우 깊은 지혜를 가진 이라 한다.

부처님께서 이 경을 말씀하시자 바사닉왕은 부처님의 말씀을 듣고 기뻐하면서 예배하고 떠나갔다.

1240. 삼법경三法經[25]

이와 같이 나는 들었다.

어느 때 부처님께서 사위국 기수급고독원에 계셨다.

그때 바사닉왕은 혼자서 조용히 사색에 잠겨 있다가 이렇게 생각하였다.

'온 세상에서 좋아하지 않는 여기 세 가지 법이 있다. 어떤 것이 그 세 가지인가? 늙음·병듦·죽음이다. 이러한 세 가지 법은 온 세상 누구나 다 좋아하지 않는 것이다. 만일 세상이 좋아하지 않는 이 세

25 이 소경은 『별역잡아함경』 제4권 다섯 번째 소경과 『증일아함경增一阿含經』 제18권 제26 「사의단품四意斷品」 여섯 번째 소경과 그 내용이 비슷하다.

가지 법이 없었더라면 모든 불세존께서는 세상에 나오지 않으셨을 것이요, 또 세상 사람들도 모든 불여래께서 깨달으신 법을 사람들을 위해 널리 말씀하셨다는 것을 알지 못했을 것이다. 세상에서 좋아하지 않는 세 가지 법인 늙음·병듦·죽음이 있기 때문에 모든 불여래께서 세상에 나오셨고, 또 세상 사람들도 모든 불여래께서 깨달으신 법을 널리 연설하셨다는 것을 알게 되었다.'

바사닉왕은 이렇게 생각하고는 부처님께서 계신 곳으로 나아가 부처님의 발에 머리를 조아리고는 한 쪽에 물러나 앉아서 자신이 생각한 것을 부처님께 자세히 아뢰었다.

부처님께서 바사닉왕에게 말씀하셨다.

"그렇습니다.대왕이여, 그렇습니다. 대왕이여, 여기 세 가지 법이 있는데 세상 사람들이 누구나 다 좋아하지 않는 여기 세 가지 법이 있나니, 그것은 늙음·병듦·죽음입니다.……(이하 생략)……세상 사람들도 여래가 깨달은 법을 사람들을 위해 널리 연설하였다는 것을 알게 된 것입니다."

그때 세존께서 다시 게송으로 말씀하셨다.

대왕께서 타고 다니는 보배 수레도
결국에는 낡아 부서질 것이니
이 몸도 또한 그와 같아서
변하고 바뀌어 마침내는 늙고 말 것입니다.

오직 여래의 바른 법만은
쇠하거나 늙는 모양 없나니
그 바른 법을 받은 사람은
영원히 안온한 곳으로 가게 되리.

다만 범부들은 쇠하고 늙어져
추하고 더러운 나쁜 모습으로 변하리니
쇠하고 늙음을 밟고 또 밟는 것은
도깨비에 홀린 어리석은 범부의 마음이라네.

사람이 비록 백 살을 살더라도
죽음이 닥칠까 언제나 걱정하고
늙고 병듦을 다투어 좇으면
틈을 엿보다가 곧 해를 끼치리.

부처님께서 이 경을 말씀하시자 바사닉왕은 부처님의 말씀을 듣고 기뻐하면서 예배하고 떠나갔다.

잡아함경 제 47 권

1241. 급고독경給孤獨經

이와 같이 나는 들었다.

어느 때 부처님께서 사위국 기수급고독원에 계셨다.

그때 급고독給孤獨 장자가 부처님께서 계신 곳으로 찾아가서 부처님의 발에 머리를 조아려 예를 올리고 한쪽에 물러나 앉아서 여쭈었다.

"세존이시여, 만일 어떤 사람이라도 우리 집에 있으면 다 깨끗한 믿음을 내고, 우리 집에 있다가 목숨을 마치는 사람은 다 천상天上에 태어나게 됩니다."

부처님께서 말씀하셨다.

"훌륭하고 훌륭하다. 장자여, 그 말은 매우 묘妙한 말이고, 또 한결같은 마음으로 지향하여 받아들일만한 말이다. 너는 대중들 가운데서 사자처럼 외쳐 '우리 집에 있는 이는 다 깨끗한 믿음을 내고, 또 목숨을 마치면 다 천상에 태어난다'고 말하는구나. 그러면 어떤 큰 덕과 신력 있는 비구가 너를 위해 말하기를 '무릇 그대의 집에 있다가 목숨을 마치는 이는 모두 천상에 태어난다'고 그렇게 말하던가?"

장자가 부처님께 아뢰었다.

"아닙니다, 세존이시여."

세존께서 다시 물으셨다.

"어떠한가? 비구니가 그런 말을 하던가, 모든 하늘들이 그런 말을 하던가, 그것도 아니면 혹 나에게서 직접 내 말을 들은 사람이 그런 말을 하던가?"

장자가 부처님께 아뢰었다.

"아니옵니다, 세존이시여."

"그러면 무엇인가? 장자야, 네 스스로의 지견知見에 의해 '우리 집에 있다가 목숨을 마치는 이는 다 천상에 태어난다'고 알았느냐?"

장자가 부처님께 아뢰었다.

"아니옵니다, 세존이시여."

부처님께서 장자에게 말씀하셨다.

"너는 큰 덕과 신력神力이 있는 비구에게서 듣지도 않았고, 비구니比丘尼나 하늘로부터 들은 것도 아니며, 또 나에게서 직접 말을 들은 이로부터 들은 것도 아니고, 스스로의 지견에 의하지도 않았으면서 '만일 누구나 우리 집에 있다가 목숨을 마치면 다 천상에 태어난다'고 말하고 있다. 너는 무엇으로 말미암아 그런 깊고 묘한 말을 하며 또 확실히 그것을 믿고 있는가? 그리고 대중들 가운에서 사자처럼 외쳐 '어떤 사람이든지 우리 집에서 목숨을 마치면 다 천상에 태어난다'고 말하느냐?"

장자가 부처님께 아뢰었다.

"큰 덕과 신력이 있는 어떤 비구가 내게 말한 일도 없고……자세한 내용은 바로 위에서 말한 것과 같다.……모두 천상에 태어납니다. 그런데 세존이시여, 나는 어떤 중생들의 주인이 아기를 배었을 때에는 그에게 '그 아들을 위해 부처님께 귀의하고 법과 승가에 귀의하라'고 가르칩니다. 아기가 태어났을 때에 다시 세 곳〔三歸 : 佛·法·僧〕에 귀의하라고 가르치고 그 아이가 지견이 생겼을 때에는 다시 계戒를 가지라고 가르칩니다. 혹 종이나 하천下賤한 다른 사람이 아기를 배고 또 낳았을 때에도 역시 그와 같이 가르칩니다.

그리고 만일 어떤 사람이 종〔奴婢〕을 팔려고 하면 나는 곧 그에게 가서 '어진이여, 내가 그 사람을 사겠소. 그대는 마땅히 부처님께 귀의하고 법에 귀의하며 비구승에게 귀의하시오. 그리고 금계禁戒를 받들어 지키시오'라고 말합니다. 내가 시키는 대로만 하면 곧 다섯 가지 계를 주고 그런 연후에는 그 주인이 달라는 값을 다 주고 그 종을 사지만 내가 시키는 것을 따르지 않으면 사지 않습니다.

또 손님을 재우거나 일꾼을 부릴 때에도 반드시 세 곳에 귀의하게 하고 다섯 가지 계를 준 뒤에 그들을 받아들입니다. 혹은 내게 와서 제자가 되려고 하거나, 혹은 빌리러 오거나 쉬러 오더라도 나는 먼저 반드시 세 곳에 귀의하게 하고 다섯 가지 계를 준 뒤에 그들의 말을 들어줍니다.

또 우리 집에서 부처님과 비구승에게 공양할 때에도 부모의 이름을 일컫고, 형제兄弟·처자妻子·종친宗親·벗〔知識〕·국왕國王·대신大臣·모든 하늘〔諸天〕·용신龍神들과, 혹은 살아 있거나 죽은 모든 이와 사문과 바라문, 그리고 안팎의 모든 권속과 밑으로 종들에 이르기까지 모두 그 이름을 일컬어 축원하고, 또 세존에게서 들은 그 이름까지 일컬어 축원합니다. 그런 인연으로 인하여 그들은 다 천상에 태어날 것입니다.

혹은 동산이나 토지를 보시하기도 하고, 혹은 집·평상·침구를 보시하기도 하며, 혹은 정기적으로 보시하기도 하고 걸어 다닐 길을 보시하기도 하며, 나아가 한 덩이 벽돌을 중생들에게 보시하더라도, 그런 여러 인연으로 인하여 그들은 다 천상에 태어날 것입니다."

부처님께서 말씀하셨다.

"훌륭하고 훌륭하다. 장자야, 너는 믿는 마음이 있기 때문에 능히 그런 말을 할 수 있다. 여래는 거기에 위없는 지견을 가지고 있다. 어떤 사람이든 간에 네 집에서 목숨을 마치면 모두 천상에 태어나리라는 것을 분명히 알고 있구나."

그때 급고독 장자는 부처님의 말씀을 듣고 기뻐하면서 예를 올리고 떠나갔다.

1242. 공경경恭敬經

이와 같이 나는 들었다.

어느 때 부처님께서 사위국 기수급고독원에 계셨다.

그때 부처님께서 모든 비구들에게 말씀하셨다.

"마땅히 공경히 머물러야 하고 항상 마음을 잡아매고 늘 조심하고 삼가야 한다. 다른 사람을 따라 자재自在하게 모든 범행梵行을 닦으면서, 윗자리와 중간 자리와 아랫자리를 가려서 앉아라. 왜냐하면 만일 어떤 비구가 공경히 머무르지 않고 마음을 잡아매지 않으며 조심하고 삼가지 않고, 남을 따라 자유롭게 모든 범행을 닦고 윗자리와 중간 자리와 아랫자리를 가려서 앉지 않으면서 위의威儀를 완전히 갖추려고 한다면 도저히 그렇게 될 리가 없느니라.

위의를 갖추지 않고 법을 배워 원만해지기를 바라는 일도 그렇게 될 리가 없고 법을 배워 원만해지지도 않았는데 계율의 몸〔戒身〕과 선정의 몸〔定身〕·지혜의 몸〔慧身〕·해탈의 몸〔解脫身〕·해탈지견의 몸〔解脫知見身〕을 완전히 갖추려고 하는 것도 그렇게 될 리가 없으며 해탈지견이 원만하게 갖추어지지도 않았는데 무여열반無餘涅槃을 얻으려고 하는 것도 그렇게 될 리가 없느니라.

이와 같으니 비구들아, 마땅히 힘써 공경하고 마음을 잡아매며 조심하고 삼가하며 다른 이의 덕의 힘과 모든 범행을 닦은 정도를 따라 윗자리와 중간 자리와 아랫자리를 가려서 앉으면서 위의를 완전하게 갖추려고 한다면 그것은 그렇게 될 수 있느니라. 위의를 원만하게 갖춘 뒤에 법을 배워 완전히 갖추려고 하면 그것도 그렇게 될 수 있고, 법을 배워서 완전하게 갖춘 뒤에 계율의 몸·선정의 몸·지혜의 몸·해탈의 몸·해탈지견의 몸을 완전히 갖추려고 하면, 그것도 그렇게 될 수 있으며, 해탈지견의 몸을 완전하게 갖춘 뒤에 무여열반을 얻으려고 하면 그것도 그렇게 될 수 있느니라.

그러므로 비구들아, 마땅히 애써 공경하고 마음을 잡아매고 조심하고 삼가하며 다른 이의 덕의 힘과 모든 범행을 닦은 정도를 따라 윗자리와 중간 자리와 아랫자리를 가려서 앉고 위의를 만족하게 하며,……(이하 생략)……무여열반을 얻으려고 하면 마땅히 이와 같이 공부해야 하느니라."

부처님께서 이 경을 말씀하시자 모든 비구들은 부처님의 말씀을 듣고 기뻐하며 받들어 행하였다.

1243. 이정법경二淨法經

이와 같이 나는 들었다.

어느 때 부처님께서 사위국 기수급고독원에 계셨다.

그때 부처님께서 여러 비구들에게 말씀하셨다.

두 가지 깨끗한 법이 있어서 능히 세간을 보호한다. 어떤 것이 그 두 가지 법인가? 이른바 자기 자신에 대해 부끄러워하는 것〔慚〕과

남에게 부끄러워하는 것〔愧〕이다. 가령 이 세간에 이 두 가지 깨끗한 법이 없었더라면 세상은 부모・형제・자매・처자・종친・사장・존비의 차례가 있음을 알지 못해서 뒤바뀌고 혼란하게 되어 축생畜生의 세계와 다름이 없을 것이다. 자기 자신에 대해 부끄러워하는 것과 남에게 부끄러워하는 것, 이 두 가지 깨끗한 법이 있기 때문에 세상은 부모와……(이하 생략)……사장과 존비의 차례가 있음을 알게 되었느니라."

그때 세존께서 곧 게송으로 말씀하셨다.

세상에 만일 자신에 대한 부끄러움과
남에게 부끄러워하는 두 가지 법이 없었다면
청정한 도를 어기고 뛰어넘어서
생・노・병・사를 향해 달려가리라.

세간에 만일 자신에 대한 부끄러움과
남에게 부끄러워하는 두 가지 법을 성취하면
청정한 도를 자꾸 자라게 하고
나고 죽는 문 영원히 닫아 버리리.

부처님께서 이 경을 말씀하시자 모든 비구들은 부처님의 말씀을 듣고 기뻐하며 받들어 행하였다.

1244. 연소법경燃燒法經[26]

이와 같이 나는 들었다.

어느 때 부처님께서 사위국 기수급고독원에 계셨다.

그때 부처님께서 모든 비구들에게 말씀하셨다.

"불에 타는 법과 불에 타지 않는 법이 있다. 자세히 듣고 잘 생각하라. 지금 너희들을 위해 설명해주리라. 어떤 것이 불에 타는 법인가? 만일 어떤 남자나 여자가 계戒를 범하고 악하고 착하지 않은 법을 행하여 몸으로 악행을 짓고 입과 뜻으로 악행을 지으면 그는 뒷날 질병疾病으로 고통을 당하면서 자리에 누워 온갖 쓰라린 고초를 받을 것이니, 그때에는 전에 행했던 모든 악을 다 기억하게 될 것이다.

비유하면 큰 산에 해가 지고 나면 그림자가 드리워지는 것처럼 이와 같이 그 중생이 전에 행했던 악, 즉 몸과 입과 뜻이 지은 업業의 온갖 악하고 착하지 않은 법이 임종臨終할 무렵에는 모두 나타나나니, 그때서야 비로소 마음으로 후회하게 될 것이다. 슬프고 애달픈 일이다. 일찍이 착한 일을 닦지 않고 오직 온갖 악행만을 일삼다가 나쁜 세계에 떨어져 온갖 고통을 받을 때에야 비로소 그것을 기억하고는 마음이 불타고 마음으로 후회하게 된다. 마음으로 후회하고 나면 착한 마음을 얻지 못하고 목숨을 마친 뒤에는 저승에서도 좋지 않은 마음이 계속해 생긴다. 이것을 이름하여 불에 타는 법이라고 하느니라.

어떤 것이 불에 타지 않는 법인가 하면, 만일 어떤 남자나 여자가 깨끗한 계를 받아 가지고 진실한 법을 닦아 몸으로 착한 업을 성취하고 입과 뜻으로 착한 업을 성취하면 목숨이 끝날 때에 임박하여 몸이

---

26 이 소경의 참고가 될 경으로는 『장아함경』 제19권 세기경世起經 지옥품地獄品이 있다.

고통스러운 질환에 걸려 자리에 쓰러져 온갖 고통이 몸에 부딪치더라도 그 마음은 일찍이 착한 법을 닦아서 몸이 선한 행을 하고 입과 뜻이 선한 행을 하여 그 업이 성취되었음을 기억하게 된다.

그때를 당하면 착한 법을 반연攀緣하여 '나는 이와 같이 몸과 입과 뜻으로 착한 업을 지었고 어떤 악한 일도 하지 않았다. 그러니 장차 나쁜 세계에 떨어지지 않고 반드시 좋은 세계에 태어나리라'라고 생각하면서 마음으로 후회하지 않는다. 후회하지 않기 때문에 선善한 마음으로 목숨을 마치고 뒷세상에서도 그 선한 마음이 계속 이어진다. 이것을 이름하여 불에 타지 않는 법이라고 하느니라."

그때 세존께서 곧 게송으로 말씀하셨다.

이미 불에 타는 업을 짓고
법 아닌 것을 의지해 살면
그 나쁜 업의 행을 따라서
반드시 지옥에 떨어지리라.

등활等活지옥과 흑승黑繩지옥
중합衆合지옥과 두 규호叫呼지옥
연소燃燒지옥과 극연소極燃燒지옥
무택無澤지옥 같은 큰 지옥이 있는데

이러한 여덟 가지 큰 지옥은
너무도 고통스러워 지내기 어렵다.
나쁜 업의 종류가 많기 때문에
따로따로 열여섯 곳이나 된다.

사방에 있는 네 개의 문을 열어보면
중간의 양量은 모두 똑같다.
사방은 쇠로 된 판자로 둘러쳐져 있고
네 개의 사립문도 모두 쇠로 되어 있다.

쇠로 된 땅에 왕성한 불꽃 일어
그 불길이 두루 널리 퍼진다.
길이와 너비는 백 유순由旬이고
훨훨 타오르는 그 불꽃 끊임이 없다.

그 모든 그른 행 항복 받으며
사납게 날뛰는 자 엄히 다스려
오랜 세월 동안 혹독한 고통 가하니
그 괴로움 차마 볼 수가 없다.

그것을 보는 자는 두려움 생겨
벌벌 떨려 온몸의 털이 곤두선다.
저 지옥에 떨어질 때에는
발은 위로 가고 머리는 밑으로 향한다.

고요하고 거룩하고 부드럽고 온화한 마음으로
청정한 행〔梵行〕을 닦아 행한 사람
이렇게 어지신 성현에 대해서
업신여기는 마음으로 대접하지 않았거나

온갖 중생을 마구 죽여 해하면

그 사람은 뜨거운 지옥에 떨어져서
불 속에서 빙빙 굴러 도는 것이
마치 불에 고기를 굽는 것 같다.

괴로워 소리치고 부르짖는 것
떼 지어 싸우는 코끼리의 소리와 같다.
그런 큰 불이 저절로 생기나니
그것은 제가 지은 업 때문이다.

부처님께서 이 경을 말씀하시자 모든 비구들은 부처님의 말씀을 듣고 기뻐하며 받들어 행하였다.

1245. 악행경惡行經

이와 같이 나는 들었다.

어느 때 부처님께서 사위국 기숙급고독원에 계셨다.

그때 세존께서 모든 비구들에게 말씀하셨다.

"몸으로 짓는 악행을 버리는 사람은 몸으로 짓는 악행이 끊어진다. 몸으로 짓는 악행을 끊지 못한 사람이라면 나는 그를 몸으로 짓는 악행을 버린 사람이라고 말하지 않는다. 그는 능히 몸으로 짓는 악행을 끊을 수 있기 때문에 나는 그를 몸으로 짓는 악행을 버리라고 말하는 것이다.

몸으로 짓는 악행이 있는 사람은 이치로 보아 도저히 유익하거나 안락할 수가 없다. 중생이 몸으로 짓는 악행을 여의면 이치로 보아 유익하거나 안락할 수 있기 때문에 나는 몸으로 짓는 악행을 버리라고 말하는 것이다. 입과 뜻으로 짓는 악행에 대해서도 그와 같이 말한다."

부처님께서 이 경을 말씀하시자 모든 비구들은 부처님의 말씀을 듣고 기뻐하며 받들어 행하였다.

1246. 주금자경鑄金者經 ①

이와 같이 나는 들었다.

어느 때 부처님께서 왕사성의 사금砂金 캐는 사람들이 사는 곳에 계셨다.

그때 세존께서 모든 비구들에게 말씀하셨다.

"비유하면 사금을 캐는 사람들이 모래와 흙을 모아 통에 넣고 물을 쏟아 부으면 거친 불순물과 야무진 돌과 단단한 흙덩이는 물을 따라 흘러내려 간다. 그래도 아직은 굵은 모래가 붙어 있어서 다시 물을 쏟아 부으면 굵은 모래는 물을 따라 흘러 떠내려가고 금만 남는다. 그래도 가는 모래와 검은 흙이 붙어있어서 다시 물을 쏟아 부으면 가는 모래와 검은 흙도 물을 따라 흘러 떠내려가고 잡것이 없는 순수한 진금眞金만 남는다.

그래도 그 금에 미세한 때가 있는 듯하면 금을 캐는 이는 그것을 용광로에 넣고 불을 더하고 풀무질을 하여 그것을 녹여 더러운 찌꺼기를 모조리 제거해 버린다. 그러나 그렇게 만들어진 금은 여전히 가볍지도 않고 연하지도 않으며 광명도 발현하지 않고 굽히거나 펴면 곧 부러진다. 그 금을 제련하는 기술자와 그 제자가 다시 그것을 용광로에 넣고 불을 더 지피고 풀무질을 하여 불을 불리고 뒤척거리면서 달구면 그제야 그 생금生金은 가벼워지고 부드러워지며 광택이 나고,

굽히거나 펴도 부러지지 않는다. 그래서 비녀와 가락지와 고리와 팔찌 따위의 장식물을 마음대로 만들 수 있다.

이와 같아서 깨끗한 마음으로 정진해 나아가는 비구가 굵은 번뇌의 결박과 악하고 착하지 않은 업業과 온갖 나쁘고 그릇된 소견을 차츰 끊어 없애는 것이, 마치 생금에서 단단한 돌이나 흙덩이를 일어서 떠내려 보내는 것과 같다. 다시 깨끗한 마음으로 정진하는 비구가 굵은 때인 탐내는 마음·성내는 마음·해치는 마음을 없애는 것도, 마치 저 생금에서 굵은 모래와 자갈을 버리는 것과 같다. 다시 깨끗한 마음으로 나아가는 비구가 미세한 때인 문벌과 고향이 좋다는 생각과 사람이 많다는 생각과 하늘에 태어난다는 생각을 없애고, 또 사유思惟하는 것을 없애는 것도, 마치 저 생금에서 티끌과 때와 가는 모래와 검은 흙을 씻어 버리는 것과 같다. 다시 깨끗한 마음으로 정진해 나아가는 비구가 착한 법이라는 생각을 가지게 될 때 그 생각을 없애 마음을 깨끗이 하는 것은 생금에서 금빛과 비슷한 때를 없애 그것을 순수하고 깨끗하게 만드는 것과 같으니라.

또 비구가 모든 삼매三昧에 들어서 행行을 가지는 것은, 마치 못물이 빙 둘러진 언덕으로 감싸져 있는 것과 같다. 법을 가지기는 하였지만, 훌륭하고 묘한 고요함을 얻지 못하고 즐거움을 그치거나 온갖 번뇌를 다하지 못한 것은 저 금을 제련하는 기술자와 그 제자가 생금을 단련하여 더러운 때를 없앴지만, 가볍지도 않고 연하지도 않으며 광택도 나지 않고 굽히거나 펴면 곧 부러져서 장식물을 마음대로 만들 수 없는 경우와 같다.

또 비구가 모든 삼매를 얻었어도 어떤 행을 가지려 하지 않고 훌륭하고 묘한 고요함을 얻어 즐거움을 쉬는 길을 얻기 위하여 한마음 한뜻으로 모든 번뇌를 다 끊는 것은, 마치 저 금을 제련하는 기술자와 그 제자가 생금을 단련시켜 가볍고 연하게 만들고 광택이 끊이지 않게 하며 굽히거나 펴기를 마음대로 하는 것과 같으니라.

또 비구가 모든 거친 생각〔覺〕과 세밀한 생각〔觀〕을 여의고……(이하 생략)……재2선禪·제3선·제4선을 얻고, 이와 같이 삼매에 들어 순일純一하고 청정하여 온갖 번뇌를 여의고, 부드럽고 연하며 진실하여 거기서 움직이지 않고 저러저러한 입처入處에서 증험하여 그것을 다 증득하려고 하는 것은 저 쇠붙이를 제련하는 사람이 생금을 단련하여 지극히 가볍고 연하게 만들고 광택이 끊이지 않게 하며 무슨 그릇을 만들든지 마음대로 만들 수 있게 하는 것과 같다. 그와 같이 비구가 삼매〔正受〕에 들어……(이하 생략)……모든 입처에서 다 증득할 수 있느니라."

부처님께서 이 경을 말씀하시자 모든 비구들은 부처님의 말씀을 듣고 기뻐하며 받들어 행하였다.

1247. 주금자경 ②

이와 같이 나는 들었다.

어느 때 부처님께서 왕사성 가란다죽원迦蘭陀竹園에 계셨다.

그때 세존께서 모든 비구들에게 말씀하셨다.

"마땅히 마음을 전일하게 하여 방편을 써서 때로는 세 가지 모양을 사색하라. 어떤 것이 그 세 가지 모양인가? 때로는 정지된 모양〔止相〕을 사색하고 때로는 움직이는 모양〔擧相〕을 사색하고 때로는 버리는 모양을 사색하는 것이다.

만일 비구가 한결같이 정지된 모양만을 사색하면 그런 곳에서는 그 마음이 비열〔下劣〕해지고 한결같이 움직이는 모양만 사색하면 그런 곳에서는 들뜨고 어지러운 마음이 생기며 또 한결같이 버리는 모양만 사색하면 그런 곳에서는 바른 선정을 얻어 온갖 번뇌를 다하지 못한다. 그 비구가 때로는 정지된 모양을 사색하고, 때로는 움직이는 모양을 사색하며 때로는 버리는 모양을 사색하면 그 마음이 바르게 안정되어 모든 번뇌가 다 끊어지게 된다.

비유하면 마치 금을 제련하는 기술자와 그 제자가 생금을 용광로에 넣고 불을 가하고는 때로는 풀무질을 하기도 하고 때로는 물을 뿌려대기도 하며 때로는 그런 일들을 모두 중단하기도 하는 것과 같다. 만일 한결같이 풀무질만 해대면 그때에는 생금이 타서 없어질 것이요, 한결같이 물만 뿌려대기만 하면 그때는 생금이 단단해지기만 하고 말 것이요, 한결같이 모두 중단하고 말면 생금은 제련이 되지 않아 아무 쓸모가 없게 될 것이다.

그러므로 능숙하게 금을 제련하는 기술자나 그 제자는 생금을 때로는 풀무질을 하기도 하고 때로는 물을 뿌리기도 하며 때로는 두 가지를 다 중단하기도 한다. 이렇게 하여 생금을 잘 제련하게 되면 일에 따라 소용이 되는 것처럼 이와 같이 비구도 전일한 마음으로 방편을 써서 때때로 세 가지 모양을 사색하고 기억하면 번뇌가 다 끊어지게 될 것이다."

부처님께서 이 경을 말씀하시자 모든 비구들은 부처님의 말씀을 듣고 기뻐하며 받들어 행하였다.

1248. 목우자경牧牛者經[27] ①

이와 같이 나는 들었다.

어느 때 부처님께서 왕사성 가란다죽원에 계셨다.

그때 세존께서 모든 비구들에게 말씀하셨다.

"과거 세상에 마갈제국摩竭提國에 소치는 사람이 있었다. 그는 미련하고 지혜가 없어 늦여름이자 초가을 어느 날 강가 이쪽 언덕도 잘 관찰하지 않고 또 강가 저쪽 언덕도 잘 관찰하지 않고서 소 떼를 몰고 높은 언덕을 내려가서 강을 건너 다시 높은 언덕으로 올라오려다가 중간에 소용돌이치는 물을 만나 많은 환란을 겪었다.

모든 비구들아, 과거 세상에 마갈제국에 어떤 소치는 사람이 있었다. 그는 어리석지도 않고 방편方便과 지혜가 있어 늦여름이자 초가을 날에 강가 이쪽 언덕도 잘 관찰하고 강가 저쪽 언덕도 잘 관찰한 뒤에 소를 건너게 하여 좋은 풀이 많고 평평하고 넓은 산골짜기에 이르렀다. 그는 처음 강을 건널 때에는 먼저 소 떼들 중에 제일 뛰어난 큰 소를 건너게 하여 급한 흐름을 가로막게 하고, 다음에는 두 번째로 힘이 센 젊은 소를 몰아 흐름을 따라 건너게 하고, 세 번째는 약하고 어린놈을 몰아서 하류를 따라 건너게 하여 모두 차례대로 무사히 건너가게 하였다. 그리고 갓 난 송아지는 그 어미를 그리워하면서 그 뒤를 따라 저쪽 언덕까지 건너가게 할 수 있었다.

이와 같이 비구들아, 내가 이런 비유를 들어 말하였으니 너희들은 마땅히 그 뜻을 알아야 할 것이다. 저 마갈제국에서 소치는 사람은 어리석고 지혜가 없었는데, 저 육사六師 부란나가섭富蘭那迦葉 등도

27 이 소경은 『별역잡아함경』 제39권 제43 마혈천자품馬血天子品 여섯 번째 소경과 그 내용이 비슷하다.

또한 그와 같은 자들이다. 그들은 온갖 삿된 소견만 익히고 삿된 길로 향하는 것이 비유하면 마치 저 어리석고 지혜 없는 소치는 이가 늦여름이자 초가을 날 이쪽 언덕과 저쪽 언덕을 잘 살펴보지도 않고, 높고 험한 언덕을 내려가 강을 건너 높은 언덕으로 올라가려다가 중간에서 소용돌이치는 물을 만나 많은 환란을 겪은 경우와 같다. 그와 같이 저 육사 부란나가섭 등은 미련하고 지혜가 없어, 이쪽 언덕인 이 세상도 살피지 못하고, 저쪽 언덕인 다른 세상도 살피지 않고 중간의 소용돌이 즉, 온갖 악마들과 가까이하여 스스로 고초를 겪는다. 그러한 소견을 가진 모든 이들도 저들의 수행하는 방법을 그대로 따르다가 또한 환란을 당할 것이다.

또 저 마갈제국의 소를 잘 먹이는 사람이 어리석지도 않고 방편과 지혜가 있다고 한 것은 여래·응공·등정각을 비유해 말한 것이다. 그렇게 소를 잘 먹이는 사람이 이쪽 언덕도 잘 관찰하고 저쪽 언덕도 잘 관찰하여 그 소들을 좋은 풀이 많고 평탄한 산골짜기로 잘 건너게 할 때에 먼저 소 떼들 중에 제일 뛰어난 큰 소를 건너게 하여 급한 흐름을 가로막게 하여 안전하게 저쪽 언덕으로 건너가게 한 것처럼 우리 성문聲聞들은 모든 번뇌를 다 끊고……(이하 생략)……후생後生의 몸을 받지 않을 줄을 스스로 알아서, 악마 세상의 탐욕의 물결을 가로막아 끊고, 나고 죽음의 저쪽 언덕에 안온하게 건널 수 있는 것이다.

마갈제국의 소를 잘 기르는 사람이 두 번째로 힘이 센 젊은 소를 건너게 하여, 물결을 가로막아 끊게 하고 다른 소들을 건너게 한 것처럼, 우리 성문들도 욕계欲界의 다섯 가지 결박〔五下分結〕을 끊고 아나함阿那含을 얻어 거기에서 태어나 이 세상에 다시는 돌아오지 않으며 또 악마惡魔의 탐욕의 물결을 끊고 나고 죽음의 저쪽 언덕에 안전하게 건널 수 있는 것이다. 마갈제국의 소를 잘 기르는 사람이 세 번째로 약하고 어린 소를 몰아 강 하류下流를 따라서 안전하게 건너게 한 것처럼 우리 성문들도 세 가지 결박을 끊어, 탐욕과 성냄과 어리석음이 엷어져서 사다함斯陀含을 얻고는 이 세상에 한 번 와서 괴로움을 완전히 벗어나고 저 악마의 탐욕의 물결을 가로막아 끊어버리고 나고 죽음의 저쪽 언덕에서 안전하게 건널 수 있다.

마갈제국의 소를 잘 기르는 사람이 갓 난 송아지가 그 어미를 그리워하여 어미 소를 따라 건너가게 한 것처럼 우리 성문들도 세 가지 결박을 끊고 수다원須陀洹을 얻고는 나쁜 세계에 떨어지지 않고 결정코 삼보리三菩提로 바로 향하여 일곱 번 천상과 인간에 왕래하다가 괴로움을 완전히 벗어나고 악마의 탐욕의 물결을 끊고 나고 죽음의 저쪽 언덕에서부터 안전하게 건널 수 있는 것이다."

그때 세존께서 곧 게송을 말씀하셨다.

이 세상이나 저 세상에서
밝은 지혜를 잘 나타내시고
모든 악마가 얻고 얻지 못한 것과
죽은 악마에 이르기까지

그 모든 실체를 모조리 아는 이
삼먁삼불三藐三佛의 지혜로
모든 악마의 흐름을 끊고
그들을 쳐부수어 망하게 한다.

감로문甘露門을 열어 보이고
정진도正眞道를 나타내며
마음은 언제나 기쁘고 즐거워

일 없고 편안한 곳 얻었느니라.

부처님께서 이 경을 말씀하시자 모든 비구들은 부처님의 말씀을 듣고 기뻐하며 받들어 행하였다.

1249. 목우자경[28] ②

이와 같이 나는 들었다.

어느 때 부처님께서 사위국에 있는 기수고독고원에 계셨다.

그때 세존께서 모든 비구들에게 말씀하셨다.

"만일 소치는 사람이 열한 가지 법을 성취하면 소를 자꾸 불려나가게 하지 못하고, 또한 많은 소 떼를 보호해 고루 안락하게 하지 못할 것이다. 어떤 것이 그 열한 가지인가? 이른 바 물질〔色〕을 알지 못하는 것, 모양을 알지 못하는 것, 벌레를 없애지 못하는 것, 그 부스럼을 가려 보호하지 못하는 것, 연기가 일어나게 하지 못하는 것, 길을 선택할 줄 모르는 것, 장소를 가릴 줄 모르는 것, 건너갈 곳을 알지 못하는 곳, 먹일 곳을 알지 못하는 것, 그 젖을 모조리 다 짜내는 것, 우두머리를 잘 섬기지 못하는 것을 열한 가지 성취라고 한다. 이러한 자는 많은 소 떼를 보호하지 못할 것이다.

이와 같이 비구가 열한 가지 법을 성취하면 제 자신도 편안하지 못할 것이요, 또한 다른 사람도 편하게 하지 못할 것이다. 어떤 것이 그 열한 가지인가? 이른바 물질을 알지 못하는 것, 모양을 알지 못하는

28 이 소경은 『증일아함경增一阿含經』 제46권 제49 「마혈천자품馬血天子品」 첫 번째 소경과 그 내용이 비슷하다.

것, 해로운 벌레를 없애지 못하는 것, 그 부스럼을 가려 보호하지 못하는 것, 연기를 일으키지 못하는 것, 길을 선택할 줄 모르는 것, 장소를 가릴 줄 모르는 것, 건너갈 곳을 알지 못하는 것, 먹일 곳을 알지 못하는 것, 그 젖을 모조리 짜내는 것, 만일 많이 듣고 나이 많은 상좌上座로서 오랫동안 범행梵行을 닦아 큰 스승님의 칭찬을 받는 사람이 있어도 밝은 지혜가 있고 범행을 닦는 이들로 하여금 그 덕을 칭찬하고 존경하며 받들어 섬기고 공양하게 하지 않는 것이다.

어떤 것을 물질〔色〕을 제대로 알지 못하는 것이라고 하는가? 모든 물질은 다 네 가지 요소가 있고 네 가지 요소로 만들어진 것이다. 이것을 물질이라고 하는데 그것을 제대로 알지 못하는 것이다.

어떤 것을 모양을 제대로 알지 것이라고 하는가? 이 사업은 허물이 있는 모양이요, 이 사업은 지혜로운 모양이다. 이와 같은 것을 사실 그대로 알지 못하는 것이니, 이것을 모양을 알지 못하는 것이라고 한다.

어떤 것을 벌레를 없앨 줄 모르는 것이라고 하는가? 일어나는 탐욕의 느낌을 능히 편안하게 하여 여의지 못하고 깨닫지 못하며 없애지 못하고 일어나는 성냄과 해치려는 마음을 능히 편안하게 하여 여의지 못하고 깨닫지 못하며 없애지 못하는 것이니, 이것을 벌레를 없애지 못하는 것이라고 한다.

어떤 것을 부스럼을 가려 보호하지 못하는 것이라고 하는가? 이른바 눈이 물질을 보면 따라서 그 형상에 집착하므로 눈을 제대로 지키지 못하는 것이며, 세상의 탐욕·근심·악하고 착하지 않은 법에 대해, 마음이 그런 것들을 따라 번뇌를 일으켜 건잡지 못하는 것이며, 귀·코·혀·몸·뜻도 또한 그와 같이 되는 것이니, 이것을 부스럼을 가려 보호하지 못하는 것이라고 한다.

어떤 것을 연기를 일으키지 못하는 것이라고 하는가? 듣고 받은 법을 그대로 남을 위해 분별해서 나타내 보이지 못하는 것이니, 이것을 연기를 일으키지 못하는 것이라고 한다.

어떤 것을 올바른 길을 선택할 줄 모르는 것이라고 하는가? 8정도正道와 성인의 법과 율律을 길이라고 한다. 그 길을 사실 그대로 알지 못하면 그것을 길을 제대로 알지 못하는 것이라고 한다.

어떤 것을 그쳐야 할 곳을 제대로 알지 못하는 것이라고 하는가? 이른바 여래께서 깨달으신 법에 대해 기뻐하고 즐거워하며 훌륭하고 묘하다고 생각하고 번뇌 여의기를 생각할 줄 모르거나, 요익饒益한 것임을 인식하지 못하는 것을 그쳐야 할 곳을 제대로 알지 못하는 것이라고 한다.

어떤 것을 건널 곳을 제대로 알지 못하는 것이라고 하는가? 저 수다라(修多羅 : 經)와 비니(毘尼 : 律)와 아비담(阿毘曇 : 論)을 제대로 알지 못하고 때를 따라 그 장소에 가서 '어떤 것이 착한 것이고 어떤 것이 착하지 않은 것이며, 어떤 것이 죄가 되는 것이고 어떤 것이 죄가 되지 않는 것이며, 어떤 법을 수행해야 그르고 악한 것을 이겨낼 수 있는가?'라고 물어서 배우지 않는 것을 말한다. 또 은밀한 법에 대하여 개발하지 못하고 드러난 법에 대하여 널리 묻지 않으며, 자신이 알고 있는 매우 깊은 글의 뜻을 널리 나타내 보이지 못하는 것을 건널 곳을 제대로 알지 못하는 것이라고 한다.

어떤 것을 놓아먹일 곳을 제대로 알지 못하는 것이라고 하는가? 4염처念處와 성현의 법과 율을 놓아먹일 곳이라고 이름하는데, 이런 것들을 사실 그대로 알지 못하는 것을 놓아먹일 곳을 제대로 알지 못하는 것이라고 한다.

어떤 것을 젖을 다 짜내는 것이라고 하는가? 저 찰리刹利 · 바라문婆羅門 · 장자長者 등이 자재自在롭게 의복 · 음식 · 침구 · 의약 등의 생활도구를 보시하면, 그것을 받는 비구가 한량을 제대로 알지 못하고 받아들이는 것을 젖을 모조리 짜는 것이라고 한다.

어떤 것을 많이 듣고 나이 많은 상좌 대덕에게……(이하 생략)……훌륭한 지혜가 있는 범행자로 하여금 그 공덕을 찬양하고 존경하며 받들어 섬기고 공양하여 그들을 즐겁게 해주지 못하는 것이라고 하는가? 비구가 그 상좌를 칭찬하고……(이하 생략)……모든 지혜 있는 범행자로 하여금 그곳에 나아가 몸과 입과 뜻으로 짓는 업을 잘 따라서 우러르고 받들어 섬기게 하는 것이니, 이것을 많이 듣고 나이 많은 상좌에게……(이하 생략)……지혜 있는 범행자로 하여금 그곳에 나아가 우러르고 받들어 섬김으로써 그들을 즐겁게 하지 않는 것이라고 하느니라.

저 소치는 사람이 열한 가지 법을 성취하면 소 떼를 자꾸 불어나게 하고 잘 보호하여 그것들을 즐겁게 할 수 있다.

어떤 것이 그 열한 가지인가? 이른바 물질을 아는 것, 모양을 아는 것……위에서 청정하게 하나하나 말한 내용과 같다.……그 우두머리를 때를 따라 섬겨 안락하게 하는 것이니, 이것을 소치는 사람이 열한 가지 일을 성취하면 소 떼를 자꾸 늘어나게 하고 보호하여 안락하게 하는 것이라고 하느니라.

이와 같이 비구도 열한 가지 법을 성취하면 제 자신도 안락하고 남도 편안하게 한다.

어떤 것이 그 열한 가지인가? 이른바 물질을 아는 것, 모양을 아는 것,……열한 가지에 대하여 위에서 청정하게 분석하여 자세히 말한 것과 같다.……이것을 비구가 열한 가지 일을 성취하면 제 자신도 안락하고 남도 편안하게 하는 것이라고 하느니라."

부처님께서 이 경을 말씀하시자 모든 비구들은 부처님의 말씀을 듣고 기뻐하며 받들어 행하였다.

1250. 나제가경那提迦經 ①

이와 같이 나는 들었다.

어느 때 부처님께서 구살라국 인간 세계를 유람하시다가 일사능가라一奢能伽羅라는 마을로 가시어 일사능가라라고 하는 숲 속에 머무시고 계셨다.

그때 존자 나제가那提迦는 옛날부터 일사능가라라는 마을에 살아왔다. 일사능가라 마을에 살고 있는 사문과 바라문들은 사문 구담瞿曇께서 구살라국 세간에 노니시다가 일사능가라 마을로 오시어 일사능가라 숲 속에 머물러 계신다는 말을 듣고는 제각기 밥 한 솥을 마련해 문 앞에 놓고 이렇게 생각하였다.

'내가 먼저 세존께 공양하리라. 내가 먼저 선서善逝께 공양하리라.'

제각기 큰 소리로 이렇게 외쳐댔다.

그때 세존께서 동산 숲 속에서 많은 사람들이 큰 소리로 떠드는 것을 들으시고 존자 나제가에게 말씀하셨다.

"무슨 일로 동산 숲 속에서 많은 사람들이 큰 소리로 저렇게 떠들어대느냐?"

존자 나제가가 부처님께 아뢰었다.

"세존이시여, 이 일사능가라 마을의 모든 찰리刹利와 바라문婆羅門과 장자長者들이 세존께서 이 숲 속에 머물고 계신다는 말을 듣고 제각기 한 솥의 밥을 지어 동산 숲 속에 가져다놓고 저마다 '내가 먼저 세존께 공양하리라. 내가 먼저 선서께 공양하리라'라고 하며 외치고 있습니다. 그 때문에 이 숲속에서 많은 사람들이 큰 목소리로 떠들어대는 소리가 나는 것입니다. 바라옵건대 세존께서는 저들의 밥을 받아주소서."

부처님께서 나제가에게 말씀하셨다.

“나를 이롭게 하려고 생각하지 말라. 나는 이익을 구하지 않는다. 나를 칭찬하려고 생각하지 말라. 나는 칭찬을 바라지 않는다. 나제가야, 만일 여래처럼 벗어나는 요긴한 법을 알고 멀리 벗어남·적멸寂滅·등정각等正覺의 즐거움을 얻었다면 어떻게 그런 곳에서 생기는 이익의 즐거움을 맛보거나 구하려 하겠느냐? 나제가여, 오직 나만은 그런 종류에 대해서 벗어나는 요긴한 법과 멀리 벗어남·적멸·등정각의 즐거움을 얻으려고 한다면 구하지 않아도 얻고, 괴로워하지 않고도 얻을 것이다. 그런데 무엇 때문에 저런 곳에서 생기는 이익의 즐거움을 맛보거나 구하려 하겠느냐?

나제가야, 너희들은 저런 종류의 물질에 대해서 벗어나는 요긴한 법과 멀리 벗어남·적멸·등정각의 즐거움을 얻지 못하였기 때문에 구하지 않는 즐거움과 괴로워하지 않는 즐거움을 얻지 못하는 것이다.

나제가야, 하늘도 또한 이런 종류의 벗어나는 요긴한 법과 멀리 벗어남·적멸·등정각의 즐거움인 구하지 않는 즐거움과 괴로워하지 않는 즐거움은 얻지 못한다. 오직 나만이 이런 종류의 벗어나는 요긴한 법과 멀리 벗어남· 적멸·등정각의 즐거움인 구하지 않는 즐거움과 괴로워하지 않는 즐거움을 얻었다. 그런데 무엇 때문에 저런 곳에서 생기는 이익의 즐거움을 맛보거나 구하려고 하겠느냐?”

나제가가 부처님께 아뢰었다.

“세존이시여, 저는 지금 비유를 들어 말하려고 합니다.”

부처님께서 나제가에게 말씀하셨다.

“마땅히 알아야 한다. 지금이 그때이니라.”

나제가가 부처님께 아뢰었다.

“세존이시여, 비유하면 하늘에서 비가 내리면 그 물이 낮은 곳으로 흐르는 것처럼 세존께서 머무시는 곳을 따라 그곳에 사는 찰리나 바라문이나 장자들은 누구나 다 세존께서는 계戒와 덕德이 청정하시고 소견이 바르시며 진실하고 정직하시기 때문에 믿고 공경하며 받들어 섬기는 것입니다. 그러므로 저는 지금 감히 말하나이다. 바라옵건대 세존께서는 저들을 가엾이 여기시어 저들의 청을 받아주소서."

부처님께서 나제가에게 말씀하셨다.

"나제가야, 나를 이롭게 하려고 생각하지 말라. 나는 이익을 구하지 않는다.……(이하 생략)……무엇 때문에 그런 곳에서 생기는 이익과 즐거움에 대하여 맛보거나 구하려 하겠느냐? 나제가야, 나는 비구가 좋은 밥을 먹고 나서 반듯이 누워 씩씩거리는 모습을 보았다. 나는 그런 모습을 보고 나서 생각하기를 '이런 장로長老는 벗어나는 요긴한 법과 멀리 벗어남·적멸·등정각의 즐거움인 구하지 않는 즐거움과 괴로워하지 않는 즐거움을 얻지 못할 것이다'라고 하였다.

또 나제가야, 나는 이 두 비구가 좋은 음식을 먹고 나서 배가 불러 헐떡거리며 괴로워하면서 다니는 것을 보고 '저 장로들은 벗어나는 요긴한 법과 멀리 벗어남·적멸·등정각의 즐거움인 구하지 않는 즐거움과 괴로워하지 않는 즐거움을 얻지 못할 것이다'라고 생각하였다.

나제가야, 나는 많은 비구들이 좋은 음식을 먹고 나서 이 동산에서 저 동산으로, 이 방에서 저 방으로, 이 사람에게서 저 사람에게로, 이 대중들에게서 저 대중들에게로 옮겨 다니는 것을 보았다. 나는 그것을 보고 나서 '저 장로들이 저러다가는 벗어나는 요긴한 법과 멀리 벗어남·적멸·등정각의 즐거움인 구하지 않는 즐거움과 괴로워하지 않는 즐거움을 얻지 못할 것이다'라고 생각하였다.

그러나 나는 이런 종류의 벗어나는 요긴한 법과 멀리 벗어남·적멸·등정각의 즐거움인 구하지 않는 즐거움과 괴로워하지 않는 즐거움을 얻었다.

또 나제가야, 나는 어느 때 길을 가다가 앞에 멀리 가는 비구를 보았고 또 뒤에서 저 멀리 떨어져서 오고 있는 비구를 보았다. 나는 그때 한가하고 고요하여 아무 하는 것이 없었고, 또 변리便利의 수고로움조차 없었다. 왜냐하면 음식을 의지하고 맛에 집착하기를 좋아하므로 변리가 생기기 때문이다. 이것은 곧 의지하는 것이 된다. 5수음受陰의 나고 멸하는 것을 관찰하고 나서 그것을 싫어하고 떠나서 머무르면 그것은 곧 의지하는 것이 된다. 여섯 가지 접촉하는 영역〔六觸入處〕이 모이고 멸하는 것을 관찰하고 나서 그것을 싫어하고 떠나서 머무르면 그것은 곧 의지하는 것이 된다. 많은 것이 모이는 즐거움에서 많은 것을 친근히 하다가 싫어하여 멀리 떠나면, 그것은 곧 의지하는 것이 된다. 멀리 여의는 것 닦기를 좋아하고 멀리 여의기를 힘쓰며 군중이 모이는 것을 싫어하여 떠나면 그것은 곧 의지하는 것이 되느니라.

그러므로 나제가야, 마땅히 이와 같이 공부해야 한다.

'5수음에 대하여 나고 멸함을 관찰하고 여섯 가지 접촉하는 영역이 모이고 멸하는 것을 관찰하여 멀리 여의기를 좋아하고 멀리 여의기를 부지런히 정진하자'는 생각으로 꼭 이렇게 공부해야 하느니라."

부처님께서 이 경을 말씀하시자 존자 나제가는 부처님의 말씀을 듣고 기뻐하면서 예를 올리고 떠나갔다.

1251. 나제가경 ②

이와 같이 나는 들었다.

어느 때 부처님께서 구살라국 인간 세계를 유람하시다가 나능가라

那楞伽羅 마을에 이르셨다.……이 사이의 자세한 내용은 바로 위의 1,250번째 경의 내용과 같다.……저들의 경영하는 일은 이익을 구하기 위해서이다.

부처님께서 나제가에게 말씀하셨다.

“나는 마을 변두리에 있는 정사精舍에서 비구가 좌선하는 것을 보았다. 나는 그들을 보고 나서 ‘이제 이렇게 선정에 든 비구가 있는데 마을 사람이나 혹은 사미沙彌들이 내왕하면서 소리를 지르면 그 소리가 선정에 들어 있는 비구들에게 방해가 되어 잘못 선정에서 깨어나 가서는 안 될 곳에 가려고 하고 얻지 못한 것을 얻으려고 하며 증득하지 못한 것을 증득하려고 하는 일로 인해 장애가 될 것이다’라고 생각하였다. 나제가야, 나는 그 비구가 마을에 있는 정사에 머무르는 것을 달갑게 여기지 않는다.

나제가야, 나는 어떤 비구가 텅 비고 조용한 곳에서 반듯하게 누어 한숨만 짓고 있는 것을 보았다. 나는 그 모습을 보고 나서 ‘지금 저 비구는 자나 깨나 텅 비고 조용한 곳만을 생각한다’라고 생각하였다. 나제가야, 나는 비구가 그렇게 텅 비고 조용한 곳에 머무는 것을 좋아하지 않는다.

나제가야, 나는 또 어떤 비구가 텅 비고 조용한 곳에서 몸을 흔들거리면서 앉아서 조는 것을 보았다. 나는 그것을 보고 나서 ‘지금 이 비구는 졸음에서 깨어나 선정을 얻지 못해서 선정을 찾으려고 하고 있다. 마음이 고요해진 이라야 해탈을 얻는다. 그러므로 나제가야, 나는 비구가 그렇게 텅 비고 조용한 곳에 머무는 것을 좋아하지 않는다.

나제가야, 나는 또 어떤 비구가 텅 비고 조용한 곳에서 단정히 앉아 선정에 들어있는 것을 보았다. 나는 그것을 보고 나서 ‘지금 이 비구가 해탈하지 못한 비구라면 속히 해탈을 얻을 것이요, 이미 해탈한

이라면 스스로 지켜 잃지 않을 것이다'라고 생각하였다. 나제가야, 나는 비구가 그렇게 텅 비고 조용한 곳에 머무는 것을 좋아한다.

나제가야, 나는 또 어떤 비구가 텅 비고 조용한 곳에 살다가 그는 뒷날 텅 비고 조용한 곳을 멀리 떠나 평상과 침구를 모두 버리고 마을로 도로 들어가 평상과 침구를 다시 받는 것을 보았다. 나제가야, 나는 비구가 그렇게 마을로 도로 들어가는 것을 좋아하지 않는다.

나제가야, 나는 또 어떤 비구가 마을에 있는 정사精舍에 살면서 명성이 있고 큰 덕을 가진 이로서, 재물·의복·음식·의약과 온갖 생활에 필요한 도구를 받을 수 있는데도 그는 뒷날 그런 이익과 마을과 평상 따위를 모두 버리고 텅 비고 조용한 곳으로 들어가 편하게 사는 것을 보았다. 나제가야, 나는 비구가 그러한 이익과 마을과 자리들을 모두 버리고 텅 비고 고요한 곳에 머무르는 것을 좋아한다. 나제가야, 비구는 마땅히 이와 같이 배워야 하느니라."

부처님께서 이 경을 말씀하시자 나제가 비구는 기뻐하고 따라 기뻐하면서 예를 올리고 떠나갔다.

1252. 침목경枕木經

이와 같이 나는 들었다.

어느 때 부처님께서 비사리국鞞舍離國 미후지獼猴池 가에 있는 2층 강당에 계셨다.

그때 세존께서 모든 비구들에게 말씀하셨다.

"여러 리차離車 종족들이 늘 목침木枕을 베고 손발이 거북 등처럼 다 터지도록 열심히 살아가며 적이 쳐들어올까 의심하고 두려워하기 때문에 마갈타국摩竭陀國의 왕인 비제희毘提希의 아들 아사세阿闍世로 하여금 조금도 틈을 엿보지 못하게 한다. 그러므로 늘 스스로 경책儆策하고 방일放逸하게 살지 않아야 한다. 그는 방일하게 살지 않았기 때문에 마갈타국의 왕인 비제희의 아들 아사세가 틈을 엿보았으나 마음대로 되지 않았던 것이다. 그러나 머지않은 미래세상에서는 모든 리차족들이 제멋대로 즐기고 일도 하지 않아 손과 발이 부드러우며 비단베개를 베고 온몸을 펴고 편안하게 누워 해가 중천에 떠도 일어나지 않고 방일하게 살 것이다. 그렇게 방일하게 살기 때문에 마갈타국의 왕인 비제희의 아들 아사세가 그 틈을 얻게 될 것이다.

이와 같나니 비구들도 부지런히 정진하고 방편을 써서 굳건하게 잘 감내하면서 훌륭한 법을 버리지 말아야 할 것이다. 살이 빠지고 여위어 힘줄이 드러나고 뼈가 튀어나오는 한이 있더라도 부지런히 정진하고 방편을 써서 훌륭한 법을 버리지 말아야 한다.……(이하 생략)……얻어야 할 것을 아직 얻지 못하였거든 정진하는 것을 버리지 말고 항상 마음을 거두어 방일하게 살지 않아야 한다. 방일하게 살지 않으면 악마왕 파순波旬도 전혀 틈을 엿보지 못할 것이다.

그러나 미래 세상의 모든 비구들은 마음대로 즐기고 일을 하지 않아서 손과 발이 부드러우며 비단베개를 베고 온몸을 죽 펴고 편하게 누워서 해가 중천에 떠도 일어나지 않고 방일하게 살아갈 것이다. 방일하게 살아가기 때문에 악마 파순이 그 틈을 얻게 될 것이다. 그러므로 비구들아, 마땅히 이와 같이 배워야 한다. 부지런히 정진하고 방편을 써서……(이하 생략)……틈을 얻지 못하게 하고 얻지 못한 것이 있으면 방편을 버리지 말고 노력해야 하느니라."

부처님께서 이 경을 말씀하시자 모든 비구들은 부처님의 말씀을 듣고 기뻐하며 받들어 행하였다.

1253. 부경釜經

이와 같이 나는 들었다.

어느 때 부처님께서 사위국 기수급고독원에 머무시고 계셨다.

그때 세존께서 모든 비구들에게 말씀하셨다.

"비유하면 어떤 사람이 아침에 3백 개의 솥에다 밥을 지어 중생들에게 보시하고 점심때와 저녁때에도 그렇게 하였다. 또 다른 어떤 사람은 아주 짧은 시간 동안이지만 모든 중생들에 대해 사랑하는 마음을 닦은 이와 나아가 소젖을 짜는 동안만큼의 짧은 시간이나마 모든 중생들에 대해 사랑하는 마음을 닦아 익힌 공덕에 비하면 저 앞의 보시한 사람의 공덕은 그 백 분·천 분·거억만 분의 1에도 미치지 못할 것이며, 셈을 하거나 비유로서는 도저히 비교하지 못할 것이다. 그러므로 비구들은 잠깐 동안이나마 모든 중생들에 대해 사랑하는 마음을 닦아 익히기를 배워야 하고, 나아가 소젖을 짜는 동안만큼이라도 모든 중생들에 대해 사랑하는 마음을 닦아 익혀야 하느니라."

부처님께서 이 경을 말씀하시자 모든 비구들은 부처님의 말씀을 듣고 기뻐하며 받들어 행하였다.

1254. 인가경人家經

이와 같이 나는 들었다.

어느 때 부처님께서 사위국 기수급고독원에 머무시고 계셨다.

그때 세존世尊께서 모든 비구들에게 말씀하셨다.

"비유하면 어떤 사람의 집에 여자가 많고 남자가 적으면, 그 집은 도둑에게 겁탈을 당하기 쉽다는 사실을 알아야 한다. 그와 같이 선남자善男子와 선여인善女人이 자주자주 또는 나아가 소젖을 짜는 동안만큼의 시간이라도 모든 중생들에 대해 자애롭게 생각하는 닦아 익히지 않으면 그 사람은 온갖 나쁜 귀신에게 속임을 당할 것이라는 사실을 알아야 하느니라.

비유하면 사람의 집에 남자가 많고 여자가 적으면 도둑들이 자주 겁탈하지 못하는 것과 같다. 그와 같으니 선남자도 자주 또는 나아가 소젖을 짜는 동안만큼의 짧은 시간이라도 모든 중생들에 대해 자애롭게 생각하는 마음을 닦아 익히면 온갖 나쁜 귀신들에게 속임을 당하지 않을 것이다. 그러므로 모든 비구들아, 항상 때를 따라 자주자주 또는 나아가 소젖을 짜는 동안만큼의 시간이라도 자애로운 마음을 닦아 익혀야 하느니라."

부처님께서 이 경을 말씀하시자 모든 비구들은 부처님의 말씀을 듣고 기뻐하며 받들어 행하였다.

1255. 비수검경匕手劍經

이와 같이 나는 들었다.

어느 때 부처님께서 사위국 기수급고독원에 계셨다.

그때 세존께서 여러 비구들에게 말씀하셨다.

"비유하면 어떤 사람이 그 칼날이 넓고 예리한 비수匕手[29]를 가지고 있는데, 어떤 건장한 사내가 '내가 이 주먹으로 네 칼을 쳐서 부셔버릴 수 있다'고 말한다면 비구들아, 그 건장한 사내가 과연 주먹으로

29 신수대장경 각주에 의하면 "송宋 · 원元 · 명明 세 본에는 비수匕手 두 글자가 비수比首로 되어 있다"고 하였다. 둘 다 맞지 않고 원래는 비수匕首로 표기해야 옳을 듯하다.

그 칼을 쳐부술 수 있겠느냐?"

비구들이 부처님께 아뢰었다.

"그렇게 할 수 없을 것입니다. 세존이시여, 그 비수는 칼날이 넓고 아주 예리하여 그 장정의 주먹으로는 쳐부술 수 없을 것입니다. 그는 스스로 다치기만 할 것입니다."

"그렇다. 비구들아, 만일 사문이나 바라문이 소젖을 짜는 동안만큼의 짧은 시간이나마 모든 중생들에 대해 자애롭게 생각하는 마음을 닦아 익히면, 혹 온갖 나쁜 귀신이 가서 그의 잘못을 찾아보려고 하더라도 그 틈을 얻지 못할 것이요, 도리어 제 자신만 다치고 말 것이다. 그러므로 모든 비구들아, 마땅히 이와 같이 배워야 하느니라. 자주자주 자애롭게 생각하는 마음을 닦아 익혀야 하고, 나아가 소젖을 짜는 동안만큼의 짧은 시간이나마 모든 중생들에 대해 자애롭게 생각하는 마음을 닦아 익혀야 하느니라."

부처님께서 이 경을 말씀하시자 모든 비구들은 부처님의 말씀을 듣고 기뻐하며 받들어 행하였다.

1256. 조토경爪土經

이와 같이 나는 들었다.

어느 때 부처님께서 사위국 기수급고독원에 계셨다.

그때 세존께서 손톱 끝으로 흙을 집어 들고 모든 비구들에게 말씀하셨다.

"너희들 생각에는 어떠하냐? 내 손톱 끝에 있는 흙이 더 많으냐, 이 땅덩이의 흙이 더 많으냐?"

비구들이 부처님께 아뢰었다.

"세존이시여, 손톱 위의 흙은 매우 적고 또 적을 뿐입니다, 그러나 땅덩이의 흙은 한량없이 많고 헤아릴 수 없이 많아 비교할 데가 없습니다."

부처님께서 모든 비구들에게 말씀하셨다.

"이와 같아서 중생들이 자주자주, 더 나아가서는 손가락을 튀기는 아주 짧은 동안이나마 모든 중생들에 대해 자애롭게 생각하는 마음을 닦아 익히는 사람은 손톱 끝의 흙처럼 매우 적고, 중생들이 자주자주, 더 나아가서는 손가락을 튀기는 아주 짧은 동안이나마 모든 중생에 대해 자애롭게 생각하는 마음을 닦아 익히지 않는 사람들은 이 땅덩이의 흙과 같이 많다. 그러므로 모든 비구들아, 너희들은 항상 자주자주 일체 중생들에 대해 자애롭게 생각하는 마음을 닦아 익혀야 하느니라."

부처님께서 이 경을 말씀하시자 모든 비구들은 부처님의 말씀을 듣고 기뻐하며 받들어 행하였다.

1257. 궁수경弓手經

이와 같이 나는 들었다.

어느 때 부처님께서 비사리국 미후지 못 가에 있는 2층 강당에 계셨다.

그때 세존께서 모든 비구들에게 말씀하셨다.

"일체의 행行은 무상한 것이고 영원하지 못한 것이며, 편안하지 못한 것이요, 그것은 변하여 바뀌는 법法이다. 모든 비구들아, 항상 일체의 행을 관찰하여 싫어하고 여의어야겠다는 마음을 닦아 익히고 좋아하지 말아 해탈해야 하느니라."

그때 어떤 비구가 자리에서 일어나 옷을 바르게 여미고 부처님께 예를 올린 다음 오른 무릎을 땅에 대고 합장한 채 부처님께 여쭈었다.

"수명이 옮겨가 사라지는 속도가 어떠합니까?"

부처님께서 비구에게 말씀하셨다.

"나라면 충분히 말할 수 있다. 다만 너는 알려고 하는 것조차 어려울 것이다."

비구가 부처님께 여쭈었다.

"비유를 들어 설명해 주실 수 있겠습니까?"

부처님께서 말씀하셨다.

"설명해 줄 수 있다."

부처님께서 이어 비구에게 말씀하셨다.

"네 장정이 강궁強弓을 잡고 사방을 향해 한꺼번에 활을 쏘았다. 어떤 장정이 화살이 떨어지기 전에 그 네 화살을 한꺼번에 붙잡았다. 어떤가? 비구야, 그런 장정이라면 빠르다고 말할 수 있겠느냐?"

비구가 부처님께 아뢰었다.

"빠르다고 할 수 있습니다. 세존이시여."

부처님께서 비구에게 말씀하셨다.

"그 화살을 잡은 장정이 빠르다고 하지만 지신천자地神天子는 그보다 배나 더 빠르고 허공신천虛空神天은 지신보다 배나 더 빠르며 사왕천자四王天子가 오가는 것은 허공신보다 배나 더 빠르고 일월천자日月天子는 사왕천보다 배나 더 빠르며 해와 달을 인도하는 신〔導日月神〕은 일월천자보다 배나 더 빠르다. 그러나 모든 비구들아, 수명이 옮겨 변하는 것은 저 해와 달을 인도하는 신보다 배나 더 빠르다. 그런 까닭에 모든 비구들아, 마땅히 부지런히 방편을 써서 수명이 무상無常한 것이고 빠르기도 그와 같음을 관찰해야 하느니라."

부처님께서 이 경을 말씀하시자 모든 비구들은 부처님의 말씀을 듣

고 기뻐하며 받들어 행하였다.

1258. 고경鼓經

이와 같이 나는 들었다.

어느 때 부처님께서 바라내국波羅㮈國 신선이 머물었던 녹야원鹿野園에 계셨다.

그때 세존께서 모든 비구들에게 말씀하셨다.

"과거 세상에 다사라하陀舍羅訶라는 사람이 있었다. 저 다사라하에게는 또 아능가阿能訶라는 북이 있었는데, 그 북은 좋은 소리, 아름다운 소리, 깊은 소리를 내어 그 소리가 40리 밖에까지 들렸다. 그러나 그 북은 너무 낡아서 여러 곳이 부서져 있었다.

그때 그 북을 만드는 기술자는 쇠가죽을 벗겨 두루 감아 얽어맸지만 그 북은 다시는 높은 소리, 아름다운 소리, 깊은 소리를 내지 못했다. 그러더니 그 북은 나중에 더욱 낡아서 가죽은 다 떨어져나가고 다만 나무통만 남았다.

이와 같아서 비구들이 몸을 닦고 계戒를 닦고 마음을 닦고 지혜를 닦으면, 그는 몸을 닦고 계를 닦고 마음을 닦고 지혜를 닦았기 때문에 여래가 설하신 수다라(修多羅 : 經)를 매우 깊고 밝게 비추어 보기 어렵고 깨닫기 어려우며 헤아릴 수 없는 심오한 뜻을 밝은 지혜로 확실하게 알게 될 것이다. 그는 단박에 이해하고 두루 이해하여 그 말을 듣고는 기뻐하고 숭상하며 익혀서 번뇌를 여의고 이익을 얻을 것이니라.

그러나 미래 세상의 비구들은 몸을 닦지 않고 계도 닦지 않으며 마음도 닦지 않고 지혜도 닦지 않아서 여래가 말씀하신 수다라의 매우 심오한 이치를 밝게 비추어주고 공空과 상응하는 연기법緣起法을 듣고도 그는 당장 받아 지니지도 않고 철저히 이해하지도 못할 것이며 또 그 말을 듣고도 기뻐하여 숭상하거나 익히지 않을 것이다. 그러면서 세상의 잡다한 이론異論과 잘 꾸민 문장과 세속의 잡스러운 글귀들은 전일한 마음으로 받들어 모시고 그 말을 듣고는 기뻐하고 숭상하며 익힐 것이다.

그러나 번뇌를 여의고 유익함을 얻지는 못한다. 그래서 여래께서 설하신 매우 깊고 밝게 비추어 주는 공상空相의 요긴한 법과 연기법에 수순하는 법은 곧 사라지고 마는 것이 마치 저 북이 낡아 부서지고 오직 나무통만 남은 것처럼 되고 말 것이다.

그런 까닭에 모든 비구들아, 부지런히 방편을 써서 몸을 닦고 계를 닦으며 마음을 닦고 지혜를 닦으며 여래께서 설하신 매우 심오하고 밝게 비추어주는 공상요법空相要法과 연기법을 수순하여 곧 이해하고 두루 이해해야 하느니라. 또 그 말을 들은 자가 기뻐하며 숭상하고 익히면 번뇌를 벗어나 이익을 얻을 것이다."

부처님께서 이 경을 말씀하시자 모든 비구들은 부처님의 말씀을 듣고 기뻐하며 받들어 행하였다.

1259. 철환경鐵丸經

이와 같이 나는 들었다.

어느 때 부처님께서 사위국 기수급고독원에 머무시고 계셨다.

그때 세존께서 모든 비구들에게 말씀하셨다.

"비유하면 쇠탄자〔鐵丸〕를 불 속에 던져 불과 똑같은 빛이 되었을 때 그것을 무명 솜으로 싸면 어떻게 되겠느냐? 비구들아, 곧 빨리 타서 없어지겠느냐?"

비구들이 부처님께 아뢰었다.

"그럴 것입니다, 세존이시여."

부처님께서 비구들에게 말씀하셨다.

"어리석은 사람이 세속 마을을 의지해 살면서 이른 아침에 가사를 입고 발우를 가지고 마을에 들어가 걸식할 때 몸을 잘 단속하지 않고 감각기관〔根門〕을 잘 지키지 않으며 마음이 일으키는 생각을 잡아매지 않고서 만일 젊은 여자를 보면 바르게 생각하지 못하고 그 모양에만 집착하여 탐욕貪欲의 마음이 일어날 것이다. 탐욕은 그 마음을 태우고 그 몸을 태운다. 몸과 마음이 다 타고나면 계를 버리고 물러간다. 그리하여 그 어리석은 사람은 오랜 세월 동안 이치에 맞지 않는 이익을 얻을 것이다.

그런 까닭에 비구들아, 마땅히 이렇게 공부해야 한다.

'몸을 잘 단속하고 모든 감각기관을 잘 지키며 생각을 잡아매고서 마을에 들어가 걸식하자.'

마땅히 이와 같이 공부해야 하느니라."

부처님께서 이 경을 말씀하시자 모든 비구들은 부처님의 말씀을 듣고 기뻐하며 받들어 행하였다.

1260. 묘경猫經

이와 같이 나는 들었다.

어느 때 부처님께서 사위국 기수급고독원에 계셨다.

그때 부처님께서 모든 비구들에게 말씀하셨다.

"과거 세상에 어떤 고양이가 목마르고 굶주려 바짝 말랐다. 그 고양이는 구멍에서 쥐새끼를 엿보면서 만일 쥐새끼가 나오면 잡아먹으리라 하고 생각하였다. 때마침 어떤 쥐새끼가 구멍에서 나와 놀고 있었다. 그때 그 고양이는 재빨리 그 쥐를 잡아먹었다. 쥐새끼는 몸이 작아서 산 채로 배속에 들어가 고양이의 내장을 갉아먹었다. 내장을 갉아먹을 때에 고양이는 고통을 못 견뎌 동쪽 서쪽으로 미친 듯이 치달리며 빈집과 무덤 사이에서 어디에 머물러야 할지를 몰라 하다가 결국 죽고 말았다.

이와 같아서 비구들아, 어떤 어리석은 사람은 마을〔村落〕을 의지해 살면서 이른 아침에 가사를 입고 발우를 가지고 마을에 들어가 걸식할 때 몸을 잘 단속하지 않고 감각기관을 잘 지키지 못한 채 생각도 잡아매지 않고서, 여러 여자들을 보면 바르지 못한 생각을 일으켜, 그 모양에만 집착해 탐욕 하는 마음을 낸다. 탐욕이 일어나고 나면 그 탐욕의 불길이 왕성하게 솟아올라 그 몸과 마음을 다 태운다. 몸과 마음을 다 태우고는 치달리는 마음이 미쳐 날뛰어 정사精舍를 좋아하지 않고 텅 비고 조용한 곳을 좋아하지 않으며 나무 밑을 좋아하지 않는다. 악하고 착하지 않은 마음으로 안의 법을 침식侵食해서 계戒를 버리고 물러간다. 그리하여 그 어리석은 사람은 오랜 세월 동안 항상 요익饒益하지 못한 괴로움을 받게 된다.

그런 까닭에 비구들아, 너희들은 마땅히 이와 같이 배워야 한다.

'그 몸을 잘 단속하고 모든 감각기관을 잘 지키며 마음을 잡아매고 바른 생각을 가지고서 마을에 들어가 걸식하자.'

마땅히 이와 같이 배워야 하느니라."

부처님께서 이 경을 말씀하시자 모든 비구들은 부처님의 말씀을 듣고 기뻐하며 받들어 행하였다.

1261. 목저경木杵經

이와 같이 나는 들었다.

어느 때 부처님께서 사위국 기수급고독원에 계셨다.

그때 부처님께서 모든 비구들에게 말씀하셨다.

"비유하면 나무 절굿공이를 항상 쓰고 잠시도 놓아두지 않으면 밤낮으로 닳아 없어지는 것처럼 비구들아, 만일 사문이나 바라문이 처음부터 감각기관을 닫지 않고 음식의 분량을 알지 못하며, 초저녁이나 새벽에도 깨어 있으면서 훌륭한 법을 부지런히 닦아 익히지 않으면, 그런 무리는 온종일 좋은 법이 자꾸 줄어들기만 하고 늘어나지 않는다. 이를 비유하면 마치 저 나무 절굿공이와 같음을 마땅히 알아야 하느니라.

모든 비구들아, 비유하면 우발라優鉢羅꽃·발담마鉢曇摩꽃·구모두拘牟頭꽃·분다리分陀利꽃이 물속에서 나서 물속에서 자라며, 물의 깊이에 따라 자꾸 자라는 것처럼, 이와 같이 사문이나 바라문이 감각기관을 잘 닫고 음식의 분량을 제대로 알며 초저녁이나 새벽에도 늘 깨어있어서 열심히 정근하면 이러한 선근공덕善根功德이 밤낮으로 자꾸 늘어나고 자라나서 마침내 물러나지 않는다는 것을 마땅히 알아야 하느니라.

그런 까닭에 마땅히 이렇게 배워야 한다.

'감각기관을 잘 닫고 음식의 분량을 제대로 알며 초저녁과 새벽에도 늘 깨어 있으면서 열심히 정근하면 공덕과 착한 법은 밤낮으로 자꾸 자라나리라.'

마땅히 이와 같이 배워야 하느니라."

부처님께서 이경을 말씀하시자 모든 비구들은 부처님의 말씀을 듣고 기뻐하며 받들어 행하였다.

1262. 야호경野狐經 ①

이와 같이 나는 들었다.

어느 때 부처님께서 왕사성 가란다죽원迦蘭陀竹園에 계셨다.

그때 세존께서 새벽 무렵에 들 여우〔野狐〕가 우는 소리를 들으셨다.

세존께서는 밤이 지나고 날이 밝자 대중들 앞에 자리를 펴고 앉아 모든 비구들에게 말씀하셨다.

“너희들은 새벽에 들 여우가 우는 소리를 들었느냐?”

모든 비구들이 세존께 아뢰었다.

“들었습니다, 세존이시여.”

부처님께서 모든 비구들에게 말씀하셨다.

“어떤 어리석은 사람이 이렇게 생각하였다.

‘나도 저런 유형類形의 몸을 받아 저런 소리를 내리라.’

그 어리석은 사람은 그런 유형으로 태어나기를 바라지만 어떻게 그렇게 될 수가 있겠느냐? 그런 까닭에 비구들아, 너희들은 다만 부지런히 방편을 써서 모든 존재 끊기를 구하고 방편을 써서 어떤 존재도 늘어나지 않게 해야 하느니라.”

부처님께서 이 경을 말씀하시자 모든 비구들은 부처님의 말씀을 듣고 기뻐하며 받들어 행하였다.

1263. 요분경尿糞經

이와 같이 나는 들었다.

어느 때 부처님께서 왕사성 가란다죽원에 계셨다.

그때 세존께서 모든 비구들에게 말씀하셨다.

"나는 어떤 몸을 조금 받는 것도 찬탄하지 않거늘 하물며 많이 받는 것이겠느냐? 왜냐하면 존재하는 몸을 받는 것은 괴로운 것이기 때문이다. 비유하면 오줌이나 똥은 아무리 조금이라 해도 더럽고 냄새가 나는데 하물며 많은 것이겠느냐? 그와 같아서 존재하는 저 모든 것은 아무리 조금이라 해도 그 또한 찬탄해서는 안 되고 나아가 잠깐〔刹羅〕이라 해도 찬탄해서는 안 되거늘 하물며 많은 것이겠느냐? 왜냐하면 존재하는 것은 다 괴로운 것이기 때문이니라.

그런 까닭에 비구들아, 마땅히 이렇게 공부해야 한다.

'모든 존재를 끊어 없애고 더욱 불어나게 하지 말자.'

마땅히 이와 같이 공부해야 하느니라."

부처님께서 이 경을 말씀하시자 모든 비구들은 부처님의 말씀을 듣고 기뻐하며 받들어 행하였다.

1264. 야호경 ②

이와 같이 나는 들었다.

어느 때 부처님께서 왕사성 가란다죽원에 계셨다.

그때 세존께서 새벽에 들 여우의 울음소리를 들으셨다. 날이 밝자 대중들 앞에 자리를 펴고 앉아 비구들에게 말씀하셨다.

"너희들은 새벽에 들 여우의 울음소리를 들었느냐?"

비구들이 부처님께 아뢰었다.

"들었습니다, 세존이시여."

부처님께서 비구들에게 말씀하셨다.

"저 들 여우는 종창을 앓고 있어 너무도 고통스러워서 그렇게 우는 것이다. 만일 어떤 사람이 그 들 여우의 종기를 고쳐주면 저 들 여우는 반드시 은혜를 갚을 것이다. 그런데 지금 어떤 어리석은 사람이 있는데 그들은 은혜를 알아 갚을 줄을 모른다.

그런 까닭에 모든 비구들아, 너희들은 마땅히 이와 같이 배워야 한다.

'은혜를 알아 은혜를 갚아야 한다. 조그만 은혜라도 잊지 않고 꼭 갚아야 하겠거늘 하물며 큰 은혜이겠는가?'

이와 같이 공부해야 하느니라."

부처님께서 이 경을 말씀하시자 모든 비구들은 부처님의 말씀을 듣고 기뻐하며 받들어 행하였다.

1265. 발가리경䟦迦梨經[30]

이와 같이 나는 들었다.

어느 때 부처님께서 왕사성 가란다죽원에 계셨다.

그때 존자 발가리䟦迦梨는 왕사성에 있는 금사정사金師精舍에 있었는데, 가는 병에 걸려 괴로워하였으므로 존자 부린니富隣尼가 그를 간호하며 공양하고 있었다.

그때 존자 발가리가 존자 부린니에게 말하였다.

"그대는 세존께 찾아가서 나를 위해 세존의 발에 머리를 조아려 예를 올리고 '편찮으신 곳은 없으시고 괴로운 일도 없으시며 기거는 가볍고 편안하십니까?' 하고 문안인사를 드려주시오.

30 이 소경은 『증일아함경』 제19권 제26 사의단품四意斷品의 열 번째 소경과 그 내용이 비슷하다.

그리고 또 '지금 발가리는 금사정사에 있는데, 병이 위중하여 자리에 누워 있습니다. 세존을 뵈옵고 싶사오나 병에 시달려 기운이 빠져 나아갈 수 없습니다. 원컨대 세존께서는 가엾이 여기시어 이 금사정사로 친히 오셔 주소서'하고 말씀드려 주시오."

그때 부린니는 발가리의 말을 듣고 세존께 찾아가서 그 발에 머리를 조아려 예를 올리고 한 쪽에 물러나서 부처님께 아뢰었다.

"세존이시여, 존자 발가리는 세존님 발에 머리를 조아려 예를 올리고 '괴로움은 없으시고 기거는 가벼우시며 편안하게 지내십니까?' 하고 문안드립니다."

세존께서 대답하셨다.

"그도 편안한가?"

부린니가 부처님께 아뢰었다.

"세존이시여, 존자 발가리는 지금 금사정사에 있사온데 병이 위중하여 자리에 누워있습니다. 세존을 뵈옵고자 했사오나 세존께 나아올 기운이 없습니다. 황송하오나 세존께서 그를 가엾이 여기시어 금사정사로 가시옵소서."

그때 세존께서 잠자코 허락하셨다. 그러자 부린니는 세존께서 허락하셨음을 알고 발에 예를 올리고 떠나갔다.

그때 세존께서 새벽에 선정에서 깨시어 금사정사로 가셨다. 그곳에 이르러 발가리가 머무는 방으로 가셨다. 발가리 비구는 멀리 세존께서 오시는 것을 보고 자리에서 일어나려고 하였다. 부처님께서 발가리에게 말씀하셨다.

"가만히 있어라. 일어나지 말라."

세존께서 곧 다른 자리에 앉아 발가리에게 말씀하셨다.

"네 마음으로 그 병의 고통을 견뎌낼 수 있겠느냐? 네 병은 더한가, 좀 덜한가?"

발가리가 부처님께 아뢰었다.

"……이 사이의 자세한 내용은 앞의 차마비구수다라叉摩比丘修多羅에서 말한 것과 같다.……세존이시여, 제 몸이 너무도 고통스러워 도저히 견딜 수가 없습니다. 칼로 찔러 자살이라도 하고 싶은 심정입니다. 괴로워서 더 이상 살고 싶지 않습니다."

부처님께서 발가리에게 말씀하셨다.

"내가 이제 너에게 물으리니 네 뜻을 따라 마음대로 대답하라. 어떤가? 발가리야, 색色은 영원히 존재하는 것이냐, 항상 존재할 수 없는 것이냐?"

발가리리가 대답하였다.

"영원히 존재할 수 없는 것입니다, 세존이시여."

다시 물으셨다.

"만약 영원히 존재할 수 없는 것이라면 그것은 괴로운 것인가?"

대답하였다.

"그것은 괴로운 것입니다, 세존이시여."

또 물으셨다.

"발가리야, 만일 영원히 존재할 수도 없고, 또한 괴로운 것이라면 그것은 변하고 바뀌는 법이다. 그 속에서 과연 그 무엇을 탐하고 욕심낼 만한 것이 있겠느냐?"

발가리가 부처님께 아뢰었다.

"욕심을 부릴만한 것이 없습니다. 세존이시여."

수受・상想・행行・식識에 대하여서도 이와 같이 말씀하셨다.

부처님께서 발가리에게 말씀하셨다.

"만일 그 몸에 대해서 탐하고 욕심낼만한 것이 없다면 그것은 훌륭하게 마친 것〔終 : 죽음〕이요, 뒷세상에도 또한 훌륭할 것이다."

세존께서 발가리를 위해 여러 가지 법을 설해 가르쳐 보이시고 기쁘게 해주신 뒤에 자리에서 일어나 떠나가셨다.

그 날 밤에 존자 발가리는 해탈解脫하리라 생각하고, 칼을 잡아 자살을 하려고 하였다. 오래 살기를 바라지 않았다. 그때 매우 단정하게 생긴 두 하늘 신이 새벽에 부처님의 처소에 찾아와서 머리를 조아려 그 발에 예를 올리고 한 쪽에 물러서서 아뢰었다.

"세존이시여, 존자 발가리가 질병으로 고통을 받다가 해탈하리라 생각하고 칼을 잡아 자살을 하려고 합니다. 더 이상 오래 살기를 바라지 않습니다."

둘째 하늘 신도 말하였다.

"저 존자 발가리는 이미 잘 해탈하였고 해탈을 얻었습니다."

이렇게 말하고는 부처님의 발에 함께 예를 올리고 이내 사라지더니 나타나지 않았다. 그때 세존께서 밤이 지나고 이른 아침이 되자 대중 앞에 자리를 펴고 앉아 비구들에게 말씀하셨다.

"어젯밤에 몸이 단정하게 생긴 두 하늘 신이 내게 와서 머리를 조아려 예를 갖춘 뒤에 한 쪽에 물러서서 이렇게 말하였다.

'존자 발가리가 금사정사에서 병으로 고통을 받다가 해탈하리라고 생각하고, 칼을 잡아 자살을 하려고 합니다. 그는 더 이상 오래 살기를 바라지 않습니다.'

또 둘째 하늘 신도 말하였다.

'존자 발가리는 이미 잘 해탈하였고 해탈을 얻었습니다.'

이렇게 말하고는 머리를 조아려 예를 올리고 이내 사라지더니 나타나지 않았다."

그리고는 세존께서 또 다른 한 비구에게 말씀하셨다.

"너는 존자 발가리 비구에게 가서 그에게 이렇게 말을 전하라.

'어젯밤에 두 하늘이 내게 와서 머리를 조아려 예를 올린 뒤에 한쪽에 물러서서 내게 말하였다.

'존자 발가리는 병이 위중하여 해탈하리라고 생각하고, 칼을 잡고 자살을 하려고 합니다. 그는 더 이상 오래 살기를 바라지 않습니다.'

또 둘째 하늘 신도 말하였다.

'존자 발가리는 이미 잘 해탈하였고 해탈을 얻었습니다.'

이렇게 말하고는 머리를 조아려 예를 올리고 이내 사라지더니 나타나지 않았다.

이상은 하늘 신들이 한 말이다. 부처님께서 다시 너에게 말씀하시기를 '네가 그 몸에 대해서 탐욕을 일으키지 않으면 그것은 생을 잘 마치는 것이다. 뒷세상도 또한 좋을 것이다'라고 하셨다."

그때 그 비구는 부처님의 분부를 받고 금사정사의 발가리가 있는 방으로 갔다.

그때 발가리가 간호하고 있던 사람에게 말하였다.

"너희들은 평상[繩床]을 가지고 와서 나를 태워 가지고 같이 들어다가 정사밖에 가져다 놓아라. 내가 칼을 잡고 자살하련다. 오래 살고 싶지 않다."

그때 많은 비구들이 방에서 나와 한데서 거닐고 있었다. 부처님의 분부를 받은 비구가 대중들이 머물고 있는 처소를 찾아가서 비구들에게서 물었다.

"여러분, 발가리 비구는 지금 어디 있습니까?"

비구들이 대답하였다.

"발가리 비구는 그를 간호하던 사람을 시켜 평상에 들리어 정사 밖에 나가 칼을 잡고 자살하려고 합니다. 그는 더 이상 오래 살기를 바라지 않았습니다."

심부름을 간 비구는 곧바로 발가리가 있는 곳으로 달려갔다. 발가리 비구는 멀리서 심부름을 온 비구가 오는 것을 보고 그를 간호하던 사람에게 말하였다.

“평상을 땅에 내려놓아라. 저 비구가 급히 달려오고 있다. 아마도 세존께서 심부름을 시킨 것 같다.”

간호하던 사람은 곧 평상을 땅에 내려놓았다. 그때 심부름을 온 비구가 발가리에게 말하였다.

“세존께서 분부하신 것도 있고, 또 하늘이 말한 것도 있다.”

그러자 발가리 비구는 그를 간호하던 사람에게 말하였다.

“나를 부축하여 땅에 내려놓아라. 세존의 분부와 하늘 신이 말한 것을 평상 위에서 들을 수는 없다.”

간호하던 사람은 곧 발가리를 부축하여 땅에 내려놓았다. 그때 발가리가 심부름을 온 비구에게 말하였다.

‘그대는 세존의 분부와 하늘 신이 말한 것을 말해 보시오.”

심부름을 온 비구가 말하였다.

“발가리여, 스승께서 너에게 알리는 말이다.

‘어젯밤에 두 하늘 신이 내게 와서 말하였다.

〈발가리 비구는 질병이 위중하여 해탈하리라 마음먹고, 칼을 잡아 자살을 하려고 합니다. 그는 더 이상 오래 살기를 바라지 않습니다.〉

또 둘째 하늘 신도 말하였다.

〈존자 발가리는 이미 잘 해탈하였고 해탈을 얻었습니다.〉

이렇게 말하고는 머리를 조아려 예를 올리고 이내 사라지더니 나타나지 않았다.

이상은 하늘 신들이 한 말이다. 부처님께서 다시 너에게 수기授記하여 말씀하시기를 ‘너는 잘 생을 마치는 것이다. 뒷세상도 또한 좋을 것이다’라고 하셨다.”

발가리가 말하였다.

“존자여, 스승께서는 알아야 할 것을 잘 아셨고, 보아야할 것을 잘 보셨다. 저 두 하늘 신도 또한 알아야 할 것을 잘 알았고 보아야 할 것을 잘 보았다. 그런데 나는 오늘 '색色은 무상無常한 것이다'라고 확신해 의심이 없고, 무상한 것은 괴로운 것이라고 확신해 의심이 없다. 또 '만일 무상한 것이요 괴로운 것이라면 그것은 변하고 바뀌는 법이다. 거기에는 탐하고 욕심 낼 만한 것이 없다'고 확신해 의심이 없다. 수・상・행・식도 또한 그와 마찬가지이다. 그러나 나는 오늘 이 질병의 고통이 여전히 몸을 따르고 있다. 칼로 자살을 하고 싶다. 더 이상 오래 살기를 바라지 않는다."

그는 곧 칼을 잡고 자살하였다. 그때 심부름을 온 비구는 발가리의 시체에 공양을 올린 뒤에 부처님께 돌아와 머리를 조아려 그 발에 예를 올리고 한 쪽에 물러나 앉아서 아뢰었다.

"세존이시여, 저는 세존의 분부를 존자 발가리에게 자세히 전하였습니다. 그는 '스승께서는 알아야 할 것을 잘 아셨고, 보아야할 것을 잘 보셨다. 저 두 하늘 신도 또한 알아야 할 것을 잘 알았고 보아야 할 것을 잘 보았다'고 말하였습니다.……이 사이의 자세한 내용은 바로 위의 내용과 같다.……칼을 잡아 자살하였습니다."

그때 세존께서 모든 비구들에게 말씀하셨다.

"우리 다 같이 발가리 비구의 시체가 있는 금사정사로 가자."

발가리 비구의 시체를 보니 번뇌를 멀리 여읜 빛이 있었다. 그것을 보시고 나서 모든 비구들에게 말씀하셨다.

"너희들은 땅에 있는 이 발가리 비구의 시체에서 번뇌를 멀리 여읜 빛이 있는 것을 보았느냐?"

비구들이 부처님께 아뢰었다.

"보았습니다, 세존이시여."

부처님께서 모든 비구들에게 말씀하셨다.

"발가리의 몸을 둘러싸고 있는 4방을 감도는 그윽한 모습이 보이느냐?"

모든 비구들이 부처님께 아뢰었다.

"이미 보았습니다."

부처님께서 비구들에게 말씀하셨다.

"그 검은 그림자는 악마의 형상이다. 그들은 발가리 선남자의 식신識神이 장차 어디에 태어날 것인가를 찾아 돌아다니고 있는 것이다."

부처님께서 이어 모든 비구들에게 말씀하셨다.

"발가리 선남자의 식신은 머무르지 않는다. 칼로써 자살을 하였기 때문이다."

그때 부처님께서 그 발가리를 위해 제일기第一記[31]를 주셨다.

부처님께서 이 경을 말씀하시자 모든 비구들은 부처님의 말씀을 듣고 기뻐하며 받들어 행하였다.

1266. 천타경闡陀經

이와 같이 나는 들었다.

어느 때 부처님께서 왕사성 가란다죽원에 계셨다.

그때 존자 천타闡陀는 나라那羅라고 하는 마을에 있는 호의암라好衣菴羅라는 숲 속에 있었는데 질병에 걸려 위중하였다.

그때 존자 사리불舍利弗은 존자 천타가 나라라는 마을의 호의암라라는 숲 속에 있는데 질병에 걸려 위중하다는 말을 듣고 존자 마하구치라拘絺羅에게 말하였다.

"존자는 아시는가? 천타 비구가 지금 나라라는 마을의 호의암라

31 아라한과阿羅漢果를 지칭하는 말이다.

라는 숲 속에 있는데 질병에 걸려 위중하다고 하오. 우리 함께 가봅시다."

마하 구치라는 아무 말이 없이 허락하였다. 그때 존자 사리불은 존자 마하 구치라와 함께 나라 마을의 호의암라 숲속에 이르러 존자 천타가 있는 방으로 갔다. 존자 천타는 멀리서 존자 사리불과 존자 마하 구치라가 오는 것을 보고 평상을 부여잡고 일어나려고 애를 썼다. 그러자 존자 사리불이 천타에게 말하였다.

"그대는 일어나지 마시오."

존자 사리불과 존자 마하 구치라가 다른 평상에 앉아 존자 천타에게 물었다.

"어떠하신가? 존자 천타여, 앓고 있는 질환은 어떻게 견딜 만하신가? 더한가, 덜한가?……이 사이의 자세한 내용은 앞에 나온 차마수다라에서 말한 내용과 같다."

존자 천타가 말하였다.

"나는 지금 몸에 병이 매우 위중하여 그 고통을 견디기 어렵습니다. 질병은 점점 더해지기만 하고 조금도 차도가 없습니다. 그저 칼을 잡아 자살하고 싶은 심정뿐입니다. 고통스러운 삶을 더 이상 이어가고 싶지 않습니다."

존자 사리불이 말하였다.

"존자 천타여, 그대는 부디 노력해서 제 자신을 스스로 해치지 마시오. 그대가 만일 세상에 살아 있으면, 나는 장차 그대와 서로 오가면서 주선할 것이오. 그대가 만일 가난하면 나는 그대에게 약을 대줄 것이고, 그대에게 간호할 사람이 없으면 나는 그대를 간호해줄 사람을 구해주되 그대의 마음에 꼭 맞는 사람을 주선해줄 것이며, 마음에 들지 않게 하지 않을 것이오."

천타가 대답하였다.

"내게는 공양하는 이들이 있습니다. 나라 마을의 여러 바라문과 장자들이 모두 나를 보살펴주어서 의복·음식·침구·약 같은 물자는 모자람이 없습니다. 범행梵行을 닦는 내 제자는 내 마음을 잘 맞추어 가며 병을 간호하고 마음에 들지 않게 하는 일이 조금도 없습니다. 다만 나는 질병의 고통이 몸을 핍박하여 견디기가 어려울 뿐입니다. 그저 자살하고 싶은 마음만 듭니다. 고통스러운 삶은 더 이상 바라지 않습니다."

사리불이 말하였다.

"내가 이제 그대에게 묻겠소. 마음 내키는 대로 대답하시오. 천타여, 눈과 안식眼識과 또 눈에 인식되는 물질, 이런 것들은 과연 나라고 하겠습니까, 나와는 아무 상관이 없는 다른 것입니까? 둘 다 함께 존재하는 것입니까?"

천타가 대답하였다.

"아닙니다. 존자 사리불이여."

또 물었다.

"귀·코·혀·몸도 그러하며, 뜻과 의식意識과 의식에 인식되는 법, 이런 것들은 과연 나라고 하겠습니까, 나와는 아무 상관이 없는 다른 것입니까? 둘 다 함께 존재하는 것입니까?"

천타가 대답하였다.

"아닙니다, 존자 사리불이여."

또 물었다.

"그대는 눈과 안식과 물질에 대해, 무엇을 보고 무엇을 분별하고 무엇을 알기 때문에 눈과 안식과 물질은 나라는 것이 아니고, 나와 다른 것도 아니며, 둘이 함께 있는 것도 아니라고 하는가?"

천타가 대답하였다.

"나는 눈과 안식과 또 물질이 없어지는 것임을 보고 없어지는 것임을 알기 때문에, 눈과 안식과 또 물질은 나가 아니요, 나와 다른 것도 아니며, 둘이 함께 존재하는 것도 아니라고 생각합니다."

또 물었다.

"그대는 귀·코·혀·몸도 그러하며 뜻과 의식과 법에 대해 무엇을 보고 무엇을 분별하고 무엇을 알았기 때문에 뜻과 의식과 물질은 나라는 것이 아니고 나와 다른 것도 아니며 둘이 함께 있는 것도 아니라고 하는가?"

천타가 대답하였다.

"존자 사리불이여, 나는 뜻과 의식과 법은 없어지는 것임을 보고 없어지는 것임을 알기 때문에 뜻과 의식과 또 법은 나가 아니요 나와 다른 것도 아니며 둘이 함께 존재하는 것도 아니라고 생각합니다.

존자 사리불이여, 그러나 나는 오늘 몸에 생긴 질병의 고통을 더 이상 견뎌낼 수가 없습니다. 칼로 자살하고 싶을 따름입니다. 괴로운 삶은 더 이상 바라지 않습니다."

그때 존자 마하 구치라가 존자 천타에게 말하였다.

"그대는 지금 스승의 가름침대로 바른 생각을 닦아 익혀야 한다. 스승께서 말씀하신 글귀처럼 '의지하는 것〔所依 : 몸〕이 있으면 동요動搖하게 되고 동요하게 되면 취향趣向하는 것이 있으며 취향하는 것이 있으면 쉬지 않고 쉬지 않으면 그곳을 따라 왕래하며 그곳을 따라 왕래하면 미래의 나고 죽음이 있고 미래의 나고 죽음이 있으면 미래에 나타나고 사라짐〔出沒〕이 있으며 미래에 나타나고 사라짐이 있기 때문에 곧 남·늙음·병·죽음과 근심·슬픔·고통·번민이 있는 것이다. 이리하여 큰 괴로움의 무더기가 모이는 것이다'라고 하신 것을 알아야만 한다.

또 스승님께서 말씀하신 글귀처럼 '의지하는 것이 없으면 동요하지 않고, 동요하지 않으면 취향 하는 것이 없으며, 취향 하는 것이 없으면 곧 쉼이 있고 쉼이 있으면 그곳을 따라 왕래하지 않으며 그곳을 따라 왕래하지 않으면 미래에 나타나고 사라짐이 없고 미래에 나타나고 사라짐이 없으면 곧 남·늙음·병·죽음과 근심·슬픔·고통·번민이 없다. 이리하여 순수한 큰 괴로움의 무더기가 사라진다'고 하신 것을 알아야만 합니다."

천타가 말하였다.

"존자 마하 구치라여, 내가 세존께 공양하는 일은 이제 끝났습니다. 선서를 수순隨順하는 일도 이제 이미 끝났습니다. 마음에 맞든지 마음에 맞지 않든지 간에 제자로서 할 일을 이제 더 이상 할 수 없게 되었습니다. 만일 다른 제자가 스승님께 공양하려는 사람이 있으면 그도 이와 같이 공양하여야 할 것입니다. 마음에 맞게 하고 마음에 맞지 않게 하지 말아야 할 것입니다. 그러나 나는 오늘 질병의 고통을 견디기에 너무도 어렵습니다. 그저 칼로 자살하고 싶은 마음뿐입니다. 괴로운 삶을 더 이상 바라지 않습니다."

그때 존자 천타는 곧 나라 마을의 호의암라라는 숲 속에서 칼로 자살하였다. 그때 존자 사리불은 존자 천타의 사리에 공양한 뒤에 부처님께 나아가 머리를 조아려 그 발에 예를 올리고 한 쪽에 물러서서 부처님께 아뢰었다.

"세존이시여, 존자 천타는 나라 마을의 호의암라 숲속에서 칼로 자살하였습니다. 어떻습니까? 세존이시여, 그 존자 천타는 어느 세계로 갔습니까, 어떤 생을 받고 후세에는 어떻게 되겠습니까?"

부처님께서 존자 사리불에게 말씀하셨다.

"그가 스스로 '존자 마하 구치라여, 내가 세존께 공양하는 일은 이제 끝났습니다. 선서를 수순隨順하는 일도 이제 이미 끝났습니다. 마음에 맞든지 마음에 맞지 않든지 간에 제자로서 할 일을 이제 더 이상 할 수 없게 되었습니다. 만일 다른 제자가 스승님께 공양하려는 사람이 있으면 그는 마땅히 이와 같이 공양하여야 할 것입니다. 마음에 맞게 하고 마음에 맞지 않게 하지 말아야 할 것입니다'라고 확실하게 말하지 않았던가?"

그때 존자 사리불은 다시 여쭈었다.

"세존이시여, 저 존자 천타는 이전에 진진니鎭珍尼라고 하는 바라문의 마을에 있을 때 공양을 하던 집, 극히 친하고 후하게 지내던 집, 서로 이야기를 잘 하고 지내던 집이 있었습니다."

부처님께서 사리불에게 말씀하셨다.

"그렇다. 사리불아, 바른 지혜로 잘 해탈한 선남자에게는 공양을 해주던 집, 극히 친하고 후하게 지내던 집, 서로 이야기를 잘 하고 지내던 집이 있다. 사리불아, 나는 그에게 큰 허물이 있다고 말하지 않는다. 만일 그 몸을 버리고 다른 몸을 받아 계속한다면 나는 그들에게는 허물이 있다고 말하리라. 만일 이 몸을 버린 뒤에 다른 몸이 계속하지 않으면 나는 그에게 큰 허물이 있다고 말하지 않으리라. 큰 허물이 없기 때문에 나라 마을의 호의암라 숲속에서 칼로 자살한 것이다."

이와 같이 세존께서는 그 존자 천타를 위해 제일기第一記를 말씀하셨다.

부처님께서 이 경을 말씀하시자 모든 비구들은 부처님의 말씀을 듣고 기뻐하며 받들어 행하였다.

잡아함경 제 48 권

1267. 도류경度流經[1]

이와 같이 나는 들었다.

어느 때 부처님께서 사위국 기수급고독원에 계셨다.

그때 얼굴이 아주 잘 생긴 어떤 천자天子가 새벽에 부처님께서 계신 곳으로 찾아가서 부처님의 발에 머리를 조아려 예를 올리고 한쪽에 물러나 앉아 있었는데, 그의 온몸에서 나오는 광명이 기수급고독원을 두루 비추었다.

그때 그 천자가 부처님께 아뢰었다.

"세존이시여, 비구들이 사나운 흐름〔駛流〕[2]을 건넜습니까?"

부처님께서 말씀하셨다.

"그렇다, 천자여."

---

1 이 소경은 『별역잡아함경』 제 9권 스무 번째 소경과 그 내용이 비슷하다.

2 욕류欲流 · 유류有流 · 견류見流 · 무명류無明流, 이 네 가지 폭류瀑流를 가리키는 말이다.

천자가 다시 여쭈었다.

“아무 반연攀緣이 없고 또 머물러 집착하는 곳도 없으며 사나운 흐름을 건넜습니까?”

부처님께서 말씀하셨다.

“그렇다, 천자여.”

천자가 다시 여쭈었다.

“아무 반연이 없고 또 머물러 집착하는 곳도 없으며 사나운 흐름을 건넌다는 것은 어떤 뜻입니까?”

부처님께서 말씀하셨다.

“내가 이러이러하게 끌어안고〔抱〕, 이러이러하게 올곧게 바로 나아가면 물에 떠내려가지 않으며 이러이러하게 안지 않고 이러이러하게 올곧게 바로 나아가지 않으면 곧 물에 떠내려가고 만다. 천자여, 이것을 아무 반연하는 것이 없고 또 머물러 집착하는 곳도 없으며 사나운 흐름을 건너는 것이라고 하느니라.”

그때 그 천자가 다시 게송으로 말했다.

오래전에 바라문을 보았는데
그 바라문은 반열반般涅槃을 얻어
모든 두려움에서 이미 벗어났고
세상 은애恩愛까지 모두 벗어났네.

그때 그 천자는 부처님의 말씀을 듣고 기뻐하면서 부처님의 발에 머리를 조아려 예를 올리고 곧 사라지더니 나타나지 않았다.

1268. 해탈경解脫經[3]

이와 같이 나는 들었다.

어느 때 부처님께서 사위국 기수급고독원에 계셨다.

그때 얼굴이 아주 잘생긴 어떤 천자가 새벽에 부처님께서 계신 곳으로 찾아가서 부처님의 발에 머리를 조아려 예를 올리고 한쪽에 물러나 앉아 있었는데, 그의 온몸에서 나오는 광명이 기수급고독원을 두루 비추었다.

그때 그 천자가 부처님께 아뢰었다.

"비구(比丘 : 世尊)께서는 일체 중생들이 집착하는 것과 모으고 있는 것이 무엇인지와 결정해탈決定解脫 · 넓은 해탈〔廣解脫〕 · 지극히 넓은 해탈〔極廣解脫〕에 대하여 아십니까?"

부처님께서 천자에게 말씀하셨다.

"나는 일체 중생들이 집착하는 것과 모으고 있는 것이 무엇인지와 결정해탈 · 넓은 해탈 · 지극히 넓은 해탈에 대하여 모두 알고 있느니라."

천자가 부처님께 여쭈었다.

"비구는 어떻게 일체 중생들이 집착하는 것과 모으고 있는 것이 무엇인지와 결정해탈 · 넓은 해탈 · 지극히 넓은 해탈에 대하여 다 아시고 계십니까?"

부처님께서 천자에게 말씀하셨다.

"애욕愛欲과 기쁨이 모두 사라져 내 마음이 이미 해탈하였다. 마음이 해탈하였기 때문에 일체 중생들이 집착하는 것과 모으고 있는 것이 무엇인지와 결정해탈 · 넓은 해탈 · 지극히 넓은 해탈에 대하여 다

3 이 소경은 『별역잡아함경』 제9권 열아홉 번째 소경과 그 내용이 같은 것이다.

아느니라."

그때 그 천자가 다시 게송으로 말했다.

오래전에 바라문을 보았는데
그 바라문은 반열반을 얻어
모든 두려움에서 이미 벗어났고
세상 은애까지 모두 벗어났네.

그때 그 천자는 부처님의 말씀을 듣고 기뻐하면서 부처님의 발에 머리를 조아려 예를 올리고 곧 사라지더니 나타나지 않았다.

1269. 도제류경度諸流經[4]

이와 같이 나는 들었다.

어느 때 부처님께서 사위국 기수급고독원에 계셨다.

그때 얼굴이 아주 잘생긴 어떤 천자가 새벽에 부처님께서 계신 곳으로 찾아가서 부처님의 발에 머리를 조아려 예를 올리고 한쪽에 물러나 앉아 있었는데 그의 온몸에서 나오는 광명이 기수급고독원을 두루 비추었다.

그때 그 천자가 부처님께 게송으로 아뢰었다.

어떻게 해야 온갖 흐름을 건너고
밤낮으로 부지런히 정진하며

4 이 소경은 『별역잡아함경』 제9권 열여덟 번째 소경과 그 내용이 비슷하다.

반연하거나 머무르지도 않고
어떤 더러움에도 집착하지 않겠습니까?

그때 세존께서 게송으로 대답하셨다.

모든 계戒 완전히 갖추고
지혜로써 바르게 선정에 들며
안으로 깊이 사유思惟하고 잡념을 잡아매면
건너기 어려운 온갖 흐름을 건너리라.

모든 탐욕에 대한 생각 좋아하지 않고
모든 물질의 결박을 벗어나면
얽매이지도 않고 머무르지도 않으며
더러움에도 또한 집착하지 않으리.

그때 그 천자가 다시 게송으로 말했다.

오래전에 바라문을 보았는데
그 바라문은 반열반을 얻어
모든 두려움에서 이미 벗어났고
세상 은애까지 모두 벗어났네.

그때 그 천자는 부처님의 말씀을 듣고 기뻐하면서 부처님의 발에 머리를 조아려 예를 올리고 곧 사라지더니 나타나지 않았다.

1270. 구가니경拘迦尼經[5]

이와 같이 나는 들었다.

어느 때 부처님께서 왕사성의 산골짜기에 있는 정사精舍에 계셨다.

그때 구가니拘迦尼라고 하는 하늘 여인〔天女〕가 있었는데 그는 광명천光明天의 딸로서 얼굴이 아주 아름답게 생겼다. 그녀가 새벽에 부처님의 처소에 나아가 부처님의 발에 머리를 조아리고 예를 올렸는데 그녀의 몸에서 광명이 나와 산골짜기를 골고루 비추었다. 그때 구가니 하늘 여인이 게송으로 말하였다.

그 마음으로 악한 짓을 하지 말며
몸과 뜻으로도 세간의 악한 짓 하지 말라.
5욕은 모두가 허공과 같나니
바른 지혜로 바르게 생각을 매어두고
온갖 괴로움을 익히거나 가까이 말라.
그것은 참다운 이치와 맞지 않기 때문이네.

부처님께서 하늘 여인에게 말씀하셨다.

"그러하고 그러하다."

그 마음으로 악한 짓을 하지 말며
몸과 뜻으로도 세간의 악한 짓 하지 말라.
5욕은 모두가 허공과 같나니
바른 지혜로 바르게 생각을 매어두고

---

5 이 소경은 『별역잡아함경』 제14권 첫 번째 소경과 그 내용이 비슷하다.

온갖 괴로움을 익히거나 가까이 말라.
그것은 참다운 이치와 맞지 않기 때문이다.

그때 구가니 하늘 여인은 부처님의 말씀을 듣고 기뻐하면서 부처님의 발에 머리를 조아려 예를 올리고는 이내 사라지더니 나타나지 않았다.

그때 세존께서는 밤이 지나고 이른 아침이 되자 비구들의 처소로 가시어 니사단尼師壇을 펴고 대중들 앞에 앉아 비구들에게 말씀하셨다.

"어제 새벽에 얼굴이 아주 아름답게 생긴 구가니 하늘 여인이 나를 찾아와서 내 발에 머리를 조아려 예를 올리고는 한쪽에 물러나 앉아서 게송으로 말하였다.

그 마음으로 악한 짓을 하지 말며
몸과 뜻으로도 세간의 악한 짓 하지 말라.
5욕은 모두가 허공과 같나니
바른 지혜로 바르게 생각을 매어두고
온갖 괴로움을 익히거나 가까이 말라.
그것은 참다운 이치와 맞지 않기 때문이네.

내가 하늘 여인에게 대답하였다.
"그러하고 그러하다."

그 마음으로 악한 짓을 하지 말며
몸과 뜻으로도 세간의 악한 짓 하지 말라.
5욕은 모두가 허공과 같나니

바른 지혜로 바르게 생각을 매어두고
온갖 괴로움을 익히거나 가까이 말라.
그것은 참다운 이치와 맞지 않기 때문이다.

이렇게 말하였을 때 구가니 하늘 여인은 내 말을 듣고 기뻐하면서 내 발에 머리를 조아려 예를 올리고는 이내 사라지더니 나타나지 않았느니라."

부처님께서 이 경을 말씀하시자 모든 비구들은 부처님의 말씀을 듣고 기뻐하며 받들어 행하였다.

1271. 사구법경四句法經[6]

이와 같이 나는 들었다.

어느 때 부처님께서 왕사성의 산골짜기에 있는 정사에 계셨다.

그때 존자 아난이 모든 비구들에게 말하였다.

"내가 지금 사구법경四句法經을 설명할 것이니, 자세히 듣고 잘 생각하시오. 그대들을 위해 설명할 것입니다. 어떤 것을 사구법경이라고 하는가?"

그리고는 존자 아난이 곧 게송으로 말하였다.

그 마음으로 악한 짓을 하지 말며
몸과 입으로도 세간의 악한 짓 하지 말라.
5욕은 모두가 허공과 같나니

6 이 소경은 『별역잡아함경』 제 14권 두 번째 소경과 그 내용이 비슷하다.

바른 지혜로 바르게 생각을 매어두고
온갖 괴로움을 익히거나 가까이 말라.
그것은 참다운 이치와 맞지 않기 때문이다.

"비구들이여, 이것을 사구법경이라고 합니다."

그때 어떤 바라문이 존자 아난과 그리 멀리 떨어지지 않은 곳에서, 여러 젊은 바라문들을 위해 경經 외우는 것을 듣고 있었다. 그때 그 바라문은 이렇게 생각하였다.

'저 사문 아난이 읊은 게송은 곧 우리가 설하는 경에 비하면 분명 사람의 말이 아니다.'

그러고 나서 그 바라문은 곧 부처님 계신 곳으로 나아가 문안인사를 드리고 위로한 뒤에 한 쪽에 물러나 앉아서 부처님께 아뢰었다.

"구담이시여, 사문 아난이 다음과 같은 게송을 말했습니다.

그 마음으로 악한 짓을 하지 말며
몸과 입으로도 세간의 악한 짓 하지 말라.
5욕은 모두가 허공과 같나니
바른 지혜로 바르게 생각을 매어두고
온갖 괴로움을 익히거나 가까이 말라.
그것은 참다운 이치와 맞지 않기 때문이다.

이와 같은 등의 말은 사람이 한 말이 아닐 것이며, 사람이 한 말이라고 할 수 없습니다."

부처님께서 바라문에게 말씀하셨다.

"그렇다. 바라문아, 그것은 사람이 한 말이 아니며 사람의 말이 아니니라. 어느 때 구가니拘迦尼라고 하는 하늘 여자가 내게 와서 내 발에 머리를 조아려 예를 올리고 한쪽에 물러나 앉아서 게송으로 말하였다.

그 마음으로 악한 짓을 하지 말며
몸과 입으로도 세간의 악한 짓 하지 말라.
5욕은 모두가 허공과 같나니
바른 지혜로 바르게 생각을 매어두고
온갖 괴로움을 익히거나 가까이 말라.
그것은 참다운 이치와 맞지 않기 때문이다.

그때 내가 하늘 여인에게 대답하였다.
"그러하고 그러하다. 하늘 여인이여, 네가 한 말과 같다."

그 마음으로 악한 짓을 하지 말며
몸과 입으로도 세간의 악한 짓 하지 말라.
5욕은 모두가 허공과 같나니
바른 지혜로 바르게 생각을 매어두고
온갖 괴로움을 익히거나 가까이 말라.
그것은 참다운 이치와 맞지 않기 때문이다.

그러므로 바라문아, 그 게송은 사람이 한 말이 아니고 사람의 말이 아닌 줄 마땅히 알아야 하느니라."

부처님께서 이 경을 말씀하시자 그 바라문은 조용히 듣고 기뻐하면서 부처님 발에 예를 올리고 떠나갔다.

1272. 구가나사경拘迦那娑經 ①

이와 같이 나는 들었다.

어느 때 부처님께서 왕사성 산골짜기에 있는 정사에 계셨다.

그때 구가나사拘迦那娑라고 하는 하늘 여인〔天女〕이 있었는데, 그는 광명천光明天의 딸이었다. 그녀는 큰 번갯불을 번쩍번쩍 일으키면서 부처님께 귀의하고 법에 귀의하며 비구승에 귀의하고는 부처님께서 계신 곳으로 찾아와서 부처님의 발에 머리를 조아려 예를 올리고 한쪽에 물러나 앉아 있었는데 그녀의 몸에서 광명이 나와 산골짜기를 골고루 비추었다. 그때 그녀는 부처님의 앞에서 게송으로 말하였다.

그 마음으로 악한 짓을 하지 말며
몸과 입으로도 세간의 악한 짓 하지 말라.
5욕은 모두가 허공과 같나니
바른 지혜로 바르게 생각을 매어두고
온갖 괴로움을 익히거나 가까이 말라.
그것은 참다운 이치와 맞지 않기 때문이라네.

그때 세존께서 하늘 여인에게 말씀하셨다.

"그러하고 그러하다. 하늘 여인이여, 네가 말한 것과 같다."

그 마음으로 악한 짓을 하지 말며
몸과 입으로도 세간의 악한 짓 하지 말라.
5욕은 모두가 허공과 같나니
바른 지혜로 바르게 생각을 매어두고
온갖 괴로움을 익히거나 가까이 말라.

그것은 참다운 이치와 맞지 않기 때문이다.

그때 구가나사 하늘 여인은 부처님께 말씀을 듣고 기뻐하면서 부처님 발에 머리를 조아려 예를 올리고는 이내 사라지고는 나타나지 않았다.

그때 세존께서는 밤이 지나고 이른 아침이 되자 승가의 처소로 가시어 니사단尼師壇을 펴고 대중들 앞에 앉아 모든 비구들에게 말씀하셨다.

"어제 새벽에 광명천의 딸인 구가나사 하늘 여인이 나를 찾아와서 내 발에 머리를 조아려 예를 올리고는 한쪽에 물러나 앉아서 게송으로 말하였다.

그 마음으로 악한 짓을 하지 말며
몸과 입으로도 세간의 악한 짓 하지 말라.
5욕은 모두가 허공과 같나니
바른 지혜로 바르게 생각을 매어두고
온갖 괴로움을 익히거나 가까이 말라.
그것은 참다운 이치와 맞지 않기 때문이네.

내가 하늘 여인에게 대답하였다.
'그러하고 그러하다. 하늘 여인이여, 네가 말한 것과 같다.'

그 마음으로 악한 짓을 하지 말며
몸과 입으로도 세간의 악한 짓 하지 말라.
5욕은 모두가 허공과 같나니
바른 지혜로 바르게 생각을 매어두고

온갖 괴로움을 익히거나 가까이 말라.
그것은 참다운 이치와 맞지 않기 때문이니라.

저 구가나사 하늘 여인은
번갯불 빛을 성대하게 번쩍이면서
부처와 법과 승가에 귀의하고
게송을 읊어 중생들을 이롭게 하였다."

부처님께서 이 경을 말씀하시자 모든 비구들은 부처님의 말씀을 듣고 기뻐하며 받들어 행하였다.

1273. 구가나사경[7] ②

이와 같이 나는 들었다.

어느 때 부처님께서 왕사성 산골짜기에 있는 정사에 계셨다.

그때 구가나사라고 하는 하늘 여인이 있었는데 그는 광명천의 딸이었다. 그녀는 큰 번갯불을 번쩍번쩍 일으키면서 새벽에 부처님께서 계신 곳으로 찾아와서 부처님의 발에 머리를 조아려 예를 올리고 한쪽에 물러나 앉아 있었는데 그녀의 몸에서 광명이 나와 산골짜기를 골고루 비추었다. 그때 그녀는 부처님의 앞에서 게송으로 말하였다.

나는 부처님의 바른 법과 계戒를
잘 분별하여 자세하게 설명할 수 있다.

---

7 이 소경은 『별역잡아함경』 제14권 세 번째 소경과 그 내용이 비슷하다.

그러나 지금은 우선 간략히 말하나니
이것으로도 충분히 내 마음을 나타내리라.

그 마음으로 악한 짓을 하지 말며
몸과 입으로도 세간의 악한 짓 하지 말라.
5욕은 모두가 허공과 같나니
바른 지혜로 바르게 생각을 매어두고
온갖 괴로움을 익히거나 가까이 말라.
그것은 참다운 이치와 맞지 않기 때문이라네.

부처님께서 하늘 여인에게 말씀하셨다.

"그러하다. 하늘 여인이여, 그러하다. 하늘 여인이여, 네가 말한 것과 같다."

그 마음으로 악한 짓을 하지 말며
몸과 입으로도 세간의 악한 짓 하지 말라.
5욕은 모두가 허공과 같나니
바른 지혜로 바르게 생각을 매어두고
온갖 괴로움을 익히거나 가까이 말라.
그것은 참다운 이치와 맞지 않기 때문이다.

그때 구가나사 하늘 여인은 부처님의 말씀을 듣고 기뻐하면서 부처님 발에 머리를 조아려 예를 올리고는 이내 사라져 나타나지 않았다.

그때 세존께서는 밤이 지나고 이른 아침이 되자 비구들의 처소로 가시어 대중들 앞에 자리를 펴고 앉으시어 모든 비구들에게 말씀하셨다.

"어제 새벽에 구가나사 하늘 여인이 나를 찾아와서 공손하게 예를 올리고는 한쪽에 물러나 앉아서 게송으로 말하였다.

나는 부처님의 바른 법과 계戒를
잘 분별하여 자세하게 설명할 수 있다.
그러나 지금은 우선 간략히 말하나니
이것으로도 충분히 내 마음을 나타내리라.

그 마음으로 악한 짓을 하지 말며
몸과 입으로도 세간의 악한 짓 하지 말라.
5욕은 모두가 허공과 같나니
바른 지혜로 바르게 생각을 매어두고
온갖 괴로움을 익히거나 가까이 말라.
그것은 참다운 이치와 맞지 않기 때문이라네.

내가 하늘 여인에게 대답하였다.
'그렇다. 하늘 여인이여, 네가 말한 것과 같다.'

그 마음으로 악한 짓을 하지 말며
몸과 입으로도 세간의 악한 짓 하지 말라.
5욕은 모두가 허공과 같나니
바른 지혜로 바르게 생각을 매어두고
온갖 괴로움을 익히거나 가까이 말라.
그것은 참다운 이치와 맞지 않기 때문이니라.

그때 저 하늘 여인은 내 말을 듣고 기뻐하면서 내 발에 머리를 조아리고 이내 사라져 나타나지 않았느니라."

부처님께서 이 경을 말씀하시자 모든 비구들은 부처님의 말씀을 듣고 기뻐하며 받들어 행하였다.

1274. 주로타경朱盧陀經[8]

이와 같이 나는 들었다.

어느 때 부처님께서 비사리국毘舍離國 미후지獼猴池 가에 있는 2층 강당에 계셨다.

그때 얼굴이 아주 예쁘게 생긴 구가나사 하늘 여인과 주로타朱盧陀[9] 하늘 여인이 새벽에 부처님께서 계신 곳을 찾아와 부처님의 발에 머리를 조아려 예를 올리고 한쪽에 물러나 앉아 있었는데 그녀의 몸에서 광명이 나와 미후지 주변을 온통 비추었다. 그때 주로타 하늘 여인이 게송으로 부처님께 아뢰었다.

등정각等正覺이신 큰 스승께서
비사리毗舍離라는 나라에 머무시옵기
구가나拘迦那와 주로나 하늘 여인은
머리 조아려 공손히 예배합니다.

---

8 이 소경은 『별역잡아함경』 제14권 네 번째 소경과 그 내용이 비슷하다.

9 팔리어로는 Cūḷa-kokana라고 한다. 천녀天女의 이름이며, 구가나사拘迦那娑 천녀의 자매이다.

나는 지금까지 일찍 한 번도
모니牟尼의 바른 법과 율律을 못 들었더니
이제야 비로소 친견할 수 있어서
부처님의 앞에서 바른 법을 듣게 되었네.

만일 거룩한 법과 율에 대해
악한 지혜나 싫어하는 마음을 내면
그는 틀림없이 나쁜 길에 떨어져
오랜 세월 동안 온갖 고통 받으리.

만일 거룩한 법과 율에 대해
바른 생각과 법다운 행동 갖추면
그는 반드시 천상天上에 태어나
언제나 편안하고 즐거움을 누리리라.

구가니사 하늘 여인도 또 게송으로 말하였다.

그 마음으로 악한 짓을 하지 말며
몸과 입으로도 세간의 악한 짓 하지 말라.
5욕은 모두가 허공과 같나니
바른 지혜로 바르게 생각을 매어두고
온갖 괴로움을 익히거나 가까이 말라.
그것은 참다운 이치와 맞지 않기 때문이네.

부처님께서 하늘 여인들에게 말씀하셨다.
"그렇다, 그렇다. 너희들이 말한 것과 같다."

그 마음으로 악한 짓을 하지 말며
몸과 입으로도 세간의 악한 짓 하지 말라.
5욕은 모두가 허공과 같나니
바른 지혜로 바르게 생각을 매어두고
온갖 괴로움을 익히거나 가까이 말라.
그것은 참다운 이치와 맞지 않기 때문이니라.

그때 저 하늘 여인들은 부처님의 말씀을 듣고 기뻐하고 따라 기뻐하면서, 곧 사라지더니 나타나지 않았다.

그때 세존께서는 밤이 지나고 이른 아침이 되자 비구들의 처소로 가시어, 자리를 펴고 앉아 모든 비구들에게 말씀하셨다.

"어제 새벽에 용모가 아주 아름답게 생긴 두 하늘 여인이 나를 찾아와서 나에게 예를 올리고는 한쪽에 물러나 앉았다. 주로타 하늘 여인이 게송으로 말하였다.

등정각이신 큰 스승께서
비사리라는 나라에 머무시옵기
구가나와 주로나 하늘 여인은
머리 조아려 공손히 예배합니다.

나는 지금까지 일찍 한 번도
모니牟尼의 바른 법과 율을 못 들었더니
이제야 비로소 친견할 수 있어서
부처님의 앞에서 바른 법을 듣게 되었네.

만일 거룩한 법과 율에 대해

악한 지혜나 싫어하는 마음 내면
그는 틀림없이 나쁜 길에 떨어져
오랜 세월 동안 온갖 고통 받으리.

만일 거룩한 법과 율에 대해
바른 생각과 법다운 행동 갖추면
그는 반드시 천상에 태어나
언제나 편안하고 즐거움을 누리리라.

구가니사 하늘 여인도 게송으로 말하였다.

그 마음으로 악한 짓을 하지 말며
몸과 뜻으로도 세간의 악한 짓 하지 말라.
5욕은 모두가 허공과 같나니
바른 지혜로 바르게 생각을 매어두고
온갖 괴로움을 익히거나 가까이 말라.
그것은 참다운 이치와 맞지 않기 때문이네.

내가 하늘 여인들에게 대답하였다.
"그렇다, 그렇다. 하늘 여인이여, 너희들이 말한 것과 같다."

그 마음으로 악한 짓을 하지 말며
몸과 입으로도 세간의 악한 짓 하지 말라.
5욕은 모두가 허공과 같나니
바른 지혜로 바르게 생각을 매어두고
온갖 괴로움을 익히거나 가까이 말라.

그것은 참다운 이치와 맞지 않기 때문이니라.

부처님께서 이 경을 말씀하시자 모든 비구들은 부처님의 말씀을 듣고 기뻐하며 받들어 행하였다.

1275. 촉경觸經[10]

이와 같이 나는 들었다.

어느 때 부처님께서 사위국 기수급고독원에 머무시고 계셨다.

그때 얼굴이 아주 잘생긴 어떤 천자가 새벽에 부처님께서 계신 곳으로 찾아가서 부처님의 발에 머리를 조아려 예를 올리고 한쪽에 물러나 앉아 있었는데, 그의 온몸에서 나오는 광명이 기수급고독원을 두루 비추었다.

그때 그 천자가 게송을 읊었다.

부딪치지 않으면 부딪치는 과보果報 없고
부딪쳐야 곧 부딪치는 과보 있다.
부딪침으로써 부딪침을 갚나니
성내지 않으면 성냄을 받지 않으리.

그때 세존께서 게송으로 대답하셨다.

성내지 않는 사람에 대해

10 이 소경은 『별역잡아함경』 제14권 다섯 번째 소경과 그 내용이 비슷하다.

성냄으로써 가하지 말라.
맑고 깨끗한 바른 선비는
온갖 번뇌의 결박을 여읜다네.

만일 그에게 나쁜 마음 일으키면
그 나쁜 마음 다시 제게로 돌아오나니
마치 역풍逆風에 티끌 날리면
그 먼지 도리어 제 몸을 덮는 것 같네.

그때 그 천자가 다시 게송으로 말했다.

오래전에 바라문을 보았는데
그 바라문은 반열반을 얻어
모든 두려움에서 이미 벗어났고
세상 은애까지 모두 벗어났네.

그때 그 천자는 부처님의 말씀을 듣고 기뻐하면서 부처님의 발에 머리를 조아려 예를 올리고 곧 사라지더니 나타나지 않았다.

1276. 우치인경愚癡人經[11]

이와 같이 나는 들었다.
어느 때 부처님께서 사위국 기수급고독원에 머무시고 계셨다.

---

11 이 소경은 『별역잡아함경』 제14권 여섯 번째 소경과 그 내용이 비슷하다.

그때 얼굴이 아주 잘생긴 어떤 천자가 새벽에 부처님께서 계신 곳으로 찾아가서 부처님의 발에 머리를 조아려 예를 올리고 한쪽에 물러나 앉아 있었는데, 그의 온몸에서 나오는 광명이 기수급고독원을 두루 비추었다.

그때 그 천자가 게송을 읊었다.

어리석은 사람이 행하는 것은
지혜로운 사람에겐 맞지 않는다.
스스로 행한 나쁜 행위는
제 자신의 나쁜 벗이 되나니
그가 지은 온갖 악한 행위로 인해
마침내 괴로운 과보를 받는다.

그때 세존께서 게송으로 대답하셨다.

이미 지은 착하지 않은 업業
결국에는 온갖 괴로움 받으리.
그 업을 지을 때는 비록 기뻤으나
마침내는 울면서 그 과보 받으리.

온갖 착한 업 지은 사람은
나중에 괴로운 번민煩悶 하지 않나니
기뻐하면서 그 업을 짓고
편하고 즐겁게 그 과보 받는다.

그때 그 천자가 다시 게송으로 말하였다.

오래전에 바라문을 보았는데
그 바라문은 반열반을 얻어
모든 두려움에서 이미 벗어났고
세상 은애까지 모두 벗어났네.

그때 그 천자는 부처님의 말씀을 듣고 기뻐하면서 부처님의 발에 머리를 조아려 예를 올리고 곧 사라지더니 나타나지 않았다.

1277. 혐책경嫌責經[12]

이와 같이 나는 들었다.

어느 때 부처님께서 사위국 기수급고독원에 계셨다.

그때 얼굴이 아주 잘생긴 어떤 천자가 새벽에 부처님께서 계신 곳으로 찾아와서 부처님의 발에 머리를 조아려 예를 올리고 한쪽에 물러나 앉아 있었는데 그의 온몸에서 나오는 광명이 기수급고독원을 두루 비추었다.

그때 그 천자가 부처님께 아뢰었다.

항상 말로만 떠들지 말고
또한 한결같이 듣기만 하지도 말라.
먼저 바른 도의 자취 얻고 나서는
굳게 지키고 바로 뛰어넘어서
아주 고요한 속에서 사유思惟하여

12 이 소경은 『별역잡아함경』 제14권 일곱 번째 소경과 그 내용이 비슷하다.

온갖 악마의 결박을 벗어나거라.

행할 수 있는 것을 말하는 건 좋지만
행하지 못할 것은 말하지 말라.
행하지도 못하면서 말만 하는 건
지혜로운 이는 그 잘못을 아네.

제가 할 일을 행하지 않고
하지 않고서 했다고 말하는 것
그것은 곧 도적盜賊의 허물과 같나니
이것을 이름하여 불선업不善業이라 하네.

그때 세존께서 천자에게 말씀하셨다.
"너는 지금 누구를 혐오하고 꾸짖는 것인가?"
천자가 부처님께 아뢰었다.
"잘못을 뉘우치는 것입니다. 세존이시여, 잘못을 뉘우치는 것입니다, 선서善逝시여."
그때 세존께서 즐거운 모습으로 빙그레 웃으셨다.
그러자 천자가 다시 게송으로 말하였다.

나는 지금 허물을 뉘우쳤건만
세존께선 그것을 받아주시지 않고
마음속으로 나쁜 마음 가지어
원한을 품은 채 버리지 않네.

그때 세존께서 게송으로 대답하셨다.

말로는 그 허물 뉘우쳤다 하지만
안으로 그 마음 그치지 않으면
어떻게 원한을 쉬었다 할 것이며
어떻게 착한 일을 닦는다 하리.

그때 그 천자는 다시 게송으로 말하였다.

누구에겐들 그런 허물이 없으며
어떤 사람에겐들 죄가 없으리.
누구에겐들 어리석음이 없을 것이며
어느 누가 항상 견고할 수 있으리.

그때 그 천자가 다시 게송으로 말하였다.

오래전에 바라문을 보았는데
그 바라문은 반열반을 얻어
모든 두려움에서 이미 벗어났고
세상 은애까지 모두 벗어났네.

그때 그 천자는 부처님의 말씀을 듣고 기뻐하면서 부처님의 발에 머리를 조아려 예를 올리고 곧 사라지더니 나타나지 않았다.

1278. 구가리경瞿迦梨經[13]

이와 같이 나는 들었다.

어느 때 부처님께서 왕사성 가란다 죽원에 계셨다.

그때 제바달다提婆達多의 무리인 구가리瞿迦梨가 부처님께서 계신 곳으로 찾아와서 부처님의 발에 머리를 조아려 예를 올리고 한 쪽에 물러나 앉았다.

그때 세존께서 구가리 비구에게 말씀하셨다.

"구가리야, 너는 무엇 때문에 사리불舍利弗과 목건련目揵連의 청정한 범행梵行 장소에서 청정하지 못한 마음을 일으켰느냐? 앞으로 오랜 세월 동안 유익하지 못한 고통을 받게 될 것이다."

구가리 비구가 부처님께 아뢰었다.

"세존이시여, 저는 지금 세존의 말씀을 믿습니다. 그 말씀은 틀림이 없습니다. 그러나 다만 사리불과 대목건련은 마음에 나쁜 욕망이 있습니다."

이러한 대화가 두 번 세 번 있었다. 그러나 제바달다의 무리인 구가리 비구는 세존께서 그렇게 두 번 세 번 말씀하셨건만 이를 어기고 듣지 않은 채 자리에서 일어나 떠나갔다. 그는 그곳을 떠나오자 온몸에 온갖 악성惡性 부스럼이 생겨 모두 밤톨만큼씩 부풀어 오르더니, 그것이 점점 커져서 복숭아와 자두 만하게 되었다. 그때 구가리 비구는 몹시 고통스러워하면서 '앗 뜨거워라, 뜨거워라'라 하고 외쳤다. 그런데 그 종창에서 피고름이 흘러나와 몸이 허물어지고 목숨을 마치고는 대발담마大鉢曇摩 지옥에 태어났다.

그때 얼굴이 아주 잘생긴 세 천자가 새벽에 부처님께서 계신 곳으

13 이 소경은 『별역잡아함경』 제14권 여덟 번째 소경과 그 내용이 비슷하다.

로 찾아와서 부처님의 발에 머리를 조아려 예를 올리고 한쪽에 물러나 앉았다.

그때 첫 번째 천자가 부처님께 아뢰었다.

"제바달다의 무리인 구가리가 지금 막 목숨을 마쳤습니다."

또 두 번째 천자는 이렇게 말하였다.

"여러분, 마땅히 아셔야만 합니다. 구가리 비구는 죽어서 지옥에 떨어졌소."

세 번째 천자는 곧 게송으로 말하였다.

대개 사람이 세상에 태어나면
도끼가 입 속에 생겨나서
도리어 제 몸을 찍나니
그것은 나쁜 말 때문이니라.

비난해야 할 것은 도리어 칭찬하고
칭찬해야 할 것은 도리어 비난하면
그 죄가 입 속에서 생겨나
죽으면 나쁜 곳에 떨어지게 된다.

장기와 바둑으로 재물 잃는 것
그것이야 무슨 큰 허물이 되리.
부처나 성문聲聞을 비난하는 것
그야말로 곧 큰 허물이 되네.

그 세 천자는 이 게송을 말하고 나서는 곧 사라지더니 나타나지 않았다.

그때 세존께서 밤이 지나고 이른 아침이 되자 비구들의 처소에 가시어, 대중 앞에서 자리를 펴고 앉아 모든 비구들에게 말씀하셨다.

"어제 새벽에 세 천자가 나를 찾아와서 내 발에 머리를 조아려 예를 올리고는 한쪽에 물러나 앉아 있었는데 첫 번째 천자는 내게 말하기를 '세존이시여, 제바달다의 무리인 구가리가 지금 막 목숨을 마쳤습니다'라고 하였고, 두 번째 천자는 다른 천자에게 말하기를 '구가리 비구는 죽어서 지옥에 떨어졌다'고 하였으며 세 번째 천자는 곧 다음과 같은 게송을 읊었다.

대개 사람이 세상에 태어나면
도끼가 입 속에 생겨나서
도리어 제 몸을 찍나니
그것은 나쁜 말 때문이니라.

비난해야 할 것은 도리어 칭찬하고
칭찬해야 할 것은 도리어 비난하면
그 죄가 입 속에 생겨나서
죽으면 나쁜 곳에 떨어지게 된다.

이 게송을 말하고는 그 세 천자들은 곧 사라지더니 나타나지 않았다.

비구들아, 너희들은 아부타阿浮陀[14] 지옥에 태어난 중생들의 수명

14 팔리어로는 Abbuda라고 한다. 그 뜻은 포皰라 하는데, 8한寒지옥의 하나이다. 이 지옥에 들어가면 너무도 추워서 온몸에 물집이 생겨나기 때문에 그렇게 부른다고 한다.

의 한계가 얼마나 되는지 듣고 싶으냐?"

모든 비구들이 부처님께 아뢰었다.

"지금이 바로 그때이옵니다. 세존이시여, 부디 이 대중들을 위해 아부타 지옥 중생들의 수명의 한계에 대하여 말씀해 주시기를 바랍니다. 저희 모든 비구들이 듣고 받들어 행하겠습니다."

부처님께서 비구들에게 말씀하셨다.

"자세히 듣고 잘 생각해 보아라. 지금 너희들을 위해 설명해주리라. 비유하면, 이 구살라국에서는 네 말〔斗〕을 1아라阿羅라고 하고, 4아라를 1독롱나獨籠那라고 하며, 16독롱나를 1사마나闍摩那라고 하고, 16사마나를 1마니摩尼라고 하며, 20마니를 1가리佉梨라고 하고, 20가리를 1창(倉 : 창고)이라고 한다. 그런데 그 창고에 겨자씨가 가득 들어 있다. 사람을 시켜 백 년에 겨자씨 한 알씩을 가져가게 하였을 적에 그 창고에 가득 들어 있는 겨자씨가 모두 없어질 때까지도 아부타 지옥에 있는 중생들의 수명은 끝나지 않느니라.

이와 같이 20아부타 지옥에 있는 중생들의 수명은 1니라부타尼羅浮陀[15] 지옥 중생의 수명과 같고, 20니라부타 지옥에 있는 중생들의 수명은 1아타타阿吒吒[16] 지옥 중생의 수명과 같으며, 20아타타 지옥에 있는 중생들의 수명은 1아파파阿波波[17] 지옥 중생의 수명과 같고, 20아파파 지옥에 있는 중생들의 수명은 1아휴휴阿休休[18] 지옥 중생

15 팔리어로는 Nirarbudaḥ라고 한다. 그 뜻은 무수포無水皰라는 의미로 이 지옥은 너무 추워 앞 지옥에서 생겨났던 물집이 다 터져 없어졌다는 뜻으로 그렇게 부른다고 한다.

16 팔리어로는 Aṭaṭa라고 한다. 이 지옥에 들어가면 고통을 도저히 견디내기 힘들어서 저절로 아타타라고 하는 소리가 나오기 때문에 그렇게 이름하였다고 한다.

17 팔리어로는 Ahaha라고 한다. 이 지옥에 태어나면 고통을 도저히 견디내기 힘들어서 저절로 아파파라고 하는 소리가 나오기 때문에 그렇게 이름하였다고 한다.

18 팔리어로는 Kumuda라고 한다. 백연화白蓮華라는 뜻이며, 또는 호호파虎虎婆로 쓰

의 수명과 같으며, 20아휴휴 지옥에 들어 있는 중생들의 수명은 1우발라優鉢羅[19] 지옥 중생의 수명과 같고, 20우발라 지옥에 들어 있는 중생들의 수명은 1발담마鉢曇摩[20] 지옥 중생의 수명과 같으며, 20발담마 지옥 중생의 수명은 1마하발담마摩訶鉢曇摩 지옥 중생의 수명과 같으니라.

비구들아, 저 구가리 비구는 목숨을 마치고 마하발담마 지옥에 떨어졌다. 그것은 그가 존자 사리불과 마하 목건련에 대해 나쁜 마음으로 비방하였기 때문이다. 그러니 모든 비구들아, 너희들은 마땅히 이렇게 배워야 한다. 저 타다 남은 심지〔燒燋炷〕[21]에 대해서도 헐뜯으려고 해서는 안 되겠거늘 하물며 인식작용이 있는 중생을 헐뜯은 것이겠느냐?"

부처님께서 모든 비구들에게 말씀하셨다.

"마땅히 이와 같이 배워야 하느니라."

부처님께서 이 경을 말씀하시자 모든 비구들은 부처님의 말씀을 듣고 기뻐하며 받들어 행하였다.

기도 한다. 이 지옥에 태어나면 너무도 추워서 온몸이 백련화처럼 갈라지고 또 괴로움을 참아내기 힘들어서 저절로 호호파라고 하는 소리가 나오기 때문에 그렇게 이름하였다고 한다.

19 팔리어로는 Uppala라고 한다. 청련화靑蓮華라는 뜻이며, 이 지옥에 태어나면 너무도 추워서 온몸이 청련화처럼 갈라지기 때문에 그렇게 이름하였다고 한다.

20 팔리어로는 Padmaḥ라고 한다. 홍련화紅蓮華라는 뜻이며, 이 지옥에 태어나면 너무도 추워서 온몸이 홍련화처럼 갈라지기 때문에 그렇게 이름하였다고 한다.

21 소초주燒燋炷의 주炷자가 송宋・원元・명明 세 본에는 모두 주柱자로 되어 있다.

1279. 부처경負處經[22]

이와 같이 나는 들었다.

어느 때 부처님께서 사위국 기수급고독원에 계셨다.

그때 얼굴이 아주 잘생긴 어떤 천자가 새벽에 부처님께서 계신 곳으로 찾아와서 부처님의 발에 머리를 조아려 예를 올리고 한쪽에 물러나 앉아 있었는데 그의 온몸에서 나오는 광명이 기수급고독원을 두루 비추었다.

그때 그 천자가 게송으로 부처님께 아뢰었다.

퇴락退落하여 지는 곳에 떨어지는 것
어떻게 해야 그것을 알 수 있습니까?
원하옵건대 세존이시여, 말씀해 주소서.
지는 곳의 문은 어떤 것이옵니까?

그때 세존께서 곧 게송으로 대답하셨다.

이기는 이치도 알기가 쉽지만
지는 이치 알기도 더욱 쉬우니
법을 좋아하는 것이 이기는 이치요
법을 비난하는 것이 지는 이치이다.

나쁜 친구를 사랑하여 좋아하고
좋은 친구를 사랑하지 않으며

---

22 이 소경은 『별역잡아함경』 제 14권 아홉 번째 소경과 그 내용이 비슷하다.

좋은 벗에게 원한을 맺으면
그것을 지는 길의 문에 떨어진다고 한다.

착하지 않은 이를 좋아하고
착한 이를 도리어 미워하거나
악을 좋아하고 선을 싫어하는 것
그것을 지는 길의 문이라고 한다.
말이나 저울로써 남을 속이면
그것을 지는 길의 문이라고 한다.

장기와 바둑 두고 술을 즐기며
방탕하게 놀고 여자에 집착하며
재물을 함부로 써 낭비하는 것
그것이 지는 문에 떨어지는 것이다.

여자가 제 자신을 지키지 않고
남편을 버리고 다른 남자 따라가거나
남자가 그 마음이 방탕하여서
아내를 버리고 남의 여자 따라가는 등
이렇게 가정을 이끌어 가는 사람은
모두 다 지는 문에 떨어지는 것이다.

늙은 아내가 젊은 남편을 얻고
마음에 항상 질투를 품으며
질투 때문에 누워도 편치 못한 것
그것은 지는 문에 떨어지는 것이요

늙은 남편이 젊은 아내를 얻어
지는 문에 떨어지는 것도 그러하니라.

언제나 잠을 즐겨 잠에 빠지고
벗들과 어울려서 즐겁게 놀며
게으르고 성내기를 좋아하는 것
이러한 모두가 지는 문에 떨어지는 것이다.

많은 재물로 친구들 모아
술과 음식에 빠져 절제하지 못하고
많이 허비해 재물을 잃는 것
그러한 모든 일이 지는 문에 떨어지는 것이다.

재물은 적고 탐욕만 많은 이가
찰리刹利의 집안에 태어나
왕 되기를 언제나 바라는 사람
그것도 곧 지는 문에 떨어지는 것이다.

항상 진주와 귀걸이와 또 목걸이
가죽신과 미투리와 일산 구하여
장식하며 스스로 아끼는 것
그것도 곧 지는 문에 떨어지는 것이다.

다른 이에게 맛있는 음식 많이 받으면서
자기의 재물은 아까워하며
남의 것을 먹고도 갚지 않는 것

그런 것도 곧 지는 문에 떨어지는 것이다.

사문이나 또 바라문이
자기 집에 들어와 청하더라도
아까워서 제때에 보시하지 않는 것
그것도 곧 지는 문에 떨어지는 것이다.

사문이나 또 바라문이
차례를 따라 다니면서 밥을 빌어도
꾸짖기만 하고 주지 않는 것
그런 것도 곧 지는 문에 떨어지는 것이다.

혹은 부모나 나이 많은 이에게
제때에 받들어 섬기지 못하고
재물이 있어도 베풀지 않는 것
그런 것도 곧 지는 문에 떨어지는 것이다.

아비나 어미나 형과 아우를
때리고 꾸짖고 욕설하면서
높고 낮은 차례도 없는 것
그런 것도 곧 지는 문에 떨어지는 것이다.

부처님이나 또 제자들이나
집에 있는 신자나 출가한 이들을
헐고 비방하면서 공경하지 않는 것
그런 것도 곧 지는 문에 떨어지는 것이다.

사실은 아라한이 아니면서
아라한이라 자칭하게 되면
그것은 바로 세간의 도적으로서
그런 것도 곧 지는 문에 떨어지는 것이다.

이런 것들이 세상의 지는 길로서
나는 알고 보았기에 설명하나니
비유하면 험난하고 두려운 길을
지혜로운 사람이 피해 가는 것과 같네.

그때 그 천자가 다시 게송으로 말하였다.

오래전에 바라문을 보았는데
그 바라문은 반열반을 얻어
모든 두려움에서 이미 벗어났고
세상 은애까지 모두 벗어났네.

그때 그 천자는 부처님의 말씀을 듣고 기뻐하면서 부처님의 발에 머리를 조아려 예를 올리고 곧 사라지더니 나타나지 않았다.

1280. 굴하경屈下經[23]

이와 같이 나는 들었다.

23 이 소경은 『별역잡아함경』 제14권 열 번째 소경과 그 내용이 비슷하다.

어느 때 부처님께서 사위국 기수급고독원에 계셨다.

그때 얼굴이 아주 잘생긴 어떤 천자가 새벽에 부처님께서 계신 곳으로 찾아와서 부처님의 발에 머리를 조아려 예를 올리고 한쪽에 물러나 앉아 있었는데, 그의 온몸에서 나오는 광명이 기수급고독원을 두루 비추었다.

그때 그 천자가 게송으로 부처님께 아뢰었다.

무엇을 굴복시키면 따라 굴복하고
무엇을 치켜세우면 따라 들고일어납니까?
어떤 것이 아이들이 장난칠 때
흙덩이를 서로 던지는 것과 같은 것입니까?

그때 세존께서 게송으로 대답하셨다.

애욕을 굴복하면 따라 굴복되고
애욕이 치솟으면 따라 치솟는다.
어리석은 이들의 사랑 장난은
흙덩이를 서로 던지는 아이들 같다.

그때 그 천자는 다시 게송으로 말하였다.

오래전에 바라문을 보았는데
그 바라문은 반열반을 얻어
모든 두려움에서 이미 벗어났고
세상 은애까지 모두 벗어났네.

그때 그 천자는 부처님의 말씀을 듣고 기뻐하면서 부처님의 발에 머리를 조아려 예를 올리고 곧 사라지더니 나타나지 않았다.

1281. 차차경遮遮經[24]

이와 같이 나는 들었다.

어느 때 부처님께서 사위국 기수급고독원에 계셨다.

그때 얼굴이 아주 잘생긴 어떤 천자가 새벽에 부처님께서 계신 곳으로 찾아가서 부처님의 발에 머리를 조아려 예를 올리고 한쪽에 물러나 앉아 있었는데, 그의 온몸에서 나오는 광명이 기수급고독원을 두루 비추었다.

그때 그 천자가 게송으로 부처님께 아뢰었다.

마음속에 망상이 일어나려고 하면
결정코 막고 또 막아야 한다.
만일 사람이 일체를 다 막아버리면
그것이 핍박을 가해오지 못하리라.

그때 세존께서 게송으로 대답하셨다.

마음속에 망상이 일어나려고 하면
결정코 막고 또 막아야 한다.
반드시 일체를 다 막을 건 없고

24 이 소경은 『별역잡아함경』 제14권 열한 번째 소경과 그 내용이 비슷하다.

다만 나쁜 업만 막으면 된다.
여러 가지 나쁜 업만 막아 버리면
그것이 핍박을 가해오지 못하리라.

그때 그 천자는 다시 게송으로 말하였다.

오래전에 바라문을 보았는데
그 바라문은 반열반을 얻어
모든 두려움에서 이미 벗어났고
세상 은애까지 모두 벗어났네.

그때 그 천자는 부처님의 말씀을 듣고 기뻐하면서 부처님의 발에 머리를 조아려 예를 올리고 곧 사라지더니 나타나지 않았다.

1282. 명칭경名稱經[25]

이와 같이 나는 들었다.

어느 때 부처님께서 사위국 기수급고독원에 계셨다.

그때 얼굴이 아주 잘생긴 어떤 천자가 새벽에 부처님께서 계신 곳으로 찾아가서 부처님의 발에 머리를 조아려 예를 올리고 한쪽에 물러나 앉아 있었는데 그의 온몸에서 나오는 광명이 기수급고독원을 두루 비추었다.

그때 그 천자가 게송으로 부처님께 아뢰었다.

---

25 이 소경은 『별역잡아함경』 제14권 열두 번째 소경과 그 내용이 비슷하다.

어떻게 하면 명성名聲을 얻고
어떻게 하면 큰 재물을 얻습니까?
어떻게 하면 덕망이 멀리 퍼지고
어떻게 하면 착한 벗을 얻습니까?

그때 세존께서 게송으로 대답하셨다.

계를 잘 가지면 명성을 얻고
보시를 행하면 큰 재물 얻는다.
진실하면 덕망이 멀리 퍼지고
은혜를 베풀면 착한 벗을 얻는다.

그때 그 천자는 다시 게송으로 말하였다.

오래전에 바라문을 보았는데
그 바라문은 반열반을 얻어
모든 두려움에서 이미 벗어났고
세상 은애까지 모두 벗어났네.

그때 그 천자는 부처님의 말씀을 듣고 기뻐하면서 부처님의 발에 머리를 조아려 예를 올리고 곧 사라지더니 나타나지 않았다.

1283. 기능경技能經[26]

이와 같이 나는 들었다.

어느 때 부처님께서 사위국 기수급고독원에 계셨다.

그때 얼굴이 아주 잘생긴 어떤 천자가 새벽에 부처님께서 계신 곳으로 찾아가서 부처님의 발에 머리를 조아려 예를 올리고 한쪽에 물러나 앉아 있었는데 그의 온몸에서 나오는 광명이 기수급고독원을 두루 비추었다.

그때 그 천자가 게송으로 부처님께 아뢰었다.

어째서 사람이 일을 하여
지혜로써 재물을 구할 때
다 같이 재물을 얻지만
어떤 이는 많고 어떤 이는 적습니까?

그때 세존께서 게송으로 대답하였다.

처음에는 갖가지 기능 배우고
방편을 써서 재물을 모으되
저 재물을 얻은 뒤에는
마땅히 네 몫으로 나누어야 한다.

한 몫은 먹는 데 쓰고
두 몫은 살림에 쓰고

---

26 이 소경은 『별역잡아함경』 제14권 열세 번째 소경과 그 내용이 비슷하다.

나머지 한 몫은 간직해 두어
곤궁할 때를 미리 대비하여라.

생활을 경영하는 업으로는
농사를 짓는 것과 장사하는 것
소나 양을 먹여 번식시키기 것과
셋집을 놓아 이익을 구하는 것이 있다.

또 집을 짓는 것과 침구 만드는 것
이런 것들이 여섯 가지 직업이니
방편을 써서 온갖 직업에 힘쓰면
이 세상을 안락하게 살아가리라.

이와 같이 잘 직업에 힘써
지혜로써 재물을 구한다면
재물은 순조롭게 생길 것이니
모든 물이 바다로 흘러드는 것과 같으리.

이와 같이 재물이 모여 이로워짐은
꿀벌이 온갖 맛을 모으는 것과 같고
밤낮으로 그 재물 불어나는 것
마치 개미가 쌓아올리는 흙더미 같으리.

늙은 자제에게 재물을 주지 않고
변두리 백성에게도 주지 않으며
믿음 없고 간사한 사람과

교활하고 또 인색한 이들에게도 주지 않으리.

성공한 사람에겐 친하여 붙지만
실패한 사람에게서는 멀리 떠난다.
능히 그 일에 성공한 사람에겐
마치 불이 활활 타오르는 것과 같으리.

착한 벗이나 귀중한 사람이나
민첩하고 가만히 좋은 일 닦는 이를
기운을 같이 나눈 친형제처럼
그렇게 잘 거두어 받들어야 한다.

친한 권속들 속에 있을 때에는
우뚝하게 드러남이 힘센 소 같네.
제각기 그 바라는 것을 따라서
재물을 나눠주고 음식을 보시하면
수壽가 다하여 명命을 마치고는
천상에 태어나 즐거움 누리리라.

그때 그 천자는 다시 게송으로 말하였다.

오래전에 바라문을 보았는데
그 바라문은 반열반을 얻어
모든 두려움에서 이미 벗어났고
세상 은애까지 모두 벗어났네.

그때 그 천자는 부처님의 말씀을 듣고 기뻐하면서 부처님의 발에 머리를 조아려 예를 올리고 곧 사라지더니 나타나지 않았다.

1284. 탄금경彈琴經[27]

이와 같이 나는 들었다.

어느 때 부처님께서 사위국 기수급고독원에 계셨다.

그때 세존께서 모든 비구들에게 말씀하셨다.

"과거 세상에 구살라국에 추우麤牛라고 하는 거문고를 타는 사람이 있었다. 그는 구살라국의 인간 세상을 돌아다니다가 들 가운데 쉬고 있었다."

그때 광대천廣大天 궁전의 여섯 하늘 여인이 거문고를 타는 사람인 추우에게 와서 말하였다.

"아저씨, 아저씨, 우리를 위해 거문고를 타주십시오. 우리들은 노래하고 춤을 추겠습니다."

추우가 거문고 타는 사람에게 말하였다.

"그러시오. 자매들이여, 나는 그대들을 위해 거문고를 타줄 터이니 그대들은 본래 어떤 사람이었는데 무슨 인연으로 거기에 태어났는지 나에게 말해주시오."

하늘 여인들이 대답하였다.

"아저씨, 우선 먼저 거문고부터 타십시오. 우리들은 노래하고 춤을 추겠습니다. 그 노래 속에 저절로 여기에 태어난 인연을 말하게 될 것입니다."

27 이 소경은 『별역잡아함경』 제14권 열네 번째 소경과 그 내용이 비슷하다.

저 구살라국에 살고 있는 거문고 타는 사람 추우는 곧 거문고를 탔고, 여섯 하늘 여인들은 노래하고 춤을 추었다.

첫 번째 하늘 여인이 게송으로 노래하였다.

만일 남자든지 여자든지 간에
아름답고 좋은 옷을 베풀어주면
그 옷을 베풀어 준 인연 때문에
그는 좋은 곳에 태어나게 되리라.

또 아깝게 생각하는 물건을 베풀면
천상에 태어나 하고픈 대로 할 수 있으리.
이제 내가 살고 있는 이 궁전을 보라.
허공을 타고 자유롭게 노닌다오.

하늘의 몸은 마치 금덩이 같아
백 명의 하늘 여인 중에 제일 뛰어나네.
이러한 복과 덕을 잘 살펴보라.
회향回向 중에서도 제일이라오.

두 번째 하늘 여인이 또 게송으로 말하였다.

만일 남자든지 여자든지 간에
질이 좋고 묘한 향을 베풀어주고
또 아깝게 생각하는 물건을 베풀어주면
천상에 태어나 하고픈 대로 할 수 있으리.

이제 내가 살고 있는 이 궁전을 보라.
허공을 타고 자유롭게 노닌다오.
하늘의 몸은 마치 금덩이 같아
백 명의 하늘 여인 중에 제일 뛰어나네.
이러한 복과 덕을 잘 살펴보라.
회향 중에 제일이라오.

세 번째 하늘 여인이 또 게송으로 말하였다.

만일 남자든지 여자든지 간에
음식을 은혜롭게 베풀어주고
또 아깝게 생각하는 물건을 베풀어주면
천상에 태어나 하고픈 대로 할 수 있으리.

이제 내가 살고 있는 이 궁전을 보라.
허공을 타고 자유롭게 노닌다오.
하늘의 몸은 마치 금덩이 같아
백 명의 하늘 여인 중에 제일 뛰어나네.
이러한 복과 덕을 잘 살펴보라.
회향 중에 제일이라오.

네 번째 하늘 여인이 또 게송으로 말하였다.

나는 전생 일을 기억하나니
일찍이 남의 종이 되어서
도둑질하지 않고 탐내지도 않았고

부지런히 닦고 게으름피지 않았으며
음식에 양을 조절하여 몸을 아끼고
나누어 먹으면서 가난한 이 구했었네.

이제 내가 살고 있는 이 궁전을 보라.
허공을 타고 자유롭게 노닌다오.
하늘의 몸은 마치 금덩이 같아
백 명의 하늘 여인 중에 제일 뛰어나네.
이러한 복과 덕을 잘 살펴보라.
회향 중에 제일이라오.

다섯 번째 하늘 여인이 또 게송으로 말하였다.

나는 전생 일을 기억하나니
일찍이 남의 며느리가 되었을 때
시어머니 성질은 거칠고 사나우며
언제나 까다롭고 거친 말 써도
절도를 지켜 며느리의 도리 다하였고
겸손하고 공손하게 순종했었네.

이제 내가 살고 있는 이 궁전을 보라.
허공을 타고 자유롭게 노닌다오.
하늘의 몸은 마치 금덩이 같아
백 명의 하늘 여인 중에 제일 뛰어나네.
이러한 복과 덕을 잘 살펴보라.
회향 중에 제일이라오.

여섯 번째 하늘 여인이 또 게송으로 말하였다.

내 일찍이 과거 행적을 돌아보니
비구 스님과 비구니 스님들 뵙고
그들을 따라 바른 법 듣고
하루 동안 재계를 지켰었네.

이제 내가 살고 있는 이 궁전을 보라.
허공을 타고 자유롭게 노닌다오.
하늘의 몸은 마치 금덩이 같아
백 명의 하늘 여인 중에 제일 뛰어나네.
이러한 복과 덕을 잘 살펴보라.
회향 중에 제일이라오.

그때 구살라국의 거문고를 타는 사람인 추우도 게송으로 말하였다.

내 오늘 여기 오길 잘했구나.
이 구살라국에 있는 숲속에서
아름다운 하늘 몸을 완전하게 갖춘
이 하늘 여인들을 보게 되었네.

보기만 한 게 아니라 말까지 들었으니
앞으로 착한 업 힘써 닦으려네.
오늘 이 인연으로 공덕을 닦아
장차 나도 천상에 태어나리라.

이렇게 이야기가 끝나자 저 여러 하늘 여인들은 이내 사라져 나타나지 않았다.

부처님께서 이 경을 말씀하시자 모든 비구들은 부처님의 말씀을 듣고 기뻐하며 받들어 행하였다.

1285. 사리경捨離經[28]

이와 같이 나는 들었다.

어느 때 부처님께서 사위국 기수급고독원에 계셨다.

그때 얼굴이 아주 잘생긴 어떤 천자가 새벽에 부처님께서 계신 곳으로 찾아와서 부처님의 발에 머리를 조아려 예를 올리고 한쪽에 물러나 앉아 있었는데, 그의 온몸에서 나오는 광명이 기수급고독원을 두루 비추었다.

그때 그 천자가 게송으로 부처님께 여쭈었다.

어떤 법이 일어나면 꼭 멸해야 하고
어떤 것이 생기면 꼭 막아야 합니까.
어떤 법을 마땅히 여의어야 하며
평등하게 보면 어떤 즐거움을 얻습니까.

그때 세존께서 게송으로 대답하셨다.

성내는 마음 일어나면 꼭 멸해야 하고

28 이 소경은 『별역잡아함경』 제14권 열다섯 번째 소경과 그 내용이 비슷하다.

탐욕이 생기거든 미리 막아야 한다.
무명無明을 마땅히 여의어야 하며
진리를 평등하게 보면 즐거움을 얻으리라.

탐욕은 온갖 번뇌를 일으키고
탐욕은 괴로움을 생기게 하는 근본이다.
번뇌를 잘 항복 받은 이는
온갖 괴로움도 항복 받는다.
온갖 괴로움을 항복 받은 이는
또한 번뇌도 항복 받는다.

그때 그 천자가 다시 게송으로 말하였다.

오래전에 바라문을 보았는데
그 바라문은 반열반을 얻어
모든 두려움에서 이미 벗어났고
세상 은애까지 모두 벗어났네.

그때 그 천자는 부처님의 말씀을 듣고 기뻐하면서 부처님의 발에 머리를 조아려 예를 올리고 곧 사라지더니 나타나지 않았다.

1286. 종종경種種經[29]

이와 같이 나는 들었다.

어느 때 부처님께서 사위국 기수급고독원에 계셨다.

그때 얼굴이 아주 잘생긴 어떤 천자가 새벽에 부처님께서 계신 곳으로 찾아와서 부처님의 발에 머리를 조아려 예를 올리고 한쪽에 물러나 앉아 있었는데, 그의 온몸에서 나오는 광명이 기수급고독원을 두루 비추었다.

그때 그 천자가 게송으로 부처님께 아뢰었다.

혹 어떤 사람은 방일한 행동을 하고
어리석은 사람은 나쁜 지혜에 머무네.[30]
선정을 닦고 방일하지 않으면
빠르게 모든 번뇌를 끊을 수 있으리.

그때 세존께서 게송으로 대답하셨다.

세상의 갖가지 일들
그것은 다 탐욕이니라.
심법心法이 각상覺想으로 치달리면
그것을 사부士夫의 욕심이라 말한다.

---

29 이 소경은 『별역잡아함경』 제14권 열여섯 번째 소경과 그 내용이 비슷하다.

30 이 구절의 '우치이악혜愚癡離惡慧' 중 이離자는 잘못된 글자인 듯하다. 어리석은 사람이 나쁜 지혜를 여읠 리가 없기 때문이다. 따라서 역자는 주住자의 의미로 풀이하였다. 독자들의 참고를 바란다.

이 세간의 여러 가지 일들
언제나 세간에 존재하는 것이네.
지혜로 항상 선정을 닦으면
애욕은 영원히 잠복潛伏하리라.

믿음은 사람의 벗이 되나니
믿지 않으면 건너지 못하리.
믿음은 그 이름을 더욱 빛내고
목숨을 마치고는 천상에 태어난다.

몸은 허공과 같은 것이라고 생각하라.
명名과 색色은 견고하지 못하다.
명과 색에 집착하지 않으면
쌓여 모인 데에서 멀리 떠나리.

이 진실한 이치를 관찰하여
해탈한 것처럼 남도 해탈시켜라.
이 지혜를 말미암기 때문에
세상 사람들이 칭찬하고 공양하네.

능히 온갖 잡된 생각 끊어버리고
나고 죽는 흐름을 뛰어 건너라.
모든 흐름을 뛰어 건너야만
비로소 비구라 이름하리라.

그때 그 천자가 다시 게송으로 말하였다.

오래전에 바라문을 보았는데
그 바라문은 반열반을 얻어
모든 두려움에서 이미 벗어났고
세상 은애까지 모두 벗어났네.

그때 그 천자는 부처님의 말씀을 듣고 기뻐하면서 부처님의 발에 머리를 조아려 예를 올리고 곧 사라지더니 나타나지 않았다.

1287. 정사경正士經[31]

이와 같이 나는 들었다.

어느 때 부처님께서 사위국 기수급고독원에 계셨다.

그때 얼굴이 아주 잘생긴 어떤 천자가 새벽에 부처님께서 계신 곳으로 찾아와서 부처님의 발에 머리를 조아려 예를 올리고 한쪽에 물러나 앉아 있었는데 그의 온몸에서 나오는 광명이 기수급고독원을 두루 비추었다.

그때 그 천자가 게송으로 부처님께 여쭈었다.

어떤 사람과 함께 거처해야 하고
누구와 더불어 같이 일해야 합니까.
또 어떤 사람의 법을 알아야
훌륭하고 악하지 않다고 합니까.

---

31 이 소경은 『별역잡아함경』 제14권 열일곱 번째 소경과 그 내용이 비슷하다.

그때 세존께서 게송으로 대답하셨다.

올바른 사람과 함께 노닐고
올바른 사람과 함께 일하며
올바른 사람의 법을 이해하면
그는 훌륭하고 악하지 않다고 하느니라.

그때 그 천자는 다시 게송으로 말하였다.

오래전에 바라문을 보았는데
그 바라문은 반열반을 얻어
모든 두려움에서 이미 벗어났고
세상 은애까지 모두 벗어났네.

그때 그 천자는 부처님의 말씀을 듣고 기뻐하면서 부처님의 발에 머리를 조아려 예를 올리고 곧 사라지더니 나타나지 않았다.

1288. 간인경慳吝經[32]

이와 같이 나는 들었다.

어느 때 부처님께서 사위국 기수급고독원에 계셨다.

그때 얼굴이 아주 잘생긴 어떤 천자가 새벽에 부처님께서 계신 곳으로 찾아가서 부처님의 발에 머리를 조아려 예를 올리고 한쪽에 물

32 이 소경은 『별역잡아함경』 제14권 열여덟 번째 소경과 그 내용이 비슷하다.

러나 앉아 있었는데, 그의 온몸에서 나오는 광명이 기수급고독원을 두루 비추었다.

그때 그 천자가 게송으로 부처님께 아뢰었다.

아깝다는 생각이 마음에 생기면
즐거운 마음으로 보시할 수 없다.
밝은 지혜로 복을 구하는 사람이라야
비로소 은혜를 베풀 수 있다.

그때 세존께서 게송으로 말씀하셨다.

무섭고 두려워 보시하지 못하면
항상 보시하지 못한 두려움 있어
주리고 목마를까 두려워하나니
아끼는 마음은 두려움에서 생긴다.

이 세상이나 저 세상에서
언제나 어리석어 굶주릴까 두려워하네.
그러나 죽을 때는 죽는 이를 따라가지 않나니
제 자신만 홀로 가므로 양식이 필요 없네.

적은 재물을 보시할 수 있어도
많은 재물은 보시하기 어려우니
어려운 보시를 능히 보시하는 것
그것을 어려운 보시라 하느니라.

무지한 사람들은 깨닫지 못하지만
지혜로운 사람은 알기 어려운 것을 안다.
법으로써 아내와 아들을 기르고
작은 재물도 깨끗한 마음으로 보시하라.

백천 가지 보시한 공덕으로
얻어지는 그 복과 이익은
앞의 법대로 보시함에 비하면
16분의 1에도 미치지 못하느니라.

때리고 묶어 중생을 괴롭혀
거기서 얻은 온갖 재물은
은혜롭게 베풀어 나라를 편케 해도
그것은 죄가 되는 보시라 하네.

그 보시를 평등한 보시에 비하면
칭량稱量으로는 헤아릴 수 없다.
법대로 하여 잘못을 행하지 않고
거기서 얻은 재물로 베풀어 주라.

보시하기 어려운 보시를 행하면
그것은 정말로 현성賢聖의 보시이니
가는 곳마다 늘 복을 얻을 것이요
목숨 마치고는 천상에 태어나리.

그때 그 천자는 다시 게송으로 말하였다.

오래전에 바라문을 보았는데
그 바라문은 반열반을 얻어
모든 두려움에서 이미 벗어났고
세상 은애까지 모두 벗어났네.

그때 그 천자는 부처님의 말씀을 듣고 기뻐하면서 부처님의 발에 머리를 조아려 예를 올리고 곧 사라지더니 나타나지 않았다.

1289. 팔천경八天經[33]

이와 같이 나는 들었다.

어느 때 부처님께서 왕사성 금바라산金婆羅山의 금바라金婆羅 귀신이 살고 있는 돌집에 머무시고 계셨다. 그때 세존께서는 쇠창에 발을 찔린 지 얼마 되지 않아서 몸에 고통이 일어났지만, 버리는 마음을 얻을 수 있어서 바른 지혜와 바른 기억으로 잘 견뎌 스스로 편안해 하시고 조금도 움츠려 드는 생각이 없었다.

저 산신山神 천자天子 여덟 명은 이렇게 생각하였다.

'지금 세존께서는 왕사성 금바라산의 금바라 귀신이 살고 있는 돌집에 머물고 계시는데 쇠창에 발을 찔려 몸에 큰 고통이 일어나는데도 버리는 마음을 얻어서 바른 지혜와 바른 기억으로 잘 견뎌내면서 스스로 편안해 하시며 조금도 움츠려들지 않으신다. 우리는 지금 그곳에 가서 그의 면전에서 그를 찬탄하리라.'

이렇게 생각하고는 부처님 계신 곳을 찾아가 부처님의 발에 머리를

33 이 소경은 『별역잡아함경』 제 14권 열아홉 번째 소경과 그 내용이 비슷하다.

조아려 예를 올리고 한쪽에 물러나 앉았다. 첫 번째 천신이 게송으로 찬탄하였다.

사문 구담은
사람 중의 사자이시네.
몸이 고통을 받고 있건만
잘 견디며 편안해 하시고
바른 지혜와 바른 기억으로
조금도 움츠려들지 않으시네.

두 번째 천자도 또한 찬탄하였다.

대사大士께서는 큰 용이요
대사께서는 큰 소이시네.
대사께서는 용기와 힘이 있으시고
대사께서는 좋은 말이시네.
대사께서는 최상의 우두머리이시고
대사께서는 가장 훌륭하시네.

세 번째 천자도 또 찬탄하였다.

이 사문 구담瞿曇은
분다리分陀利꽃과 같은 장부시네.
몸에 온갖 고통 생겼는데도
버리는 마음을 능히 행하여
바른 지혜와 바른 기억으로

잘 견디며 스스로 편해 하시고
조금도 움츠려드는 모습이 없으시네.

네 번째 천자도 또 찬탄하였다.

"만일 어느 누구든지 간에 '사문 구담은 분다리꽃과 같은 장부시네'라고 한 말을 어기고 나무란다면 마땅히 그는 오랜 세월 동안 유익하지 못한 고통을 받으리라는 것을 알아야 한다. 다만 진실을 모르는 자는 제외된다."

다섯 번째 천자도 다시 게송으로 말하였다.

저 분은 삼매를 관하고
그 선정에 잘 머무르시며
해탈하여 온갖 티끌을 여의시고
들뜨지도 않고 가라앉지도 않네.
그 마음이 안온하게 머무시어
마음이 해탈함을 얻으셨다.

여섯 번째 천자도 게송으로 말하였다.

5백 년을 지나오는 동안
바라문의 경전을 외우고
열심히 힘써 고행을 닦아도
티끌을 여의고 해탈하지 못하면
그는 못나고 모자라는 무리이니
저쪽 언덕에 건너갈 수 없으리.

일곱 번째 천자도 게송으로 말하였다.

탐욕의 핍박에 시달림 받고
계율 가지기에 얽매임 되며
용맹스럽게 고행을 행하면서
백 년 동안 지낸다 하더라도

그 마음이 해탈하지 못하고
티끌과 때를 여의지 못하면
그는 못나고 모자라는 무리이니
저쪽 언덕에 건너갈 수 없으리라.

여덟 번째 천자도 게송으로 말하였다.

마음을 거만과 탐욕에 두어
능히 스스로 길들이지 못하며
삼매 선정을 얻지 못하고
모니牟尼의 선정에 들지 못한 채

혼자서 산림에 있으면서도
그 마음이 항상 방일하면
그는 죽음의 악마에 붙들려
저쪽 언덕에 건너갈 수 없으리라.

그때 저 산신 천자 여덟 명은 각각 이렇게 찬탄하고는 부처님의 발에 머리를 조아려 예를 올린 다음 이내 사라지고는 나타나지 않았다.

1290. 광지경廣地經[34]

이와 같이 나는 들었다.

어느 때 부처님께서 사위국 기수급고독원에 계셨다.

그때 얼굴이 아주 잘생긴 어떤 천자가 새벽에 부처님께서 계신 곳으로 찾아와서 부처님의 발에 머리를 조아려 예를 올리고 한쪽에 물러나 앉아 있었는데, 그의 온몸에서 나오는 광명이 기수급고독원을 두루 비추었다.

그때 그 천자가 게송으로 부처님께 아뢰었다.

땅덩이보다 더 넓은 것 없고
바다보다 더 깊은 것 없네.
수미산보다 더 높은 것 없고
비뉴毘紐[35]보다 더한 대사大士 없네.

그때 세존께서 게송으로 대답하셨다.

애욕보다 더 넓은 것 없고
배腹보다 더 깊은 것 없다.

---

34 이 소경은 『별역잡아함경』 제 14권 스무 번째 소경과 그 내용이 비슷하다.

35 팔리어로는 Veṇhu라고 한다. 천신의 이름이며, 또는 비슬노毗瑟絃라고도 하는데, 인도 교계의 비슬노파에서 숭상하고 받들어 섬기는 우주를 창조했다고 믿는 최고의 신神이다.

교만보다 더 높은 것 없고
부처님보다 더 나은 대사는 없다.

그때 그 천자는 다시 게송으로 말하였다.

오래전에 바라문을 보았는데
그 바라문은 반열반을 얻어
모든 두려움에서 이미 벗어났고
세상 은애까지 모두 벗어났네.

그때 그 천자는 부처님의 말씀을 듣고 기뻐하면서 부처님의 발에 머리를 조아려 예를 올리고 곧 사라지더니 나타나지 않았다.

1291. 화소경火燒經[36]

이와 같이 나는 들었다.

어느 때 부처님께서 사위국 기수급고독원에 계셨다.

그때 얼굴이 아주 잘생긴 어떤 천자가 새벽에 부처님께서 계신 곳으로 찾아와서 부처님의 발에 머리를 조아려 예를 올리고 한쪽에 물러나 앉아 있었는데, 그의 온몸에서 나오는 광명이 기수급고독원을 두루 비추었다.

그때 그 천자가 게송으로 부처님께 여쭈었다.

---

36 이 소경은 『별역잡아함경』 제14권 스물한 번째 소경과 그 내용이 같은 것이다.

어떤 물건이기에 불에도 타지 않고
어떤 바람으로도 불어 날릴 수 없는가?
화재火災가 땅덩이를 무너뜨릴 때
어떤 물건이기에 떠내려가지 않는가?

나쁜 임금과 또 도적들이
사람의 재물을 강탈할 때
어떤 남자와 어떤 여자가
그들에게 빼앗기지 않는가?
보배를 간직한 어떤 창고가
끝끝내 그 보물 잃지 않는가?

그때 세존께서 게송으로 대답하셨다.

복은 불로도 태우지 못하고
복은 바람도 날리지 못한다.
수재水災가 땅덩이를 무너뜨려도
복의 물은 흩어져 흘러내리지 않는다.

나쁜 임금과 도적들이
사람의 재물을 강탈해가도
만약 남자나 여자가 지은
저 복은 빼앗기지 않는다.
즐거운 갚음의 보배 창고는
끝끝내 그 보물 잃지 않는다.

그때 그 천자는 다시 게송으로 말하였다.

오래전에 바라문을 보았는데
그 바라문은 반열반을 얻어
모든 두려움에서 이미 벗어났고
세상 은애恩愛까지 모두 벗어났네.

그때 그 천자는 부처님의 말씀을 듣고 기뻐하면서 부처님의 발에 머리를 조아려 예를 올리고 곧 사라지더니 나타나지 않았다.

1292. 양경糧經[37]

이와 같이 나는 들었다.

어느 때 부처님께서 사위국 기수급고독원에 계셨다.

그때 얼굴이 아주 잘생긴 어떤 천자가 새벽에 부처님께서 계신 곳으로 찾아와서 부처님의 발에 머리를 조아려 예를 올리고 한쪽에 물러나 앉아 있었는데 그의 온몸에서 나오는 광명이 기수급고독원을 두루 비추었다.

그때 그 천자가 게송으로 부처님께 여쭈었다.

그 누가 양식을 가지고 있으며
어떤 물건이기에 도적이 겁탈하지 못하는가?
어떤 사람이 겁탈하는 것을 막으며

37 이 소경은 『별역잡아함경』 제14권 스물두 번째 소경과 그 내용이 비슷하다.

어떤 사람이 겁탈하는 것을 막지 못하는가?
어떤 사람이기에 늘 찾아오기만 하면
지혜로운 사람이 기뻐하고 좋아하는가?

그때 세존께서 게송으로 대답하셨다.

믿음은 먼 길을 갈 때 가지고 가는 양식이고
복덕은 겁탈해도 빼앗아가지 못한다.
도적이 겁탈하면 가로막고
사문은 겁탈해도 기뻐하고 좋아한다.
사문이 언제나 항상 찾아오면
지혜로운 사람은 기뻐하고 즐거워한다.

그때 그 천자는 다시 게송으로 말하였다.

오래전에 바라문을 보았는데
그 바라문은 반열반을 얻어
모든 두려움에서 이미 벗어났고
세상 은애까지 모두 벗어났네.

그때 그 천자는 부처님의 말씀을 듣고 기뻐하면서 부처님의 발에 머리를 조아려 예를 올리고 곧 사라지더니 나타나지 않았다.

1293. 난득경難得經[38]

이와 같이 나는 들었다.

어느 때 부처님께서 사위국 기수급고독원에 계셨다.

그때 얼굴이 아주 잘생긴 어떤 천자가 새벽에 부처님께서 계신 곳으로 찾아와서 부처님의 발에 머리를 조아려 예를 올리고 한쪽에 물러나 앉아 있었는데 그의 온몸에서 나오는 광명이 기수급고독원을 두루 비추었다.

그때 그 천자가 게송으로 부처님께 아뢰었다.

일체 모양을 비추어 가리고
모든 세간을 두루 아시며
즐거움으로 모든 것 위안하시는
세존이시여, 부디 말씀해주소서.
그 어떤 것이 이 세상에서
가장 얻기가 어려운 것이옵니까?

그때 세존께서 게송으로 대답하셨다.

주인으로서 인욕忍辱 행하고
재물 없어도 보시코자 하며
어려움 만나 법을 행하고
부귀하면서도 멀리 여의기를 닦는 것
이러한 네 가지 법이야말로

38 이 소경은 『별역잡아함경』 제14권 스물네 번째 소경과 그 내용이 비슷하다.

가장 행하기 어려운 것이니라.

그때 그 천자는 다시 게송으로 말하였다.

오래전에 바라문을 보았는데
그 바라문은 반열반을 얻어
모든 두려움에서 이미 벗어났고
세상 은애까지 모두 벗어났네.

그때 그 천자는 부처님의 말씀을 듣고 기뻐하면서 부처님의 발에 머리를 조아려 예를 올리고 곧 사라지더니 나타나지 않았다.

잡아함경 제 49 권

1294. 무소구경無所求經[1]

이와 같이 나는 들었다.

어느 때 부처님께서 사위국 기수급고독원에 계셨다.

그때 얼굴이 아주 잘생긴 어떤 천자가 새벽에 부처님께서 계신 곳으로 찾아와 부처님의 발에 머리를 조아려 예를 올리고 한쪽에 물러나 앉아 있었는데, 그의 온몸에서 나오는 광명은 기수급고독원을 두루 비추었다.

그때 그 천자가 게송으로 부처님께 아뢰었다.

큰 힘을 가진 자재自在로운 즐거움은
구하는 것 얻지 못함이 없는 데 있다.
무엇이 그것보다 더 훌륭한 게 있으랴.
일체 하고 싶은 것 갖추었기 때문이다.

1 이 소경은 『별역잡아함경』 제14권 스물세 번째 소경과 그 내용이 비슷하다.

그때 부처님께서 게송으로 대답하셨다.

큰 힘을 가진 자재로운 즐거움은
그야말로 구하는 게 아무것도 없는 것이다.
만일 욕심을 내어 구하는 것 있으면
그것은 괴로움이요 즐거움이 아니다.
구하는 것에서 이미 벗어났다면
이것이 곧 그것보다 즐거운 것이니라.

그때 그 천자는 다시 게송으로 말하였다.

오래전에 바라문을 보았는데
그 바라문은 반열반을 얻어
모든 두려움에서 이미 벗어났고
세상 은애恩愛까지 모두 벗어났네.

그때 그 천자는 부처님의 말씀을 듣고 기뻐하면서 부처님의 발에 머리를 조아려 예를 올리고 곧 사라지더니 나타나지 않았다.

1295. 차승경車乘經[2]

이와 같이 나는 들었다.
어느 때 부처님께서 사위국 기수급고독원에 계셨다.

---

2 이 소경은 『별역잡아함경』 제14권 스물다섯 번째 소경과 그 내용이 비슷하다.

그때 얼굴이 아주 잘생긴 어떤 천자가 새벽에 부처님께서 계신 곳으로 찾아와 부처님의 발에 머리를 조아려 예를 올리고 한쪽에 물러나 앉아 있었는데, 그의 온몸에서 나오는 광명은 기수급고독원을 두루 비추었다.

그때 그 천자가 게송으로 부처님께 아뢰었다

수레는 어느 곳으로부터 생겨났으며
어떤 사람이 수레를 굴릴 수 있습니까?
수레는 굴러서 어디로 가며
무슨 까닭에 닳아 없어집니까?

그때 세존께서 게송으로 대답하셨다.

수레는 온갖 업을 따라 생기고
마음의 의식이 수레를 굴린다.
그 인因을 따라 굴러가다가
인이 부서지면 수레도 없어진다.

그때 그 천자는 다시 게송으로 말하였다.

오래전에 바라문을 보았는데
그 바라문은 반열반을 얻어
모든 두려움에서 이미 벗어났고
세상 은애까지 모두 벗어났네.

그때 그 천자는 부처님의 말씀을 듣고 기뻐하면서 부처님의 발에 머리를 조아려 예를 올리고 곧 사라지더니 나타나지 않았다.

1296. 구루타왕녀경拘屢陀王女經[3]

이와 같이 나는 들었다.

어느 때 부처님께서 사위국 기수급고독원에 계셨다.

그때 얼굴이 아주 잘생긴 어떤 천자가 새벽에 부처님께서 계신 곳으로 찾아와 부처님의 발에 머리를 조아려 예를 올리고 한쪽에 물러나 앉아 있었는데, 그의 온몸에서 나오는 광명은 기수급고독원을 두루 비추었다.

그때 그 천자가 부처님께 아뢰었다.

"세존이시여, 구루타왕拘屢陀王의 딸 수바라제사修波羅提沙가 오늘 아들을 낳았습니다."

부처님께서 천자에게 말씀하셨다.

"그것은 좋지 않은 일이다. 그것은 좋은 일이 아니다."

그때 그 천자가 곧 게송으로 말하였다.

사람은 아들 낳으면 즐거워하고
세상은 아들 낳으면 기뻐합니다.
부모가 나이 많아 늙고 쇠하면
아들이 받들어 보양하는데
구담께서는 무슨 까닭에
아들 낳은 것을 좋지 않다 합니까?

---

3 이 소경은 『별역잡아함경』 제14권 스물여섯 번째 소경과 그 내용이 비슷하다.

그때 세존께서 게송으로 대답하셨다.

마땅히 알라. 그것은 늘 항상 됨 없고
순전한 공空이 쌓인 것이지 자식이 아니다.
자식 낳을 적에 언제나 고통이 따르건만
어리석은 사람들은 즐겁다 말하네.
그러므로 나는 자식을 낳는 일
좋은 것이 아니라고 말하느니라.

좋지 않은 것을 좋다고 생각하고
사랑하지 않을 것을 사랑하나니
실로 괴로움의 꼴은 즐거움과 비슷해
언제나 방일에 짓밟히느니라.

그때 그 천자는 다시 게송으로 말하였다.

오래전에 바라문을 보았는데
그 바라문은 반열반을 얻어
모든 두려움에서 이미 벗어났고
세상 은애까지 모두 벗어났네.

그때 그 천자는 부처님의 말씀을 듣고 기뻐하면서 부처님의 발에 머리를 조아려 예를 올리고 곧 사라지더니 나타나지 않았다.

1297. 수경數經[4]

이와 같이 나는 들었다.

어느 때 부처님께서 사위국 기수급고독원에 계셨다.

그때 얼굴이 아주 잘생긴 어떤 천자가 새벽에 부처님께서 계신 곳으로 찾아와 부처님의 발에 머리를 조아려 예를 올리고 한쪽에 물러나 앉아 있었는데, 그의 온몸에서 나오는 광명은 기수급고독원을 두루 비추었다.

그때 그 천자가 게송으로 부처님께 아뢰었다.

어떤 것이 수數로 헤아려야할 것이며
어떤 수가 감출 수 없는 것인가?
어떤 것이 수數 중의 수이며
어떻게 그 말을 설명할 수 있는가?

그때 세존께서 게송으로 대답하셨다.

부처님 법은 측량하기 어렵고
두 가지 흐름이 드러나지 않으니
저 명名과 색色이
모두 남김없이 사라졌다네.

이것이 수로 헤아려야할 것이고
그런 수는 감출 수 없네.

---

4 이 소경은 『별역잡아함경』 제14권 스물일곱 번째 소경과 그 내용이 비슷하다.

이것이 저 수 중의 수이며
이것을 일러 수數라고 하느니라.

그때 그 천자는 다시 게송으로 말하였다.

오래전에 바라문을 보았는데
그 바라문은 반열반을 얻어
모든 두려움에서 이미 벗어났고
세상 은애까지 모두 벗어났네.

그때 그 천자는 부처님의 말씀을 듣고 기뻐하면서 부처님의 발에 머리를 조아려 예를 올리고 곧 사라지더니 나타나지 않았다.

1298. 하중경何重經[5]

이와 같이 나는 들었다.

어느 때 부처님께서 사위국 기수급고독원에 계셨다.

그때 얼굴이 아주 잘생긴 어떤 천자가 새벽에 부처님께서 계신 곳으로 찾아와 부처님의 발에 머리를 조아려 예를 올리고 한쪽에 물러나 앉아 있었는데, 그의 온몸에서 나오는 광명은 기수급고독원을 두루 비추었다.

그때 그 천자가 게송으로 부처님께 아뢰었다.

---

5 이 소경은 『별역잡아함경』 제14권 스물여덟 번째 소경과 그 내용이 비슷하다.

어떤 물건이 땅보다 무거우며
어떤 물건이 허공보다 높은가?
어떤 물건이 바람보다 빠르며
어떤 물건이 풀보다 많은가?

그때 세존께서 게송으로 말씀하셨다.

계율 지킨 덕이 땅보다 무겁고
교만하게 구는 것이 허공보다 높다.
억념憶念하는 것이 바람보다 빠르고
사상思想이 풀보다 많은 것이니라.

그때 그 천자는 다시 게송으로 말하였다.

오래전에 바라문을 보았는데
그 바라문은 반열반을 얻어
모든 두려움에서 이미 벗어났고
세상 은애까지 모두 벗어났네.

그때 그 천자는 부처님의 말씀을 듣고 기뻐하면서 부처님의 발에 머리를 조아려 예를 올리고 곧 사라지더니 나타나지 않았다.

1299. 십선경十善經[6]

이와 같이 나는 들었다.

어느 때 부처님께서 사위국 기수급고독원에 계셨다.

그때 얼굴이 아주 잘생긴 어떤 천자가 새벽에 부처님께서 계신 곳으로 찾아와 부처님의 발에 머리를 조아려 예를 올리고 한쪽에 물러나 앉아 있었는데 그의 온몸에서 나오는 광명은 기수급고독원을 두루 비추었다.

그때 그 천자가 게송으로 부처님께 아뢰었다.

어떻게 계율 지키고 어떻게 위의 가지며
무엇으로 얻고 무엇으로 업을 삼습니까?
지혜로운 사람은 어떻게 머무르며
어떻게 해야 천상에 태어납니까?

그때 세존께서 게송으로 대답하셨다.

생물 죽이는 일 멀리 여의고
계율을 지켜 스스로 쾌락을 막으며
해칠 마음으로 중생을 가해하지 않으면
그것이 곧 하늘에 태어나는 길이다.

주지 않는 것 가지는 일 멀리 여의고
주는 것만 가지되 마음으로 즐거워하며

---

6 이 소경은 『별역잡아함경』 제14권 스물아홉 번째 소경과 그 내용이 비슷하다.

도둑질할 마음을 끊어버리면
그것이 곧 하늘에 태어나는 길이다.

남의 부인과 관계를 맺지 않고[7]
삿된 음행을 멀리 여의며
자기 아내에게 만족할 줄 아는 것
그것이 곧 하늘에 태어나는 길이다.

자기나 또 남을 위하여
재물과 또 오락을 위하여
거짓으로써 말하지 않으면
그것이 곧 하늘에 태어나는 길이다.

이간하는 말을 끊어버려서
남의 친한 벗 떠나게 하지 않고
피차彼此간에 늘 화합시킬 것을 생각하면
그것이 곧 하늘에 태어나는 길이다.

사랑스럽지 않은 말 멀리 여의고
부드러운 말만하여 남을 상하게 안하며
항상 순박하고 아름다운 말만하면
그것이 곧 하늘에 태어나는 길이다.

---

7 이 부분이 고려대장경 원문에는 '불행타소수不行他所受'로 되어 있는데, 『별역잡아함경』 제14권 스물아홉 번째 소경에는 '불간타부녀不奸他婦女'로 되어 있어 그 뜻이 명확하므로 역자도 이에 의거하여 번역하였다.

정성스럽지 못한 말을 하지 않고
유익하지 않은 말을 하지 않으며
언제나 법다운 말을 따르면
그것이 곧 하늘에 태어나는 길이다.

촌락이나 혹은 텅 빈곳에서
이익 봐도 내 것이라 말하지 않고
탐하는 그 생각 내지 않으면
그것이 곧 하늘에 태어나는 길이다.

사랑하는 마음 가져 해칠 생각 없고
그 어떤 중생도 헤치지 않으며
마음에 항상 원한을 맺지 않으면
그것이 곧 하늘에 태어나는 길이다.

괴로운 업과 그 과보果報
이 두 가지를 깨끗이 믿고
바른 소견을 받들어 가지면
그것이 곧 하늘에 태어나는 길이다.

이와 같이 온갖 착한 법으로
열 가지 깨끗한 업을 닦고
고루 받아서 견고하게 지키면
그것이 곧 하늘에 태어나는 길이다.

그때 그 천자는 다시 게송으로 말하였다.

오래전에 바라문을 보았는데
그 바라문은 반열반을 얻어
모든 두려움에서 이미 벗어났고
세상 은애까지 모두 벗어났네.

그때 그 천자는 부처님의 말씀을 듣고 기뻐하면서 부처님의 발에 머리를 조아려 예를 올리고 곧 사라지더니 나타나지 않았다.

1300. 석제환인경釋帝桓因經[8]

이와 같이 나는 들었다.

어느 때 부처님께서 사위국 기수급고독원에 계셨다.

그때 석제환인釋帝桓因이 새벽에 부처님께서 계신 곳으로 찾아와 부처님의 발에 머리를 조아려 예를 올리고 한쪽에 물러나 앉아 있었는데 그의 몸에서 나오는 광명은 기수급고독원을 두루 비추었다.

그때 석제환인이 게송으로 부처님께 여쭈었다.

어떤 법이 명命을 알지고
어떤 법이 명을 깨닫지 못합니까?
어떤 법이 명을 가두고 있고
어떤 법이 명을 결박하고 있습니까?

그때 세존께서 게송으로 대답하셨다.

---

8 이 소경은 『별역잡아함경』 제15권 첫 번째 소경과 그 내용이 비슷하다.

색色은 명을 알지 못하고
모든 행行은 명을 깨닫지 못하며
몸뚱이〔身〕가 그 명을 가두고 있고
집착〔受〕[9]이 명을 결박하고 있다.

석제환인이 다시 게송으로 여쭈었다.

몸뚱이는 명이 아니라 함은
모든 부처님께서 하신 말씀이네.
그러면 어떻게 익숙해질 수 있어서
몸에 깊이깊이 감추어져 있고
어떻게 한 조각 살덩이에 머물러 있으며
어떻게 목숨인지 몸인지를 압니까?

그때 세존께서 게송으로 대답하셨다.

가라라迦羅邏가 그 처음이 되어
그 가라라에서 태〔胞〕가 생기며
그 태는 살 조각이 되고
그 살 조각은 단단하고 두터워지며
그 단단하고 두터운 것이 지절支節과
온갖 모발毛髮 따위를 만들어낸다.

---

9 신수대장경 각주에 의하면 "송 · 원 · 명 세 본에는 '수受자가 애愛자로 되어있다'고 하였다.

여기에서 몸뚱이의 모든 감관은
차츰차츰 그 형체를 갖추게 되고
그 어미가 먹는 음식으로 말미암아
태 안에 있는 몸을 기르느니라.

그때 석제환인은 부처님 말씀을 듣고 기뻐하면서 부처님의 발에 머리를 조아리고 이내 사라지더니 나타나지 않았다.

1301. 장승천자경長勝天子經[10]

이와 같이 나는 들었다.

어느 때 부처님께서 사위국 기수급고독원에 계셨다.

그때 얼굴이 아주 잘생긴 장승 천자長勝天子가 새벽에 부처님께서 계신 곳으로 찾아와 부처님의 발에 머리를 조아려 예를 올리고 한쪽에 물러나 앉아 있었는데 그의 몸에서 나오는 광명은 기수급고독원을 두루 비추었다.

그때 그 장승 천자가 게송으로 부처님께 아뢰었다.

미묘한 법을 잘 배워 설하려면
여러 사문들과 가까이 친하고
아무도 없이 오직 혼자서
바르게 사유思惟하며 고요하게 있어야 한다.

---

10 이 소경은 『별역잡아함경』 제15권 세 번째 소경과 그 내용이 비슷하다.

그때 세존께서 게송으로 대답하셨다.

미묘한 법을 잘 배워 설하려면
여러 사문들을 가까이 친하고
아무도 없이 오직 혼자서
조용히 모든 감관을 고요하게 하라.

그때 장승 천자는 부처님의 말씀을 듣고 기뻐하면서 부처님의 발에 머리를 조아려 예를 올리고 이내 사라지더니 나타나지 않았다.

1302. 시비경尸毘經[11]

이와 같이 나는 들었다.

어느 때 부처님께서 사위국 기수급고독원에 계셨다.

그때 얼굴이 아주 잘생긴 시비 천자尸毘天子가 새벽에 부처님께서 계신 곳으로 찾아와 부처님의 발에 머리를 조아려 예를 올리고 한쪽에 물러나 앉아 있었는데, 그의 몸에서 나오는 광명은 기수급고독원을 두루 비추었다.

그때 그 시비 천자가 게송으로 부처님께 아뢰었다.

어떤 사람과 함께 있어야 하고
어떤 사람과 같이 일을 해야 하며
마땅히 어떤 법을 알아야

11 이 소경은 『별역잡아함경』 제15권 네 번째 소경과 그 내용이 비슷하다.

더욱 훌륭하며 악惡이 아니겠습니까?

그때 세존께서 게송으로 대답하셨다.

바른 선비와 함께 머물고
바른 선비와 같이 일을 하며
마땅히 바른 선비의 법을 알면
더욱 훌륭하여 악이 되지 않는다.

그때 저 시비 천자는 부처님의 말씀을 듣고 기뻐하면서 부처님의 발에 머리를 조아려 예를 올리고 이내 사라지더니 나타나지 않았다.

1303. 월자재경月自在經[12]

이와 같이 나는 들었다.

어느 때 부처님께서는 사위국 기수급고독원에 계셨다.

그때 얼굴이 아주 잘생긴 월자재 천자月自在天子가 새벽에 부처님께서 계신 곳으로 찾아와 부처님의 발에 머리를 조아려 예를 올리고 한쪽에 물러나 앉아 있었는데 그의 몸에서 나오는 광명은 기수급고독원을 두루 비추었다.

그때 그 월자재 천자가 게송으로 부처님께 아뢰었다.

그는 장차 구경究竟에 이르리라

12 이 소경은 『별역잡아함경』 제15권 다섯 번째 소경과 그 내용이 비슷하다.

마치 풀에 의지했던 모기처럼
만일 바르게 생각을 붙들어 매면
한결같은 마음으로 잘 선정에 들리.

그때 세존께서 게송으로 대답하셨다.

그는 장차 저 언덕에 이르리라
마치 고기가 그물을 찢는 것처럼
선정에 원만하게 갖추어 머물러
마음이 항상 기쁘고 즐거우리.

그때 저 월자재 천자는 부처님의 말씀을 듣고 기뻐하면서 부처님의 발에 머리를 조아려 예를 올리고 이내 사라지더니 나타나지 않았다.

1304. 비수뉴경毘瘦紐經[13]

이와 같이 나는 들었다.

어느 때 부처님께서 사위국 기수급고독원에 계셨다.

그때 얼굴이 아주 잘생긴 비수뉴 천자毘瘦紐天子가 새벽에 부처님께서 계신 곳으로 찾아와 부처님의 발에 머리를 조아려 예를 올리고 한쪽에 물러나 앉아 있었는데, 그의 몸에서 나오는 광명은 기수급고독원을 두루 비추었다.

---

13 이 소경은 『별역잡아함경』 제15권 여섯 번째 소경과 그 내용이 비슷하다.

그때 그 비수뉴 천자가 게송으로 부처님께 아뢰었다.

여래如來께 항상 공양드리고
항상 늘어나고 자람을 기뻐하네.
바른 법과 율 좋아하고
방일하지 말고 따라 배우라.

그때 세존께서 게송으로 대답하셨다.

만일 그처럼 잘 설법하고
잘 단속해 방일하지 않으면
그는 방일하지 않았으므로
악마가 마음대로 하지 못하리.

그때 저 비수뉴 천자는 부처님의 말씀을 듣고 기뻐하면서 부처님의 발에 머리를 조아려 예를 올리고 이내 사라지더니 나타나지 않았다.

1305. 반사라건경般闍羅健經[14]

이와 같이 나는 들었다.

어느 때 부처님께서 사위국 기수급고독원에 계셨다.

그때 얼굴이 아주 잘생긴 반사라건 천자般闍羅健天子가 새벽에 부처

14 이 소경은 『별역잡아함경』 제15권 일곱 번째 소경과 그 내용이 비슷하다.

님께서 계신 곳으로 찾아와 부처님의 발에 머리를 조아려 예를 올리고 한쪽에 물러나 앉아 있었는데 그의 몸에서 나오는 광명은 기수급고독원을 두루 비추었다.

그때 그 반사라건 천자가 게송으로 부처님께 아뢰었다.

시끄럽고 어지러운 곳에 있어도
지혜로운 사람은 깨달을 수 있다.
선정에서 깨달은 그 깨달음은
모니牟尼께서 사색하신 힘이니라.

그때 세존께서 게송으로 대답하셨다.

어지럽고 시끄러운 법 깨달아 알면
바르게 깨달아 열반 얻으리.
만일 바르게 생각을 붙들어 매면
한 마음으로 선정에 들 수 있으리.

그때 저 반사라건 천자는 부처님의 말씀을 듣고 기뻐하면서 부처님의 발에 머리를 조아려 예를 올리고 이내 사라지더니 나타나지 않았다.

1306. 수심경須深經[15]

이와 같이 나는 들었다.

어느 때 부처님께서 사위국 기수급고독원에 계셨다.

그때 얼굴이 아주 잘생긴 수심 천자須深天子가 그의 권속 5백과 함께 새벽에 부처님께서 계신 곳으로 찾아와 부처님의 발에 머리를 조아려 예를 올리고 한쪽에 물러나 앉아 있었는데 그의 몸에서 나오는 광명은 기수급고독원을 두루 비추었다.

그때 세존께서 존자 아난에게 말씀하셨다.

"아난아, 너는 존자 사리불이 설법을 잘하는 것이 마음에 기쁘고 즐거우냐?"

아난이 부처님께 아뢰었다.

"그렇습니다. 세존이시여, 어떤 사람이든지 미련하지 않고 어리석지 않으며 지혜로운 사람이라면 어느 누군들 존자 사리불의 훌륭한 설법을 듣고 마음이 기쁘고 즐겁지 않겠습니까? 왜냐하면 저 존자 사리불은 계율을 잘 지키고 많이 들었으며 욕심이 적고 만족할 줄 알며 열심히 정근하고 멀리 떠나 바른 생각에 굳건히 머무시고 지혜로 선정에 듭니다. 그는 민첩하고 빠른 지혜·이로운 지혜·벗어나는 지혜·결정하는 지혜·큰 지혜·넓은 지혜·깊은 지혜·견줄 데 없는 지혜 등, 지혜의 보배를 성취하여 잘 교화하는 능력이 있어서 잘 가르쳐 보이고 기쁘게 해주며, 또 가르쳐 보이고 비추어주어 기쁘게 해주는 것을 항상 찬탄하며 늘 사부대중을 위해 설법하기를 게을리 하지 않기 때문입니다.

부처님께서 아난에게 말씀하셨다.

---

15 이 소경은 『별역잡아함경』 제15권 여덟 번째 소경과 그 내용이 비슷하다.

“그렇고, 그렇다. 네 말과 같다. 어떤 사람이든 간에 우매하지 않고 어리석지 않으며 지혜로운 사람이라면, 어느 누군들 존자 사리불의 여러 가지 훌륭한 설법을 듣고 기뻐하지 않겠느냐?

왜냐하면 사리불 비구는 계율을 잘 지키고 많이 들었으며, 욕심이 적고 만족할 줄 알며, 열심히 정근하고 멀리 떠나 바른 생각에 굳건히 머무르고 지혜로 선정에 든다.

그는 민첩하고 빠른 지혜·이로운 지혜·벗어나는 지혜·벗어나는 지혜·결정하는 지혜·큰 지혜·넓은 지혜·깊은 지혜·견줄 데 없는 지혜 등, 지혜의 보배를 성취하여 잘 교화하는 능력이 있어서 잘 가르쳐 보이고 기쁘게 해주며, 또 가르쳐 보이고 비추어주어 기쁘게 해주는 것을 항상 찬탄하며 늘 사부대중을 위해 설법하기를 게을리 하지 않기 때문이니라.”

“세존이시여, 그렇습니다. 그렇습니다.”

세존께서는 아난을 향해 “그렇다. 그렇다”라고 말씀하시며 사리불의 설법을 칭찬하셨다.

수심 천자와 그 권속들도 “그렇다. 그렇다”고 하면서 마음으로 기뻐하였는데, 몸에서 뿜어져 나오는 광명은 더욱 밝고 청정하게 빛났다.

그때 수심 천자는 마음으로 기뻐하면서 몸에서 청정한 광명을 발하여 밝게 비추고는 게송으로 말하였다.

사리불은 들은 것 많고
밝은 지혜와 평등한 지혜 가졌네.
계율을 지키며 마음 잘 길들이고
나고 멸함이 없는 열반 얻었다.
그는 최후의 몸을 가지고
모든 악마 군사를 항복 받았다.

그때 수심 천자와 그 5백 권속들은 부처님의 말씀을 듣고 기뻐하면서 부처님의 발에 머리를 조아려 예를 올리고 이내 사라지더니 다시는 나타나지 않았다.

1307. 적마경赤馬經[16]

이와 같이 나는 들었다.

어느 때 부처님께서 사위국 기수급고독원에 계셨다.

그때 얼굴이 아주 잘생긴 적마 천자赤馬天子가 새벽에 부처님께서 계신 곳으로 찾아와 부처님의 발에 머리를 조아려 예를 올리고 한쪽에 물러나 앉아 있었는데 그의 몸에서 나오는 광명은 기수급고독원을 두루 비추었다.

그때 그 적마 천자가 부처님께 여쭈었다.

"세존이시여, 혹 세계의 끝을 지나가면 나지도 않고 늙지도 않으며 죽지도 않는 그런 곳에 이를 수 있습니까?"

부처님께서 적마에게 말씀하셨다.

"이 세계의 끝을 지나간다 해도 나지도 않고 늙지도 않으며 죽지도 않는 그런 곳은 없느니라."

적마 천자가 부처님께 아뢰었다.

"신기합니다. 세존이시여, 그 이치를 잘 말씀해주셨습니다. 세존께서 말씀하신 것과 같아서, 이 세계 끝을 지나간다 하더라도 나지도 않고 늙지도 않으며 죽지도 않는 그런 곳은 없습니다. 왜냐하면 세존

16 이 소경은 『별역잡아함경』 제15권 아홉 번째 소경과 『증일아함경』 제38권 제43 「마혈천자문팔정품馬血天子問八政品」의 첫 번째 소경과 그 내용이 비슷하다.

이시여, 저는 전생 일을 기억하고 있습니다. 제 이름은 적마였고 신통을 얻고 모든 애욕을 다 여읜 외도의 신선이었습니다. 저는 그때 이렇게 생각하였습니다.

'나는 이런 빠른 신족神足을 가졌다. 건장한 사내가 날랜 화살을 쏘아 다라多羅나무 그림자를 지나가는 것 같은 짧은 시간에 수미산 하나를 오르고, 한 수미산에 이르러서는 발로 동해를 밟고 넘어 서해에 이른다.'

저는 그때 또 이렇게 생각하였었습니다.

'나는 지금 이렇게 빠른 신통력을 성취하였다. 오늘은 세계의 끝을 찾아보리라.'

이렇게 생각하고는 곧 출발하였습니다. 오직 밥 먹고 대소변을 보는 동안만 제외하고는 잠을 자는 것까지도 아껴가면서 끊임없이 걸어 백 년 동안을 갔습니다. 그러다가 거기에서 목숨을 마쳤으나 그때까지도 세계의 끝을 지나 나지도 않고 늙지도 않으며 죽지도 않는 그런 곳에는 이르지 못하였습니다."

부처님께서 적마에게 말씀하셨다.

"나는 지금 한 길〔尋〕 밖에 안 되는 몸으로, 세계와 세계의 발생과 세계의 소멸과 세계의 소멸에 이르는 길을 설명하리라. 적마 천자여, 어떤 것이 세간世間인가? 5수음受陰을 말하는 것이다. 어떤 것이 그 다섯 가지인가? 색수음色受陰·수수음受受陰·상수음想受陰·행수음行受陰·식수음識受陰이니, 이것을 세간이라고 말한다. 어떤 것이 색의 발생〔色集〕[17]인가? 이른바 미래의 존재에 대한 애착·탐욕·기쁨을 함께 가지고 거기에 집착하는 것이다. 이것을 세간의 발생〔世間集〕이라고 하느니라.

---

17 앞뒤의 문맥으로 보아 원문의 '색집色集'은 '세간집世間集'이라야 적당하다.

어떤 것이 세간의 소멸〔世間滅〕인가? 만일 그가 미래의 존재에 대해 애착과 탐욕과 기쁨을 함께 가지고 거기에 집착하는 것을 남김없이 끊어 버리고 모두 여의어서, 욕심이 없어지고 완전히 소멸해버리면 그것을 세간의 소멸이라고 한다. 어떤 것이 세간의 소멸에 이르는 길〔世間滅道跡〕인가? 8정도正道인 바른 소견〔正見〕·바른 뜻〔正志〕·바른 말〔正語〕·바른 업〔正業〕·바른 생활〔正命〕·바른 방편〔正方便〕·바른 생각〔正念〕·바른 선정〔正定〕을 일컫는 말이다.

적마여, 세간의 괴로움을 분명하게 알아 세간의 괴로움을 끊고, 세간의 발생을 분명하게 알아 세간의 발생을 끊고, 세간의 소멸을 분명하게 알아 세간의 소멸을 증명하고 세간의 소멸에 이르는 길을 분명하게 알아 세간의 소멸에 이르는 길을 닦아야 한다. 적마여, 만일 비구가 세간의 괴로움을 알아 끊고 세간의 발생을 알아 끊으며 세간의 소멸을 알아 증명하고 세간의 소멸에 이르는 길을 알아 닦으면 적마여, 이것을 세계의 끝을 얻는 것이요 세간의 애욕을 벗어나는 것이라 하느니라.

그때 세존께서 게송으로 거듭 말씀하셨다.

일찍이 멀리 돌아다녀서
이 세계의 끝을 얻은 일 아직은 없다.
세계의 끝을 얻지 못하면
마침내 괴로움을 벗어나지 못한다.

이러한 까닭으로 모니牟尼는
세계의 끝을 능히 알고
세계의 끝을 잘 이해하여
모든 범행을 이미 성취하였다.

저 세계의 끝에 대하여
그것을 평등하게 깨달아 알면
그것을 성현의 행이라 하나니
세간을 벗어나 저 언덕에 이르리라.

그때 적마 천자는 부처님의 말씀을 듣고 기뻐하면서 부처님의 발에 머리를 조아려 예를 올리고 이내 사라지더니 나타나지 않았다.

1308. 외도제견경外道諸見經[18]

이와 같이 나는 들었다.

어느 때 부처님께서 왕사성 비부라산毘富羅山 옆에 계셨다.

그때 본래 외도 출가자였던 여섯 천자가 있었으니, 첫째는 아비부阿毘浮이고, 둘째는 증상아비부增上阿毘浮이며, 셋째는 능구能求이고, 넷째는 비람바毘藍婆이며, 다섯째는 아구타阿俱陀이고, 여섯째는 가람伽藍이었다. 그들은 다 부처님께서 계신 곳으로 찾아갔다.

아비부 천자가 곧 게송으로 말하였다.

비구가 전일하고 지극한 마음으로
언제나 싫어하여 여의는 법을 수행하고
초저녁부터 새벽이 될 때까지
사색에 잠겨 자신을 잘 단속하며
부처님의 설법을 보고 들으면

18 이 소경은 『별역잡아함경』 제15권 열 번째 소경과 그 내용이 비슷하다.

그는 지옥에 떨어지지 않으리라.

증상아비부 천자도 다시 게송으로 말하였다.

검고 어두운 것 싫어해 여의고
마음은 언제나 스스로를 단속하여
이 세상의 온갖 말이나
서로 다투는 법을 멀리 여의어라.

여래如來 큰 스승님으로부터
사문의 법을 받아 가지고
세상을 잘 거두어 보호하여
온갖 나쁜 일 행하지 않게 하라.

능구 천자도 또 게송으로 말하였다.

베고 끊고 또 때려 죽여서
가섭迦葉께 공양하고 보시해도
그것을 악이라고 보지 않고
또한 복이 된다고 보지도 않네.

비람바 천자도 다시 게송으로 말하였다.

나는 말하노니 저 니건尼乾
외도外道 야제자若提子[19]는
출가하여 도를 배우고

오랫동안 어려운 행을 닦네.

그 스승의 제자들은
거짓말을 멀리 여의었으니
나는 말하나니 그런 사람은
머지않아 아라한이 될 것이다.

그때 세존께서 게송으로 대답하셨다.

죽을 만치 여윈 저 들 여우는
늘 사자와 함께 어울려 놀아도
끝내 작고 여위고 부족하여
능히 사자가 되지 못하느니라.

니건尼乾 큰 스승의 무리들
부질없이 스스로 칭찬하지만
그것은 나쁜 마음으로 하는 거짓말이니
아라한에서 점점 멀어지기만 하리라.

그때 천마天魔 파순波旬이 아구타阿俱吒 천자 곁에 붙어서 게송으로 말하였다.

19 2행으로 나눠져 두 사람으로 생각할 수 있으나 실은 자이나교의 중흥조이고 6사 외도중 한 사람인 니간타나따뿌따를 지칭한다. 이는 야제족若提族 출신의 니건타尼乾陀 외도外道라는 뜻이다.

열심히 정근하여 어두움을 버리고
항상 보호해 지키고 멀리 여의어라.
미묘한 빛깔에 깊이 집착해
범천 세계를 탐하고 즐기나니
마땅히 그들을 잘 교화하여
범천에 태어날 수 있게 하리라.

그때 세존께서 이렇게 생각하셨다.

'이 아구타 천자가 말한 게송은 천마 파순이 그 힘을 더해주었기 때문이지, 이 아구타 천자가 제 마음에서 우러나와서 한 말은 아닐 것이다.'

그렇게 생각하고는 이렇게 말씀하셨다.

열심히 정근하여 어두움을 버리고
항상 보호해 지키고 멀리 여의어라.
미묘한 빛깔에 깊이 집착해
범천 세계를 탐하고 즐기나니
마땅히 그들을 잘 교화하여
범천에 태어날 수 있게 하리라.

그때 세존께서 다시 게송으로 말씀하셨다.

이 세계에 존재하는 모든 빛깔들
여기서나 또 저기에서나
혹은 또 허공중에서
제각기 따로 빛으로 비추네.

마땅히 알라 그 일체 것은
악마의 결박을 벗어나지 못했으니
마치 미끼 달린 낚시 드리워
물에 노는 고기를 낚는 것 같네.

그때 그 천자들은 모두 생각하였다.

'지금 아구타 천자가 말한 게송을 사문 구담께서는 악마의 말이라고 하셨다. 무엇 때문에 사문 구담께서는 그것을 악마의 말이라고 말씀하셨을까?'

그때 세존께서 여러 천자들이 무슨 생각을 하고 있는지를 아시고 말씀하셨다.

"지금 아구타 천자가 말한 게송은 그 천자가 제 마음에서 우러나와서 한 말이 아니다. 악마 파순이 그 힘을 보태주었기 때문에 이렇게 말한 것이다."

열심히 정근하여 어두움을 버리고
항상 보호해 지키고 멀리 여의어라.
미묘한 빛깔에 깊이 집착해
범천 세계를 탐하고 즐기나니
마땅히 그들을 잘 교화하여
범천에 태어날 수 있게 하리라.

"그래서 나는 게송으로 말한 것이다."

이 세계에 존재하는 모든 빛깔들
여기서나 또 저기에서나

혹은 또 허공중에서
제각기 따로 빛으로 비추네.

마땅히 알라 그 일체 것은
악마의 결박을 벗어나지 못했으니
마치 미끼 달린 낚시 드리워
물에 노는 고기를 낚는 것 같네.

그때 여러 천자들은 다시 이렇게 생각하였다.

'놀랍구나. 사문 구담은 신비스런 힘과 큰 덕으로 천마 파순도 보실 수 있구나. 그런데 우리들은 보지 못한다. 우리들은 다시 각각 게송으로 사문 구담을 찬탄하자.'

그들은 곧 게송으로 말하였다.

모든 존재의 몸에 대하여
사랑하고 탐하는 생각을 끊고
그것을 잘 보호하는 사람은
모든 거짓말을 버렸네.
만일 탐욕과 사랑을 끊으려면
마땅히 큰 스승께 공양하여라.

세 가지 존재의 애착을 끊고
거짓말을 모조리 부셔버리고
이미 소견의 탐욕을 끊으셨으니
마땅히 큰 스승께 공양하여라.

왕사성의 제일가는 것
그 이름은 비부라산이다.
설산雪山은 산 중에 제일이며
금시조金翅鳥는 새 중에 으뜸이다.

여덟 방위와 위·아래에 있는
일체 중생의 세계에서나
그리고 모든 하늘사람 중에서는
등정각等正覺이 최상이시네.

그때 여러 천자들은 게송으로 부처님을 찬탄한 뒤에 부처님의 말씀을 듣고 기뻐하면서 부처님의 발에 머리를 조아려 예를 올리고 이내 사라지더니 나타나지 않았다.

1309. 마가경摩伽經[20]

이와 같이 나는 들었다.

어느 때 부처님께서 사위국 기수급고독원에 계셨다.

그때 얼굴이 아주 잘생긴 마가摩伽 천자가 새벽에 부처님께서 계신 곳으로 찾아와 부처님의 발에 머리를 조아려 예를 올리고 한쪽에 물러나 앉아 있었는데 그의 몸에서 나오는 광명은 기수급고독원을 두루 비추었다.

그때 마가 천자가 게송으로 부처님께 여쭈었다.

20 이 소경은 『별역잡아함경』 제15권 열한 번째 소경과 그 내용이 비슷하다.

무엇을 죽이면 편히 잘 수 있고
무엇을 죽이면 좋은 즐거움 얻으며
무엇을 죽인 어떤 사람이
구담瞿曇의 칭찬을 받습니까?

그때 세존께서 게송으로 대답하셨다.

만일 성내는 마음을 죽이면
편안히 누워 잠잘 수 있고
성내는 마음을 죽인 사람은
남으로 하여금 기쁨을 얻게 한다.

성내는 마음은 독毒의 뿌리라
그것을 죽인 이를 나는 칭찬한다.
성내는 마음을 죽이고 나면
오랜 세월 동안 근심이 없으리라.

그때 마구 천자는 부처님의 말씀을 듣고 기뻐하면서 부처님의 발에 머리를 조아려 예를 올리고 이내 사라지더니 나타나지 않았다.

1310. 조명경照明經[21]

이와 같이 나는 들었다.

---

21 이 소경은 『별역잡아함경』 제15권 열두 번째 소경과 그 내용이 비슷하다.

어느 때 부처님께서 사위국 기수급고독원에 계셨다.

그때 얼굴이 아주 잘생긴 미기가彌耆迦 천자가 새벽에 부처님께서 계신 곳으로 찾아와 부처님의 발에 머리를 조아려 예를 올리고 한쪽에 물러나 앉아 있었는데 그의 몸에서 나오는 광명은 기수급고독원을 두루 비추었다.

그때 미기가 천자가 게송으로 부처님께 여쭈었다.

밝게 비추는 것 몇 가지가 있어
세상을 밝게 비출 수가 있는지
부디 세존이시여, 말씀해주소서.
어떤 밝음이 제일입니까?

그때 세존께서 게송으로 대답하셨다.

여기 세 가지 광명이 있어
세상을 밝게 비출 수 있다.
낮에는 태양이 밝게 비추고
밤에는 달이 밝게 비춘다.
동물은 낮이나 밤이나 비추는데
여러 가지 빛깔로 비추느니라.

위·아래 모든 방위에 있는
중생들 모두 빛을 받나니
인간과 천상의 광명 중에서
부처님의 광명이 최상이니라.

그때 미기가 천자는 부처님의 말씀을 듣고 기뻐하면서 부처님의 발에 머리를 조아려 예를 올리고 이내 사라지더니 나타나지 않았다.

1311. 다마니경陀摩尼經[22]

이와 같이 나는 들었다.

어느 때 부처님께서 사위국 기수급고독원에 계셨다.

그때 얼굴이 아주 잘생긴 다마니陀摩尼 천자가 새벽에 부처님께서 계신 곳으로 찾아와 부처님의 발에 머리를 조아려 예를 올리고 한쪽에 물러나 앉아 있었는데 그의 몸에서 나오는 광명은 기수급고독원을 두루 비추었다.

그때 다마니 천자가 게송으로 부처님께 여쭈었다.

저 바라문들이 하는 일
끊는 법 배우되 게으르지 않고
모든 애욕愛欲을 끊어 버리고
후생의 몸 받기를 구하지 않는다.

그때 세존께서 게송으로 대답하셨다.

저 바라문들은 일이 없나니
해야 할 일을 이미 마쳤다.
처음에 저 언덕을 얻지 못하여

22 이 소경은 『별역잡아함경』 제15권 열세 번째 소경과 그 내용이 비슷하다.

밤낮으로 항상 부지런히 끊더니
이미 저 언덕에 이르러 머물게 되니
그 언덕엔 이제 아무것도 끊을 것 없어라.

그런 자야말로 바라문이니
꾸준히 정진해 번뇌 다한 선정으로
모든 근심과 괴로움의 치열한 불길
이미 영원히 다 끊었으니
그는 곧 저 언덕에 이르러
열반에 들어 구하는 것 없다.

그때 다마니 천자는 부처님의 말씀을 듣고 기뻐하면서 부처님의 발에 머리를 조아려 예를 올리고 이내 사라지더니 나타나지 않았다.

1312. 다라건타경多羅健陀經[23]

이와 같이 나는 들었다.

어느 때 부처님께서 사위국 기수급고독원에 계셨다.

그때 얼굴이 아주 잘생긴 다라건타多羅健陀 천자가 새벽에 부처님께서 계신 곳으로 찾아와 부처님의 발에 머리를 조아려 예를 올리고 한쪽에 물러나 앉아 있었는데 그의 몸에서 나오는 광명은 기수급고독원을 두루 비추었다.

그때 다라건타 천자가 게송으로 부처님께 여쭈었다.

---

23 이 소경은 『별역잡아함경』 제15권 열네 번째 소경과 그 내용이 비슷하다.

몇 가지를 끊고 몇 가지를 버려야 하며
몇 가지 법을 더욱 힘써 닦아야 하고
몇 가지 무더기를 뛰어 넘어야
흐름을 건넌 비구라고 합니까?

그때 세존께서 게송으로 대답하셨다.

다섯 가지를 끊고 다섯 가지를 버리며
다섯 가지 법은 더욱 힘써 닦아야 하며
다섯 가지 무더기를 뛰어 넘어야
흐름을 건넌 비구라고 하느니라.

그때 저 다라건타 천자는 부처님의 말씀을 듣고 기뻐하면서 부처님의 발에 머리를 조아려 예를 올리고 이내 사라지더니 나타나지 않았다.

1313. 가마경迦摩經[24] ①

이와 같이 나는 들었다.

어느 때 부처님께서 사위국 기수급고독원에 계셨다.

그때 얼굴이 아주 잘생긴 가마迦摩 천자가 새벽에 부처님께서 계신 곳으로 찾아와 부처님의 발에 머리를 조아려 예를 올리고 한쪽에 물러나 앉아 있었는데 그의 몸에서 나오는 광명은 기수급고독원을 두루

24 이 소경은 『별역잡아함경』 제15권 열다섯 번째 소경과 그 내용이 비슷하다.

비추었다.

그때 가마 천자가 게송으로 부처님께 여쭈었다.

"매우 어렵습니다. 세존이시여, 매우 어렵습니다. 선서善逝시여."

그때 세존께서 게송으로 대답하셨다.

배우기가 비록 어렵다고 하지만
계율과 삼매를 두루 갖추고
멀리 떠나 집 없는 데에서
한가히 지내며 고요함을 즐겨야 한다.

가마 천자가 부처님께 아뢰었다.

"세존이시여, 고요하고 잠잠해지기는 매우 어렵습니다."

그때 세존께서 게송으로 대답하셨다.

얻기 어려운 것 얻는 법을 배우려면
계율과 삼매를 원만하게 갖추고
밤이나 낮이나 항상 전일專一하게 정근하면서
마음이 즐거워지는 법을 익혀라.

가마 천자가 부처님께 아뢰었다.

"세존이시여, 선정의 마음은 얻기 어렵습니다."

그때 세존께서 게송으로 대답하셨다.

머물기 어려운 선정에 머물며
모든 감관과 마음을 확고히 하여
죽음의 악마, 그 고삐를 끊고

성자는 의욕 따라 정진하느니라.

가마 천자가 다시 부처님께 아뢰었다.
"세존이시여, 험한 길을 가기는 참으로 어렵습니다."
그때 세존께서 게송으로 대답하셨다.

가기 어려운 그 험한 길도
갈 때는 편안히 나아가야 하나니
성인이 아니면 거기에 떨어져
발은 위로 머리는 밑으로 향한다.
성현은 정직하게 가기 때문에
험한 길도 저절로 평탄해진다.

부처님께서 이 경을 말씀하시자 가마 천자는 부처님의 말씀을 듣고 기뻐하면서, 부처님의 발에 머리를 조아려 예를 올리고 이내 사라지더니 나타나지 않았다.

1314. 가마경[25] ②

이와 같이 나는 들었다.
어느 때 부처님께서 사위국 기수급고독원에 계셨다.
그때 얼굴이 아주 잘생긴 가마迦摩 천자가 새벽에 부처님께서 계신 곳으로 찾아와 부처님의 발에 머리를 조아려 예를 올리고 한쪽에 물

25 이 소경은 『별역잡아함경』 제15권 열여섯 번째 소경과 그 내용이 비슷하다.

러나 앉아 있었는데, 그의 몸에서 나오는 광명은 기수급고독원을 두루 비추었다.

그때 가마 천자가 게송으로 부처님께 여쭈었다.

탐욕과 성냄은 무엇이 원인이 되고
즐겁지 않아 온 몸의 털이 곤두서는
그 두려움은 무엇에서 생겨나며
그리고 각상覺想은 어디서 생깁니까?
마치 저 구마라(鳩摩羅 : 童子)가
저 유모乳母를 의지하는 것 같네.

그때 세존께서 게송으로 대답하셨다.

애욕에서 자신이 생겨 자라남이
마치 저 니구율尼拘律나무와 같고
그 어디서나 집착을 따르는 것
마치 저 진면榛綿의 숲과 같다.

만일 그 원인을 아는 이라면
그것을 깨달아 알고 난 다음
나고 죽음의 바다를 건너
다시는 후생의 몸 받지 않으리.

그때 가마 천자는 부처님의 말씀을 듣고 기뻐하면서 부처님의 발에 머리를 조아려 예를 올리고 이내 사라지더니 나타나지 않았다.

1315. 전단경旃檀經[26] ①

이와 같이 나는 들었다.

어느 때 부처님께서 사위국 기수급고독원에 계셨다.

그때 얼굴이 아주 잘생긴 전단旃檀 천자가 새벽에 부처님께서 계신 곳으로 찾아와 부처님의 발에 머리를 조아려 예를 올리고 한쪽에 물러나 앉아 있었는데 그의 몸에서 나오는 광명은 기수급고독원을 두루 비추었다.

그때 전단 천자가 게송으로 부처님께 여쭈었다.

구담瞿曇의 큰 지혜는
걸림이 없는 지견이라고 들었네.
어디서 머무시고 무엇을 배워야
다른 세상에서 악을 만나지 않습니까?

그때 세존께서 게송으로 대답하셨다.

몸과 입과 뜻을 잘 단속하고
세 가지 나쁜 법을 행하지 않으며
가정을 가지고 속가에 살면서
많은 손님을 널리 모아들여

믿음으로 재물과 법 보시를 행하고
법으로써 모든 것을 세워야 한다.

---

26 이 소경은 『별역잡아함경』 제15권 열일곱 번째 소경과 그 내용이 비슷하다.

거기에 머물면서 이 법을 배우면
다른 세상에서 두려움이 없으리라.

부처님께서 이 경을 말씀하시자 전단 천자는 부처님의 말씀을 듣고 기뻐하면서 부처님의 발에 머리를 조아려 예를 올리고 이내 사라지더니 나타나지 않았다.

1316. 전단경[27] ②

이와 같이 나는 들었다.

어느 때 부처님께서 사위국 기수급고독원에 계셨다.

그때 얼굴이 아주 잘생긴 전단 천자가 새벽에 부처님께서 계신 곳으로 찾아와 부처님의 발에 머리를 조아려 예를 올리고 한쪽에 물러나 앉아 있었는데, 그의 몸에서 나오는 광명은 기수급고독원을 두루 비추었다.

그때 전단 천자가 게송으로 부처님께 여쭈었다.

누가 모든 흐름을 건너서
밤낮으로 부지런하고 게으르지 않습니까?
반연하지 않고 머무는 곳 없으며
어떻게 해야 빠져들지 않습니까?

---

27 이 소경은 『별역잡아함경』 제15권 열여덟 번째 소경과 그 내용이 같은 것이다.

그때 세존께서 게송으로 대답하셨다.

모든 계율을 완전하게 갖추고
지혜로 선정에 잘 들어가
안으로 바른 생각을 사유하면
건너기 어려운 모든 흐름을 건너리라.

욕심스런 생각에도 물들지 않고
저 색色의 애욕을 뛰어 넘어서
탐욕과 기쁨이 모두 없어지면
헤아리기 어려운 데에 들어가지 않는다.

그때 전단 천자는 부처님의 말씀을 듣고 기뻐하면서 부처님의 발에 머리를 조아려 예를 올리고 이내 사라지고는 나타나지 않았다.

1317. 가섭경迦葉經[28] ①

이와 같이 나는 들었다.

어느 때 부처님께서 사위국 기수급고독원에 계셨다.

그때 얼굴이 아주 잘생긴 가섭迦葉 천자가 새벽에 부처님께서 계신 곳으로 찾아와 부처님의 발에 머리를 조아려 예를 올리고 한쪽에 물러나 앉아 있었는데 그의 몸에서 나오는 광명은 기수급고독원을 두루 비추었다.

---

28 이 소경은 『별역잡아함경』 제15권 열아홉 번째 소경과 그 내용이 비슷하다.

그때 가섭 천자가 부처님께 여쭈었다.

"세존이시여, 제가 지금 비구와 비구의 공덕에 대하여 말하겠습니다."

부처님께서 천자에게 말씀하셨다.

"네가 하는 말을 따르리라."

그때 가섭 천자는 게송으로 말하였다.

비구는 바른 생각을 닦아
그 마음이 잘 해탈하고
밤낮으로 항상 부지런히 구해
모든 공덕 짓기를 생각하네.

이 세간에 대해 깨달아 알고
일체 존재를 없애 버렸으며
비구는 아무 근심도 없이 되어
마음이 물들거나 집착하지 않네.

"세존이시여, 이것을 비구라고 하고, 이것을 비구의 공덕이라고 합니다."

부처님께서 가섭에게 말씀하셨다.

"훌륭하고, 훌륭하다. 네 말과 같다."

가섭 천자는 부처님의 말씀을 듣고 기뻐하면서 부처님의 발에 머리를 조아려 예를 올리고 이내 사라지고는 나타나지 않았다.

1318. 가섭경[29] ②

이와 같이 나는 들었다.

어느 때 부처님께서는 사위국 기수급고독원에 계셨다.

그때 얼굴이 아주 잘생긴 가섭 천자가 새벽에 부처님께서 계신 곳으로 찾아와 부처님의 발에 머리를 조아려 예를 올리고 한쪽에 물러나 앉아 있었는데 그의 몸에서 나오는 광명은 기수급고독원을 두루 비추었다.

그때 가섭 천자가 부처님께 아뢰었다.

"세존이시여, 제가 이제 비구와 비구가 하는 말에 대하여 설명해 보겠습니다."

부처님께서 가섭 천자에게 말씀하셨다.

"네 뜻대로 하라."

그때 가섭 천자가 게송으로 말하였다.

비구는 바른 생각 지켜
그 마음이 잘 해탈하고
밤낮으로 항상 부지런히 구해
티끌과 때를 완전히 여의네.

이 세상을 환히 밝게 알아
티끌에서 티끌과 때를 여의네.
비구는 아무 근심 걱정이 없으며
마음에 물들거나 집착함이 없다네.

---

29 이 소경은 『별역잡아함경』 제15권 스무 번째 소경과 그 내용이 비슷하다.

"세존이시여, 이런 이를 비구라고 하며 이것을 비구가 하는 말이라고 합니다."

부처님께서 가섭에게 말씀하셨다.

"그렇다. 그렇다. 네 말과 같다."

가섭 천자는 부처님의 말씀을 듣고 기뻐하면서 부처님의 발에 머리를 조아려 예를 올리고 이내 사라지고는 나타나지 않았다.

1319. 굴마경屈摩經[30]

이와 같이 나는 들었다.

어느 때 부처님께서 마갈제국摩竭提國 인간 세계를 유행하시다가 날이 저물어 5백 비구와 함께 굴마屈摩라고 하는 야차 귀신이 사는 곳에서 주무시게 되었다.

그때 굴마 야차 귀신이 부처님께서 계신 곳으로 찾아와 부처님의 발에 머리를 조아려 예를 올리고 한쪽에 물러나 있었다. 그때 굴마 야차 귀신이 부처님께 아뢰었다.

"세존이시여, 지금 세존께 청하옵니다. 여러 대중들과 함께 오늘 밤 여기서 주무시옵소서."

그때 세존께서 잠자코 그 청을 받아들이셨다. 이때 굴마 야차 귀신은 세존께서 잠자코 청을 받아주신 것을 알고는, 5백 개나 되는 2층으로 된 방을 조화로 만들고, 또 침구·앉을 평상·걸상·요·베개를 각각 5백 개씩 모두 조화로 만들었다. 그리고 조화로 만든 5백 개의 등불은 전혀 연기가 나지 않고 불꽃도 없었으니, 이 모두는 조화로

---

30 이 소경은 『별역잡아함경』 제15권 스물한 번째 소경과 그 내용이 비슷하다.

만든 것이었다. 그는 부처님께서 계신 곳으로 나아가 부처님의 발에 머리를 조아려 예를 올리고, 부처님을 청해 그 방으로 드시게 하였다. 여러 비구들에게도 차례로 방과 침구를 받게 하고 모두가 받은 뒤에 다시 부처님께 나아가 부처님 발에 머리를 조아려 예를 올리고는 한쪽에 물러나 앉아서 게송으로 말하였다.

어질고 덕 있는 이는 바른 생각이 있고
어질고 덕 있는 이는 항상 바르게 생각한다.
이 세상이나 저 세상에서
바른 생각 있기 때문에 편히 잠드네.

어질고 덕 있는 이는 바른 생각이 있고
어질고 덕 있는 이는 항상 바르게 생각한다.
바른 생각 있기 때문에 편히 잠들고
그 마음 또한 언제나 고요히 멈춘다.

어질고 덕 있는 이는 바른 생각이 있고
어질고 덕 있는 이는 항상 바르게 생각한다.
바른 생각 있기 때문에 편히 잠들고
평등하게 다른 군사를 항복 받는다.

어질고 덕 있는 이는 바른 생각이 있고
어질고 덕 있는 이는 항상 바르게 생각한다.
죽이지 않고 죽이라고 시키지도 않고
항복하지 않고 항복하라고 시키지도 않으며
일체를 사랑하는 마음으로 대하고

마음에 원한 맺는 일 품지 않는다.

그때 세존께서 굴마 야차 귀신에게 말씀하셨다.

"그렇다. 그렇다. 네 말과 같다."

그때 굴마 야차 귀신은 부처님의 말씀을 듣고 기뻐하면서 부처님의 발에 머리를 조아리고 제 처소로 돌아갔다.

1320. 마구라산경摩鳩羅山經[31]

이와 같이 나는 들었다.

어느 때 부처님께서 마구라산摩鳩羅山에 머물러 계셨는데 존자 나가파라那伽波羅가 친히 모시고 있었다.

그때 세존께서는 깜깜한 밤에 보슬비는 내리고 번갯불이 번쩍이는데 방에서 나와 한데서 거닐고 계셨다. 그때 천제석은 이렇게 생각하였다.

'오늘 세존께서 마구라산에 머물고 계시는데 존자 나가파라가 친히 모시고 공양하고 있다. 그런데 깜깜하고 보슬비가 내리며 번갯불이 번쩍이는 밤에 세존께서는 방에서 나오셔 한데를 거닐고 계신다. 나는 지금 비유리毘琉璃로 된 2층집을 변화로 만들어 그것을 가지고 부처님을 따라 경행經行하리라.'

이렇게 생각하고는 곧 비유리 2층집을 변화로 만들어 그것을 가지고 부처님께 나아가 부처님의 발에 머리를 조아려 예를 올리고는 부처님을 따라 거닐었다.

31 이 소경은 『별역잡아함경』 제15권 스물두 번째 소경과 그 내용이 비슷하다.

그때 마갈제국 사람들은 남자나 여자나 할 것 없이 밤에 우는 아이가 있으면 마구라 귀신이 온다고 위협하여 곧 그치게 하였다고 한다. 친히 모시고 공양하는 제자의 법으로는 스승이 선정에서 깨기를 기다렸다가 스승이 깨어나면 잠을 자게 되어있었다.

그때 세존께서는 천제석天帝釋을 위해 오랫동안 밤에 거니셨다. 그때 존자 나가파라는 이렇게 생각하였다.

'나는 지금 마구라 귀신의 형상을 만들어 위협하리라.'

그리고는 나가파라 비구는 곧 구집俱執이라는 옷을 뒤집어쓰고 긴 털을 밖으로 드러내고는 세존께서 거니시는 길목에 서서 부처님께 아뢰었다.

"마구라 귀신이 왔다. 마구라 귀신이 왔다."

그때 세존께서 나가파라 비구에게 말씀하셨다.

"너 나가파라야, 너는 참으로 어리석구나. 마구라 귀신의 형상을 하고서 부처를 위협하는 것이냐? 여래 · 응공 · 등정각의 털 하나도 움직일 수 없을 것이다. 여래 · 응공 · 등정각은 두려움을 여읜 지 오래되었느니라."

그때 천제석이 부처님께 아뢰었다.

"세존이시여, 세존의 바른 법과 율 안에도 이런 사람이 있습니까?"

부처님께서 말씀하셨다.

"교시가憍尸迦여, 구담의 집은 매우 넓고 넓다. 이런 무리도 미래 세상에서는 마땅히 청정한 법을 얻게 해야 하느니라."

그때 세존께는 곧 게송으로 말씀하셨다.

혹 어떤 바라문들은
스스로 얻은 그 법으로써
저쪽 언덕으로 갈 수 있다.

혹은 한 비사차毘舍遮나
또는 저 마구라까지도
모두 다 뛰어넘어 갈 수 있느니라.

또 혹은 어떤 바라문들은
스스로 행하는 그 법으로써
받아들이는 일체의 감각을
관찰해 모두 없앴느니라.

또 혹은 어떤 바라문들은
자기 법으로 저 언덕에 건너가고
그 일체의 모든 인연을
모두 다 멸해 없앴느니라.

또 혹은 어떤 바라문들은
자기 법으로 저 언덕에 건너가고
일체의 모든 남이니 나니 하는 것을
모두 다 멸하여 없앴느니라.

또 혹은 어떤 바라문들은
자기 법으로 저 언덕에 건너가고
태어남과 늙음과 병듦과 죽음을
모두 다 이미 벗어났느니라.

부처님께서 이 경을 말씀하시자 석제환인은 부처님의 말씀을 듣고 기뻐하면서, 부처님의 발에 머리를 조아려 예를 올리고 이내 사라져서는 나타나지 않았다.

1321. 비릉가경毘陵伽經[32]

이와 같이 나는 들었다.

어느 때 부처님께서 왕사성 가란다죽원迦蘭陀竹園에 계셨다.

그때 존자 아나율타阿那律陀는 마갈제국 인간 세상을 유행遊行하다가 필릉가畢陵伽 귀신 어미가 사는 곳에서 자게 되었다.

그때 존자 아나율타는 새벽에 단정한 몸으로 바르게 앉아, 우다나(憂陀那：南傳小部自說經)·파라연나(波羅延那：南傳小部經集)의 제5품第五品·견진제(見眞諦：法句偈)·여러 상좌들이 설한 게송·비구니가 설한 게송·시로게(尸路偈：頌)·의품義品·모니게牟尼偈·수다라修多羅를 모두 두루 외웠다. 그때 필릉가 귀신의 아들이 밤에 울었다. 필릉가 귀신의 어미는 그 아들에게 게송을 읊어 꾸짖고 그치게 하였다.

필릉가 귀신 아들아
너는 지금 울지 말고
저 비구가 외우는
법구게法句偈를 들어라.

만일 저 법구를 알면
스스로 계율 보호하여
살생을 멀리 여의고

32 이 소경은 『별역잡아함경』 제15권 스물세 번째 소경과 그 내용이 비슷하다.

진실만 말하고 거짓말하지 않으며
이치 아니면 스스로 버려
귀신의 길에서 해탈하리라.

필릉가 귀신의 어미가 이 게송을 읊자 필릉가 귀신의 아들은 곧 울음을 그쳤다.

1322. 부나바수경富那婆藪經[33]

이와 같이 나는 들었다.

어느 때 부처님께서 마갈제국 인간 세상을 노니시다가 대중들과 함께 부나바수富那婆藪라는 귀신의 어미가 살고 있는 곳에서 묵으시게 되었다.

그때 세존께서 여러 비구들을 위해 네 가지 성스러운 진리의 상응相應하는 법, 즉 괴로움에 대한 성스러운 진리, 괴로움의 발생에 대한 성스러운 진리, 괴로움의 소멸에 대한 성스러운 진리, 괴로움의 소멸에 이르는 길에 대한 성스러운 진리를 연설하셨다.

그때 부나바수 귀신의 어미가 낳은 아이 부나바수와 그 귀신의 딸 울다라鬱多羅 두 어린 귀신이 밤에 울었다. 그때 부나바수 귀신의 어미는 그 아들과 딸을 가르치기 위해 게송을 읊었다.

너 부나바수와 울다라야,
제발 울지 말아라.

33 이 소경은 『별역잡아함경』 제15권 스물네 번째 소경과 그 내용이 비슷하다.

저 여래가 설하시는 법을
나로 하여금 들을 수 있게 하여라.

부모는 제 아이들을 괴로움에서
벗어나게 할 능력이 없단다.
여래께서 설하시는 법을 들으면
그 괴로움에서 벗어날 수 있으리라.

세상 사람들은 애욕만을 따르므로
온갖 괴로움의 핍박을 받는다.
여래께선 그들을 위해 법을 설하여
나고 죽음을 부수게 하느니라.
내 이제 그 법을 들으려고 하니
너희들은 잠자코 있어야 한다.

그때 그 부나바수와
그의 딸 울다라는
모두 그 어미의 타이름을 받고
잠자코 고요히 듣고 있었다.

그들은 어미에게 말하였다.
"좋습니다. 저희들 또한 법 듣기를 좋아합니다."

바르게 깨달으신 세존께서는
이 마갈제국의 경치 좋은 산에서
모든 중생들을 위해

고통에서 벗어나는 법을 연설하시네.

그것은 괴로움과 괴로움의 발생과
괴로움의 소멸과 소멸에 이르는 길이니
이 네 가지 성스러운 진리를 따르면
안온히 열반으로 나아가나니
지금 세존께서 말씀하시는 법을
어머님이시여, 잘 들으소서.

그때 부나바수 귀신의 어미가 곧 게송으로 말하였다.

기특하구나, 지혜로운 아이들아
내 마음을 잘 따라주는구나.
부나바수야, 너는 오늘
길잡이이신 부처님을 잘 찬탄하였다.

부나바수야
그리고 울다라야
마땅히 따라 기뻐하는 마음을 내어라.
나는 이제 이미 성스러운 진리를 보았노라.

그때 부나바수 귀신의 어미가 이 게송을 말하자 그 아들과 딸은 따라 기뻐하면서 잠자코 있었다.

1323. 마니차라경摩尼遮羅經[34]

이와 같이 나는 들었다.

어느 때 부처님께서 마갈제국 인간 세상을 유행하시다가 대중들과 함께 마니차라摩尼遮羅 귀신이 사는 곳에 이르러 밤에 묵으시게 되었다. 그때 마니차라 귀신은 여러 귀신들과 한곳에 모여 있었다.

그때 어떤 여인이 향과 화만으로 장식하고서 음식을 가지고 마니차라 귀신이 사는 곳에 갔다. 그 여인은 멀리서 세존께서 마니차라 귀신이 사는 곳에 앉아 계시는 것을 보고 이렇게 생각하였다.

'내 오늘에야 마니차라 귀신을 직접 보는구나.'

그리고는 곧 게송으로 말하였다.

훌륭하십니다. 마니차라여
이 마가다국摩伽陀國에 머무소서.
이 마가다국에 사는 사람들은
구하는 것 모두 원대로 되리.

어떻게 하면 이 세상에서
언제나 안락하게 머물 수 있고
어떻게 하면 다음 세상에
하늘에 태어나는 즐거움을 얻습니까?

그때 세존께서 게송으로 대답하셨다.

---

34 이 소경은 『별역잡아함경』 제15권 스물다섯 번째 소경과 그 내용이 비슷하다.

방일하거나 교만하지 말고
마니 귀신에게 청탁하지 말라.
만일 스스로 제 할 일만 닦으면
하늘에 태어나는 즐거움을 얻으리라.

그때 그 여인은 이렇게 생각하였다.

'이 분은 마니차라 귀신이 아니다. 이 분은 사문 구담瞿曇이시다."

이렇게 짐작하고는 곧 향과 화만華鬘과 장식품을 세존께 공양한 뒤에, 머리를 조아려 그 발에 예배하고 한 쪽에 물러앉아 게송으로 말하였다.

어떤 길이 안락安樂으로 나아가는 길이고
장차 어떠한 행을 닦아야
이 세상에서 언제나 편안하고
후생에는 천상의 즐거움을 얻습니까?

그때 세존께서 게송으로 대답하셨다.

보시하고 마음을 잘 길들이고
즐거이 모든 감관 단속해 보호하며
바른 소견으로 어진 행을 닦고
저 사문들을 가까이 친하라.

바른 생활로 스스로 살아가면
후세에는 천상의 즐거움 누리리라
그러나 저 삼십삼천의

괴로움의 그물을 무엇에 쓰리.

다만 마땅히 한결같은 마음을 가져
온갖 애욕을 끊어버려라.
내 이제 때 여의는 법 말하리니
이 감로법甘露法을 잘 들어라.

그때 그 여인은 세존께서 설법해 주시는 것을 들었다. 세존께서는 그 여인에게 가르쳐 보이시고 비추어 기쁘게 해 주시고 부처님의 변함없는 법대로 보시布施를 하고 계율을 잘 지키면 그것이 하늘에 태어나는 법이라는 말과 맛을 탐하는 것과 탐욕의 근심과 번뇌를 깨끗이 하는 법과 벗어나고 멀리 여의면 공덕이 되고 복과 이익이 된다는 것 등 청정한 부처님의 법을 차례차례 연설해 주셨다. 비유하면 마치 선명하고 깨끗한 흰 천이 물들기 쉬운 것처럼 그 여인도 그와 같아서 곧 그 자리에서 괴로움·괴로움의 발생·괴로움의 소멸·괴로움의 소멸에 이르는 길, 이 네 가지 진리를 평등하게 관찰하였다.

그때 그 여인은 법을 보고 법을 얻었으며, 법을 알아 법에 들어갔다. 모든 의혹을 벗어났으되 남의 힘을 빌리지 않았고 바른 법과 율에서 두려움이 없게 되었다. 그녀는 곧 자리에서 일어나 옷을 바르게 여미고 합장하고 부처님께 아뢰었다.

"이미 건넜습니다. 세존이시여, 이미 건넜습니다. 선서시여, 저는 오늘부터 목숨이 다하는 날까지 부처님과 법과 승가에 귀의하겠습니다."

그때 그 여인은 부처님의 말씀을 듣고 기뻐하고 따라 기뻐하면서 부처님께 예배하고 떠났다.

1324. 침모경針毛經[35]

이와 같이 나는 들었다.

어느 때 부처님께서 마갈제국 인간 세상을 노니시다가 침모針毛 귀신이 사는 곳에 이르러 밤을 지내게 되었다. 그때 침모 귀신은 여러 귀신들과 한곳에 모여 있었다. 그때 염炎이라는 귀신이 있었는데, 그 귀신은 세존께서 침모 귀신이 사는 곳에서 밤을 묵게 되신 것을 보고 침모 귀신에게 찾아가 말하였다.

"마을 주인이여, 너는 지금 매우 훌륭한 이익을 얻었다. 지금 여래·응공·등정각께서 네 방에서 주무시고 계신다."

침모 귀신이 말하였다.

"지금 가서 시험해 보리라. 그가 여래인지, 혹은 아닌지를."

그때 침모 귀신은 모든 귀신들과의 모임이 끝난 뒤에 자기 집으로 돌아와서는 몸을 날려 부처님께 부딪쳤다. 그러자 세존께서는 몸을 돌려 그 귀신을 피하셨다. 이렇게 두 번 세 번 몸을 날려 부처님께 부딪치려고 하였으나 그때마다 부처님께서도 두 번 세 번 몸을 돌려 그 귀신을 피하셨다. 그때 침모 귀신이 말하였다.

"사문이여, 두려운가?"

부처님께서 말씀하셨다.

"마을 주인이여, 나는 두려하지 않는다. 다만 네가 부딪치는 것이 싫다."

침모 귀신이 말하였다.

"이제 물을 일이 있으니 나를 위해 말하라. 나를 기쁘게 할 수 있다

---

35 이 소경은 『별역잡아함경』 제15권 스물여섯 번째 소경과 그 내용이 비슷하다.

면 좋지만 나를 기쁘게 하지 못한다면 네 가슴을 찢고 네 심장을 부수어 버릴 것이다. 그래서 네 얼굴에서 뜨거운 피가 흐르게 하고 네 두 손을 묶어 항하 저쪽 언덕으로 던져 버릴 것이다."

부처님께서 침모 귀신에게 말씀하셨다.

"마을 주인이여, 나는 아직 어떤 하늘이나 악마·범·사문·바라문 등 하늘의 신이나 세상 사람들 중에 여래·응공·등정각의 심장을 부수거나 가슴을 찢고, 또 얼굴에서 뜨거운 피를 흘리게 하거나 두 손을 묶어 강가 저쪽 언덕으로 던질 수 있는 이를 보지 못했다. 너는 뭐든지 물어 보라. 너를 위해 설명하여 너를 기쁘게 해주리라."

그때 침모 귀신이 게송으로 부처님께 여쭈었다.

모든 탐욕과 성내는 마음
그것은 무엇을 원인으로 하는가?
즐겁지 않고 몸의 털이 일어서는
그 두려움은 어디서 생기는가?

마치 저 갓난아이가
유모를 의지하는 것 같은
뜻과 생각과 모든 감각은
무엇으로부터 일어나는가?

그때 세존께서 게송으로 대답하셨다.

애욕이 생겨 제 몸에서 자라는 것
마치 저 니구율尼拘律나무와 같네.
자꾸 바뀌어가며 서로 끌어당기는 것

마치 저 등면藤綿 덤불숲 같다.

만일 그 원인을 환히 알면
마땅히 저 귀신을 깨닫게 하여
나고 죽는 바다의 흐름을 건너
다시는 그 존재를 늘어나게 하지 않으리.

그때 침모 귀신은 세존의 게송을 듣고 마음에 기쁨을 얻어 부처님께 허물을 뉘우치고 삼귀의를 받들어 가졌다.

부처님께서 이 경을 말씀하시자 침모 귀신은 부처님의 말씀을 듣고 기뻐하며 받들어 행하였다.

잡아함경 제 50 권

1325. 수재경受齋經[1]

이와 같이 나는 들었다.

어느 때 부처님께서 왕사성 가란다죽원에 계셨다.

그때 어떤 우바이優婆夷의 아들이 여덟 가지 재齋를 받아 가졌다가 금방 그 계율을 범하여 귀신에게 잡혔다.

그때 우바이는 곧 게송으로 말하였다.

열나흘과 또 보름과
그리고 매달 초여드렛날과
신통의 상서가 응하는 달[2]에
여덟 가지를 바르게 잘 받으며

---

1 이 소경은 『별역잡아함경』 제15권 스물일곱 번째 소경과 그 내용이 비슷하다.

2 신족월神足月을 뜻하는 것으로 즉, 3장재월長齋月인 1월·5월·9월을 말한다. 이 달에는 모든 하늘이 신통력으로 온 천하를 순행巡行하므로 혹은 신변월神變月이라고도 한다.

재계齋戒를 잘 받들어 가지면
저 귀신에게 잡히지 않는다고
나는 옛날에 자주 들었는데
그 말은 부처님께서 하신 말씀이라네.

그때 그 귀신이 곧 게송으로 말하였다.

열나흘과 또 그 보름날과
그리고 매달 초여드렛날과
신통의 상서 응하는 달에
여덟 가지를 바르게 닦아 받으며

재계하고 엄숙히 청정하게 머물고
계율과 덕을 잘 지켜 보호하면
귀신에게 놀림을 당하지 않는다고
부처님에게서 그런 말 들었다니 장하구나.
네가 놓아달라고 내게 말하면
나는 너의 아들을 놓아주리라.

거만하고 느슨한 모든 그 업業과
더럽고 괴로운 행에 물든 것과
범행이 청정하지 못한 것 등은
마침내 대과大果를 얻지 못하네.

비유하면 골풀〔菅草〕을 잡아 뽑을 때
느슨하게 잡으면 손을 다치는 것처럼

사문이 나쁜 것과 접촉한다면
틀림없이 지옥에 떨어지게 되리라.

비유하면 골풀을 잡아 뽑을 때
다잡으면 손을 다치지 않는 것처럼
사문이 잘 거두어 지킨다면
이내 반열반般涅槃에 들게 되리라.

그때 그 귀신은 우바이의 아들을 즉시 놓아주었다. 그러자 우바이는 게송으로 그 아들에게 말하였다.

아들아, 너는 지금 내 말을 들어라.
저 귀신이 한 말을 말해주리라.
만약 거만하고 느슨한 모든 그 업과
더러움에 물들고 괴로운 행 닦는 것과
범행이 청정하지 못한 것 등은
마침내 대과를 얻지 못하네.

비유하면 꼴풀을 잡아 뽑을 때
느슨하게 잡으면 손을 다치는 것처럼
사문이 나쁜 것과 접촉한다면
틀림없이 지옥에 떨어지게 되리라.

비유하면 골풀을 잡아 뽑을 때
다잡으면 손을 다치지 않는 것처럼
사문이 잘 거두어 지키면

이내 반열반般涅槃에 들게 되리라.

그때 저 우바이의 아들은 이렇게 깨닫고 나서, 수염과 머리를 깎고 가사를 입고 바른 믿음으로 집 아닌 데로 출가하여 도를 배웠지만 마음에 즐거움을 얻지 못해 도로 자기 집으로 돌아갔다. 그 어머니는 멀리서 그 아들을 보고 게송으로 말하였다.

세상을 돌보지 않고 출가하더니
어찌하여 다시 마을로 돌아오느냐?
집에 불이 났을 때 재물을 들어내더니
어찌하여 다시 불 속에 던지느냐?

그의 아들인 비구가 게송으로 대답하였다.

다만 어머니 목숨 마칠 때
서로 보지 못할까 생각하였소.
그래서 이제 돌아와 뵙는데
어째서 아들보고 기뻐하지 않습니까?

그때 그 어머니 우바이가 게송으로 대답하였다.

탐욕 버리고 출가하더니
도로 그 탐욕을 누리려 하느냐?
그러므로 나는 슬퍼하나니
악마가 하고싶은 대로 될까 두렵다.

그때 그 우바이는 이렇게 그 아들을 깨우쳐주었다. 그래서 그 아들은 텅 비고 고요한 곳으로 돌아가, 부지런히 정근하고 사색하여 모든 번뇌의 결박을 끊어버리고 아라한과를 증득證得하였다.

1326. 아랍귀경阿臈鬼經[3]

이와 같이 나는 들었다.

어느 때 부처님께서 마갈제국 인간 세상을 유행하시다가 아랍阿臈 귀신이 살고 있는 곳에서 밤에 묵으시게 되었다.

그때 아랍 귀신이 여러 귀신들과 모임을 가지고 있었다.

그때 갈담竭曇 귀신은 세존께서 아랍 귀신이 사는 곳에서 밤을 지내시게 된 것을 보고 귀신에게 가서 말하였다.

"마을 주인이여, 그대는 큰 이익을 얻었다. 여래께서 그대가 사는 곳에서 주무시고 계신다."

아랍 귀신이 말하였다.

"살아있는 사람이 오늘 우리 집에 머무른단 말인가? 내가 지금 그가 여래인지, 아닌지를 알아볼 것이다."

그때 아랍 귀신은 여러 귀신들과의 모임이 끝난 뒤에 자기 집에 돌아와 세존께 말하였다.

"사문아, 나가거라."

그때 세존께서는 남의 집이었기 때문에 곧 그 집에서 나오셨다. 아랍 귀신이 다시 말하였다.

"사문아, 들어오라."

3 이 소경은『별역잡아함경』제15권 스물여덟 번째 소경과 그 내용이 비슷하다.

부처님께서 곧 들어가셨다. 교만함을 없애기 위해서였다. 이렇게 두 번 세 번 되풀이하였다. 그때 아랍 귀신은 네 번째로 세존께 말하였다.

"사문아, 나가거라."

그때 세존께서 아랍 귀신에게 말씀하셨다.

"마을 주인아, 내 이미 세 번씩이나 청을 들어주었다. 이제는 더 이상 나가지 않겠노라."

아랍 귀신이 말하였다.

"사문이여, 나는 이제 너에게 물으리니 사문은 내게 대답하라. 만일 나를 기쁘게 하면 아무 탈이 없겠지만 나를 기쁘게 하지 못하면 나는 네 가슴을 찢어 네 심장을 부수어 버릴 것이다. 그래서 네 얼굴에서 뜨거운 피가 흐르게 하고 네 두 손을 묶어 항하 저쪽 언덕으로 던져버릴 것이다."

세존께서 말씀하셨다.

"마을 주인이여, 나는 아직 어떤 하늘이나 악마·범·사문·바라문 등 천신이나 세상사람 중에서 내 심장을 부수거나 가슴을 찢고, 또 얼굴에서 뜨거운 피를 흘리게 하거나 두 손을 잡고 강가 저쪽 언덕으로 던질 수 있는 이를 보지 못했다. 그러나 마을 주인아, 너는 뭐든지 물어 보라. 너를 위해 설명하여 너를 기쁘게 해주리라."

그때 아랍 귀신이 게송으로 부처님께 아뢰었다.

그 어떤 것을 일컬어
훌륭한 사람의 재산이라 하는가.
어떤 법을 행하여야
편하고 즐거운 과보를 얻는가.
어떤 것을 훌륭한 맛이라 하고

어떤 것을 목숨 중의 제일이라 하는가.

그때 세존께서 게송으로 대답하셨다.

저 깨끗한 믿음을 일컬어
사람의 가장 훌륭한 재산이라 한다.
법을 행하면 즐거운 과보 얻고
해탈은 맛 중에서 으뜸이니라.
지혜로써 늙고 죽음 없애버리면
그것은 목숨 중의 제일이니라.

아랍 귀신이 다시 게송으로 말하였다.

어떻게 하면 좋은 이름 얻는가?
……이 아래의 자세한 내용은 앞에서 설한 게송과 같다.

그때 세존께서 게송으로 대답하셨다.

계율 지키면 좋은 이름 떨치리라.
……이 아래의 자세한 내용은 앞에서 설한 게송과 같다.

그때 아랍 귀신이 다시 게송으로 말하였다.

몇 가지 법이 세간에 일어나고
몇 가지 법이 서로 따르는가?
세상에 몇 가지 법이 느낌이 되고

세상에 몇 가지 법이 손상하고 멸하는가?

그때 세존께서 게송으로 대답하셨다.

세간에 여섯 가지 법이 함께 일어나고
여섯 가지 법이 서로 따르고 있다.
세간에 여섯 가지 법이 느낌이 되며
세간에 여섯 가지 법이 멸하느니라.

아랍 귀신이 다시 게송으로 부처님께 여쭈었다.

그 누가 능히 모든 흐름 건너기 위해
밤낮으로 부지런히 방편을 쓰며
붙잡을 것도 없고 머무를 곳도 없는데
어느 누군들 가라앉지 않겠는가?

그때 세존께서 게송으로 대답하셨다.

모든 계율 완전히 갖추고
지혜롭고 선정을 잘 닦으며
바른 기억으로 마음속에서 깊이 사색하면
건너기 어려운 흐름 건널 수 있다.

다섯 가지 욕심을 좋아하지 않고
빛깔의 애욕을 뛰어 넘으면
붙잡을 것 없고 머무를 곳 없어도

그는 빠지지 않을 수 있다.

그때 아랍 귀신이 다시 게송으로 부처님께 여쭈었다.

어떤 법으로써 흐름을 건너고
무엇으로써 큰 바다 건너는가?
무엇으로써 괴로움을 여의고
무엇으로써 청정해질 수 있는가?

그때 세존께서 다시 게송으로 대답하셨다.

믿음으로써 강의 흐름 건너고
방일하지 않음으로 바다를 건넌다.
정진精進으로써 괴로움 끊고
지혜로써 청정함을 얻느니라.

그때 아랍 귀신이 다시 게송으로 부처님께 여쭈었다.

다른 사문이나 범지梵志의 법을
어찌 번거롭게 다시 물으랴.
오늘에 가장 훌륭한 선비님은
큰 법의 횃불을 높이 밝혔네.

나는 저 갈담마竭曇摩에게
언제나 그 은혜를 갚아야 하리.
나는 이제 등정각이시며

위없는 길잡이 스승님께 아룁니다.

저는 오늘 당장 떠날 것입니다.
마을에서 마을로 돌아다니며
등정각을 친히 모시고
말씀하시는 그 법을 들어 받들리.

부처님께서 이 경을 말씀하시자 아랍 귀신은 기뻐하면서 예배하고 떠나갔다.

1327. 숙가라경叔迦羅經[4]

이와 같이 나는 들었다.

어느 때 부처님께서 왕사성 가란다죽원에 계셨다.

그때 숙가라叔迦羅 비구니는 임금의 공원 안에 살고 있는 비구니들과 함께 지내면서 왕사성의 여러 사람들에게 아라한처럼 공경과 공양을 받고 있었다. 그러던 어느 날 왕사성 사람들이 좋은 날을 택하여 즐거운 큰 모임을 가졌다. 그래서 그 날은 그 비구니에게 공양을 올리지 못했다. 그러자 어떤 귀신이 그 비구니를 존경하는 까닭에 왕사성 거리로 나아가 집집마다 다니면서 게송으로 말하였다.

왕사성의 모든 사람들아,
술에 취해 누워 자는가?

---

4 이 소경은 『별역잡아함경』 제15권 서른 번째 소경과 그 내용이 비슷하다.

저 숙가라 비구니에게
공양하기를 힘쓰지 않는구나.

모든 감관을 잘 닦았기 때문에
그 이름을 숙가라라고 한다.
그는 번뇌를 여의는 법과
열반의 청량한 곳을 잘 설하나니
만일 그를 따라 그 말 들으면
온 종일 즐겁고 싫지 않으리.

법을 듣고서 그 지혜를 타면
나고 죽음의 흐름을 건널 수 있다.
그것은 마치 저 바다 상인이
힘센 말을 붙들어 의지하는 것과 같다.

그때 어떤 우바새가 숙가라 비구니에게 옷을 보시하고, 또 어떤 우바새는 음식을 공양하였다.

그때 그 귀신은 곧 게송으로 말하였다.

저 지혜로운 우바새는
복과 이익을 많이 얻으리.
숙가라에게 옷을 보시함으로써
모든 번뇌를 여의었기 때문이다.

저 지혜로운 우바새는
복과 이익을 많이 얻으리.

숙가라에게 음식을 보시함으로써
모든 번뇌를 여의었기 때문이다.

그때 그 귀신은 이 게송을 마치고 이내 사라지더니 나타나지 않았다.

1328. 비람경毘藍經[5]

이와 같이 나는 들었다.

어느 때 부처님께서 왕사성 가란다죽원에 계셨다.

그때 비라毘羅 비구니는 왕사성 임금의 공원 안에 살고 있는 비구니들과 함께 지내면서 왕사성의 여러 사람들을 위해 좋은 날을 점쳐 택일하여 큰 모임을 열었다. 그러나 그 날 비라 비구니에게는 공양하는 사람이 아무도 없었다.

그때 어떤 귀신이 비라 비구니를 존경하여, 곧 왕사성에 들어가 골목마다 다니며 게송을 읊고 네거리에서 다시 게송으로 말하였다.

왕사성의 모든 사람들아,
술에 취해 누워 자는가?
저 비라 비구니에게
공양하는 이가 아무도 없구나.

저 비라 비구니는

5 이 소경은 『별역잡아함경』 제15권 스물아홉 번째 소경과 그 내용이 비슷하다.

모든 감관을 용감하게 닦았고
그는 번뇌를 여의는 법과
열반의 청량한 곳을 잘 설한다.

만일 그를 따라 그 말 들으면
온 종일 즐겁고 싫지 않으리.
법을 듣고서 그 지혜를 타면
나고 죽음의 흐름을 건널 수 있다.

그때 어떤 우바새는 비라 비구니에게 옷을 가져와 보시하고, 또 어떤 우바새는 음식을 공양하였다. 그때 그 귀신이 게송으로 말하였다.

저 지혜로운 우바새는
복과 이익을 많이 얻으리.
비라 비구니에게 옷을 보시함으로써
모든 결박을 끊었기 때문이다.

저 지혜로운 우바새는
복과 이익을 많이 얻으리.
비라 비구니에게 음식을 보시함으로써
모든 번뇌를 여의었기 때문이다.

그때 그 귀신은 이 게송을 마치고 이내 사라지더니 나타나지 않았다.

1329. 혜마파저경醯魔波低經[6]

이와 같이 나는 들었다.

어느 때 부처님께서 왕사성 가란다죽원에 계셨다.

그때 사다기리娑多耆利 천신과 혜마파저醯魔波低 천신이 서로 약속하였다.

'만일 자기 궁중에 어떤 보물이 생기면 반드시 서로 알리자. 만일 알리지 않으면 약속을 어긴 죄를 받기로 하자.'

그때 혜마파저 천신의 궁중에서 일찍이 보지 못했던 보배인 파담마화(波曇摩華 : 푸른색 연꽃)가 나왔는데 꽃에는 천 개의 꽃잎이 있고 크기는 수레바퀴만 하였으며 금빛 찬란한 보배 줄기가 있었다. 그때 혜마파저 천신은 사람을 보내 사다기리에게 알렸다.

"마을 주인이여, 지금 내 궁중에서 일찍이 없었던 보배 파담마꽃이 갑자기 피었는데 그 꽃은 천 개의 꽃잎에 크기가 수레바퀴만 하며 금빛 찬란한 보배 줄기로 이루어져 있다. 어서 와서 보라."

사다기리 천신은 혜마파저 천신에게 사람을 보내 말하였다.

"마을 주인이여, 그까짓 파담마꽃이 백천 개인들 무엇에 쓰랴. 지금 내 궁중에는 일찍이 없었던 보배인 아주 커다란 파담마가 출현하였으니 이른바 여래·응공·등정각·명행족·선서·세간해·무상사·조어장부·천인사·불세존이 그분이시다. 너는 어서 와서 받들어 섬기고 공양하라."

그때 혜마파저 천신이 곧 5백 권속들과 함께 사다기리 천신에게 가서 게송으로 물었다.

6 이 소경은 『별역잡아함경』 제15권 서른한 번째 소경과 그 내용이 비슷하다.

보름날 좋은 날
좋은 밤 즐겁게 모였다네.
말해보라, 어떤 재齋를 받아야 하며
어느 아라한께 받아야 하는가?

그때 사다기리가 게송으로 대답하였다.

오늘 불세존佛世尊께서
훌륭한 나라 마갈제의
저 왕사성에 있는
가란다죽원에 머무시며
미묘한 법을 연설하시어
중생들의 괴로움 멸해주시네.

괴로움과 괴로움의 발생과
괴로움의 소멸을 증득함과
8성도聖道로 괴로움을 벗어나
안온히 열반으로 나아감을 설하시니
마땅히 나아가 공양 베풀어라
우리 아라한 세존께.

혜마파저가 게송으로 물었다.

그는 마음에 소원이 있어
사랑으로 중생을 구제하는가?
그는 받거나 받지 않거나

그 마음 평등해 다름이 없는가?

사다기리가 게송으로 대답했다.

그는 묘한 원과 사랑하는 마음으로
모든 중생을 제도하시고
받거나 또 받지 않거나 간에
그 마음 언제나 평등하니라.

그때 혜마파저가 게송으로 물었다.

밝게 통함을 두루 갖추어
그 행을 이미 성취했는가?
모든 번뇌가 아주 사라져
후세의 몸을 받지 않는가?

사다기리가 게송으로 대답했다.

밝게 통함을 두루 갖추고
바른 행 이미 성취하였으며
모든 번뇌가 영원히 다 끊어져
다시는 후세의 몸을 받지 않는다.

혜마파저가 게송으로 물었다.

모니牟尼께선 뜻의 행이 원만하시고

몸과 입으로 짓는 업도 원만하신가?
지혜와 행을 완전히 갖추시고
그 법을 찬탄하는가?

사다기리가 게송으로 대답했다.

모니의 마음은 완전하게 갖추어졌고
몸과 입이 짓는 업도 원만하시다.
지혜와 행을 두루 갖추셨고
법에 대해 찬탄하셨다.

혜마파저가 게송으로 물었다.

산목숨 해치는 일 멀리 여의고
주지 않는 것은 가지지 않는가?
방탕한 짓을 멀리 여의고
선정에 대한 생각 떠나지 않는가?

사다기리가 게송으로 말하였다.

언제나 중생을 해치지 않고
주지 않는 것 함부로 가지지 않네.
방탕한 짓을 멀리 여의고
밤낮으로 언제나 선정을 생각한다.

혜마파저가 게송으로 물었다.

다섯 가지 욕심을 즐기지 않고
그 마음 흐리거나 어지럽지 않은가?
맑고 깨끗한 법안法眼이 있어
어리석음을 모조리 없앴는가?

사다기리가 게송으로 대답했다.

마음은 언제나 탐욕을 좋아하지 않고
또한 흐리거나 어지러운 마음 없다.
부처님의 법안은 맑고 깨끗해
어리석음 다하여 남음이 없으시다.

혜마파저가 게송으로 물었다.

지극히 성실하여 거짓말 않고
추하거나 껄끄러운 말 없으며
이간하는 말 또한 없고
성실하지 않은 말은 없는가?

사다기리가 게송으로 대답했다.

지극히 성실하여 거짓말 않고
또한 추하거나 껄끄러운 말 없으며
다른 사람 친한 사이 이간질 않고
언제나 법다운 말을 하신다.

혜마파저가 게송으로 물었다.

맑고 깨끗하게 계율 지키고
바른 기억으로써 적멸寂滅한가?
평등한 해탈과 또 여래의
큰 지혜를 두루 갖추었는가?

사다기리가 게송으로 대답했다.

깨끗한 계율 완전히 갖추셨고
바른 기억으로 언제나 고요하다.
평등한 해탈 성취하셨고
여래의 큰 지혜 얻었느니라.

혜마파저가 게송으로 물었다.

밝게 통함을 다 갖추었고
바른 행 이미 맑고 깨끗해
여러 가지 번뇌가 모두 다하여
후세에 다시는 몸을 받지 않는가?

사다기리가 게송으로 대답했다.

밝게 통함을 완전히 갖추었고
바른 행 이미 맑고 깨끗해
여러 가지 번뇌가 모두 다하여

다시는 후세에 몸을 받지 않는다.

혜마파저가 게송으로 물었다.

모니牟尼는 착한 마음 이미 갖추고
그리고 그 몸과 또 입이 짓는 업과
지혜와 행을 모두 이룩하시고
그로 인해 그 법을 찬탄하는가?

사다기리가 게송으로 대답했다.

모니는 착한 마음 이미 갖추셨고
그리고 그 몸과 또 입이 짓는 업과
지혜와 행을 모두 이루셨으니
그러므로 그 법을 찬탄하노라.

혜마파저가 다시 게송으로 말하였다.

이니연伊尼延사슴의 장딴지 같은
선인의 그 훌륭한 상호
적게 먹어 그 몸의 탐욕 버렸네.
모니는 숲 속에서 좌선하나니
너는 나와 함께 그곳으로 가
저 구담께 공경히 예를 올리자.

그때 백천 귀신의 권속들에 둘러싸여 사다기리와 혜마파저가 함께 부처님께 나아가 예배하고 공양하였다. 그리고 옷을 바르게 여미고 오른 어깨를 드러내고 합장해 경례하고는 게송으로 말하였다.

이니연 사슴의 장딴지 같은
선인의 그 훌륭한 상호
적게 먹어서 탐욕이 없으시네.
모니는 숲 속에서 선정을 즐기시니
저희들 이제 일부러 나아와
구담瞿曇께 청해 묻사옵니다.

사자는 혼자서 마음대로 노닐고
큰 용은 아무런 두려움 없네.
이제 일부러 찾아와 묻사오니
원하건대 모니시여, 의심 풀어 주소서.

어떻게 해야 괴로움을 벗어나고
어떻게 해야 괴로움에서 해탈합니까?
원컨대 그 해탈을 설명하소서.
괴로움은 어떡해야 사라집니까?

그때 세존께서 게송으로 대답하셨다.

이 세상의 다섯 가지 욕망과
여섯 번째로 의식을 말하노라.
저 욕심에 대하여 탐욕 없으면
일체의 괴로움에서 벗어나리라.

그렇게 하여 괴로움으로부터 벗어나고
그렇게 하여 괴로움으로부터 해탈한다.
이제 너의 물음에 대답하나니
괴로움은 이로부터 소멸되느니라.

사다기리와 혜마파저는 다시 게송으로 부처님께 여쭈었다.

샘물은 무엇으로부터 전환轉還하고
악한 길에는 어찌해야 윤회하지 않습니까?
세상의 온갖 괴로움과 즐거움
어디서 모조리 사라집니까?

그때 세존께서 게송으로 대답하셨다.

눈과 귀와 코, 또 혀와 몸
그리고 저 의입처意入處와
저 명名과 또 모든 색色이
아주 사라져 남음 없으면

거기에서 샘물이 전환하고
저 길에 윤회하지 않으며
거기서 괴로움과 또 즐거움은
남김없이 모조리 사라지리라.

사다기리와 혜마파저가 다시 게송으로 부처님께 여쭈었다.

세간은 몇 가지 법이 일으켰고
세상에는 몇 가지 법이 화합하며
몇 가지 법이 세간의 느낌이 되고
몇 가지 법이 세상을 멸하게 합니까?

그때 세존께서 게송으로 대답하셨다.

여섯 가지 법이 세간을 일으키고
여섯 가지 법이 세간에 화합하며
여섯 가지 법이 세상의 느낌이 되고
여섯 가지 법으로 세간이 멸하느니라.

사다기리와 혜마파저가 다시 게송으로 부처님께 여쭈었다.

어떻게 해야 모든 흐름을 건너고
밤낮으로 부지런히 방편을 써서
반연함도 없고 머무르는 곳도 없이
저 깊은 못에 빠지지 않겠습니까?

그때 세존께서 게송으로 대답하셨다.

모든 계율을 원만하게 갖추고
지혜로 선정에 잘 들어가서
깊이 사색하고 생각을 잡아매면
그러면 깊은 못을 건널 수 있으리라.

온갖 탐욕스런 생각 좋아하지 말고
물질의 모든 결박 뛰어 넘으면
반연도 없고 머무를 곳도 없어
저 깊은 못에 빠지지 않으리라.

사다기리와 혜마파저가 다시 게송으로 부처님께 여쭈었다.

어떤 법으로 모든 흐름 건너고
무엇으로써 큰 바다 건넙니까?
어떻게 하면 괴로움을 여의고
어떻게 하면 청정해질 수 있습니까?

그때 세존께서 게송으로 대답하셨다.

바른 믿음이라야 모든 흐름 건너고
방일하지 않아야 바다를 건너리라.
열심히 정진하면 괴로움이 끊어지고
지혜로써 청정해질 수 있느니라.

그때 세존께서 다시 게송으로 말씀하셨다.

너는 다시 다른 바라문이나
사문의 법을 물어 보아라.
진실한 보시와 항복 받는 것
이것 이외에 다른 법이 없느니라.

혜마파저는 다시 게송으로 말하였다.

사문이나 또 바라문의 법
다시 따로 물어서 무엇하리요
오늘 대정진(大精進 : 부처님)께서
이미 갖추어 잘 열어 인도하셨네.

나는 이제 마땅히 사다기리의
그 은혜를 갚아야 하리.
그가 도어사(導御師 : 부처님)를
우리에게 가르쳐 주었기 때문이네.

나는 이제 마땅히 마을 마을마다
또 집집마다 부처님을 따라다니며
받들어 섬기고 예배하고 공양하고
부처님의 바른 법을 들으리라.

여기에 모인 백천 귀신이
모두 합장하고 공경하고
부처님께 모두 다 귀의하고
모니牟尼 대사에게 귀의하네.

다시 위없는 이름을 얻고
반드시 진실한 이치를 보며
그 큰 지혜를 성취함으로 인해
탐욕에 물들거나 집착하지 않네.

지혜로운 이는 마땅히 관찰하라.
이 분은 세상을 구호하는 분이시다.
성현의 길 자취를 얻으셨으니
이 분은 바로 큰 선인이시네.

부처님께서 이 경을 말씀하시자 사다기리와 혜마파저 및 그 권속 5백 귀신들은 부처님 말씀을 듣고 모두 매우 기뻐하면서 예배하고 떠나갔다.

1330. 가타경伽吒經[7]

이와 같이 나는 들었다.

어느 때 부처님께서 왕사성 가란다죽원에 계셨다.

그때 존자 사리불과 존자 대목건련은 기사굴산耆闍崛山에 있었다. 그때 존자 사리불은 수염과 머리를 막 새로 깎았다. 그때 가타伽吒와 우파가타優波伽吒 귀신이 있었는데 우파가타 귀신은 존자 사리불이 막 새로 수염과 머리를 깎은 것을 보고 가타 귀신에게 말하였다.

"나는 지금 저곳에 가서 저 사문의 머리를 때려주리라."

가타 귀신이 말하였다.

"우파가타여, 너는 그런 말을 하지 말라. 저 사문은 큰 덕과 큰 힘이 있다. 너는 오랜 세월 동안 크게 유익하지 못한 괴로움을 키우지 말라."

이렇게 두 번 세 번 말하였으나 우파가타는 두 번 세 번 가타 귀신

---

7 이 소경은 『별역잡아함경』 제15권 서른두 번째 소경과 그 내용이 비슷하다.

의 말을 듣지 않고, 곧 손으로 존자 사리불의 머리를 때렸다. 그렇게 때리고 나서는 이내 스스로 부르짖었다.

"나를 태운다. 가타여, 나를 삶는다. 가타여."

이렇게 두 번 세 번 부르짖고 나서는 땅 속으로 빠져 들어가 아비지옥에 떨어졌다.

존자 대목건련은 존자 사리불이 귀신에게 맞았다는 말을 듣고, 곧 사리불의 처소에 가서 존자 사리불에게 물었다.

"어떻소. 존자여, 고통은 견딜 만합니까?"

존자 사리불이 대답하였다.

"존자 목건련이여, 비록 좀 아프기는 하지만, 마음속으로 참고 있으면 큰 고통은 없소."

존자 대목건련이 존자 사리불에게 말하였다.

'신기합니다. 존자 사리불이여, 참으로 큰 덕과 큰 힘이 있소. 만일 그 귀신이 손으로 기사굴산을 치면 그 산도 겨처럼 부서진다고 하는데 더구나 사람을 때렸는데 어찌 고통이 없겠소.'

그때 존자 사리불이 존자 대목건련에게 말하였다.

"나는 정말 크게 고통스럽지 않소."

존자 사리불과 존자 대목건련은 서로 위로하였다.

그때 세존께서 천이天耳로 그 말을 들으시고 곧 게송으로 말씀하셨다.

그 마음 금강석金剛石과 같아서
굳건히 머물러 움직이지 않거니
집착하는 마음을 이미 여의어
성내는 자에게도 되갚지 않는구나.
만일 이와 같이 마음 닦으면

무슨 고통과 근심 있으리.

부처님께서 이 경을 말씀하시자 여러 비구들은 부처님의 말씀을 듣고 기뻐하며 받들어 행하였다.

1331. 우척경憂慼經[8]

이와 같이 나는 들었다.

어느 때 부처님께서 사위국 기수급고독원에 계셨다.

그때 많은 비구들은 구살라국 인간 세상을 유행하다가 어떤 숲속에서 여름 안거安居에 들어갔다. 그 숲 속에는 천신天神이 살고 있었다. 그는 여러 비구들이 보름날에 안거를 마친다[受歲][9]는 말을 듣고 매우 근심하고 슬퍼하였다. 다른 천신들이 그에게 물었다.

"너는 왜 갑자기 슬퍼하고 괴로워하는가? 너는 마땅히 기뻐해야 한다. 여러 비구들이 계율을 깨끗하게 잘 지켜 오늘 안거를 마치지 않는가?"

숲 속의 천신이 대답하였다.

"나도 오늘 비구들이 안거를 마친다는 것을 안다. 그것은 저 뻔뻔스런 외도들이 안거를 마치는 것과는 다르다. 열심히 정진한 비구들은 안거를 마치고 나면 가사와 발우를 가지고 내일 다른 곳으로 떠날 것이고 이 숲은 텅 빌 것이다."

---

8 이 소경은 『별역잡아함경』 제16권 스물두 번째 소경과 그 내용이 비슷하다.

9 여름 안거를 마치게 되면 승랍僧臘 1세가 더하게 되므로 여름 안거 마치는 것을 수세受歲로 표기한 것이다.

비구들이 떠난 뒤에 숲 속의 천신이 게송으로 말하였다.

지금 내 마음 즐겁지 않고
그저 쓸쓸히 텅 빈 숲만 보고 있네.
청정한 마음으로 법을 설하고
많이 들어 아는 여러 비구들
구담瞿曇의 제자들이여
지금은 모두 어디로들 갔는가?

그때 또 다른 천자가 게송으로 말하였다.

혹 어떤 이는 마가다摩伽陀로 갔고
혹 어떤 이는 구살라拘薩羅로 갔으며
또 혹 어떤 이는 금강지金剛地로 가는 등
곳곳으로 멀리 떠나 수행하는 모습이
비유하면 마치 들판의 새와 짐승들이
제 좋을 대로 뛰노는 것 같네.

1332. 수면경睡眠經[10]

이와 같이 나는 들었다.
어느 때 부처님께서 사위국 기수급고독원에 계셨다.
그때 어떤 비구는 구살라국 인간 세상을 유행하면서 어떤 숲 속에

10 이 소경은 『별역잡아함경』 제16권 스물세 번째 소경과 그 내용이 비슷하다.

머물렀는데 낮이면 선정에 들었다가 몸이 매우 피로해져 밤이면 금방 잠이 들곤 하였다.

그때 그 숲 속에 살고 있던 천신이 이렇게 생각하였다.

'이것은 비구의 법이 아니다. 텅 빈 숲 속에서 낮에는 선정에 들었다가 밤에는 금방 잠에 빠지곤 한다. 내가 지금 가서 깨우리라.'

천신은 비구 앞으로 가서 게송으로 말하였다.

비구여, 그대는 일어나라, 일어나라.
무슨 이유로 그렇게 잠에 빠지는가.
잠이나 자면 무슨 이익이 있겠는가.
병에 걸렸을 때 왜 실컷 자지 않았느냐.

뾰족하게 생긴 가시로 네 몸을 찌르면
어떻게 그리 깊은 잠에 빠질 수 있겠느냐.
너는 일찍이 출가하여 집을 버렸다.
출가한 것이 너의 소원이 아니었더냐.

네가 일찍이 원하던 그대로
밤낮으로 증진增進하기 구하라.
너는 부디 깊은 잠에 떨어져
마음이 자유롭지 않게 하지 말라.

무상하여 항상 존재할 수 없는 것이
어리석은 사람을 미혹에 빠지게 하나니
다른 사람은 모두 묶여 있어도
너는 이제 거기서 이미 해탈하였다.

바른 믿음으로 출가했거늘
어찌하여 그렇게 잠에 빠져있는가.

탐욕을 이미 항복 받아서
그 마음이 이미 해탈하였고
훌륭하고 묘한 지혜 갖추었거늘
출가한 이로서 왜 잠만 자는가.

열심히 정진하여 선정을 닦고
언제나 견고한 그 힘을 닦아
오로지 반열반을 구해야 하겠거늘
어찌하여 그렇게 잠에 빠져 있는가.

지혜를 일으켜 무명無明을 끊고
모든 번뇌를 모조리 없애 버리며
최후의 몸을 다루어야 하겠거늘
어찌하여 그렇게 잠에 빠져 있는가.

그때 그 천신이 이 게송을 외우자 그 비구는 그 말을 듣고 전일하게 정진하고 사색하여 아라한이 되었다.

1333. 원리경遠離經[11]

이와 같이 나는 들었다.

어느 때 부처님께서 사위국 기수급고독원에 계셨다.

그때 어떤 비구가 구살라국에 있는 어떤 숲속에 머물면서 낮에 선정에 들었다가, 마음에 선하지 못한 생각이 일어나 나쁜 탐욕에 빠져 들었다.

그때 그 숲 속에 살고 있던 천신이 이렇게 생각하였다.

'이것은 비구의 법이 아니다. 낮에 선정에 들었다가 마음에 선하지 못한 생각이 일어나 나쁜 탐욕에 빠져 있다. 내가 지금 가서 깨우쳐 주리라.'

그때 그 천신이 곧 게송으로 말하였다.

멀리 여의고자 마음을 먹고
비고 고요한 숲 속에 머물면서도
마음을 놓아 바깥 경계를 따라서
어지러운 생각으로 치달리고 있구나.

세상을 좋아하는 마음을 항복 받고
언제나 마음의 해탈을 즐거워하라.
마땅히 즐거워하지 않는 마음 버리고
안락을 굳게 지키며 살아야 한다.

바른 생각 아니라 생각한다면

---

11 이 소경은 『별역잡아함경』 제16권 스물네 번째 소경과 그 내용이 비슷하다.

나니 내 것이니 집착하지 말라.
티끌로 머리를 물들인 것 같아서
그 집착 버리기 몹시 어려우리.
즐거움에 물들어 집착하지 말라.
그 마음이 흐려지고 어지럽게 된다.

이 석씨는 달리는 코끼리처럼
몸을 떨쳐 더러운 티끌 버렸다.
비구는 모름지기 바른 생각으로써
제 몸의 더러운 때 버려야 한다.

티끌이란 탐욕을 말하는 것
이 세상의 흙먼지를 말하는 게 아니다.
슬기롭고 밝은 지혜 있는 사람은
마땅히 그 온갖 티끌 깨닫고
이 여래의 바른 법과 율 안에서
마음을 지켜 방일하지 말라.

티끌이란 성냄을 말하는 것
이 세상의 흙먼지를 말하는 게 아니다.
슬기롭고 밝은 지혜 있는 사람은
마땅히 그 온갖 티끌 깨닫고
이 여래의 바른 법과 율 안에서
마음을 지켜 방일하지 말라.

티끌이란 어리석음을 말하는 것

이 세상의 흙먼지를 말하는 게 아니다.
슬기롭고 밝은 지혜 있는 사람은
마땅히 그 온갖 티끌 깨닫고
이 여래의 바른 법과 율 안에서
마음을 지켜 방일하지 말라.

그때 그 천신이 이 게송을 설하여 마치자 그 비구는 그 말을 듣고 한결같이 정진하고 사색하여 온갖 번뇌의 마음을 끊고 아라한이 되었다.

1334. 부정경不正經[12]

이와 같이 나는 들었다.

어느 때 부처님께서 사위국 기수급고독원에 계셨다.

그때 어떤 비구가 구살라국에 있는 어떤 숲속에 머물면서 낮에 선정에 들었다가, 마음에 선하지 못한 생각이 일어나 나쁜 탐욕에 빠져 있었다.

그때 그 숲 속에 살고 있던 천신이 이렇게 생각하였다.

'이것은 비구의 법이 아니다. 낮에 선정에 들었다가 마음에 선하지 못한 생각이 일어나 나쁜 탐욕에 빠져 있다. 내가 지금 가서 깨우쳐 주리라.'

그때 그 천신이 곧 게송으로 말하였다.

---

12 이 소경은 『별역잡아함경』 제16권 스물다섯 번째 소경과 그 내용이 비슷하다.

어찌하여 바르지 않은 생각으로써
각覺과 관觀 속에서 먹고 자는가?
바르지 않은 생각 마땅히 버려
오로지 바른 선정 닦아야 한다.

부처님과 법과 승가를 높이 받들고
깨끗한 계율을 스스로 가져
항상 따라 기뻐하는 마음을 내어
기뻐하고 좋아하며 정진해 나아가야 한다.
마음이 기뻐하고 즐겨하기 때문에
마침내는 괴로움에서 속히 벗어나리라.

그때 그 천신은 이렇게 게송으로 격려하였다. 그 비구는 그 말을 듣고 한결같이 정진하고 사색하여 온갖 번뇌의 마음을 끊고 아라한이 되었다.

1335. 차일중경此日中經[13]

이와 같이 나는 들었다.
어느 때 부처님께서 사위국 기수급고독원에 계셨다.
그때 어떤 비구가 구살라국에 있는 어떤 숲속에서 선정에 들었다.
그때 그 비구는 한낮에 불쾌한 마음이 생겨 게송으로 말하였다.

13 이 소경은 『별역잡아함경』 제16권 스물여섯 번째 소경과 그 내용이 비슷하다.

이 한낮에
새들도 모두 잠잠한데
빈들에 갑자기 소리 있어
내 마음을 두렵게 하네.

그때 그 숲 속에 살고 있던 천신이 게송으로 말하였다.

이 한낮에
새들도 모두 잠잠한데
빈들에 갑자기 소리 있었으니
네 마음 응당 불쾌했으리라.
그러나 너는 불쾌한 맘 버리고
오로지 선정 닦기 즐겨하여라.

그때 그 천자는 이렇게 게송을 설하여 그 비구를 깨우쳤다.

그 비구는 한결같이 정진하고 사색하여 온갖 번뇌의 마음을 끊고 아라한이 되었다.

1336. 사린니경闍隣尼經[14]

이와 같이 나는 들었다.

어느 때 부처님께서 사위국 기수급고독원에 계셨다.

그때 아나율타阿那律陀는 구살라국 인간 세상에 있는 어떤 숲속에

---

14 이 소경은 『별역잡아함경』 제16권 스물일곱 번째 소경과 그 내용이 비슷하다.

서 머무르고 있었다. 그때 사린니闍隣尼 천신도 그곳에 있었는데 그는 존자 아나율타와 본래부터 좋은 벗이었다. 그는 존자 아나율타의 처소에 찾아가 게송으로 말하였다.

너는 지금 곧 서원을 세워
본래 있던 곳에 다시 태어나기를 원하라.
바로 그곳 삼십삼천에는
다섯 가지 욕락欲樂이 모두 갖추어 있다.

여러 가지 음악으로써
언제나 스스로 즐기고
매양 잠을 자고 있으면
음악으로 깨워 준다네.
여러 하늘의 옥 같은 여자들
밤낮으로 좌우에 모시고 있다.

존자 아나율타가 게송으로 대답하였다.

여러 하늘의 옥 같은 여자들
이것은 모두 큰 괴로움의 무더기
그런데 뒤바뀐 생각으로 이 몸을
영원히 존재한다고 집착해 얽매이나니
그곳에 태어나기를 바라는 사람들
그것도 또한 큰 고통이다.

사린니여, 마땅히 알아야 한다.

나는 거기 태어나길 원치 않는다.
나고 죽음이 아주 다하여
후세의 몸을 받지 않기 때문이다.

존자 아나율타가 이렇게 말했을 때 사린니 천자는 존자 아나율타의 말을 듣고 기뻐하면서 이내 사라지고 나타나지 않았다.

1337. 송습경誦習經[15]

이와 같이 나는 들었다.

어느 때 부처님께서 사위국 기수급고독원에 계셨다.

그때 어떤 비구는 구살라국 인간 세상의 숲 속에 있으면서 부지런히 경전을 독송하고 강설하며 열심히 정근하고 사색하여 아라한과를 얻었다. 그러나 그 과果를 얻고 난 다음부터는 부지런히 경전을 독송하거나 강설하지 않았다.

그때 그 숲속에 살고 있던 어떤 천신이 게송으로 말하였다.

비구여, 너는 이전에는
밤낮으로 부지런히 외워 익히고
언제나 여러 비구들을 위하여
결정된 이치를 함께 논했었다.

15 이 소경은 『별역잡아함경』 제16권 스물여덟 번째 소경과 그 내용이 비슷하다.

그런데 지금 너는 법구法句에 대해
고요히 아무 말도 하지 않고
여러 비구들과 더불어
결정된 이치를 논하는 일도 없구나.

그때 그 비구가 게송으로 대답하였다.

전에는 탐욕을 여의지 못해
마음으로 항상 법구를 좋아했다.
이제는 탐욕을 여의어 법에 상응하니
외우고 강설하는 일이 이미 끝났다.

벌써 도를 알아 갖추었거니
듣고 보는 길 무엇에 쓰랴.
이 세간에 듣고 보는 모든 것
아는 체 않고 모두 놓아버렸다.

그때 그 천신은 이 비구의 말을 듣고 기뻐하고 따라 기뻐하면서 이내 사라져 나타나지 않았다.

1338. 화경花經[16]

이와 같이 나는 들었다.

어느 때 부처님께서 사위국 기수급고독원에 계셨다.

그때 다른 어떤 비구가 구살라국 인간 세상에 있는 어떤 숲속에 머물고 있었다.

그 비구는 눈병을 앓고 있었는데 스승에게서 발담마鉢曇摩꽃의 향기를 맡으라는 가르침을 받았다.

그때 그 비구는 스승의 가르침을 받고 나서 발담마꽃이 핀 못 가로 가 못 언덕에서 바람이 불어오는 쪽을 향하고 앉아 꽃향기를 맡고 있었다.

그때 그 못을 맡고 있던 천신天神이 비구에게 말하였다.

"왜 꽃을 훔치는가? 너는 곧 향기를 훔치는 도적이다."

그때 비구가 게송으로 대답하였다.

> 꺾지도 않았고 빼앗지도 않았으며
> 그저 멀리서 꽃향기만 맡았을 뿐인데
> 나를 향기 훔치는 도적이라고
> 너는 지금 어찌해서 그런 말을 하는가?

그때 천신이 다시 게송으로 말하였다.

> 구하지도 않고 버리지도 않는 것[17]

---

16 이 소경은 『별역잡아함경』 제16권 스물아홉 번째 소경과 그 내용이 비슷하다.

세상에서는 도적이라고 부른다.
너는 지금 사람이 주지 않는데
스스로 한결같이 갖기만 하네.
이야말로 진실로 이 세상에서
향기 훔치는 도적이라 하리라.

그때 어떤 장정이 연뿌리를 캐어 한 짐 잔뜩 무겁게 짊어지고 갔다. 그때 비구는 그 천신을 위해 게송으로 말하였다.

지금 저 장정 같은 이는
저렇게 분다리分陀利꽃을 꺾고
뿌리를 캐어 무겁게 지고 갔으니
그는 곧 간사하고 교활한 사람이다.
너는 어째서 저것은 막지 않고
나더러 향기를 훔친 도적이라고 하는가?

그때 그 천신이 게송으로 대답하였다.

미치고 어지럽고 간교한 사람은
마치 유모의 검은 옷과 같거늘
구태여 그에게 말해서 무엇 하리
마땅히 너에게나 해당되는 말이니라.

---

17 이 부분의 글 내용이 좀 이상하다. 고려대장경 원문의 "불구이불사不求而不捨"에서 맨 앞의 불不자가 송宋본에는 자自자로 되어있고, 『별역잡아함경』 제16권 스물아홉 번째 소경에는 "주인에게 묻지도 않고 취하거나 시주가 주지도 않은 것을 취하면[不問其主取 檀越不施與]"로 되어 있다.

그의 가사袈裟 더러움이 잘 나타나지 않고
검은 옷은 먹물을 칠해도 더러워지지 않네.[18]
간사하고 교활하며 흉악한 사람에 대해서는
세상 사람들은 그와 더불어 말하지 않네.

파리 다리로도 흰 비단은 더럽혀지니
밝은이에겐 적은 허물도 나타나는 법
마치 먹으로 흰 구슬에 점을 찍듯이
아무리 작아도 모두 다 드러나네.

항상 그를 좇아 깨끗하기 구하고
결박 없애고 번뇌를 여읜 이에겐
비록 털끝만 한 나쁜 일이라 해도
사람들은 그것을 태산처럼 크게 보네.

그때 그 비구가 다시 게송으로 말하였다.

훌륭하고 훌륭하구나! 그 말이여
이치 있는 말로써 나를 편안케 하네.
너는 부디 언제나 나를 위하여
자주자주 그런 게송을 말해다오.

그때 그 천신이 다시 게송으로 말하였다.

---

18 이 부분이 『별역잡아함경』에서는 "그대는 깨끗한 옷과 같아서 조그만 점 하나만 찍어도 쉽게 더러워진다[汝如白淨衣 易受其点汙]"라고 되어 있다.

나는 네가 산 하인도 아니요
또한 남이 너에게 준 자도 아니거늘
무엇 때문에 항상 너를 따를 것이며
자주자주 너에게 말해야 하리.
너는 이제 스스로 여러 가지의
이익 되는 일을 알아야 한다.

그때 그 천자가 이 게송을 말하자 그 비구는 이 말을 듣고 기뻐하면서 자리에서 일어나 떠나갔다. 그는 혼자 고요한 곳에서 정신을 집중하여 사색한 끝에 온갖 번뇌를 끊고 아라한이 되었다.

1339. 가섭경迦葉經[19]

이와 같이 나는 들었다.

어느 때 부처님께서 왕사성 가란다죽원에 계셨다.

그때 존자 십력가섭十力迦葉은 왕사성에 있는 선인굴 속에 있었다. 그때 척지尺只라고 하는 사냥꾼이 십력가섭으로부터 그리 멀지 않은 곳에서 그물을 치고 사슴을 잡고 있었다. 그때 십력가섭은 그 사냥꾼을 가엾이 여겨 설법하였다. 그러나 사냥꾼은 그 말을 알아듣지 못하였다. 그때 십력가섭은 곧 신통력으로 손가락 끝에 불을 붙였으나 그는 그래도 깨닫지 못하였다.

그때 선인굴 속에 살고 있던 천신이 게송으로 말하였다.

---

19 이 소경은 『별역잡아함경』 제16권 서른 번째 소경과 그 내용이 비슷하다.

깊은 산속의 저 사냥꾼은
지혜가 적어 눈 없는 장님 같거늘
무엇 때문에 적절하지 못한 설법을 하는가?
덕이 엷고 분별하는 지혜도 없고
들어도 또한 이해하지 못하며
밝음 속에서도 아무것도 보지 못한다.

착하고 훌륭한 여러 가지 법
어리석은 사람은 깨달을 수 없나니
비록 열 손가락을 불에 태워도
그는 끝내 참 이치 보지 못하리.

그때 그 천신이 이 게송을 말하자 존자 십력가섭은 곧 잠자코 있었다.

1340. 금강자경金剛子經[20]

이와 같이 나는 들었다.

어느 때 부처님께서 왕사성 가란다죽원에 계셨다.

그때 존자 금강자金剛子는 파련불巴連弗읍에 있는 어떤 숲 속에 있었다. 그때 파련불읍 사람들은 여름 넉 달을 지내고 교모니대회(憍牟尼大會 : 終夜行祭)를 열었다. 그때 존자 금강자는 세간에 큰 법회가 있다는 소식을 듣고 불쾌한 마음이 생겨 게송으로 말하였다.

20 이 소경은 『별역잡아함경』 제16권 서른한 번째 소경과 그 내용이 비슷하다.

나 혼자 쓸쓸한 숲 속에 있으니
마치 버려진 마른 나무 같네.
여름철 넉 달을 모두 채우면
세상의 즐거움으로 장엄하리.
이 세상 모든 것 두루 관찰하여도
그 괴로움 나보다 더한 것 없네.

그때 그 숲 속에 살고 있던 천신이 곧 게송으로 말하였다.

혼자 쓸쓸한 숲 속에 사는 것
마치 버려진 마른 나무 같네.
저 삼십삼천三十三天에 태어나기를
마음으로 항상 원하고 바라는 것이
마치 저 지옥에서 고통받는 중생이
인간으로 태어나기를 사모하는 것과 같다.

그때 금강자는 저 천신의 격려를 받은 뒤에 한결같은 마음으로 사색하여 모든 번뇌를 끊고 아라한이 되었다.

1341. 비비구법경非比丘法經[21]

이와 같이 나는 들었다.
어느 때 부처님께서 사위국 기수급고독원에 계셨다.

---

21 이 소경은 『별역잡아함경』 제16권 서른두 번째 소경과 그 내용이 비슷하다.

그때 또 다른 비구는 구살라국 인간 세상에 있는 어떤 숲속에서 지내며 계율 지키기만을 좋아하였고 공덕을 늘이고 향상시키지는 못하였다.

그때 그 숲속에 살고 있던 천신은 이렇게 생각하였다.

'이것은 비구의 법이 아니다. 숲속에 머물고 있으면서 계율 지키기만 좋아하고 공덕을 더욱 닦고 향상시키지는 않는구나. 내가 지금 방편을 써서 그를 깨우쳐 주어야겠다.'

그리고는 곧 게송으로 말하였다.

한결같이 계율만 지킬 것이 아니라
많이 듣기를 닦아 익혀야 하리.
혼자 고요히 삼매에 들어
한가히 지내면서 멀리 여의기를 닦아라.

만일 비구가 휴식에만 치우치면
마침내 번뇌를 다하지 못하리니
평등하고 바르게 깨달은 즐거움은
멀리 초월하여 범부의 무리가 아니니라.

그때 그 비구는 천신의 격려를 받고 나서 오로지 사색에만 몰두한 끝에 모든 번뇌를 끊고 아라한이 되었다.

1342. 나가달다경那迦達多經[22]

이와 같이 나는 들었다.

어느 때 부처님께서 사위국 기수급고독원에 계셨다.

존자 나가달다那迦達多는 구살라국 인간 세상에 있는 어떤 숲 속에 머물며, 속인들과 출가한 사람들과 항상 친근하게 지내고 있었다.

그때 그 숲 속에 살고 있던 어떤 천신이 이렇게 생각하였다.

'이것은 비구의 법이 아니다. 숲속에 살면서 속인들과 비구들과 서로 어울려 친근히 지내고 있다. 내가 지금 가서 방편을 써서 깨우쳐 주어야겠다.'

그리고는 곧 게송으로 말하였다.

비구가 아침에 일찍이 나가
저물어야 숲으로 돌아오면서
속인과 비구들과 서로 친근히 하여
괴로움과 즐거움을 같이 나누는구나.
가정에서 방일한 행동 일으켜
악마의 마음대로 되지 않을까 두려워라.

그때 나가달다 비구는 저 천신의 이와 같은 깨우침을 받고는 그와 같이 한결같이 정진하고 사색한 끝에 모든 번뇌를 끊고 아라한이 되었다.

---

22 이 소경은 『별역잡아함경』 제16권 서른세 번째 소경과 그 내용이 비슷하다.

1343. 종근문경縱根門經[23]

이와 같이 나는 들었다.

어느 때 부처님께서 사위국 기수급고독원에 계셨다.

그때 많은 비구들이 구살라국 인간 세상에 있는 어떤 숲 속에 머물러 있으면서, 지껄이고 장난질 치며 온 종일 산란하게 지내면서 마음에 안정을 얻지 못하고, 모든 감관을 함부로 내버려두어 여섯 경계로 치달리고 있었다.

그때 그 숲속에 살고 있던 어떤 천신은 이 비구들이 위의威儀를 거두지 못하는 것을 보고 마음이 불쾌하여 게송으로 말하였다.

이전에는 여기에 구담瞿曇의
바르게 생활하는 제자들이 살았는데
그들은 무상無常한 마음으로 밥을 빌었고
무상하다는 마음으로 침구를 받았으며
세상의 무상함을 관하였기 때문에
괴로움을 완전히 벗어났었다.

지금은 보양하기 어려운 무리들이
저 사문들이 살던 곳에 머무르면서
곳곳으로 다니며 음식이나 구하고
남의 집으로 두루 돌아다니고 있다.

재물을 바라고 출가하였으므로

23 이 소경은 『별역잡아함경』 제16권 서른네 번째 소경과 그 내용이 비슷하다.

참된 사문의 의욕이 없고
승가리僧伽梨를 몸에 걸친 모습은
늙은 소가 꼬리를 끄는 것과 같구나.

그때 비구들은 천신에게 말하였다.
"너는 우리들을 싫어하는가?"
그때 그 천신이 다시 게송으로 말하였다.

그 성과 이름을 가리킴도 아니요
그 사람을 지칭하지 않는 것도 아니다.
그대들 무리 전부를 향해
착하지 못한 행동을 하는 사람을 말한다.

덤비고 날뛰는 꼴 보이는 자에겐
방편으로써 그 허물을 말하고
부지런히 노력해 닦는 이에겐
귀의해 공경하고 예배하노라.

그 여러 비구들은 천신의 격려를 받고 나서 한결같이 정진하고 사색한 끝에 모든 번뇌를 끊고 아라한이 되었다.

1344. 희희경嬉戲經[24]

이와 같이 나는 들었다.

어느 때 부처님께서 사위국 기수급고독원에 계셨다.

그때 어떤 비구가 구살라국 인간 세상에 있는 어떤 숲속에 머물고 있었다. 그는 어떤 장자의 아내와 장난하다가 나쁜 소문이 퍼졌다.

그때 그 비구는 이렇게 생각하였다.

'나는 지금 조심하지 못하고 남의 아내와 장난치다가 나쁜 소문을 일으켰다. 나는 이제 이 숲에서 자살하고 싶다.'

그때 그 숲속에 살고 있던 어떤 천신이 이렇게 생각하였다.

'착하지 못한 사람과 어울린 것이 아니다. 저 비구는 계를 무너트리지 않았다. 아무 허물도 없다. 그런데 이 숲에서 자살하려 한다. 나는 이제 방편으로써 깨우쳐 주리라.'

그때 그 천신은 장자 여인의 몸으로 변하여 비구에게 말하였다.

"당신과 저 사이에 나쁜 소문이 생겨 세상 거리마다 퍼지지 않은 곳이 없습니다. 그들은 당신과 제가 서로 가까이하며 나쁜 짓을 저질렀다고 말하고 있습니다. 이미 나쁜 소문이 퍼졌으니 이제 차라리 속세로 돌아가 서로 즐기며 삽시다."

비구가 대답하였다.

"그대와 나 사이에 나쁜 소문이 생겨 세상 거리마다 퍼지지 않은 곳이 없다. 그대와 내가 서로 가까이하며 나쁜 짓을 저질렀다고 그들이 말하고 있다니 나는 이제 자살하려고 한다."

그때 그 천신은 본래 천신의 몸으로 돌아와 게송으로 말하였다.

---

24 이 소경은 『별역잡아함경』 제16권 서른다섯 번째 소경과 그 내용이 비슷하다.

비록 나쁜 소문이 퍼졌다 해도
고행하는 이는 그것을 참아내야 한다.
괴롭다고 제 자신을 해쳐서는 안 된다.
또한 번뇌를 일으키지도 말라.

소문을 듣고 두려워하는 것
그것은 숲 속의 짐승이니라.
이는 경솔하고 성급한 중생으로
출가했어도 법을 이루지 못하리라.

그대는 마땅히 견뎌내야 한다.
그 나쁜 소문 마음속에 두지 말라.
마음을 잡아 굳건히 머무는 것
그것이 곧 출가한 이의 법이니라.

함부로 떠드는 다른 이의 말로 말미암아
네 몸을 나쁜 도적으로 만들지 말라.
떠드는 남의 말에 흔들리지 않으면
너로 스스로를 아라한이 되게 하리.
네가 네 스스로를 아는 것처럼
여러 하늘도 그렇게 알고 있다.

그때 그 비구는 천신의 깨우침을 받고 나서 한결같이 정진하고 사색한 끝에 모든 번뇌를 끊고 아라한이 되었다.

1345. 견다경見多經

이와 같이 나는 들었다.

어느 때 부처님께서 사위국 기수급고독원에 계셨다.

그때 존자 견다見多 비구는 구살라국 인간 세상에 있는 어떤 숲속에 머물고 있었는데 그는 누더기 옷을 입고 있었다.

그때 범천왕이 7백 범천梵天들과 함께 그 궁전을 타고 존자 견다 비구의 처소로 찾아와 공경하고 예로써 섬겼다. 그때 그 숲속에 살고 있던 천신이 게송으로 말하였다.

저 고요한 모든 감관을 보라.
좋은 공양을 감응할 수 있게 되었구나.
세 가지 밝음을 완전히 갖추고
흔들리지 않는 법을 이루었으며
일체의 방편에서 벗어났고
가진 것이라곤 누더기 옷뿐이네.

저 7백의 범천의 하늘들이
그 궁전을 타고 모두 찾아와
나고 죽는 존재의 최후를 보고
존재의 언덕을 건넌 분께 예배하네.

그때 저 천신은 존자 견다 비구를 게송으로 찬탄한 뒤에 이내 사라지고는 나타나지 않았다.

1346. 수면경睡眠經

이와 같이 나는 들었다.

어느 때 부처님께서 사위국 기수급고독원에 계셨다.

그때 어떤 비구는 구살라국 인간 세상에 있는 어떤 숲속에 머물고 있었다. 그는 몸이 매우 피곤하여 밤에 깊은 잠에 빠져 있었다.

그때 그 숲 속에 살고 있던 천신이 그를 깨우려고 게송으로 말하였다.

일어나야 된다. 일어나라. 비구여,
어찌하여 잠 속에 빠져 있는가?
잠을 많이 자서 무슨 이익이 있는가?
잠자지 말고 선정을 닦아라.

그때 그 비구가 게송으로 대답했다.

즐기지 않는 걸 어떻게 하리.
게으른 것은 적은 방편이니라.
인연은 다하고 몸은 여위어
밤이면 잠 속에 빠져 있노라.

그때 그 천신이 다시 게송으로 말하였다.

너는 마땅히 마음을 굳게 잡아
함부로 큰 소리 치지 말라.
너는 이미 한가함을 닦아 얻었으니

부디 거기에서 물러나지 말라.

그 비구가 게송으로 대답했다.

나는 마땅히 네 말을 따라
정근하고 방편을 닦을 것이며
지금부터는 잠을 많이 자
자주 내 마음을 덮게 하는 일 없으리.

그 천신은 이와 같이 하여 그 비구를 깨우쳤다. 이때 그 비구는 한결같이 정진하고 사색한 끝에 모든 번뇌를 끊고 아라한이 되었다.

그때 그 천신이 다시 게송으로 말하였다.

너는 어떻게 스스로 일어나
열심히 정근하고 방편을 힘썼기에
저 악마 군사들 너를 싫어해
너를 잠들게 하지 못했는가.

그 비구가 게송으로 대답했다.

나는 지금부터 일곱 밤 동안
언제나 앉아 바르게 생각하고
그 몸에 기쁨과 즐거움 생겨
차지 않는 곳 한 곳도 없게 하리.

초저녁에는 전생 일 관찰하고

한밤중에는 천안天眼을 깨끗이 하고
그리고 새벽에는 무명無明을 없애
저 중생들의 괴로움과 즐거움이며

상 · 중 · 하의 모양들과
좋고 또 나쁜 빛깔을 살펴보리라.
그리고 어떤 업의 인연으로
그런 과보 받는 지도 알아보리라.

만일 사람이 제 한 일에서
제가 한 일을 스스로 볼 땐
착한 사람은 그 착한 것을 보고
나쁜 사람은 그 나쁜 것을 볼 것이다.

그때 그 천신은 다시 게송으로 말하였다.

나는 이전의 그들을 안다.
열네 명의 저 비구들
그들은 모두 수다원으로서
모두 다 선정을 얻은 이었다.
여기 이 숲속에 와 있으면서
반드시 아라한이 될 이들이었다.

그런데 너는 혼자 게으름을 피우면서
번듯이 누워 잠에 빠져 있기에
범부로 머무르지 않게 하려고

방편을 써서 깨우쳐 준 것이다.

그때 그 비구가 다시 게송으로 말하였다.

훌륭합니다. 그대 천신이여,
의리로써 나를 편하게 해주고
지극한 정성으로 나를 깨우쳐
모든 번뇌를 끊게 했구려.

그때 그 천신이 다시 게송으로 말하였다.

비구는 마땅히 이래야 한다.
바른 믿음으로 집 아닌 데로 출가하고
어리석음을 안고 출가해서는
소견이 청정해짐을 체득했구나.

나는 이제부터 그대를 거두어
목숨이 다하도록 보살피리니
만일 네가 병이 든다면 그때
나는 너에게 좋은 약을 주리라.

그때 그 천신은 이 게송을 설한 뒤에 이내 사라지더니 나타나지 않았다.

1347. 미경味經

이와 같이 나는 들었다.

어느 때 부처님께서 사위국 기수급고독원에 계셨다.

그때 존자 사리불舍利弗은 구살라국 인간 세계 어떤 마을의 밭가에 머물고 있었다. 그때 존자 사리불이 이른 아침에 가사를 입고 발우를 가지고 마을에 들어가 걸식하였다. 그때 어떤 니건자尼揵子가 술에 잔뜩 취해 술병을 들고 마을에서 나오다가 존자 사리불을 보고 게송으로 말하였다.

쌀로 빚은 술로 내 몸을 데우고
쌀로 빚은 술 한 병을 들고 있으니
산과 들의 모든 풀과 나무들
모두 똑같이 금빛처럼 보이네.

그때 존자 사리불이 이렇게 생각하였다.

'이것은 나쁜 말이다. 이는 아마도 악하고 사특한 사람이 이런 게송을 읊고 있는 것이리라. 내 어찌 게송으로 답하지 않을 수 있으리.'

그때 존자 사리불이 곧 게송으로 말하였다.

생각 없음〔無想〕의 맛에 몸을 쪼이고
공삼매空三昧의 병을 들고 있으니
산과 들의 모든 풀과 나무들
모두 똑같이 눈물과 가래처럼 보이네.

1348. 이림경離林經

이와 같이 나는 들었다.

어느 때 부처님께서 사위국 기수급고독원에 계셨다.

그때 어떤 비구가 구살라국 인간 세상에 있는 어떤 숲속에 머물고 있었는데 그는 타심지他心智를 얻었다. 그러나 아직 번뇌가 남아 있었다.

그 숲에서 그리 멀지 않은 곳에 우물이 있었는데 어떤 여우가 그 물을 마시려다가 두레박줄에 목이 걸렸다. 그 여우는 여러 가지 방편으로 그 줄을 벗기려고 하면서 이렇게 생각하였다.

'날이 밝아오고 있다. 혹 농부가 나오면 당연히 나를 위협할 것이다. 이 두레박아, 너는 나를 두렵게 한 지 이미 오래 되었다. 나로 하여금 벗어나게 해다오.'

그때 그 비구는 여우의 마음속 생각을 알고 게송으로 말하였다.

여래의 혜일慧日이 솟아서
숲을 떠나 공의 법을 연설하신다.
마음은 나를 두렵게 한 지 오래이니
이제 놓아주어 떠나게 하리라.

그때 그 비구는 스스로 이렇게 가르치고 나서 모든 결박을 여의고 아라한이 되었다.

1349. 우루조경優樓鳥經

이와 같이 나는 들었다.

어느 때 부처님께서 구살라국 인간 세상을 유행하시다가 어느 숲속에 계셨다.

그때 그 숲을 의지해서 살아가고 있던 어떤 천신이 부처님의 행적行跡을 발견하고 머리를 숙여 자세히 관찰하면서, 부처님 대한 생각을 닦았다.

그때 우루조優樓鳥가 길을 가다가 부처님의 발자국을 밟으려고 하였다. 그때 천신이 곧 게송으로 말하였다.

> 동그란 눈으로 숲 속에 사는
> 우루조야, 너는 지금 제발
> 부처님의 발자국을 어지럽혀서
> 내가 부처님 경계 생각하는 것을 깨지 말라.

그때 그 천신은 이 게송을 외우고는 잠자코 부처님을 생각하였다.

1350. 파타리경波吒利經

이와 같이 나는 들었다.

어느 때 부처님께서 구살라국 인간 세상을 유행하시다가 어느 숲속에 계셨다.

그때 그 숲 속을 의지해서 살아가고 있던 어떤 천신이 곧 게송으로 말하였다.

오늘 갑자기 바람이 일어
이 파타리나무에 불어와
파타리꽃을 떨어뜨려
여래를 받들어 공양하는구나.

그때 그 천신은 이 게송을 읊고 나서 잠자코 머물러 있었다.

1351. 공작경孔雀經

이와 같이 나는 들었다.

어느 때 부처님께서 왕사성 가란다죽원迦蘭陀竹園에 계셨다.

그때 많은 비구들이 지제산支提山 곁에 머물고 있었다. 그들은 다 아련야阿練若 비구로서 누더기 옷을 입고 항상 걸식하였다. 그때 그 산을 의지해서 살아가던 천신이 게송으로 말하였다.

문채로 수놓은 저 공작새가
비제혜산鞞提醯山에 깃들고 있네.
수시로 아름다운 소리를 내어
걸식하는 비구들 깨우쳐 주네.

문채로 수놓은 저 공작새가
비제혜산에 깃들고 있네.
수시로 아름다운 소리를 내어
나무 밑에 앉은 이를 깨우쳐 주네.

그때 그 천신은 이 게송을 설하고는 곧 잠자코 있었다.

1352. 나사가다경那娑佉多經

이와 같이 나는 들었다.

어느 때 부처님께서 왕사성 가란다죽원에 계셨다.

그때 많은 비구들이 지제산 곁에 머물고 있었다. 그들은 다 아련야행을 닦는 이들로서 누더기 옷을 입고 항상 걸식하였다.

그때 나사가다那娑佉多강이 무너져 내리면서 공사하던 세 비구가 죽었다. 그때 지제산에 살고 있던 천신이 게송으로 말하였다.

걸식하는 아련야 비구여,
부디 공사 일 경영하지 말라.
나사가다강 언덕이
갑자기 무너져 내리면서
저 비구들 일하던 곳을 덮쳐
세 비구가 죽은 것을 보지 못했느냐?

누더기 옷 입은 비구들이여,
부디 공사 일 경영하지 말라.
나사가다강 언덕이
갑자기 무너져 내리면서
저 비구들 일하던 곳을 덮쳐
세 비구가 죽은 것을 보지 못했느냐?

나무 밑을 의지한 비구들이여
부디 공사 일 경영하지 말라.
나사가다강 언덕이
갑자기 무너져 내리면서
저 비구들 일하던 곳을 덮쳐
세 비구가 죽은 것을 보지 못했느냐?

그때 그 천신은 이 게송을 설하고는 곧 잠자코 있었다.

1353. 빈타경頻陀經

이와 같이 나는 들었다.

어느 때 부처님께서 왕사성 가란다죽원에 계셨다.

그때 어떤 다른 비구가 빈타산頻陀山에 머물고 있었다. 그때 그 산에 갑자기 큰불이 일어나 온 산이 다 탔다. 어떤 속인은 게송으로 말하였다

지금 저 빈타산에
큰불이 일어나 다 타고 있다.
저 대숲을 모두 태우고
그 대밭의 열매도 다 태운다.

그 비구는 이렇게 생각하였다.

'지금 저 속인도 이런 게송을 외우고 있는데, 내가 어떻게 게송으로 답하지 않을 수 있으랴.'

곧 게송으로 말하였다.

일체가 모두 불타고 있는데
저 불을 끌 지혜가 없구나.
만일 감관의 탐욕 태운다면
그것은 다 타도 괴롭지 않으리.

그때 그 비구는 이 게송을 외우고는 잠자코 있었다.

1354. 항하경恒河經

이와 같이 나는 들었다.

어느 때 부처님께서 가란다죽원에 계셨다.

그때 어떤 다른 비구가 항하강 옆에 있는 어떤 숲 속에 머물고 있었다. 그때 어떤 족성族姓의 여인이 있었다.

그녀는 늘 시부모에게 꾸지람을 듣곤 했는데 그때마다 그녀는 항하강 가에 와서 게송으로 말하였다.

강물이여, 나는 지금 흐름을 따라
천천히 저 바다로 흘러가고 싶구나.
그러면 다시는 시부모로부터
잦은 꾸지람을 듣지 않으리.

그 비구는 저 족성의 여인이 읊는 게송을 듣고 이렇게 생각하였다.

'저 착한 족성의 여인도 오히려 게송을 읊을 수 있다. 그러니 내 어

찌 게송으로 답하지 않을 수 있으랴.'

그리고는 곧 게송으로 말하였다.

나는 지금 깨끗한 믿음으로
저 여덟 가지 거룩한 물을 따라
천천히 열반으로 흘러들고 싶구나.
그러면 악마의 구박을 받지 않으리.

그때 그 비구는 이 게송을 외우고는 잠자코 있었다.

1355. 과경瓜經

이와 같이 나는 들었다.

어느 때 부처님께서 사위국 기수급고독원에 계셨다.

그때 또 다른 비구가 구살라국 인간 세상에 있는 어느 숲속에 머물고 있었는데, 그 숲에서 그리 멀리 떨어지지 않은 곳에 오이 밭이 있었다. 어떤 도둑이 밤에 그 밭에서 오이를 훔치다가 달이 뜨려고 하는 것을 보고 게송으로 말하였다.

밝은 달이여, 너 제발 뜨지 말아라.
내가 이 오이를 다 딸 때까지만 기다려라.
내가 오이를 가지고 떠난 뒤에는
네가 뜨건 말건 네 뜻대로 하라.

그때 그 비구는 이렇게 생각하였다.

저 오이 도둑도 게송을 외우는데 내가 어찌 게송으로 답하지 않을 수가 있으랴.

그리고는 곧 게송으로 말하였다.

악마여, 너는 제발 나오지 말라.
내가 번뇌를 끊을 때까지 기다려라.
내가 이 번뇌를 끊은 뒤엔
네가 나오든 말든 네 뜻대로 하라.

그때 그 비구는 이 게송을 외우고는 잠자코 있었다.

1356. 사미경沙彌經

이와 같이 나는 들었다.

어느 때 부처님께서 사위국 기수급고독원에 계셨다.

그때 또 다른 어떤 비구가 구살라국 인간 세상에 있는 어느 숲속에 머물고 있었다.

그때 어떤 사미가 게송으로 말하였다.

무엇을 항상한 것이라고 하는가?
걸식이 곧 항상한 것이다.
무엇을 무상無常한 것이라고 하는가?
스님의 밥을 무상한 것이라고 하네.

무엇을 이름하여 곧다고 하는가?

오직 인다라因陀羅 당기뿐이다.
무엇을 이름하여 굽었다고 하는가?
굽은 것은 오직 갈고리라네.

그때 저 비구는 이렇게 생각하였다.

'저 사미도 이런 게송을 읊었는데 내 어찌 게송으로 대답하지 않을 수 있으랴.'

그리고는 곧 게송으로 말하였다.

무엇을 항상한 것이라고 하는가?
항상한 것은 오직 열반뿐이라네.
무엇을 무상한 것이라고 하는가?
그것은 모든 유위법有爲法이다.

무엇을 이름하여 곧다고 하는가?
거룩한 여덟 가지 바른 법이다.
무엇을 이름하여 굽었다고 하는가?
굽은 것은 오직 나쁜 길이다.

그때 그 비구는 이 게송을 외우고는 잠자코 있었다.

1357. 와사경瓦師經

이와 같이 나는 들었다.

어느 때 부처님께서 사위국 기수급고독원에 계셨다.

그때 존자 사리불의 제자가 약을 먹고 나서 곧 죽을 먹으려고 하였다. 존자 사리불이 질그릇을 만드는 집에 가서 사발 하나를 달라고 간청하였다.

그때 옹기장이가 곧 게송으로 말하였다.

어떻게 하면 한 푼 주지 않고도
좋은 이름을 얻을 수 있을까?
어떻게 하면 재물을 축내지 않고
훌륭한 덕이 쌓일 수 있을까?

그때 존자 사리불이 게송으로 대답하였다.

만약 고기를 먹지 않는 사람이면
그에게 고기를 보시하고
범행梵行을 닦는 사람들에게
여색女色을 보시하라.

높은 자리에 앉지 않는 이에게
높고 넓은 자리를 보시하고
길을 떠나는 사람에게
쉴 곳을 만들어 보시하라.
이와 같은 방법으로 보시한다면
재물은 조금도 축나지 않으리라.

그것은 곧 좋은 이름 얻고도
돈 한 푼 쓰지 않는 일이요

덕이 쌓이고 명성이 퍼지면서도
재물에 있어서는 손해 없으리라.

그때 그 옹기장이가 다시 게송으로 말하였다.

이제 그대 사리불이여
그대의 말 참으로 훌륭하구려.
이제 그대에게 백 개의 사발을 줄 것이요
그밖에 어떤 물건도 얻지 못할 것 없으리.

존자 사리불이 게송으로 대답하였다.

저 삼십삼천三十三天이나
염마천炎摩天이나 도솔타천兜率陀天이나
화락천化樂天 등 여러 천신과
또 타화자재천他化自在天의 신도
믿음으로 옹기발우 보시하면 될 수 있거늘
그런데 너는 믿음을 일으키지 않는구나.

존자 사리불은 이 게송을 외우고 그 옹기장이의 집에서 묵묵히 나왔다.

1358. 빈사경貧士經

이와 같이 나는 들었다.

어느 때 부처님께서 사위국 기수급고독원에 계셨다.

그때 어떤 비구가 구살라국 인간 세상의 어떤 숲 속에 머물고 있었는데, 어떤 가난한 사람이 그 숲 곁에서 이와 같은 희망을 생각하면서 게송으로 말하였다.

만일 돼지 한 마리를 얻을 수 있고
좋은 술을 병에 가득 채우며
음식을 사발에 가득 채워서
사람들이 수시로 가져다준다면
만일 이와 같이 될 수만 있다면
거기에 또 무슨 근심 있으랴.

그때 그 비구는 이렇게 생각하였다.

'저 가난한 사람도 오히려 게송을 읊는데 내 어찌 게송으로 말하지 않으랴.'

그리고는 곧 게송으로 말하였다.

만일 부처님과 법과 승가와
법을 잘 연설하는 비구를 만나
내가 병 없이 늘 들을 수만 있다면
숱한 악마의 미움도 두렵지 않으리.

그때 그 비구는 이 게송을 외우고는 잠자코 있었다.

1359. 겁패경劫貝經

이와 같이 나는 들었다.

어느 때 부처님께서 사위국 기수급고독원에 계셨다.

그때 또 다른 어떤 비구가 구살라국 인간 세상의 어떤 숲속에 머물고 있었다. 그 비구는 이렇게 생각하였다.

'만일 길이 7주肘에 너비가 2주쯤 되는 무명베를 얻는다면 옷을 지어 입고 즐거운 마음으로 훌륭한 법을 닦을 텐데.'

그때 그 숲에 살고 있던 어떤 천신이 이렇게 생각하였다.

'이것은 비구의 법이 아니다. 숲속에 살면서 저렇게 좋은 옷을 희망하고 있구나.'

그는 온몸을 해골로 변화해 가지고 그 비구 앞에서 춤을 추며 게송으로 말하였다.

> 비구가 생각하고 있는 무명옷
> 길이가 7주에 너비는 6척
> 낮부터 저런 생각을 하는 것 보니
> 밤에도 무슨 생각을 할지 알겠다.

그때 그 비구는 두려움이 생겨 온 몸을 떨면서 게송으로 말하였다.

> 중지해라, 중지해라. 그런 천 필요 없다.
> 나에겐 지금 누더기 옷이 있다.
> 낮에 해골의 춤을 보았으니
> 밤엔 또 무엇을 볼지 알겠네.

그때 그 비구는 마음에 두려움이 그치고 곧 바른 사색을 하면서 열심히 닦고 익혀 모든 번뇌를 끊고 아라한이 되었다.

1360. 환천경環釧經

이와 같이 나는 들었다.

어느 때 부처님께서 사위국 기수급고독원에 계셨다.

그때 또 다른 어떤 비구가 구살라국 인간 세상 어느 숲 속에 머물고 있으면서 아라한이 되었다. 그래서 모든 번뇌가 이미 다 끊어지고 할 일을 이미 마쳤으며 무거운 짐을 이미 버렸고 모든 존재의 결박을 끊었으며 바른 지혜로 마음이 잘 해탈하였다.

그때 어떤 여인이 보슬비가 내리고 번갯불이 번쩍이는 어두운 밤에 숲속을 지나 어떤 남자에게 가다가 진흙탕에 넘어져 팔찌가 깨지고 꽃 영락이 땅바닥에 떨어져 흩어졌다. 그 여자가 게송으로 말하였다.

머리칼은 모두 흐트러지고
꽃 영락은 진흙탕 속에 떨어졌으며
옥팔찌도 산산이 부서졌으니
남자여, 무엇을 입어야 합니까?

그때 그 비구는 이렇게 생각하였다.

'여인도 게송을 외우는데 내 어찌 게송으로 대답하지 않을 수가 있으랴.'

번뇌가 모두 끊어져 부서지고
나고 죽음의 진흙탕을 건넜네.
묶였던 끈 모두 풀려 떨어졌으니
시방의 거룩한 이 나를 보시네.

그때 그 비구는 이 게송을 외우고는 곧 잠자코 있었다.

1361. 탄금경彈琴經

이와 같이 나는 들었다.

어느 때 부처님께서 사위국 기수급고독원에 계셨다.

그때 또 다른 어떤 비구가 구살라국 인간 세상 어느 강가 숲속에 머물고 있었다.

그때 어떤 사람이 제 아내와 함께 강을 건너 언덕에 와서 거문고를 타고 서로 즐기면서 게송으로 말하였다.

서로 사랑해 거리낌 없이
푸른 나무 사이를 돌아다니네.
흐르는 물은 맑게도 흐르는데
거문고 소리 너무도 아름다워라.
노닐기에 알맞은 이 봄기운
그 어떤 쾌락인들 예서 더하랴.

그때 그 비구는 이렇게 생각하였다.

'저 사내도 오히려 게송을 외우는데 내 어찌 게송으로 답하지 않을

수 있으랴.'

청정한 계율을 받들어 지키고
등정각等正覺을 늘 그리워하며
세 가지 해탈에 목욕하면서
착함으로써 시원함을 다하네.
인간 세계에서 장엄을 갖추었으니
그 어떤 쾌락인들 예서 더하랴.

그때 그 비구는 이 게송을 읊고는 잠자코 있었다.

1362. 합조경鴿鳥經

이와 같이 나는 들었다.
어느 때 부처님께서 사위국 기수급고독원에 계셨다.
그때 또 다른 어떤 비구가 구살라국 인간 세상의 어느 숲 속에 머물고 있었다.
그때 어떤 천신이 비둘기들을 보고 게송으로 말하였다.

비둘기야, 마땅히 쌓아두어라.
깨와 쌀과 좁쌀 따위를
그리고 산꼭대기 나무 위에
높다랗게 둥지를 틀어라.
그래야 혹 비가 올 때를 당해도
아주 편히 먹고 자고 할 수 있으리.

그때 그 비구는 이렇게 생각하였다.

'저 사람이 나를 깨우쳐 주었다.'

그리고는 곧 게송으로 말하였다.

범부들아, 착한 법을 쌓고
삼보를 공경하라.
몸이 무너지고 목숨이 마칠 때
정신과 마음이 안락해지는 바탕이 되리.

그때 그 비구는 이 게송을 읊고는 곧 깨달아 전일한 마음으로 사색하여 모든 번뇌를 끊고 아라한이 되었다.

월운스님

경기도 장단에서 태어나 한학을 수학하고,
남해 화방사에서 당대의 대강백 운허스님을
은사로 출가하였다.
통도사와 해인사 강원을 졸업하고 강사가 되었으며,
동국역경원 역경위원을 거쳐 동국역경원 원장으로 있다.
중앙승가대학 교수와 제25교구 본사 봉선사 주지를 역임하였고,
현재 조실로 있으면서 능엄학림과 불경서당을 통해
후학 양성에 매진하고 있다.
저서로는『삼화행도집』·『일용의식수문기』·『금강경강화』·
『원각경강화』·『대승기신론강화』·『구름처럼 달처럼』등이 있고,
번역서로는『전등록』·『조당집』·『선문염송』을 비롯한
80여 종의 책이 있다.

잡아함경 5

2006년 11월 10일 개정판 1쇄 발행
2010년 3월 15일 개정판 2쇄 발행

지 은 이 김월운
발 행 인 박인성
발 행 처 동국대학교 부설
동국역경원
등 록 1964. 10. 제2-159호

서울특별시 중구 필동 3가 26
전 화 (02) 2260-3891~3
팩 스 (02) 2267-8578
홈페이지 www.tripitaka.or.kr

ISBN 89-5590-434-7
ISBN 89-5590-429-0(전5권)

값 20,000원